U0454218

晏昌贵 著

日书与古代社会生活

"十三五"国家重点图书

楚地出土文献：文本、地方社会与思想文化研究

丛书主编 晏昌贵

WUHAN UNIVERSITY PRESS
武汉大学出版社

图书在版编目(CIP)数据

日书与古代社会生活/晏昌贵著.—武汉：武汉大学出版社,2020.12
楚地出土文献：文本、地方社会与思想文化研究/晏昌贵主编
"十三五"国家重点图书 国家出版基金项目 湖北省学术著作出版专项资金资助项目
ISBN 978-7-307-21959-5

Ⅰ.日… Ⅱ.晏… Ⅲ.《日书》—研究 Ⅳ.B992

中国版本图书馆 CIP 数据核字(2020)第 234736 号

责任编辑:李 程 责任校对:李孟潇 版式设计:马 佳

出版发行:**武汉大学出版社** （430072 武昌 珞珈山）
（电子邮箱：cbs22@whu.edu.cn 网址：www.wdp.com.cn）
印刷:武汉精一佳印刷有限公司
开本:720×1000 1/16 印张:24.5 字数:360 千字 插页:4
版次:2020 年 12 月第 1 版 2020 年 12 月第 1 次印刷
ISBN 978-7-307-21959-5 定价:117.00 元

总　序

公元前 221 年的某一天，破灭六国、一统天下的秦王嬴政，志得意满，在秦都咸阳召开御前会议，其中一项主要议题便是"议帝号"。当时的丞相王绾、御史大夫冯劫、廷尉李斯等高官皆以为秦王政"兴义兵，诛残贼，平定天下，海内为郡县，法令由一统，自上古以来未尝有，五帝所不及"，古有"天皇""地皇""泰皇"，泰皇最贵，建议秦王尊号曰"泰皇"，并议王命曰"制"、令曰"诏"、天子自称曰"朕"。秦王嬴政欣然采纳，但去"泰"著"皇"，采上古"帝"号，号曰"皇帝"。又废除谥法，自号"始皇帝"，后世以计数，二世三世至于万世，传之无穷。① 由此开启了中国历史上长达两千多年的帝制时代，对中国历史产生了重大影响，具有十分重要的历史意义。

1975 年 11 月初，湖北省云梦县城关公社肖李大队某社员发现古墓，立即上报。1975 年 12 月 1 日正式发掘，1976 年 1 月 9 日止，共历时 40 余天。其中一座编号 M11 的古墓出土大批竹简，考古工作者整理后得知，竹简主要是法律文书和反映民间信仰的《日书》，有一篇被整理者命名为"编年记"（后或改称"叶书"）的竹书，分栏记叙自秦昭王元年（前 306 年）至秦始皇三十年（前 217 年）的军国大事，兼及墓主人喜的个人履历及家族成员，但在秦始皇廿六年（前 221 年）一栏，有关秦统一的重大事件，却缺而不载，留下空白。②

---

① 参看《史记·秦始皇本纪》，中华书局 1959 年版，第 235~239 页。

② 《云梦睡虎地秦墓》编写组：《云梦睡虎地秦墓》，文物出版社 1981 年版，第 1 页；参看陈伟主编，晏昌贵撰著：《秦简牍合集：释文注释修订本（壹）·叶书》，武汉大学出版社 2016 年版，第 7、12 页。

1

从里耶秦简《更名方》看，秦统一伊始，即将相关的政策和制度下行到地方基层社会，① 作为秦南郡安陆县的小吏喜应该明晓其事，但我们不知道他为什么没有在《编年记》中将秦灭六国统一天下这样的重大事件记上一笔。我们或许应该理解，历史事件的意义往往是由后人往前追溯而凸显出来的，当时人未必能洞悉其中的历史含义；而历史发展的阶段性划分，也是后来的研究者人为设定的结果。历史的发展犹如长江大河，不容从中一分为二，截为两节。

如今考古发现和科研机构收藏的简牍已逾 30 万枚，不仅有像《编年记》这样对"重大"历史事件缺而不载的例子，还有更多像《日书》一类不见传世文献的简牍帛书。1925 年，王国维针对以顾颉刚为首的"古史辨学派"疑古过甚的倾向，提出著名的"二重证据法"，不仅可以据出土的新材料"以补正纸上之材料，亦得证明古书之某部分全为实录，即百家不雅驯之言亦不无表示一面之事实"②。王国维所称的"地下之新材料"，主要是指古文字资料，论述的重点还是以传世文献为主，以地下出土文献主要是甲骨文印证古书记载，以证明古书记载的历史真实可靠。"二重证据"之不足，更发展为三重或多重证据法，举凡一切地下出土物包括古代遗址、墓葬，以及现当代的民族学调查资料和民间传说，皆可入史，从而极大地丰富了史料的来源和古史研究的范围。

出土简牍文献方面，也已从王国维时代的"二重证据法"转向简牍自身的研究，尤其是对那些不见于传世文献的简牍文书，日本学者从古文书学的角度，以文书集成的方式，复原简册的原始形态，构拟政令实施的过程，并进而发展到据简牍文书的抄写形式，从抄本文化的角度，探寻文本的内在逻辑，重建历史文本及其形成过程。以陈梦家为代表的中国学者，突破"二重证据"的限度，在文字资料之外，更注意结合考古学，以历史学的视野，从

---

① 湖南省文物考古研究所编：《里耶秦简（壹）》，文物出版社 2012 年版，图版第68 页，释文第 32~33 页。

② 王国维：《古史新证——王国维最后的讲义》，清华大学出版社 1994 年版，第2~3 页。

最基本问题入手，循序渐进，重构历史现场，取得丰硕成果。①

呈现在读者面前的这套小丛书共五册，就是我们利用出土文献和文物资料，并结合传世文献重构历史事实的初步尝试。其中既有利用文献学方法从抄本的形成与流传的角度，对楚地出土简帛日书文本的分类整理和日书所见古代社会生活的研究，又有利用民族人类学以及古代神话研究的方法对清华简《楚居》所涉及楚族源、楚先公先王以及早期楚国、楚文化的探讨；既有利用考古学方法对楚墓资料的整理以分析楚系家族形态，也有利用出土古文字资料从社会政治学的角度比较东周诸侯国的基层组织与社会。我们关注的对象往往是区域性的，关注的时段集中在先秦秦汉时期，时空范围多在早期中国的楚国故地，目光也不在庙堂之上，但目的只有一个，即探求历史的真相。

这套丛书的作者，多为朝气蓬勃的青年才俊，博士毕业之后多在大学或社科院工作。丛书的构想和实施，多有赖于武汉大学出版社的李程女史的多方组织协调。我作为主编还是第一次，在能力和经验方面都存在诸多不足，我所供职的武汉大学历史学院和兼职的中国传统文化研究中心给予诸多支持和便利，在此一并深致谢忱，也请读者对本丛书多加批评指正。

晏昌贵

2020 年 12 月 25 日于珞珈山

---

① 参看侯旭东：《序》，郭伟涛：《肩水金关汉简研究》，上海古籍出版社 2019 年版，"序" 1 ~ 3 页。又见侯旭东：《二重证据法再思考——在出土文书类简牍中发现历史》，"清华大学公开课" 讲座，https://www.bilibili.com/video/BV1Rs411h7 yG? from = search&seid = 16894219982693746730。

凡　例

主要简帛日书简称及资料来源一览表

简称	指代	资料来源
九店	九店楚简《日书》	湖北省文物考古研究所编:《江陵九店东周墓》(科学出版社 1995 年版);湖北省文物考古研究所、北京大学中文系编:《九店楚简》(中华书局 2000 年版);陈伟主编:《楚地出土战国简册[十四种]》(经济科学出版社 2009 年版,武汉大学出版社 2016 年版)
睡虎地	睡虎地秦简《日书》	睡虎地秦墓竹简整理小组编:《睡虎地秦墓竹简》(文物出版社 1990 年版);陈伟主编:《秦简牍合集(壹)(贰)》(武汉大学出版社 2014 年版);陈伟主编:《秦简牍合集:释文注释修订本(贰)》(武汉大学出版社 2016 年版)
放马滩	放马滩秦简《日书》	甘肃省文物考古研究所编:《天水放马滩秦简》(中华书局 2009 年版);陈伟主编:《秦简牍合集(肆)》(武汉大学出版社 2014 年版);陈伟主编:《秦简牍合集:释文注释修订本(肆)》(武汉大学出版社 2016 年版)
周家台	周家台秦简《日书》	湖北省荆州市周梁玉桥遗址博物馆编:《关沮秦汉墓简牍》(中华书局 2001 年版);陈伟主编:《秦简牍合集(叁)》(武汉大学出版社 2014 年版);陈伟主编:《秦简牍合集:释文注释修订本(叁)》(武汉大学出版社 2016 年版)

续表

简称	指代	资料来源
岳山	岳山秦牍《日书》	湖北省江陵县文化局、荆州地区博物馆：《江陵岳山秦汉墓》(《考古学报》2000年第4期)；陈伟主编：《秦简牍合集(叁)》(武汉大学出版社2014年版)；陈伟主编：《秦简牍合集：释文注释修订本(叁)》(武汉大学出版社2016年版)
孔家坡	孔家坡汉简《日书》	湖北省文物考古研究所、随州市考古队编：《随州孔家坡汉墓简牍》(文物出版社2006年版)
悬泉置	悬泉置遗址汉代简牍《日书》	胡平生、张德芳：《敦煌悬泉汉简释粹》(上海古籍出版社2001年版)
香港	香港中文大学文物馆藏简牍《日书》	陈松长编著：《香港中文大学文物馆藏简牍》(香港中文大学文物馆藏品专刊之七，香港中文大学文物馆，2001年)
马王堆	马王堆汉墓帛书数术书	裘锡圭主编：《长沙马王堆汉墓简帛集成》(中华书局2014年版)
北大汉简	北京大学藏西汉竹书《雨书》《揕舆》《荆决》《六博》等	北京大学出土文献研究所编：《北京大学藏西汉竹书(伍)》(上海古籍出版社2014年版)

　　本书引用九店、睡虎地、孔家坡三种日书皆见拙撰《楚地出土日书三种分类集释》，不另注明。

目　　录

图表目录

1

导　言

　　"日书"书题首见于云梦睡虎地 M11 秦简，此后在云梦睡虎地 M77 汉简、随州孔家坡 M8 汉简、随州周家寨 M8 汉简、北京大学藏秦汉简牍中都有发现，学界因而将与之相同或相似的简帛文献称为"日书"①。从日书的书写材料看，主要有竹简、木简、木牍和帛书(本书概称为"简帛日书")，而以竹简为主。从日书的出土形态看，有墓葬和遗址两种，墓葬所出，主要集中在楚国故地；遗址所出，则以西北边陲为多。这主要与当地的地质、土壤和气候条件比较适宜于保存简帛有关，不一定完全准确反映日书在当时的流通、传播状况。从日书记载的内容看，涉及的范围十分广泛，但主要是关于时间选择的择日术，类似现今仍在我国港台地区流行的"通书""通胜"或"老皇历"。日书虽称"书"，但从大量简帛日书材料来看，与我们通常所见的"书"(书籍)的物理形态不完全一样，它是当时民众所使用的实用手册，诸多文本呈现出一种流动的、不固定状态，或能反映出"书"的早期形态。简帛日书的时代，从战国中晚期一直延续到东汉，与简帛作为主要书写材料的时代大体一致。②

---

　　①　本书将具体形成书卷的简帛日书材料称为"《日书》"，加书名号，如"睡虎地秦简《日书》"或"睡虎地《日书》"，可以确定在墓葬中成书卷的形态；一般泛指则不加书名号，如西北屯戍遗址所出和科研单位的收藏品，我们不能确切知道当时是否呈现为"书"的形式和状态，则不加书名号，概称为"日书"。

　　②　这是仅就已发现和公布的简帛日书材料而言的。日书起源于何时？这在目前学术界还是一个有争议的问题，或以为可早到殷商时期，或以为不能早于春秋时代。至于日书使用的下限，则可能一直延续到今日的港台地区，不过其名称已不再叫"日书"，而多称为"通胜""皇历""时宪书"等。

自 1975 年在湖北云梦睡虎地 11 号秦墓（M11）发现秦简日书以来，迄今发现和公布的战国秦汉简帛日书及相关材料已有 30 余批（种），数量巨大，是战国秦汉简牍帛书材料中的大宗。日书材料的相继公布，刺激了相关研究的蓬勃发展。这些研究涉及简帛日书的文字隶定、字词考释、竹简编联、篇章结构，以及日书内容所涉及的数术方技、科学技术、社会经济、信仰习俗、思想文化等诸多方面。在本书的"导言"部分，我们将大体上按照日书抄写时代（或墓葬下葬年代）的先后和保存状况的完整性为序，列举介绍已刊布或见诸报导的简帛日书材料，评述相关研究成果，以及本书的研究旨趣和内容结构。

一、简帛日书的发现与研究

（一）楚简日书

1. 九店楚简《日书》

目前发现比较完整的楚简日书见于江陵九店 56 号墓（M56）。九店墓地西南距纪南城 1.2~1.5 千米，南距江陵县城（荆州城）约 8.5 千米。该墓地自 1978 年发现，1981 年正式发掘，至 1989 年结束，共发掘东周墓 597 座，是历年来在同一墓地发掘墓葬最多的一处。① 有关日书的报导最早见于 1984 年出版的《楚文化考古大事记》一书中，称"最值得注意的有：内容类似秦简《日书》的楚简、砝码、丝织物、刺绣、穿绣衣的歌舞俑等，还有车马坑"②。正式考古发掘报告于 1995 年由科学出版社出版，收录了全部《日书》的图版和释文，释文出自李家浩先生之手。③ 据该报告，M56 共出竹简 205 枚，

① 湖北省文物考古研究所编著：《江陵九店东周墓》，科学出版社 1995 年版，第 1页。

② 楚文化研究会编：《楚文化考古大事记》，文物出版社 1984 年版，第 131 页。

③ 湖北省文物考古研究所编著：《江陵九店东周墓》，科学出版社 1995 年版，释文第 506~511 页，图版一〇二至一二二。

"出土于侧龛内。系成卷入葬，内裹墨盒(盒内盛墨)、削刀。其中完整和较完整的 35 枚，余均残断。上有编连痕三道。字数约 2700 个(包括残损不清的字)。简文的书写从头端开始，不留天头。一简中字数最多的 57 字。整简长 46.6~48.2、宽 0.6~0.8、厚 0.1~0.12 厘米。可辨字 2332 个。原来的内容可分为两个部分"，其中 1 号简至 12 号简"应与农作物有关"，"13 号简至24 号简，分上、下两栏书写，记的是楚建除家言，与云梦秦简《日书》甲种 1 号简至 13 号简和乙种 1 号简至 25 号所记建除名称基本相同"。"25 号简至36 号简，记的也是建除家言，与云梦秦简《日书》甲种 1 号简至 13 号简内容基本相同。"①九店 M56 的年代为战国晚期早段。②

　　九店楚简《日书》刊布后，武家璧先生据"荆尸朔于营室"一条简文，以为"日月既入于营室"，指楚历四月日月合朔于营室五度、朔旦立春。既然立春在四月朔旦，向前推 46 日，则冬至必在二月之中。冬至既在二月，那么正月必是亥月无疑。认为这是楚历建亥的证据。③ 陈伟先生在稍后发表的文章中，对同一条简文却有不同的解释，认为本简与秦《日书》的"除""玄戈"以及《吕氏春秋》之《十二纪》《月令》所记一致，是指太阳在每个月初运行至二十八宿中某个星宿的位置。并称秦简《日书》甲种"岁"篇"秦楚月名对照表"所记，当是楚历月份与秦历、同时也就是夏历月份对应关系的真实写照。最后得出结论说："即使九店简 96 号所说'荆夷(按：即荆尸)朔于营室'是指荆夷之月立春，也难以由此直接推导出楚历岁首所在。"坚持楚历以荆夷之月为岁首。④ 刘彬徽先生在讨论楚国历法时，也利用了九店楚简《日书》材

---

　　① 湖北省文物考古研究所编著：《江陵九店东周墓》，科学出版社 1995 年版，第339 页。

　　② 湖北省文物考古研究所编著：《江陵九店东周墓》，科学出版社 1995 年版，第435 页。

　　③ 武家璧：《楚用亥正历法的新证据》，《中国文物报》，1996 年 4 月 21 日，第 3版。

　　④ 陈伟：《新发表楚简资料所见的纪时制度》，《第三届国际中国古文字研讨会论文集》，香港中文大学中国文化研究所、中国语言文学系，1997 年 10 月，第 599~612页。

料，但他却认为楚历建丑。①

　　研究日书成绩卓著的刘乐贤先生是较早全面研究九店楚简《日书》的学者，1996 年他撰文指出，九店楚简《日书》是"首次发现的楚国日书，因而具有十分重要的意义，必将为今后的日书研究开创新的景象"。他将九店楚简《日书》的研究意义归结为三个方面：首先，填补了数术尤其是择日术史料的空白；其次，为进一步研究睡虎地秦简《日书》提供了新的线索；最后，对研究楚国社会风俗和历法也有参考价值。② 随后，他还对九店楚简《日书》的文字释读、篇章结构和学术意义进行充分讨论，纠正了以往对睡虎地秦简《日书》研究中的一些缺失。③ 近年来，刘乐贤先生还将九店《日书》作为楚日书的代表，比较楚、秦日书的异同，取得重要成果。④

　　在利用九店楚简《日书》比较楚、秦日书异同方面，刘信芳先生是较早研究并取得较大成绩的一位，他在 1997 年即有专文详细分析楚、秦日书的异同，将九店 13-24 号简称为"建巓"、25-36 号简称为"结阳"，通过比较楚、秦日书，认为楚简"建巓"与"结阳"是两套择日体系，其中"建巓"用楚月名，是楚人的择日体系；"结阳"或属其他诸侯国，甚或是由前代继承而来。他还认为睡虎地秦简《日书》实质上是先秦日书的大杂抄，具有集大成的类书性质。⑤ 陈伟先生亦将这两篇日书分别命名为"建巓"和"结阳"，并对竹简的编连重作调整，根据墓中所出竹简"祷武夷"之辞以及随葬弓、剑等兵器，推测

---

① 刘彬徽：《楚国历法的建正问题辨证》，陈昭容主编：《古文字与古代史》第 1 辑，台湾"中研院"历史语言研究所会议论文集之七，2007 年，第 335~362 页。

② 刘乐贤：《九店楚简日书研究》，《华学》第 2 辑，中山大学出版社 1996 年版，第 61~70 页。

③ 刘乐贤：《九店楚简日书补释》，《简帛研究》第 3 辑，广西教育出版社 1998 年版，第 83~95 页。

④ 刘乐贤：《楚秦选择术的异同及影响——以出土文献为中心》，《历史研究》2006 年第 6 期。

⑤ 刘信芳：《九店楚简日书与秦简日书比较研究》，《第三届国际中国古文字研讨会论文集》，香港中文大学中国文化研究所、中国语言文学系，1997 年 10 月，第 517~544 页。

墓主"应系武士，很可能是一位'兵死者'"①。李零先生不同意上述刘、陈二位学者对"建戆""结阳"的命名，他在 1998 年发表的一篇文章中说："对比睡虎地《日书》，我们认为，九店《日书》的两套日名，'建'字类是楚国建除，'秀'字类是楚国的丛辰。"②他在 1999 年发表的《读九店楚简》一文中又有进一步的申论。③ 这种看法影响很大。

　　九店楚简《日书》中有一篇"告武夷"的祷文，引起了学者们的注意，饶宗颐先生联系甲骨文、南朝地券及后世相关文献，考论武夷君和复山的关系，认为武夷与西南夷有关，简文武夷为司兵死者，后转为地主神。复山则在巴东鱼复县。④ 李零先生认为简文是兵死者的亲属向武夷君祝告，求他照顾兵死者的祷辞。⑤ 夏德安先生也有类似的意见，并且认为像九店和睡虎地这样的简书很显然是具有很高文学素养的人编写的，是一种主持宗教仪式的人或巫师们所用的文本。"告武夷"与《国殇》有关。⑥ 李家浩先生不同意这种看法，认为此篇的内容是巫祝为因为兵死鬼作祟而生病的病人，向管理兵死鬼之神武夷祝告，希望武夷能让病人之魂归来，饮食如故。"告武夷"与《招魂》《大招》相近，乃是招生人之魂。⑦ 周凤五先生对该篇简文重新疏解，认为"告武夷"是一篇祝祷辞，祝祷的对象是掌管兵死者的武夷，即后世所谓的"鬼王"。祝祷的对象虽是武夷，目的却在祭祀兵死者。"告武夷"是一篇通

　　① 陈伟：《九店楚日书校读及其相关问题》，《人文论丛》1998 年卷，武汉大学出版社 1998 年版，第 151~164 页。

　　② 李零：《读几种出土发现的选择类古书》，《简帛研究》第 3 辑，广西教育出版社 1998 年版；收入氏著《中国方术续考》，东方出版社 2000 年版，第 96~104 页。

　　③ 李零：《读九店楚简》，《考古学报》1999 年第 2 期。

　　④ 饶宗颐：《说九店楚之武蓬(君)与复山》，《文物》1997 年第 6 期。

　　⑤ 李零：《古文字杂识(二则)》，《第三届国际中国古文字研讨会论文集》，香港中文大学中国文化研究所、中国语言文学系，1997 年 10 月，第 757~761 页。

　　⑥ 夏德安：《战国时代兵死者的祷辞》，陈松长译，《简帛研究译丛》第 2 辑，湖南人民出版社 1998 年版，第 30~42 页。

　　⑦ 李家浩：《九店楚简"告武夷"研究》，第一届简帛学术讨论会论文，台湾中国文化大学史学系，1999 年；后收入《著名中年语言学家自选集·李家浩卷》，安徽教育出版社 2002 年版，第 318~344 页。

用的祝祷辞，篇中兵死者夫妇出于虚拟，并非实有其人。至于反映的时代背景与社会生活，则是真实的。①

2000 年，经李家浩先生整理、注释的《九店楚简》一书出版，此前学者们在文字考释、竹简编连和篇章结构方面所取得的认识都在该书中有所反映，是一项标志性的研究成果。② 该书所附《五六号、六二一号楚墓发掘报告》对 56 号墓有较详细的报导：九店 M56 为长方形竖穴土坑墓，无封土、无墓道、无台阶。坑壁下部有头、侧两龛；葬具仅一木棺，制作颇为精良；随葬器物 30 余件，其中包括仿铜陶质和漆木质的礼器鼎、壶、盒一套及竹简 205 枚；墓主骨架腐朽无存，因而无法推测墓主的年龄。考古工作者根据同墓地及江陵地区短壁龛一律设在头端的规律，推测头向东。③ 从该墓坑作东西向摆置的情况看，这一推测是有道理的。九店 M56 没有纪年材料，考古工作者从随葬器物的组合和主要器物的形态，推测其年代在战国晚期早段；又从墓葬的规格和用鼎状况，推测墓主人生前为庶人，并且说："五六号墓所出随葬器物与九店同类墓相比较，毕竟算得上是相当丰富的，且又随葬了以《日书》为主要内容的竹简及文书工具，其身份应是'庶人'中地位较高者或'士'中的没落者，其职业或许与占卜有关。"④

《九店楚简》一书出版后，对九店《日书》的研究反而有所减少。李守奎先生集中讨论了其中的"岁"篇，通过与睡虎地秦简《日书》比较，认为楚简"岁"篇与秦简"岁"篇运行到同一方位的三个月份是一致的，只是由于起始

---

① 周凤五：《九店楚简〈告武夷〉重探》，台湾《"中研院"历史语言研究所集刊》第 72 本第 4 分，2001 年，第 941~959 页。

② 湖北省文物考古研究所、北京大学中文系编：《九店楚简》，中华书局 2000 年版。

③ 湖北省文物考古研究所、北京大学中文系编：《九店楚简》，中华书局 2000 年版，第 149~154 页。

④ 湖北省文物考古研究所、北京大学中文系编：《九店楚简》，中华书局 2000 年版，第 162~163 页。

点不同，次序有异。① 匈牙利学者贝山（Sandor P. Szabo）先生讨论了九店《日书》中的阴阳观念，认为简文中的"阴日""外阴日"和"外阳日"的行事规定是阴阳概念时空关系的表现。② 此外，学者对九店楚简《日书》中的"相宅"篇讨论较多，但大多集中在字词的考释上。③ 由陈伟先生主持的教育部哲学社会科学研究重大课题攻关项目"楚简综合整理与研究"已结项并正式出版，其中九店楚简部分由李家浩、白于蓝先生执笔，吸收了此前学者在文字考释、竹简编联、篇章分析方面的成绩，对简文详加注释，是目前学术界全面研究九店楚简的最新研究成果。④

2. 上海博物馆藏战国楚简日书

1994 年，上海博物馆入藏一批战国楚竹书，其中有日书残片，材料尚未公布。据李零先生介绍："它是由一个讲二十八宿占的片断和一个讲裁衣宜忌的片断构成，篇幅很短，只是摘抄。"⑤该批竹简并非科学发掘品，来历不明，学者一般认为年代在战国晚期、秦将白起拔郢（前 278 年）之前。⑥

①　李守奎：《江陵九店楚墓〈岁〉篇残简考释》，《古籍整理研究学刊》2001 年第 3 期。

②　贝山（Sandor P. Szabo）：《阴阳概念的时间关系与九店楚简》，丁四新主编：《楚地简帛思想研究（三）——"新出楚简国际学术研讨会"论文集》，湖北教育出版社 2007 年版，第 545~556 页。

③　晏昌贵、钟炜：《九店楚简〈日书·相宅篇〉研究》，《武汉大学学报》（人文科学版）2002 年第 4 期；李守奎：《〈九店楚简〉相宅篇残简补释》，谢维扬、朱渊清主编：《新出土文献与古代文明研究》，上海大学出版社 2004 年版，第 347~351 页；刘国胜：《九店〈日书〉"相宅"篇释文校补》，《简帛研究　二〇〇二、二〇〇三》，广西师范大学出版社 2005 年版，第 110~112 页；周波：《〈九店楚简〉释文注释校补》，《江汉考古》2006 年第 3 期；何有祖：《九店楚简〈日书〉校读三则》，《江汉考古》2012 年第 3 期。

④　陈伟等：《楚地出土战国简册[十四种]》，经济科学出版社 2009 年版，第 301~333 页。此后亦有学者对九店《日书》的字词和内容进行探讨，如程少轩《说九店楚简〈告武夷〉的"桑林"》，《古文字研究》第 32 辑，中华书局 2018 年版，第 440~443 页；刘金华：《〈九店楚简〉相宅篇发微》，《华中国学》第三卷，华中科技大学出版社 2015 年版，等等。

⑤　李零：《简帛古书与学术源流》，三联书店 2004 年版，第 405 页。

⑥　马承源主编：《上海博物馆藏战国楚竹书（一）》，上海古籍出版社 2001 年版，第 2 页。

3. 长沙子弹库楚帛书

1942 年，湖南长沙子弹库战国楚墓中盗掘出帛书一幅，后流传海外，现藏于美国华盛顿赛克勒美术馆。1973 年，考古工作者重新发掘该墓，从墓中出土的陶器形制、组合和泥金版等情况看，帛书的年代在战国中、晚期。帛书写在一幅宽度略大于高度的方形丝织物上。整个幅面由三部分文字组成，帛书中心两段文字，其中的"8 行"章讲四时的产生，与孔家坡《日书》"岁"篇类似；边文讲十二月宜忌，其文句内容亦多见于日书。楚帛书与日书的关系，是很值得关注的。①

(二) 秦简牍日书

4. 睡虎地秦简《日书》

睡虎地位于湖北省云梦县城关西部的一处平缓坡地上，东距云梦火车站仅百余米。1975 年年底至 1976 年年初共发掘 12 座秦墓，《日书》出在第 11 号墓(M11)中。② 据介绍，M11 为长方形竖穴土坑墓，未见封土堆和墓道，为东西方向。墓坑东壁有一个双扇板门的壁龛，葬具为一棺一椁，椁室由横梁分为头箱与棺室两部分。墓主骨架完整，葬式为仰身屈肢葬，经鉴定，死者男性，年龄 40~45 岁。③ M11 的椁盖板正中有一具完整的牛头骨，可能与

---

① 研究楚帛书的文献极多，李零《长沙子弹库战国楚帛书研究》(中华书局 1985 年版)、刘信芳《子弹库楚墓出土文献研究》(台湾艺文印书馆 2002 年版)、徐在国《楚帛书诂林》(安徽大学出版社 2010 年版)三书均列有详细参考文献。近年来，研究楚帛书成就卓然的李零先生曾先后出版《楚帛书研究(十一种)》(中华书局 2013 年版)和《子弹库帛书》(上下册，文物出版社 2017 年版)二书，详细梳理楚帛书的发现与流传过程、校理残帛、分析篇章、总结已有的研究成绩，是为集大成者。关于楚帛书的年代和性质，陈梦家先生《战国楚帛书考》(《考古学报》1984 年第 2 期)将帛书年代暂定为公元前 350 年前后，其边文十二章，就其方位排列和内容来看，应为较早形式的月令；李零先生将楚帛书看作与《日书》性质类似的文献；刘乐贤先生(《简帛数术文献探论(增订版)》，中国人民大学出版社 2012 年版，第 35 页)把楚帛书归入"阴阳家"类，与日书所属的"五行"类并不相同。对楚帛书的性质尚有待进一步研究。

② 《云梦睡虎地秦墓》编写组：《云梦睡虎地秦墓》，文物出版社 1981 年版，第 1 页。

③ 《云梦睡虎地秦墓》编写组：《云梦睡虎地秦墓》，文物出版社 1981 年版，第 3~8 页。

祭祀仪式有关；东壁壁龛里出有带盖的木轺车一乘，并有挽车的三匹彩绘木足泥马和二件彩绘泥俑；墓坑四角各有一堆灰烬，亦可能与埋葬时的祭祀仪式有关。① M11 随葬品较为丰富，包括漆圆盒、漆耳杯、漆奁、铜匜、铜剑、铜鐎、陶瓮、陶罐、陶壶、竹笥、毛笔、六博棋盘、玛瑙环等共 70 多件(批)。② 最重要的发现当然要数 1150 多枚竹简，内容包括《编年记》(后或改称"叶书")、《语书》、《秦律十八种》、《效律》、《秦律杂抄》、《法律问答》、《封诊式》、《为吏之道》和《日书》甲、乙种③，其中《日书》甲种共 166 枚简，置于墓主的头部右侧，简长 25、宽 0.5 厘米，双面书写；乙种现存共 257 枚简，发现于墓主的足部，简长 23、宽 0.6 厘米，"日书"即题写在乙种最后一枚简的背面④。考古工作者根据墓中出土器物和《编年记》(《叶书》)的有关记载，推断 M11 的墓主人即简文所记的"喜"，他生前曾担任安陆令史、鄢令史等职，为秦代社会下层官吏，或死于秦始皇三十年(前 217 年)，这应是 M11 的下葬之年。⑤

睡虎地秦简大量的法律文献，适应当时"儒法斗争"的形势需要，其释文很快就在《文物》杂志上连载，文物出版社随即在 1977 年出版了八开线装大字本，有图版和释文，1978 年又出版了 32 开平装小字本，无图版，有释文、注释和语译，但这两个版本均未收录《日书》。直到 1981 年出版的《云梦睡虎地秦墓》发掘报告，印有全部竹简的图版，才将《日书》收录，但也仅有不加标点、不分篇的释文。1990 年，《睡虎地秦墓竹简》8 开精装本出版(学界通称为"精装本")，所有图版、释文、注释、语译(《日书》未语译)齐备，乃为

① 《云梦睡虎地秦墓》编写组：《云梦睡虎地秦墓》，文物出版社 1981 年版，第 8 页。

② 《云梦睡虎地秦墓》编写组：《云梦睡虎地秦墓》，文物出版社 1981 年版，第 10 页。

③ 《云梦睡虎地秦墓》编写组：《云梦睡虎地秦墓》，文物出版社 1981 年版，第 12 页。

④ 《云梦睡虎地秦墓》编写组：《云梦睡虎地秦墓》，文物出版社 1981 年版，第 12、21~22 页。

⑤ 《云梦睡虎地秦墓》编写组：《云梦睡虎地秦墓》，文物出版社 1981 年版，第 68~70 页。

定本。① 截至目前，睡虎地秦简《日书》仍是形式最齐备、内容最丰富的日书文本，在很多方面都可以作为日书的一个典型标本。睡虎地秦简《日书》的研究成果极多，学者屡有综述、总结。② 相关研究不能备述，在此仅撮要举述。

　　早在 1980 年，曾宪通先生在讨论望山楚墓年代时就曾涉及睡虎地秦简《日书》中的"秦楚月名对照表"，是较早利用日书探讨楚月名与楚国历法的文章。③ 睡虎地秦简《日书》的整理、注释者于豪亮先生 1981 年撰文讨论其中的历法纪时制度，指出日书是关于选择日子吉凶的迷信书籍。④ 这是最早研究睡虎地秦简《日书》的两篇论作，讨论的问题均与历法纪时有关，属于科技史范畴。盖因科技史研究比较"客观"而较少禁忌，其研究得以早进行。通过讨论，大致可以确立楚月名与秦月名的对应关系，但在利用日书探讨楚国历法方面，却未能取得学术界的一致认同。此后，利用日书进行科技史方面的研究颇为兴盛，内容涉及楚秦历法、纪时制度、玄戈等星象，在古代时

---

① 睡虎地秦墓竹简整理小组编：《睡虎地秦墓竹简》，文物出版社 1990 年版。

② 参看林剑鸣：《曲径通幽处，高楼望路时——评介当前简牍日书研究状况》，《文博》1988 年第 3 期；张强：《近年来秦简〈日书〉研究评介》，原刊《文博》1995 年第 3 期，收入吴小强《秦简日书集释》附录三，岳麓书社 2000 年版，第 350~365 页；刘乐贤：《睡虎地秦简〈日书〉研究二十年》，《中国史研究动态》1996 年第 10 期；刘乐贤：《简帛数术文献探论(增订版)》，中国人民大学出版社 2012 年版，第 11~39 页；沈颂金：《中日两国学者研究秦简〈日书〉述评》，收入氏著《二十世纪简帛学研究》，学苑出版社 2003 年版，第 670~680 页；刘国忠：《中国古代数术研究综论》，《湖南科技学院学报》2005 年第 3 期；张国艳：《简牍日书文献语言研究》，中国社会科学出版社 2018 年版，第 1~42 页。

③ 曾宪通：《楚月名初探——兼谈悼固墓竹简的年代问题》，原刊《中山大学学报》1980 年第 1 期；收入饶宗颐、曾宪通：《楚地出土文献三种研究》，中华书局 1993 年版，第 343~360 页。

④ 于豪亮：《秦简〈日书〉记时记月诸问题》，原刊《云梦秦简研究》，中华书局 1981 年版，第 351~357 页；此据《于豪亮学术文存》，中华书局 1985 年版，第 157~162 页。李学勤先生《纪念于豪亮同志》(《于豪亮学术文存》第 4 页)说："秦简里的两种《日书》，非常复杂，性质又是数术书，而秦汉数术久已失传，前人很少研究。于豪亮同志苦心孤诣，爬梳有关典籍，写成了《日书》的注释稿，同时又撰有论文，成为《日书》的第一位研究者。"

制、二十八宿纪日法等方面取得重要成果。①

　　1982 年，由饶宗颐、曾宪通先生合著的《云梦秦简日书研究》一书在香港出版，这是睡虎地秦简《日书》研究的第一部专著，此书后收入《楚地出土文献三种研究》，1993 年由中华书局出版。饶先生在书中指出：“日书者，当是日者所用以占候时日宜忌之书。”②并引《墨子》和《史记·日者列传》为证，论及日书的性质，指出甲种“秦除”之除、乙种“徐”及“秦”，均指建除；稷辰为丛辰；其中对往亡、归忌、禹步、禹符的讨论，要而不繁，今天看来，大多是正确的。他把“濡嬴建陷”与“悤结”“结阳”联系起来考虑，认为是“另有一套建除家言，日名复异”③，与通行看法将后者看作楚“丛辰”者不同，我们认为也是正确的。该书的“跋尾”云：日书研究意义有二，其一，对于天文学研究的意义；其二，可以追溯古巫术与道教的关系。④ 但书中也有分篇不严，议论未审处，如以“人日”比附以色列上帝七日造人之说、对“岁”篇的研究等⑤。但瑕不掩瑜，首创之功不可没，尤其是开创了日书数术

---

　　① 　杨巨中：《〈日书·星〉释议》，《文博》1988 年第 4 期；成家彻郎：《中国古代的占星术和古星盘》，苌岗译，《文博》1989 年第 6 期；成家彻郎：《睡虎地秦简〈日书·玄戈〉》，王维坤译，《文博》1991 年第 3 期；王志平：《睡虎地〈日书·玄戈篇〉探源》，《文博》1999 年第 5 期；尚民杰：《从〈日书〉看十六时制》，《文博》1996 年第 4 期；尚民杰：《云梦〈日书〉十二时名称考辨》，《华夏考古》1997 年第 3 期；尚民杰：《云梦〈日书〉星宿记日探讨》，《文博》1998 年第 2 期；刘乐贤：《睡虎地秦简〈日书〉二十八宿纪日法补证》，收入氏著《简帛数术文献探论（增订版）》，中国人民大学出版社 2012 年版，第 53～63 页。关于《日书》与历法研究的综合讨论可参看陶磊：《〈日书〉与古历法研究综述》，《中国史研究动态》2004 年第 9 期。

　　② 　饶宗颐：《云梦秦简日书研究》，收入饶宗颐、曾宪通：《楚地出土文献三种研究》，中华书局 1993 年版，第 405 页。

　　③ 　饶宗颐、曾宪通：《楚地出土文献三种研究》，中华书局 1993 年版，第 411 页。

　　④ 　饶宗颐、曾宪通：《楚地出土文献三种研究》，中华书局 1993 年版，第 440 页。

　　⑤ 　饶宗颐、曾宪通：《楚地出土文献三种研究》，中华书局 1993 年版，第 430～431、481～501 页。关于“人日”的后续研究，可参看胡文辉《“人日”考辨》，原刊《中国文化》第 9 卷（1994 年 2 月），后收入氏著《中国早期方术与文献丛考》，中山大学出版社 2000 年版，第 339～348 页；李文澜：《先秦、六朝“人日”风俗的演变及其意义——睡虎地〈日书〉与〈荆楚岁时记〉所见“人日”的比较研究》，《长江文化论集》第 1 辑，湖北教育出版社 1995 年版，第 309～317 页。关于“岁”的后续研究，参看胡文辉《释“岁”——以睡虎地〈日书〉为中心》，原刊《文化与传播》第 4 辑，海天出版社 1994 年版，收入《中国早期方术与文献丛考》，中山大学出版社 2000 年版，第 88～134 页。

研究的先河，影响深远。

1985 年，李学勤先生发表《〈日书〉与楚、秦社会》一文①，指出，对于日书至少可从两方面去研究，一方面，是从数术史的角度考察，另一方面，对日书的内容还可以作社会史的考察。日书虽系趋吉避凶的迷信，但所罗列的事项条文，却能反映出当时社会生活的不少情况。并具体研究了楚、秦在奴隶制关系上的差异。从社会史角度研究日书的，还有林剑鸣先生主持的西北大学"《日书》研讨班"，1986 年发表的《日书：秦国社会的一面镜子》可以作为代表，正如文章题目所昭示的，他们从日书中"看到了秦国社会普遍存在着的宗教、鬼神观念，看到了支配着这些观念、意识的风俗习惯、阶级关系以及经济活动等等。从某种意义上讲，《日书》是公元前 3 世纪秦国社会的一面镜子"②。林剑鸣先生还身体力行，先后发表《从秦人价值观看秦文化特点》《秦汉政治生活中的神秘主义》等重头文章，从宏观上把握日书所反映的秦文化特点，并探讨日书与法律文书同出一墓的原因，说明秦代官吏拥有数术类文献实在于了解地方风俗、习惯和民间信仰，提醒人们对秦汉时代法在吏治中的作用不应估计过高。③ 此后，"《日书》研讨班"成员分头把关，张铭洽先生从数术占卜的角度④，吴小强先生从人口史的角度⑤，贺润坤先生从

① 李学勤：《〈日书〉与楚、秦社会》，原刊《江汉考古》1985 年第 4 期，收入氏著《简帛佚籍与学术史》，江西教育出版社 2001 年版，第 134～144 页。

② 《日书》研读班：《日书：秦国社会的一面镜子》，《文博》1986 年第 5 期。

③ 林剑鸣：《从秦人价值观看秦文化特点》，《历史研究》1987 年第 3 期；《秦汉政治生活中的神秘主义》，《历史研究》1991 年第 4 期。

④ 张铭洽：《云梦秦简〈日书〉占卜术初探》，《文博》1988 年第 3 期；《〈史记·日者列传〉小察》，《陕西历史博物馆馆刊》第 1 辑，三秦出版社 1994 年版，第 90～96 页；《秦简〈日书〉之"建除法"试析》，《陕西历史博物馆馆刊》第 7 辑，三秦出版社 2000 年版，第 193～199 页，又见王子今、白建钢、彭卫主编：《纪念林剑鸣教授史学论文集》，中国社会科学出版社 2002 年版，第 223～234 页；《秦代"巫现象"杂谈——兼谈秦代的"日者"》，《陕西历史博物馆馆刊》第 11 辑，三秦出版社 2004 年版，第 225～235 页。

⑤ 吴小强：《秦人婚姻家庭生育观念新探》，《中国史研究》1989 年第 3 期；《〈日书〉与秦社会风俗》，《文博》1990 年第 2 期；《从云梦秦简看战国秦代人口再生产类型》，《西北大学学报》1991 年第 2 期；《秦简〈日书〉与秦汉社会的生命意识》，《广州师院学报》1997 年第 1 期。

经济史的角度①，李晓东、黄晓芬等先生从宗教信仰的角度从事日书研究②，发表了一系列论作，成为日书早期研究的一支重要力量。

日本学者工藤元男先生长期从事睡虎地秦简研究，2010 年，他的《睡虎地秦简所见秦代国家与社会》中译本出版③，其中与日书相关的篇章包括："睡虎地秦简《日书》的基础性研究""《日书》所见国家与社会""先秦社会的行神信仰和禹""《日书》所见道教风俗""禹形象的变迁与五祀""《日书》所反映的秦楚的目光"等，将法律文书看作国家的象征，日书则为基层社会的代表，从中探讨国家与社会的关系，这是一种较新的视角与思路。

1993 年，我国台湾学者蒲慕州先生发表《睡虎地秦简〈日书〉的世界》一文④，认为所谓日书并不是完整的"书"，而是一些个别篇章的集结。睡虎地秦简《日书》应代表流行于战国末年时各地中下阶层的某些文化习俗，《日书》所反映出的不但不能说是"秦文化"，甚至不能说是秦人中下阶层的文化，而应该是当时中国社会中下阶层共同文化的一部分。《日书》反映出了秦末中国社会中以中下阶层为主的人民生活和信仰的部分情况。这些意见应该都是可取的。蒲氏在后来出版的《追寻一己之福——中国古代的信仰世界》一书中，将日书看作一部当时人信仰生活的手册，据此复原战国晚期一般民众的信仰生活世界⑤，是比较成功的例子。

---

①　贺润坤：《从〈日书〉看秦国的谷物种植》，《文博》1988 年第 3 期；《从云梦秦简〈日书〉看秦国的六畜饲养》，《文博》1989 年第 6 期；《云梦秦简日书寓人、寄者、寄人身份考》，《文博》1991 年第 3 期；《从云梦秦简〈日书〉看秦国的农业水利等有关状况》，《江汉考古》1992 年第 4 期；《从云梦秦简〈日书〉看秦民间的灾变与救灾》，《江汉考古》1994 年第 2 期；《云梦秦简〈日书〉"行"及有关秦人社会活动考》，《江汉考古》1996 年第 1 期；《从云梦秦简看秦社会有关捕盗概况》，《简帛研究》第 3 辑，广西教育出版社 1998 年版，第 141~151 页。

②　李晓东、黄晓芬：《从〈日书〉看秦人鬼神观及秦文化特征》，《历史研究》1987 年第 4 期；《秦人鬼神观与殷周鬼神观比较》，《人文杂志》1989 年第 5 期。

③　工藤元男：《睡虎地秦简所见秦代国家与社会》，广濑薰雄、曹峰译，上海古籍出版社 2010 年版。

④　蒲慕州：《睡虎地秦简〈日书〉的世界》，台湾《"中研院"历史语言研究所集刊》第 62 本第 4 分，1993 年，第 623~675 页。

⑤　蒲慕州：《追寻一己之福——中国古代的信仰世界》，台湾允晨文化实业股份有限公司 1995 年版，第 98~120 页。

　　1994 年，刘乐贤先生出版了他的博士学位论文《睡虎地秦简日书研究》，有感于此前日书研究中存在的"粗疏"之失，刘氏提出："本书准备在对《日书》进行全面训释的基础上，充分利用与数术有关的资料揭示出《日书》的数术内涵，试图由此复原战国秦汉时代择日术的原貌。并以此为据，对《日书》所反映的楚、秦社会的一些重要问题加以论述。"①通观全书，刘氏完全达到了他预先设计的目标：利用文献学方法全面训释相关字词含义、进行分篇整理，利用相关数术文献揭示日书的数术内涵，从而复原古代择日术的原貌，在此基础上讨论古代的疾病观念、祭祀活动、神话传说、阴阳五行等重要社会现象。这是睡虎地秦简《日书》研究的一项标志性成果。

　　2000 年，吴小强先生出版《秦简日书集释》一书②，收录全部睡虎地秦简和部分放马滩秦简。全书由"释文""注释""译文""述论"四部分组成，注释照录秦简整理小组的成说，汇集学术界的研究成果，择善而从。译文以直译为主，达意顺畅。述论则对日书一章或若干章内容进行概述、评述。这是一部具有学术性的普及读本。

　　2001 年，刘增贵先生发表《秦简〈日书〉中的出行礼俗与信仰》一文③，该文连同后来发表的有关"土忌"篇神煞考释文章④，有一个共同特点，就是对日书神煞运行"原理"的分析探讨，不仅要知其然，还要知其所以然。这些数术原理，实际上就是五行学说的运用，这方面由饶宗颐开其端，学者们多有探索。⑤

　　①　刘乐贤：《睡虎地秦简日书研究》，台湾文津出版社 1994 年版，第 17 页。

　　②　吴小强：《秦简日书集释》，岳麓书社 2000 年版。

　　③　刘增贵：《秦简〈日书〉中的出行礼俗与信仰》，台湾《"中研院"历史语言研究所集刊》第 72 本第 3 分，2001 年，第 503～541 页。

　　④　刘增贵：《睡虎地秦简〈日书〉（土忌）篇数术考释》，台湾《"中研院"历史语言研究所集刊》第 78 本第 4 分，2007 年，第 671～704 页。

　　⑤　饶宗颐：《秦简中的五行说与纳音说》，原刊《古文字研究》第 14 辑，中华书局 1986 年版，第 261～280 页，收入《楚地出土文献三种研究》，中华书局 1993 年版，第 455～472 页；刘乐贤：《五行三合局与纳音说——读饶宗颐〈秦简中的五行说与纳音说〉》，《江汉考古》1992 年第 1 期；刘信芳：《〈日书〉四方四维与五行浅说》，《考古与文物》1993 年第 2 期；尚民杰：《云梦〈日书〉与五行学说》，《文博》1997 年第 2 期；王光华、李秀茹：《试析秦简〈日书〉辰、戌、丑、未四季土》，《求索》2006 年第 9 期；刘道超：《秦简〈日书〉五行观念研究》，《周易研究》2007 年第 4 期。

但由于五行学说本身是一个复杂的系统，同一神煞的运行干支，往往可以有不同的解释，较难得出一致的结论。①

　　2003 年，王子今先生出版《睡虎地秦简〈日书〉甲种疏证》一书②，该书在全面占有已有研究成果的基础上，系统梳理睡虎地秦简《日书》甲种的相关简文，引证丰富，尤其是利用文化人类学观点和材料研究睡虎地秦简《日书》，形成其研究特色。

　　2014 年，陈伟先生主编的《秦简牍合集》出版，其中的睡虎地秦简《日书》由刘乐贤先生撰稿，2016 年，出版《秦简牍合集》释文注释修订本，是为最新研究成果。③

　　5. 放马滩秦简《日书》

　　放马滩又名牧马滩，属甘肃省天水市北道区党川乡，西距麦积山石窟 20 千米。1986 年 3 月被发现，6 月正式发掘，9 月结束。出土《日书》的 1 号墓（M1）为一棺一椁墓，随葬器物 33 件，大部置于棺与椁之间。考古工作者据墓中出土器物和《墓主记》（或称"志怪故事"、或称"丹"）等材料，推断该墓为战国晚期秦人墓，墓主人生前为邽县的一个基层官吏，下葬的年代当在秦始皇八年冬或九年初。④ 但也有学者认为墓的年代应在秦昭王三十八年至秦代之间。⑤

　　放马滩秦简《日书》大多保存完整，简上原有上中下三道编绳，上下端各空出 1 厘米为天地头。大部分简的天地头两面还粘有深蓝色布片，推测编册

---

① 关于日书神煞的最新研究，可参看王强：《出土战国秦汉选择数术文献神煞研究——以日书为中心》，吉林大学博士学位论文，2018 年。
② 王子今：《睡虎地秦简〈日书〉甲种疏证》，湖北教育出版社 2003 年版。
③ 陈伟主编：《秦简牍合集（壹）》，武汉大学出版社 2014 年版；《秦简牍合集：释文注释修订本（壹）》，武汉大学出版社 2016 年版。
④ 甘肃省文物考古所、天水市北道区文化馆：《甘肃天水放马滩战国秦汉墓群的发掘》，《文物》1989 年第 2 期。
⑤ 李学勤：《放马滩简中的志怪故事》，《简帛佚籍与学术史》，江西教育出版社 2001 年版，第 170~172 页。也有人认为此墓是汉墓非秦墓，见胡平生、李天虹：《长江流域出土简牍与研究》（湖北教育出版社 2004 年版）第 222 页引或说。程少轩亦怀疑该墓及简牍《日书》"不能完全排除晚至汉初属于'汉简'的可能性"。参看氏著《放马滩简式占古佚书研究》，中西书局 2018 年版，第 8 页。

后曾用布包裹。每简右侧有三角形小锲口，上留有编绳朽痕。简文都以古隶体书写在篾黄的一面，最多每简45字，一般在25~40字之间。竹简出土时已散乱，无篇题。据其形制，《日书》可分为甲、乙两种。《日书》甲种共73枚，出土时卷在简的最中间。简长27.5、宽0.7厘米。《日书》乙种共379枚，简长23、宽0.6厘米。其内容既有与睡虎地秦简《日书》相同者，也有一部分不见于睡虎地秦简《日书》。① 同墓所出尚有一种《墓主记》（或称"志怪故事"、或称"丹"），共8枚简，据说出土时与《日书》卷在一起，"与《日书》同为一卷"②。这是很值得注意的现象。

　　1989年整理小组公布了放马滩秦简《日书》甲种释文③，此后甲、乙种《日书》的释文和照片陆续有所刊布④，已公布的释文存在一些问题，邓文宽、刘信芳、施谢捷、黄文杰、刘乐贤都有所校正、补释⑤。林剑鸣、胡文辉、刘乐贤等学者还从不同的角度比较放马滩秦简《日书》与睡虎地秦简《日书》的异同。⑥ 吴小强《秦简日书集释》收录已公布的放马滩秦简《日书》，并

---

　　①　何双全：《天水放马滩秦简综述》，《文物》1989年第2期。

　　②　何双全：《简牍》，敦煌文艺出版社2004年版，第40页。关于《墓主记》，李学勤《放马滩简中的志怪故事》（原刊《文物》1990年第4期，收入《简帛佚籍与学术史》，江西教育出版社2001年版，第167~175页）、夏德安《战国民间宗教中的复活问题》（原刊《道教源流》第5卷第2期，1994年；陈松长、熊建国译，《简帛研究译丛》第1辑，湖南人民出版社1996年版，第27~43页）有很好的研究。

　　③　秦简整理小组：《天水放马滩秦简甲种〈日书〉释文》，甘肃省文物考古研究所编：《秦汉简牍研究论文集》，甘肃人民出版社1989年版，第1~6页。同书第7~28页还载有何双全《天水放马滩秦简甲种〈日书〉考述》一文。

　　④　马建华主编《河西简牍》（重庆出版社2003年版）收放马滩秦简《日书》甲种16枚、乙种16枚照片及释文。

　　⑤　邓文宽：《天水放马滩秦简〈月建〉应名〈建除〉》，《文物》1990年第9期；刘信芳：《〈天水放马滩秦简综述〉质疑》，《文物》1990年第9期；施谢捷：《简帛文字考释札记》，《简帛研究》第3辑，广西教育出版社1998年版，第168~181页；黄文杰：《秦至汉初简帛形近字辨析》，《简帛研究》第3辑，广西教育出版社1998年版，第182~192页；刘乐贤：《放马滩秦〈日书〉甲种初探》，收入《简帛数术文献探论（增订版）》，中国人民大学出版社2012年版，第40~53页。

　　⑥　林剑鸣：《〈睡〉简与〈放〉简〈日书〉比较研究》，《文博》1993年第5期；林剑鸣：《从放马滩〈日书〉（甲种）再论秦文化的特点》，《简帛研究》第1辑，法律出版社1993年版，第62~73页；胡文辉：《放马滩〈日书〉小考》，原刊《文博》1999年第6期，收入《中国早期方术与文献丛考》，中山大学出版社2000年版，第135~141页。

对甲种进行注释、语译，便于阅读理解。①

2008 年，孙占宇先生撰著以放马滩秦简《日书》为研究对象的博士学位论文。② 2009 年 8 月，中华书局出版《天水放马滩秦简》一书，公布了全部照片和释文③，遗憾的是，图版照片多不清晰，释文讹误较多，竹简的缀连也存在一些问题，没有分篇注释。2010 年，晏昌贵发表《日书》乙种的分篇释文稿。④ 2011 年，程少轩完成其博士学位论文，认为放马滩简中与音律有关的简文与式占有关，或属于《汉书·艺文志》数术略中的"黄钟"一类，是失传的古佚书，应从"日书"中离析出来。⑤ 陈伟先生主编的《秦简牍合集(肆)》收录了孙占宇撰写放马滩秦简《日书》的释文和注释，是为最新成果。⑥

6. 周家台秦简《日书》

1993 年 6 月，湖北省沙市博物馆发掘了周家台 30 号墓(M30)秦墓，该墓位于荆州市沙市区西北郊的太湖港东岸，西南距荆州古城 4.4 千米。M30 为长方形土坑竖穴墓，一椁一棺，墓中随葬各种漆、木、陶、铜器共 44 件，竹简出于棺椁间北端西南部的椁底板上，出土时竹简为竹笥编席包裹着，并与其上的淤泥相胶结紧贴于椁底板。考古工作者根据墓中出土简牍材料结合器物形制，推断该墓主人生前是一位负责赋税收缴工作的小吏，其下葬年代略晚于睡虎地秦墓，也不排除其下限晚至西汉初年的可能性。⑦

---

① 吴小强：《秦简日书集释》，岳麓书社 2009 年版，第 259~290 页。

② 孙占宇：《放马滩秦简日书整理与研究》，西北师范大学博士学位论文，2008 年。

③ 甘肃省文物考古研究所编：《天水放马滩秦简》，中华书局 2009 年版。

④ 晏昌贵：《天水放马滩秦简乙种〈日书〉分篇释文(稿)》，《简帛》第 5 辑，上海古籍出版社 2010 年版，第 17~42 页。

⑤ 程少轩：《放马滩简式占古佚书研究》，复旦大学博士学位论文，2011 年；其精要部分曾以"放马滩简所见式占古佚书的初步研究"为题，刊于台湾《"中研院"历史语言研究所集刊》第 83 本第 2 分，2012 年，全于 2018 年由中西书局正式出版。

⑥ 陈伟主编：《秦简牍合集(肆)》，武汉大学出版社 2014 年版；《秦简牍合集：释文注释修订本(肆)》，武汉大学出版社 2016 年版。

⑦ 湖北省荆州市周梁玉桥遗址博物馆编：《关沮秦汉墓简牍》，中华书局 2001 年版，第 156~157 页。

　　竹简整理者根据竹简出土状况和竹简形制，将竹简分为甲、乙、丙三组，甲组简长 29.3~29.6 厘米，宽 0.5~0.7 厘米，有上、中、下三道编绳，简文内容为“二十八宿”占、“五时段”占、“戎磨日”占、“五行”占和秦始皇三十六年、三十七年“历日”；乙组简与甲组简的区别在于：甲组尾部有斜面“削头”，乙组则为“平头”，上书秦始皇三十七年“历日”；丙组为短简，简长 21.7~23 厘米，宽 0.4~1 厘米，上、下两道编绳，内容为医药病方、祝由术、择吉避凶占卜、农事等。但在整理出版的报告中，却将甲组中秦始皇三十六年、三十七年历谱与乙组合编为一组，统称为“历谱”；甲组剩余部分命名为“日书”，丙组则拟题为“病方及其他”。①

　　夏德安先生不同意整理者对竹简的处理，主张完全按竹简的形态复原，这样甲组的三十六年、三十七年历谱与《日书》就构成了一个完整的单元。他提醒人们注意：早期实用形式的《日书》可能与历谱连为一体，《汉书·艺文志》的数术分类将“历谱”与“五行”分作两类，是后来才出现的。他还详细考察了《日书》中的两种“戎磨日”，指出它们与马王堆帛书“出行占”有关。②

　　陈伟先生指出另一种更为复杂的情形：355-362 号简所记“孤虚法”与 260 号简“以孤虚循求盗所道入者及臧（藏）处”彼此相关，但在竹简的形态上，260 号简属乙组，355-362 号简则属丙组。“这种外部形制上的差异，表明这些简不会是同一篇简书”，陈伟先生进一步推测：“它们可能是同一简书的不同传本或抄本，其关系犹如睡虎地《日书》甲种和乙种中的相关内容。”③

――――――――――

　　①　湖北省荆州市周梁玉桥遗址博物馆编：《关沮秦汉墓简牍》，中华书局 2001 年版，第 154~155 页。

　　②　夏德安：《周家台的数术书》，《简帛》第 2 辑，上海古籍出版社 2007 年版，第 397~407 页。

　　③　陈伟：《读沙市周家台秦简札记》，《楚文化研究论集》第 5 集，黄山书社 2003 年版，第 342 页。刘乐贤《从周家台秦简看古代的“孤虚”术》（《出土文献研究》第 7 辑，上海古籍出版社 2005 年版，第 50~56 页）也讨论了这几支竹简的内容，没有讨论其形制不同的意义。但他在《简帛数术文献探论（增订版）》第 25 页说：“第 355 至 363 号简讲孤虚法，其性质与《日书》相近。”按：363 号简讲出行择良日，与五行有关，可能不属于“孤虚”。从更广泛意义上看，丙组简中的很多祝祷文，与九店《日书》中的“告武夷”，睡虎地秦简《日书》中的“梦”“马”诸篇类似，把它们看作《日书》中的篇章，也未尝不可。

周家台《日书》甲、乙、丙组形制上的差异，是否会影响到对简文内容的判读，在解读出土简牍《日书》材料时，究竟是以竹简外在的形式为主，还是以简文内容为主？这是值得注意的问题。

7. 岳山秦牍日书

1986 年 9—10 月，在湖北江陵岳山发掘大批秦墓。岳山位于荆州城东北约 2.5 千米处，出土日书木牍的 36 号墓（M36）为长方形竖穴木椁墓，一椁一棺，无墓道。随葬品大部分置于椁室的前室，木牍置于棺内，木牍 2 件，M36：43 长 23、宽 5.8、厚 0.55 厘米，M36：44 长 19、宽 5、厚 0.55 厘米，所记内容为各种良忌日、问病、到室的时日禁忌，属日书杂忌之类。墓主人身份为秦国的中下层官吏，该墓为秦代墓。①

8. 王家台秦简《日书》

王家台墓地位于湖北省江陵县郢北村一座东西向的小土岗上，西北距纪南城约 5 千米。1993 年 3 月，郢北村民挖鱼池时发现该墓地，其中 15 号墓（M15）出土大批秦代竹简。M15 为长方形竖穴墓，墓坑底部放置单棺，随葬陶釜、盂、小壶各一件，竹简出于棺内足部，共计 800 余枚（编号 1-813）。考古工作者根据墓中出土器物，推断该墓的年代上限不早于白起拔郢的公元前 278 年，下限不晚于秦代。②

王家台 M15 最重要的发现是为数众多的秦简，学者根据竹简出土时堆积排放情况，将 800 多枚竹简分为八组，其中《日书》简分别位于 A、B、D、G 组，与《日书》同组的还有《归藏》《效律》等。《日书》简的长度多在 22.6～22.9 厘米，简宽 0.7~1.1 厘米。③ 王家台《日书》内容丰富，包括"建除""稷（丛）辰""启门""启闭""置室门""生子""死失""良日"等，有很多条简文可以与睡虎地秦简《日书》对照，但也有一些简文不见于其他种日书。④ 目前学

①　湖北省江陵县文化局、荆州地区博物馆：《江陵岳山秦汉墓》，《考古学报》2000年第 4 期。

②　荆州地区博物馆：《江陵王家台 15 号秦墓》，《文物》1995 年第 1 期。

③　王明钦：《王家台秦墓竹简概述》，艾兰、邢文编：《新出简帛研究——新出简帛国际学术研讨会文集》，文物出版社 2004 年版，第 27、28 页。

④　王明钦：《王家台秦墓竹简概述》，艾兰、邢文编：《新出简帛研究——新出简帛国际学术研讨会文集》，文物出版社 2004 年版，第 43~47 页。

术界对王家台秦简的研究主要集中在《归藏》上，《日书》内容尚未见专门讨论。

9. 北京大学藏秦简日书

2010 年年初，北京大学得到香港冯燊均国学基金会捐赠，入藏了一批从海外回归的珍贵秦简牍，其中的日书简被分为二卷。卷二 55 枚简，内容包括《占雨》《见人》《行》《占闻》等篇章。卷四甲组 50 余枚简，内容有《日廷》《穿门》《门》《死失图》《星》；乙组共 31 简，内容包括《占雨》《禾日》《禾忌》《占禾》《建除》等。① 具体材料尚未公布。

（三）汉代简帛日书及相关材料

10. 孔家坡汉简《日书》

孔家坡墓地位于随州城关东北，出土竹简《日书》的 8 号墓（M8）为一椁一棺墓，随葬陶、铜、漆、木器 59 件（组），简牍与漆木器一起放置在头箱里。② 根据出土器物和"历谱"纪年材料，M8 的年代为汉景帝后元二年即公元前 142 年；从墓中所出《告地书》可知，墓主人名"辟"，生前为"随桃侯"国之库啬夫，为县级属下管理物资及制造的小官吏。③

M8 竹简可分为两组，《日书》简出土于椁室头箱东北角，出土时共存残绢片，推测原来竹简有绢包裹。出土时大致呈卷状，当系一册书。经清理，共登记竹简 700 余枚，整简大致等齐，简长 33.8、宽 0.7~0.9 厘米，简册有三道编绳，每支简上一般有三个契口，均锲于篾黄一面，简文抄篾黄一面，书写工整。④ 简文大多有标题，其中篇题"建除"是首次出现。《日书》内容与

---

① 陈侃理：《北大秦简中的方术书》，《文物》2012 年第 6 期。
② 湖北省文物考古研究所、随州市考古队编：《随州孔家坡汉墓简牍》，文物出版社 2006 年版，第 6~9 页。
③ 湖北省文物考古研究所、随州市考古队编：《随州孔家坡汉墓简牍》，文物出版社 2006 年版，第 33、34 页。
④ 湖北省文物考古研究所、随州市考古队编：《随州孔家坡汉墓简牍》，文物出版社 2006 年版，第 29~31 页。

睡虎地秦简相比，有同有异，最大的不同，是出现一批以"岁"为中心的以风云雨占禾稼年成的占书。

孔家坡《日书》是目前所见最为完整的一套汉代日书抄本，意义重大。简文公布后，很快就在简帛网(http：//www.bsm.org.cn)上引发热烈讨论①，学术会议和学术期刊亦有论作发表②，海内外亦有学者以此作为硕士、博士

① 网上文章很多，例如：王贵元：《读孔家坡汉简札记》，简帛网，2006年10月8日；胡平生：《"其主必[骞]仆属吉"——读孔家坡汉简笔记一则》，简帛网，2007年1月1日；何有祖：《孔家坡日书简所见"鸡血社"浅论》，简帛网，2007年7月4日；周群：《也说孔家坡日书简所见的"鸡血社"》，简帛网，2007年7月9日；刘增贵：《"左右"、"雌雄"与"反"——孔家坡〈日书·反支〉考释》，简帛网，2007年8月2日；陆平：《也论孔家坡〈日书·反支〉》，简帛网，2007年8月4日，等等。有些网文随后亦有纸本刊出。

② 李天虹：《孔家坡汉简中的"徙时"篇》，《简帛研究　二〇〇二、二〇〇三》，广西师范大学出版社2005年版，第204~208页；《孔家坡汉简〈日书·星〉篇初探》，江林昌等主编：《中国古代文明研究与学术史——李学勤教授伉俪七十寿庆纪念文集》，河北大学出版社2006年版，第150~153页。刘乐贤：《孔家坡汉简〈日书〉"岁"篇初探》，《简帛》第2辑，上海古籍出版社2007年版，第409~414页；《孔家坡汉简〈日书〉"司岁"篇初探》，"2007中国简帛学国际论坛"会议论文，台北，2007年11月10—11日。晏昌贵：《孔家坡汉简〈日书·岁〉篇五行配音及相关问题》，《简帛》第2辑，上海古籍出版社2007年版，第415~426页。陈斯鹏：《孔家坡汉简补释》，《中国历史文物》2007年第6期。范常喜：《孔家坡汉简〈日书〉札记四则》，《东南文化》2008年第3期。何有祖：《孔家坡汉简丛考》，《中国国家博物馆馆刊》2012年第12期。王强：《孔家坡汉简校释丛札》，《出土文献研究》第12辑，中西书局2013年版，第253~260页。张显成、杨艳辉：《〈孔家坡汉简日书〉释文订补》，《古籍整理研究学刊》2014年第2期。刘玉环：《孔家坡汉简〈日书〉释文补说》，《昆明学院学报》2014年第5期。刘国胜：《孔家坡汉简日书"五胜"篇刍议》，《简帛》第9辑，上海古籍出版社2014年版，第217~221页。王志平：《孔家坡汉简〈日书〉"司岁"篇中的"单阏"》，《历史语言学研究》第7辑，商务印书馆2014年版，第189~197页。李天虹、蔡丹：《读孔家坡汉简〈日书〉杂记》，《简帛》第11辑，上海古籍出版社2015年版，第171~174页。王强：《孔家坡〈日书〉研究二题》，《简帛研究　二〇一五·秋冬卷》，广西师范大学出版社2015年版，第155~162页；《孔家坡汉简校读拾遗》，《简帛》第11辑，上海古籍出版社2015年版，第175~184页。张林：《孔家坡汉简〈日书〉札记》，《浙江海洋学院学报》(人文科学版)2016年第5期。刘国胜、凡国栋、杨芬：《孔家坡汉简日书释文补正》，《简帛》第12辑，上海古籍出版社2016年版，第131~137页。

学位论文的选题①，其研究势头方兴未艾。

11. 周家寨汉简《日书》

周家寨墓地发掘于 2014 年 9 月，比孔家坡墓地发掘晚了十多年，出土《日书》的亦为 8 号墓(M8)，距离孔家坡 M8 不到 500 米。墓中出土《日书》共 566 枚竹简，其中完整竹简约 360 枚，简长约 27.8~28.2 厘米，宽度可分两种，一种宽约 1 厘米、一种宽约 0.8 厘米，可能由不同的抄手书写。三道编绳，简文墨书于篾黄的一面，字体为工整的隶书。墓中还出土一方木牍《告地书》，据此《告地书》，可知周家寨 M8 的墓主人生前为桃侯国都乡高里公乘，名叫"路平"，大约死葬于西汉武帝建元元年(前 140 年)或元光元年(前 134 年)。② 孔家坡墓地的年代为公元前 142 年，彼此相隔不到 10 年。

孔家坡和周家寨的地理位置比邻，墓葬的下葬年代相近，墓主人的社会地位相当，生前也许谋过面、共过事，比较孔家坡和周家寨的日书异同，就成为一件非常有意义的事。但周家寨目前只公布了部分《日书》材料，相关研究刚刚起步。③

12. 张家山 M249 汉简《日书》

1983 年 12 月至 1984 年 1 月，湖北省荆州地区博物馆在距纪南城东北约 3.5 千米的张家山清理三座西汉初年的古墓，其中 249 号墓(M249)出土《日书》，原无标题，其内容与睡虎地秦简《日书》相似。材料尚未公布，具体情

---

① 陈炫玮：《孔家坡汉简日书研究》，台湾"清华大学"历史研究所硕士学位论文，2007 年。Ethan Richard Harkness(郝益森)：*Cosmology and the Quotidian*：*Day Books in the Early China*. Doctoral Dissertation, The University of Chicago, 2011. 王强：《孔家坡汉墓简牍校释》，吉林大学硕士学位论文，2014 年。孔家坡汉简《日书》研究成果既多，迫切需要进行再整理，形成新的文本，以便学界使用。

② 湖北省文物考古研究所、随州市曾都区考古队：《湖北随州市周家寨墓地 M8 发掘简报》，《考古》2017 年第 8 期。关于《告地书》中的人名释读，参看陈伟：《周家寨 8 号墓〈告地书〉中的"不幸"》，简帛网，2018 年 11 月 13 日。

③ 李天虹、凡国栋、蔡丹：《随州孔家坡与周家寨汉简〈日书〉"嫁女"篇的编次与缀合》，《考古》2017 年第 8 期；李天虹、罗运兵：《秦汉简〈日书〉"学"篇的定名：兼谈孔家坡汉简〈日书〉"学"篇的复原》，贾晋华、陈伟、王小林、来国龙编：《新语文学与早期中国研究》，上海人民出版社 2018 年版，第 316~322 页。

况不详。①

13. 张家山 M127 汉简《日书》

1985 年秋和 1986 年年初，荆州博物馆先后清理张家山 M127、M136 两座汉墓，其中 M127 出土《日书》。该墓为长方形土坑竖穴木椁墓，出土铜、陶、竹、木器 46 件，考古工作者据其器物形态，将 M127 定在汉惠帝前后。墓中出土竹简 300 余支，置于边箱南端底部，有长短两种形制，长简长 35~36.5、宽 0.6~0.7 厘米，三道编绳；短简长 17.4~17.6、宽 0.7~1.1 厘米，两道编联，文字皆为《日书》，内容与睡虎地秦简《日书》大致相同②。材料未公布。

14. 印台汉简《日书》

2002 年 1 月—2004 年 1 月，荆州博物馆组织岳桥考古队对荆州市沙市区沮乡岳村岳桥古墓群内的麻子塘墓地、印台墓地及岳家草场墓进行抢救性发掘，古墓群西南距荆州城 5.4 千米，西北距楚纪南故城约 5.7 千米，西距秦汉时期郢城遗址约 2.7 千米，属于东周楚墓和秦汉墓葬分布比较集中的区域。其中印台墓地有 9 座西汉墓（M59、M60、M61、M62、M63、M83、M97、M112、M115）出土竹、木简 2300 余枚、木牍 60 余方，内容包括文书、卒簿、历谱、编年记、日书、律令以及遣策、器籍、告地书等。《日书》内容与睡虎地秦墓所出有类似之处。据墓中所出文书，其中有景帝前元二年（前 155 年）临江国丞相申屠嘉下达文书的记录，《日书》的下葬年代或在西汉初年。2009 年文物出版社出版的由荆州博物馆编著的《荆州重要考古发现》一书③，以"印台墓地出土大批西汉简牍"为题详细介绍了印台汉墓简牍出土情况，并公布了其中 24 枚汉简图版。

---

① 张家山汉墓竹简整理小组：《江陵张家山汉简概述》，《文物》1985 年第 1 期。

② 荆州地区博物馆：《江陵张家山两座汉墓出土大批竹简》，《文物》1992 年第 9 期。

③ 郑忠华：《印台墓地出土大批西汉简牍》，荆州博物馆编著：《荆州重要考古发现》，文物出版社 2009 年版，第 204~208 页。

其后，刘乐贤先生对已公布的 24 枚汉简进行释文和初步研究①，认为
已公布的 24 枚简中有 5 枚的内容主要涉及二十八宿星占择日，4 枚简与睡虎
地秦简《日书》"玄戈"篇近似，4 枚简是讲出行择日，其余各简的内容或与睡
虎地秦简相似，或与孔家坡汉简相关，但具体细节或文句又有差别，其学术
意义十分重要。希望能够早日看到全部竹简的照片和释文。

15. 睡虎地 M77 汉简《日书》

2006 年 11 月，湖北省文物考古研究所和云梦县博物馆联合对汉丹铁路
施工队为加固铁路路基，在云梦县城睡虎地路发现的一座西汉墓葬(编号
M77)进行了抢救性发掘。该墓为小型长方形竖穴土坑墓，清理出土漆木器、
陶器 37 件，以及大量简牍，总数编号为 2137 枚，共分 22 组。这些简牍出土
时系成卷、成束纵向置于竹笥内。据报导，其内容包括质日、日书、书籍、
算术、法律书五大类，其中《日书》："未见完整简。C 组 82 简简背题有'日
书'二字。在残断的碎简中也有大量日书类内容。"②这是继睡虎地秦墓 M11
发现自题"日书"后，又一次出现相同的自题，意义重大。M77 的年代，发掘
者据出土器物结合竹简纪年，推断当在西汉文帝末至景帝时期。据整理者介
绍，日书类简均残断，残片逾千，整简长度推测约 29 厘米。简首完整的有
150 余枚，简尾完整的有 20 余枚，因而该卷竹简的总数应在 150 支以上。篇
名皆书于第一道编绳之上，已发现的有子、日失、浴、牝牡月、不宜畜、盖
屋、入室、天地、生子、诱犬、浴室、日长、灶、入人、禹须臾、时、雷、
除疾、犬噪、徙者(二见)、急行、合、行归、天李、土忌、盈、除、斗毂、
虫、平旦、月禁、土四时禁、食时、入畜、执、晦食、行胜、昏等。简面除
文字外，还绘有图表。其中初步复原的"死失图"，与云梦秦简、孔家坡汉
简、周家寨汉简中的"死失图"并不相同，图表绘于第二道编绳以下的位置，
图表下附有说明文字。其上书写的两栏文字，内容与睡虎地秦简中的《日夕》

---

①　刘乐贤：《印台汉简〈日书〉初探》，《文物》2009 年第 10 期。

②　湖北省文物考古研究所、云梦县博物馆：《湖北云梦睡虎地 M77 发掘简报》，
《江汉考古》2008 年第 4 期。

篇近似。①

16. 虎溪山汉简《日书》

虎溪山一号汉墓（YHM1）位于湖南省沅陵县城关镇西，1999 年 6 月发掘，M1 为长方形竖穴土坑墓，带斜坡墓道，方向正东。墓葬随葬品丰富，墓中出有"吴阳"玉印，考古工作者据此推断墓主人吴阳为第一代沅陵侯，长沙王吴臣之子，高后元年（前 187 年）受封，死于文帝后元二年（前 162 年）。墓中出土竹简 1336 枚（段），推测完简约 800 枚，其内容可分为黄簿、《日书》和《美食方》三类，被称为《日书》的竹简共 1095 枚（段），整简约 500 枚，为出土竹简的大部分，整简长 27、宽 0.8 厘米，两道编绳，简端平齐，书写工整。

考古简报披露了其中名为"阎氏五胜"的几枚竹简。② 据学者研究，《阎氏五胜》主要讲数术之"理"，与通常所见的《日书》重"术"轻"理"并不完全相同③。另据发掘者郭伟民先生介绍，吴阳墓竹简《日书》有很多关于秦汉时期的历史事件和历史人物的记载，如"陈胜反攻秦""楚将军项籍助赵""攻秦钜鹿下章衍（邯）降项籍以八月西略秦""陈豨以丙午诛军吏"等。④

2010 年，该批简牍的整理者张春龙先生又公布了与《阎氏五生（胜）》和《美食方》有关的 22 支简文⑤，从已公布的简文内容看，有些与我们所习知的日书不同，期待这批材料能早日刊布。

17. 阜阳汉简《日书》

1977 年，安徽省阜阳市博物馆在阜阳双古堆一号墓（M1）中发掘大量竹

---

① 熊北生、陈伟、蔡丹：《湖北云梦睡虎地 77 号西汉墓出土简牍概述》，《文物》2018 年第 3 期。

② 湖南省文物考古研究所等：《沅陵虎溪山一号汉墓发掘简报》，《文物》2003 年第 1 期。

③ 刘乐贤：《虎溪山汉简〈阎氏五胜〉及相关问题》，《文物》2003 年第 7 期；晏昌贵：《虎溪山汉简〈阎氏五胜〉校释》，《长江学术》第 5 辑，长江文艺出版社 2003 年版，第 210~213 页。

④ 郭伟民：《沅陵虎溪山一号汉墓发掘记》，《文物天地》1999 年第 6 期。

⑤ 张春龙：《沅陵虎溪山汉简选》，《出土文献研究》第 9 辑，中华书局 2010 年版，第 46~48 页。

简，同墓出土铜、铁、漆、陶器 200 多件，据出土器物上的"女（汝）阴侯"铭文及漆器铭刻"十一年"等纪年材料，可知墓主人为西汉第二代汝阴侯夏侯灶，死于文帝十五年（前 165 年）。① 另据胡平生先生介绍，双古堆汉简《日书》仅存近百个残片，最长的一简约 16.5 厘米，20 字。《日书》内容今已不知其详，自残简观之，似近于睡虎地秦简《日书》乙种 117-118 简。有些简是说某月中某日宜忌的，如："中旬筑，丑、未吉"，说的是某月中旬动土修建，选择丑日或未日吉利。有些简所说吉凶利害与方位有关，如说"因东南隅为室谓敝□，其子产必有大惊"，就是讲在东南角"为室"不吉。还有些简似乎讲星象星色与吉凶关系。书中涉及的事项和人物则有"产子""啬夫升迁""大将""徙家""得地""娶妇""筑室""蜚蠚""父母疾病""少子""中子""长子""土事""讼"等。在《楚月》篇中尚有如下简文："正月，荆尸也；二月，夏尸"；"九月，献马月"。② 阜阳一带乃楚国故地，西汉初年尚保留楚月名与夏历代月名之间的对应关系，这是值得玩味的。

18. 八角廊汉简《日书》

1973 年发掘的河北定县八角廊 40 号汉墓为西汉中山怀王刘修墓，下葬于汉宣帝元凤三年（前 78 年），报导称有竹简《日书》残简，多数不能通读。材料未公布，详情未知。③

19. 杜陵汉牍日书

2001 年 6 月至 12 月发掘出土，墓葬编号为 2001XRGM5，学者据该墓的地理位置和墓葬形制，推测其墓主人生前为与汉宣帝较为亲近的高官，或任职大鸿胪或大司农。《日书》木牍长 23、宽 4.5、厚 0.4 厘米，呈长方形，主

---

① 安徽省文物工作队等：《阜阳双古堆西汉汝阴侯墓发掘简报》，《文物》1978 年第 8 期。

② 胡平生：《阜阳双古堆汉简数术书简论》，《出土文献研究》第 4 辑，中华书局 1998 年版，第 12~30 页。

③ 河北省文物研究所：《河北定县 40 号汉墓发掘简报》，《文物》1981 年第 8 期；国家文物局古文献研究室等：《定县 40 号汉墓出土竹简简介》，《文物》1981 年第 8 期。

要是五谷宜忌日。①

20. 磨嘴子汉简《日书》

1959 年 7 月，甘肃省博物馆为配合当地开荒工程，在河西走廊东部武威市新华乡缠山村磨嘴子发掘了 6 座汉墓。磨嘴子 6 号墓（M6）位于甘肃武威县城南 15 千米，是一座小型的单室土洞墓，前后共分墓道、墓门、门道、墓室四部分，墓内有二棺，为夫妇合葬，据随葬器物的特征，可知该墓下葬于王莽时期，又据墓中所出大量与礼制有关的简册，推知墓主人身份大概为当时的官吏或士人阶层。② 所谓《日书》简原称作“日忌、杂占木简”，约有 10 枚，主要是十天干、十二地支占卜，如“甲毋治宅，不居必荒；乙毋纳财，不保必亡”；“午毋盖屋，必见火光；未毋饮药，必得之毒；申毋裁衣，不烦必亡”之类。③

21. 悬泉置汉简《日书》

1990 年至 1992 年，在甘肃省敦煌市东甜水井东南 3 千米原汉代悬泉置遗址，出土大量汉代简牍，其中有日书简④，据胡平生、张德芳先生撰著《敦煌悬泉汉简释粹》一书披露，内容包括“建除”“占死”“裁衣”“大时”“祝祷文”等⑤。与上述日书材料多出于墓葬不同，这批材料出于遗址，毫无疑问是当时的实用文书。据已公布材料，这批日书简最大的特点是，很多简背都有编号，这些编号显然是编连简册用的。从竹简出土时的层位关系看，这批《日书》简可能主要集中在西汉中晚期至东汉早期，刘乐贤先生考察了其中

① 张铭洽、王育龙：《西安杜陵汉牍〈日书〉“农事篇”考辨》，《陕西历史博物馆馆刊》第 9 辑，三秦出版社 2002 年版，第 107~113 页。

② 甘肃省博物馆、中国科学院考古研究所编：《武威汉简》，中华书局 2005 年版，第 4~7 页。

③ 甘肃省博物馆、中国科学院考古研究所编：《武威汉简》，中华书局 2005 年版，第 136~137 页。

④ 甘肃省文物考古研究所：《甘肃敦煌汉代悬泉置遗址发掘简报》，《文物》2000 年第 5 期。

⑤ 胡平生、张德芳：《敦煌悬泉汉简释粹》，上海古籍出版社 2001 年版，第 176~184 页。

以建除日编排的占"失"残件①，晏昌贵研究了其中的"死吉凶"简②。

22. 水泉子汉简《日书》

2008 年 8—10 月，甘肃省文物考古研究所对甘肃省永昌县水泉子汉墓群进行抢救性发掘，清理墓葬 15 座，其中 M5 出土木简。另外尚有纪年简一枚，为汉宣帝本始二年（前 72 年）。考古工作者根据墓中出土器物，推测这一批墓葬的年代在西汉末至东汉早期。③

木简集中放置于墓葬东侧木棺内，未移取前呈捆束状，采集时因编绳朽断而散乱失次。木简受损情况较为严重，经初步整理，较完整的木简有 700 多枚（段），连同残片共约 1400 枚（段），均为有字简，与木简同出的还有墨、砚等书写工具。这批木简长 19~20 厘米，约合汉尺八寸。木简的内容包括两大部分，一部分为七言本《苍颉篇》，另一部分为《日书》。日书简的文字为标准汉隶，分栏书写，从两栏至六七栏不等，在残简上发现有"丛辰""阎氏五行"等篇题，内容包括建除、丛辰、裁衣、男女日、生子、入官、捕盗、疾病、出行等方面，与云梦睡虎地秦简、天水放马滩秦简中的《日书》既有相同的内容，又颇多相异之处。这是迄今为止出土汉代日书数量较多的一次。④

23. 敦煌汉简日书

20 世纪初，英籍匈牙利人斯坦因先后三次在安西、玉门、金塔等地发掘汉代简牍共计 868 枚。1944 年，西北科学考察团在西北边塞遗址发掘汉简 44 枚。1979 年，甘肃省文物工作队对河西汉塞作全面调查，所得简牍更多。上述发掘品中不乏日书内容。⑤

----

① 刘乐贤：《悬泉汉简中的建除占"失"残文》，《文物》2008 年第 12 期。

② 晏昌贵：《悬泉汉简〈日书〉"死吉凶"研究》，《中国史研究》2013 年第 2 期。

③ 甘肃省文物考古研究所：《甘肃永昌水泉子汉墓发掘简报》，《文物》2009 年第 10 期。

④ 张存良、吴荭：《水泉子汉简初识》，《文物》2009 年第 10 期。

⑤ 林梅村、李均明：《疏勒河流域出土汉简》，文物出版社 1984 年版；甘肃省文物考古研究所：《敦煌汉简》，中华书局 1991 年版；张德芳：《敦煌马圈湾汉简集释》，甘肃文化出版社 2013 年版。

24. 居延汉简日书

在新、旧居延汉简中颇有一些日书残件，林剑鸣曾加留意①，胡文辉、刘昭瑞、魏德胜、孙占宇等先生均有辑文②，其中魏氏收辑最多，刘氏考证最详。曾宪通先生曾考察居延汉简中的刑德之术。③

25. 额济纳汉简日书

1999 年至 2002 年，内蒙古自治区文物考古研究所在额济纳旗汉代烽燧遗址进行考古调查清理时共采获 500 余枚汉代简牍，其中亦有与日书相关的简文，刘乐贤先生曾作过辑考④。这些西北屯戍遗址中所出的日书残件，扩大了人们对日书应用范围的了解，弥足珍贵。

26. 肩水金关汉简日书

1972 年至 1974 年，额济纳河流域的汉代居延金关烽燧遗址出土了 11000余枚简牍，整理成果已分五辑出版⑤，其中的日书残简已有何双全、程少轩、张国艳等学者辑录研究⑥。

27. 香港中文大学藏汉简日书

香港中文大学文物馆将历年入藏的简牍 259 枚汇集成书发表，其中日书

---

① 林剑鸣：《〈睡〉简与〈放〉简〈日〉书比较研究》，《文博》1993 年第 5 期。

② 胡文辉：《居延新简中的〈日书〉残文》，原刊《文物》1995 年第 4 期，收入氏著《中国早期方术与文献丛考》，中山大学出版社 2000 年版，第 142~144 页；刘昭瑞：《居延新出汉简所见方术考释》，《文史》第 43 辑，中华书局 1997 年版，收入氏著《考古发现与早期道教研究》，文物出版社 2007 年版，第 386~398 页；魏德胜：《居延新简、敦煌汉简中的"日书"残简》，《中国文化研究》2000 年春之卷；孙占宇：《居延新简数术残简再探》，《简牍学研究》第 5 辑，甘肃人民出版社 2014 年版，第 221~232 页。

③ 曾宪通：《居延汉简研究二题》，《简帛研究》第 2 辑，法律出版社 1996 年版，第265~272 页。

④ 刘乐贤：《额济纳汉简数术资料考》，《历史研究》2006 年第 2 期，又见孙家洲主编：《额济纳汉简释文读本》，文物出版社 2007 年版，第 159~164 页。

⑤ 甘肃简牍保护研究中心编：《肩水金关汉简》(壹)—(伍)，中西书局 2011—2016年版。

⑥ 何双全：《汉简〈日书〉丛释》，《简牍学研究》第 2 辑，甘肃人民出版社 1997 年版，第 45~51 页；程少轩：《〈肩水金关汉简(叁)〉数术类简牍初探》，《简帛研究　二〇一五·秋冬卷》，广西师范大学出版社 2015 年版，第 137~141 页；张国艳：《简牍日书文献语言研究》附录二"散见简牍日书释文"，中国社会科学出版社 2018 年版，第 874~876 页。

简 109 枚，是其大宗。据整理者介绍，其内容与睡虎地秦简《日书》、随州孔家坡汉简《日书》多可对照。经初步比较分析，这批简可分为 24 个篇章。这批简中有"孝惠三年"的明确纪年，简中有避秦始皇的"政"字讳，却不避汉高祖刘邦①，可见其构成比较复杂，应为秦代至汉初之物。

这批竹简材料公布后，刘乐贤先生率先撰文纠正释读中的一些错误②，其后又讨论其中的生子占条文③。晏昌贵亦撰文指出其中的"人字"图，并纠正对陷日的错误认识。④ 其后屡有学者对其释文提出商榷探讨⑤，如，陆平先生发表在互联网上的系列文章⑥。

28. 北京大学藏汉简日书

2009 年年初，北京大学入藏一批从海外回归的西汉竹书，共 3346 个编号，其中完整简共 1600 余枚，估计经过进一步拼缀复原，完整简应在 2100 枚以上。据报导，这批竹书中包含有日书，竹书的抄写年代在西汉武帝前后。⑦ 整理者计划分七卷出版这批汉简，已出版的第五卷包含《节》《雨书》《堪舆》《荆决》《六博》等，其中多有与日书相关的内容⑧。第六卷《日书》《日

---

　① 陈松长编著：《香港中文大学文物馆藏简牍》，香港中文大学文物馆藏品专刊之七，香港中文大学文物馆，2001 年，第 5 页。

　② 刘乐贤：《读〈香港中文大学文物馆藏简牍〉》，《江汉考古》2001 年第 4 期。

　③ 刘乐贤：《谈〈产经〉的生子占文》，《简帛数术文献探论（增订版）》，中国人民大学出版社 2012 年版，第 275～282 页。

　④ 晏昌贵：《香港藏汉简〈日书〉中的"人字"》，简帛研究网，2003 年 6 月 5 日；收入《简帛数术与历史地理论集》，商务印书馆 2010 年版，第 63～66 页。

　⑤ 何有祖：《香港中文大学文物馆藏简献疑四题》，简帛网，2005 年 11 月 21 日首发，后增补两则以"读香港中文大学文物馆藏简札记"为题，发表于《古籍整理研究学刊》2007 年第 2 期；刘国胜：《港中大馆藏汉简〈日书〉补释》，简帛网，2005 年 11 月 22 日首发，后刊《简帛》第 1 辑，上海古籍出版社 2006 年版，第 341～344 页。

　⑥ 陆平：《港中大馆藏汉简〈日书·生子篇〉整理》，复旦大学出土文献与古文字研究中心网，2008 年 8 月 6 日；《读港藏〈日书〉简札记九则》，复旦大学出土文献与古文字研究中心网，2008 年 8 月 28 日。

　⑦ 陈侃理：《北大汉简数术类〈六博〉、〈荆决〉等篇略述》，《文物》2011 年第 6 期。

　⑧ 北京大学出土文献研究所编：《北京大学藏西汉竹书（伍）》，上海古籍出版社 2014 年版。

忌》《日约》尚未出版。①

29. 银雀山汉简数术书

1972 年，山东省博物馆和临沂文物组在临沂银雀山发掘两座汉墓，出土大量汉简，尤以《孙子兵法》《孙膑兵法》著称，但也不乏阴阳、时令、占候之类的数书②。李零先生研究过其中的《三十时》③，刘乐贤先生研究了其中的《亡国志》④。

30. 马王堆帛书的数术资料

1973 年 12 月至 1974 年年初，湖南省博物馆在长沙市马王堆发掘了 2 号和 3 号两座汉墓，其中 3 号墓出土大批古代竹简和帛书。根据墓中出土的纪年材料，可以断定该墓下葬的年代是西汉文帝前元十二年（前 168 年）。⑤

马王堆帛书中与日书相关的数术资料整理出版相对滞后⑥，2000 年曾以"式法"为名公布过部分内容⑦，此后又有学者陆续刊布有关"出行占"的部分内容⑧，

---

① 北京大学出土文献研究所编《北京大学藏西汉竹书墨迹选粹》（人民美术出版社 2012 年版）第 36~38 页收有"日书"篇题、"日廷图"等。

② 吴九龙：《银雀山汉简释文》，文物出版社 1985 年版；银雀山汉墓竹简整理小组：《银雀山汉墓竹简（贰）》，文物出版社 2010 年版。

③ 李零：《读银雀山汉简〈三十时〉》，《简牍研究》第 2 辑，法律出版社 1996 年版，第 194~209 页。

④ 刘乐贤：《简帛数术文献探论（增订版）》，中国人民大学出版社 2012 年版，第 167~174 页。

⑤ 湖南省博物馆、湖南省文物考古研究所编著：《长沙马王堆二、三号汉墓》第一卷《田野考古发掘报告》，文物出版社 2004 年版，第 238 页。

⑥ 陈松长：《帛书〈阴阳五行〉与秦简〈日书〉》，《简帛研究》第 2 辑，法律出版社 1996 年版，第 138~147 页。

⑦ 马王堆汉墓帛书整理小组：《马王堆帛书〈式法〉摘要》，《文物》2000 年第 7 期；晏昌贵：《读马王堆帛书〈式法〉》，《人文论丛》2003 年卷，武汉大学出版社 2003 年版，第 121~127 页；陈松长：《马王堆帛书〈式法〉初论》，艾兰、邢文编：《新出简帛研究——新出简帛国际学术研讨会文集》，文物出版社 2004 年版，第 172~178 页。《新出简帛研究》集中刊发了一组有关《式法》的讨论文章，可参看；另参刘乐贤：《简帛数术文献探论（增订版）》，中国人民大学出版社 2012 年版，第 96~104 页。

⑧ 陈松长：《帛书〈出行占〉中的几个时称概念略考》，《出土文献研究》第 7 辑，上海古籍出版社 2005 年版，第 82~87 页；刘乐贤：《简帛数术文献探论（增订版）》，中国人民大学出版社 2012 年版，第 85~95 页。

得以窥全豹之一斑。2014 年，裘锡圭先生主编，湖南省博物馆、复旦大学出土文献与古文字研究中心编纂《长沙马王堆汉墓简帛集成》全七册出版面世①，其中第五册主要包括数术资料的释文与注释，计有《刑德甲篇》、《刑德乙篇》、《刑德丙篇》、《阴阳五行甲篇》（即此前命名的《式法》）、《阴阳五行乙篇》、《出行占》等，其中部分内容与日书相类似，或者竟是抄自日书（如《出行占》），与通行的日书相比，马王堆数术资料的内在逻辑更严密、内容更复杂。由于此前公布的完整的日书资料多出自社会中下层、低等级墓葬之中，作为王侯级的大墓，长沙马王堆的数术书显得更为"高级"、更为复杂，也更为难懂。

31. 尹湾汉简中的数术资料

尹湾汉墓位于江苏省连云港市东海县温泉镇尹湾村西南约 2 千米的高岭上。1993 年，连云港市博物馆等单位对该墓进行发掘，共发掘 6 座墓葬（编号 M1-6），出土简牍的 M6 是六座墓中保存最完整的一座。墓坑东西长 420厘米，南北宽 270 厘米，深 750 厘米，由一椁二棺一足厢组成，出土木牍 23枚、竹简 133 枚。竹简分宽、窄两种，宽简 20 枚，宽度在 0.8 ~ 1 厘米；窄简 113 枚，宽度在 0.3 ~ 0.4 厘米之间，宽窄简长度基本一致，在 22.5 ~ 23厘米之间，合汉尺一尺。文字均书写于竹黄的一面。据简牍所记，M6 的墓主人为汉代东海郡功曹史师饶，字君况。另据墓中所出纪年材料，M6 的下葬年代应在汉成帝元延三年（前 10 年）或稍后。②

尹湾汉墓简牍包括《集簿》《东海郡吏员簿》《东海郡下辖长吏名籍》《东海下辖长吏不在署、未到官者名籍》《东海郡属吏设置簿》《武库永始四年兵车器集簿》《赠钱名籍》《神龟占、六甲占雨》《博局占》《元延元年历谱》《元延三年五月历谱》《君兄衣物疏》《君兄缯方缇中物疏、君兄节司小物疏》《名谒》《元延二年日记》《刑德行时》《行道吉凶》《神乌傅（赋）》等，其中《神龟占、六甲占雨》《博

---

① 裘锡圭主编，湖南省博物馆、复旦大学出土文献与古文字研究中心编纂：《长沙马王堆汉墓简帛集成》（全七册），中华书局 2014 年版。

② 连云港市博物馆等：《尹湾汉墓简牍》，中华书局 1997 年版，第 162 ~ 165 页。

局占》《刑德行时》《行道吉凶》是与《日书》有关的选择类数术文献。①

尹湾汉简公布后，由于《博局占》与古代六博图局有关，引起学者的极大兴趣，先后有刘乐贤、曾蓝莹、李解民、罗见今等学者进行复原研究②，经过学者的讨论，对博局图的复原和所附文字隶定以及博局游戏的玩法大致弄清楚了。对于尹湾简牍中的《神龟占、六甲占雨》《刑德行时》《行道吉凶》等数术文献，刘乐贤先生有很好的复原研究。③ 黄一农先生亦结合后世的选择类文献，深入考察了行道吉凶、刑德行时等选择术对后世的影响。④

32. 胡家草场汉简《日书》

2018 年 10 月至 2019 年 3 月，荆州博物馆考古所对胡家草场墓地进行考古发掘，其中 M12 西汉墓出土《日书》，据介绍，日书简共 490 余枚，长约 30.3、宽约 0.7 厘米，三道编绳，包括建除、丛辰、时、牝牡月、吉日等篇，内容大多见于以往公布的日书，但宜忌的具体表述有所不同。其中“五行日书”的卷题为首次发现，具有重要意义。⑤

---

① 《尹湾汉墓简牍》数术资料的图版见第 20～21、67～70 页，释文见第 123～128、145～147 页。

② 刘乐贤：《〈博局占〉考释》，收入氏著《简帛数术文献探论（增订版）》，中国人民大学出版社 2012 年版，第 112～118 页；曾蓝莹：《尹湾汉墓〈博局占〉木牍试解》，《文物》1999 年第 8 期；李解民：《〈尹湾汉墓博局占木牍试解〉订补》，《文物》2000 年第 8 期；罗见今：《〈尹湾汉墓简牍〉博局占图构造考释》，《西北大学学报》（自然科学版）2000 年第 2 期。

③ 刘乐贤：《尹湾汉墓出土数术文献初探》，收入连云港市博物馆、中国文物研究所编：《尹湾汉墓简牍综论》，科学出版社 1999 年版，第 175～186 页。

④ 黄一农：《从尹湾汉墓简牍看中国社会的择日传统》，原刊台湾“中研院”历史语言研究所集刊》第 70 本第 3 分（1999 年），收入氏著《社会天文学史十讲》，复旦大学出版社 2004 年版，第 121～166 页。此外，江苏连云港花果山汉代简牍，考古报导称“简牍 8、9，类似睡虎地秦墓竹简中属于历忌一类的《日书》”，但从简牍摹本和释文看，应是“历谱（历日）”，并非日书。参看李洪甫：《江苏连云港市花果山出土的汉代简牍》，《考古》1982 年第 5 期。

⑤ 荆州博物馆：《湖北荆州市胡家草场墓地 M12 发掘简报》，《考古》2020 年第 2 期；李志芳、蒋鲁敬：《湖北荆州市胡家草场西汉墓 M12 出土简牍概述》，《考古》2020 年第 2 期；李天虹、华楠、李志芳：《胡家草场汉简〈诘咎〉篇与睡虎地秦简〈日书·诘〉对读》，《文物》2020 年第 8 期。

二、简帛日书整理与研究的成绩与不足

(一)简帛日书整理与研究的成绩

日书是出土文献提供给我们的新认识,前所未见。由于这个原因,再加上简帛日书文本构成的特殊性(详下文),增加了简帛日书整理和研究的难度。但经过众多学者近半个世纪持续不断的努力,以日书为代表的简帛数术研究已经取得骄人成绩,差可与简帛法律文书、经典古书的研究鼎足而三,成为战国秦汉简帛研究中的重要门类。具体表现在以下方面。

1. 文本整理成绩突出,为进一步研究奠定了良好的基础

简帛日书研究,首先涉及文本整理问题,大致包括了文字释读、辞句训释、拼接编连和篇章分析等方面。通过学者的努力,日书文本的整理研究已取得突出成绩,从而为进一步的研究奠定了基础。

简帛日书涉及古代数术的专门知识,文辞古奥,加上日书抄手多为民间抄手,水平不高,比不得经典古书,错讹、脱漏的现象比较突出,增加了文本整理的难度。在日书辞句训释方面,李家浩先生、李零先生等对楚简日书的研究①,刘乐贤、胡文辉、吴小强等学者对秦简日书的研究②,刘乐贤、陈炫玮等对汉简日书的研究③,都作出过重要贡献。

写在竹(木)简上的日书原是编连成册的,墓葬中出土的日书(姑且称之为"墓本日书")在出土时多已散乱,或有残损;写在帛书上的日书虽然数量不多,但出土时亦多残成碎片;写在木(竹)牍上的日书则基本上不存在拼

---

① 李零:《中国方术考(修订本)》,东方出版社 2000 年版,第 177～231 页;《中国方术续考》,东方出版社 2000 年版,第 416～432 页。

② 刘乐贤:《睡虎地秦简日书研究》,台湾文津出版社 1994 年版;胡文辉:《中国早期方术与文献丛考》,中山大学出版社 2000 年版;吴小强:《秦简日书集释》,岳麓书社 2000 年版。

③ 刘乐贤:《简帛数术文献探论(增订版)》,中国人民大学出版社 2012 年版;陈炫玮:《孔家坡汉简日书研究》,台湾"清华大学"历史研究所硕士学位论文,2007 年。

接、编连问题。至于遗址所出简牍日书，则多断简残章，需要与墓本日书对照才能判明。在简帛日书的拼接、编连方面，从已发表的日书文本看，虽然若干细节方面还有待改进，但总体上已不影响对文本的理解。简帛日书文本有两大突出特点：其一是分栏书写，"旁行斜上"；其二是以图配文，"图文并茂"。日书多分栏书写，分栏的形式虽亦见于睡虎地秦简法律文书《为吏之道》，但远不如日书普遍。分栏书写的文字往往先读上栏，读完上栏再读下栏，从左到右，从上到下，或类似于《史记》诸表。

比较完整的日书多配有线图，图文结合，图文并茂。比如睡虎地秦简《日书》和孔家坡汉简《日书》"艮山"篇都图，图下配文字；上述两种日书"置室门"亦有图，图下配写文字，但放马滩秦简《日书》却只有文字没有图。

简帛日书的这两种书写形式，既为日书分篇分章提供了便利，同篇同章往往在同一栏或同一图幅之下；但又为日书的释读和研究增加了难度，原因就在于日书抄手往往利用简牍的空白处抄写另外的短章，同一支简上出现两篇或多篇日书内容。九店楚简、睡虎地秦简两种《日书》都是先出版未分篇的本子，然后再出分析篇章的本子，周家台秦简《日书》、孔家坡汉简《日书》初版即为分篇本，放马滩秦简《日书》则只有未分析篇章的本子。李零、刘乐贤、陈炫玮等学者都对日书的分篇有专门讨论。经过整理者的工作和学者的后续研究，几种常见日书如九店楚简、睡虎地秦简、孔家坡汉简的篇章分析已经比较完善，未经分篇的放马滩秦简和其他散简亦可对照上述几种日书进行。

目前发现的战国楚简日书，集中分布在楚国故地，系用楚文字写成。战国楚文字经过历年来学者的研究，目前已经成为古文字研究中最热门、最具潜力的研究领域，"识字"基本上已不成问题。2000 年中华书局出版的由李家浩先生执笔编著的《九店楚简》一书①，文字释读十分精审。2009 年出版的《楚地出土战国简册［十四种］》一书②，九店简由李家浩、白于蓝执笔，其中改释的文字不多，亦可证明楚简《日书》在文字释读方面已基本上不存在

①　湖北省文物考古研究所、北京大学中文系编：《九店楚简》，中华书局 2000 年版。
②　陈伟等：《楚地出土战国简册［十四种］》，经济科学出版社 2009 年版，第 304～333 页。

问题。

在秦简牍日书方面，睡虎地《日书》出土时间早、内容丰富、研究成果众多，堪称日书文献整理研究的典范。2014 年，由陈伟主编，武汉大学简帛研究中心、湖北省博物馆、湖北省文物考古研究所合编的《秦简牍合集》出版面世①，收录睡虎地、放马滩、周家台、岳山 4 批秦简日书，提供全新的红外照片图版，在文字释读、竹简缀合编连、文意阐发等诸多方面取得重要进展，代表日书文本整理的最新成就。

汉代简帛日书发现虽多，但真正完整出版面世的只有孔家坡一种，现有的图版照片并不十分清晰，相关研究成果也比较零散，已有学者利用红外照片重新整理，这是我们十分企盼的。

2. 数术史研究成果丰硕，弥补了战国秦汉数术研究之不足

日书属于《汉书·艺文志》(简称《汉志》)数术略"五行类"。"数术"在后世亦称"术数"。《汉志》将数术书分为天文、历谱、五行、蓍龟、杂占、形法共 6 类，其中"五行类"收书 31 家，652 卷②。但所收书除《山海经》见存外，其余全部亡佚。

日书甫一面世，即有学者指出其在性质上属于《汉志》数术略的"五行类"，是古代关于时日选择的选择术③。李零、刘乐贤、胡文辉、刘道超等学者对日书中的数术知识有深入讨论④，内容涉及日书的择吉原理、神煞考释、五行干支，以及日书择吉术对后世方术的影响。台湾学者黄儒宣的博士

① 陈伟主编：《秦简牍合集》(4 卷 6 册)，武汉大学出版社 2014 年版；《秦简牍合集：释文注释修订本》(全 4 册，无图版)，武汉大学出版社 2016 年版。

② 参看赵益：《古典术数文献述论稿》，中华书局 2005 年版，第 1~42 页。

③ 于豪亮：《秦简〈日书〉记时记月诸问题》，原刊《云梦秦简研究》，中华书局 1981 年版，第 351~357 页；收入《于豪亮学术文存》，中华书局 1985 年版，第 157~162 页；饶宗颐：《云梦秦简日书研究》，收入饶宗颐、曾宪通：《楚地出土文献三种研究》，中华书局 1993 年版，第 405~441 页。

④ 李零：《中国方术考(修订本)》，东方出版社 2000 年版，第 177~231 页；《中国方术续考》，东方出版社 2000 年版，第 321~340、416~432 页。刘乐贤：《睡虎地秦简日书研究》，台湾文津出版社 1994 年版；《简帛数术文献探论(增订版)》，中国人民大学出版社 2012 年版。胡文辉：《中国早期方术与文献丛考》，中山大学出版社 2000 年版。刘道超：《择吉与中国文化》，人民出版社 2004 年版。

学位论文《〈日书〉图像学研究》①，收集日书中以干支为坐标体系的式图，以及各种以线条、符号、图画等组成的图像，通过各种日书图式，探讨原书择日的原理，以及古人构拟的宇宙观念。王强的博士学位论文《出土战国秦汉选择数术文献神煞研究——以日书为中心》②，对日书中的神煞作了有益的探讨。文末附有"神煞运行简表"，很便于对照使用。

在《日书》性质方面，刘信芳、刘乐贤等学者还进一步指出：《日书》虽以择吉术为主，但也包括了《汉志》分类的中"杂占""形法"等内容，具有集大成的性质，是古代的"类书"。③

通过上述学者的研究，对日书的性质已取得基本一致的意见。数量众多的战国秦汉简帛日书，虽然不能完全复原《汉志》数术略"五行类"的全貌，但战国秦汉数术史的基本面貌，已展现在人们眼前。

3. 科技史研究日益深入，纠正了以往在认识上的偏差

日书中记录了众多与天文历法有关的星象名称和内容，早期的日书研究者，多将其视作实际天象记载，从中窥测我国古代天文学成就。随着研究的日益深入，研究者发现，日书记录的星象名称多非实际天象观测，而是人们虚拟的神煞，这就纠正了以往人们在认识上的偏差。比较典型的例子，是对日书中非常多见的"岁"的研究，早期研究者以为日书中的"岁"是指实际天象的岁星(木星)，但经胡文辉等人研究，日书"岁"并非木星，而是"太岁"神煞④。日书中的其他星象如玄戈、招摇等，都应作如是观。

---

①　黄儒宣：《〈日书〉图像学研究》，中西书局 2013 年版。

②　王强：《出土战国秦汉选择数术文献神煞研究——以日书为中心》，吉林大学博士学位论文，2018 年。

③　刘信芳：《九店楚简日书与秦简日书比较研究》，《第三届国际中国古文字研讨会论文集》，香港中文大学中国文化研究所、中国语言文学系，1997 年 10 月，第 517~544 页；刘乐贤：《简帛数术文献探论(增订版)》，中国人民大学出版社 2012 年版，第 44~46 页。

④　胡文辉：《释岁——以睡虎地〈日书〉为中心》，原刊《文化与传播》第 4 辑，海天出版社 1996 年版；收入氏著《中国早期方术与文献丛考》，中山大学出版社 2000 年版，第 88~134 页。

日书真正具有天文学研究价值的，是其中历法体系和日辰时制，对秦的用历和一日内时辰的划分，研究者已取得大体一致或相近的结论，但对楚国历法，目前还没有取得一致的意见。①

日书天文学研究另一个值得重视的倾向是黄一农先生的社会天文学史研究，他有系列文章，探讨天文对古代社会影响，开辟了日书天文学研究的新途径。②

4. 宗教习俗与民间文化研究成效明显，开辟日书研究新领域

日书的使用者为社会基层民众，其内容反映了古代民众的一般信仰。早期研究者利用睡虎地秦简日书研究秦的宗教信仰，并试图将秦代宗教信仰与殷周时期的宗教信仰，东周时期秦地与楚地的民间信仰加以区别。③ 蒲慕州先生则指出，睡虎地秦简《日书》所反映的并非仅限于秦人的宗教信仰，而是当时下层社会民众间普遍的"民间宗教"或"民间信仰"。④ 蒲氏还在日书研究的基础上，系统考察中国上古时期（先秦秦汉）的民间信仰，著有《追寻一己之福——中国古代的信仰世界》的专书，认为日书所反映的民间宗教信仰关注个人福祉，不涉及公共事务和价值判断。⑤ 这一观点已基本得到学术界的认同。

美国学者夏德安（Donald Happer）先生对九店楚简《日书》"告武夷"、放

---

① 参看陶磊：《〈日书〉与古历法研究综述》，《中国史研究动态》2004 年第 9 期。

② 黄一农：《从尹湾汉墓简牍看中国的择日传统》《选择术中的嫁娶宜忌》《通书——中国传统天文与社会的交融》，均收入氏著《社会天文学史十讲》，复旦大学出版社 2004 年版。

③ 李晓东、黄晓芬：《从〈日书〉看秦人鬼神观及秦文化特征》，《历史研究》1987 年第 4 期；《秦人鬼神观与殷周鬼神观比较》，《人文杂志》1989 年第 5 期。吴小强：《论秦人的多神崇拜特点》，《文博》1992 年第 4 期；《论秦人宗教信仰的层次性》，《简牍学报》1992 年第 14 期。

④ 蒲慕州：《睡虎地秦简〈日书〉的世界》，台湾《"中研院"历史语言研究所集刊》第 62 本第 4 分，1993 年。

⑤ 蒲慕州：《追寻一己之福——中国古代的信仰世界》，台湾允晨文化实业股份有限公司 1995 年版。

马滩秦简中的"志怪故事"和周家台秦简《日书》均有深入研究①，他的研究将日书等数术所反映的宗教信仰与早期道教联系起来考察，视角新颖独特。他还在夏含夷等人编著的《剑桥中国先秦史》一书中撰有专章，利用日书等资料系统考察战国时期宗教信仰和神秘思想，将日书所反映的宗教信仰称为"共同宗教"（common religion），成绩斐然。②

在日书所反映的民间习俗方面，学者的研究包括择吉习俗③、居住习俗④、出行礼俗⑤等方面。王子今先生撰写《睡虎地秦简〈日书〉甲种疏证》多引证民族学材料，阐发《日书》所反映的民间文化习俗，是值得重视的研究成果。⑥ 在一般通论性的著作中，亦多引用日书材料，以证成战国秦汉时期的宗教信仰习俗。⑦

在此，我希望借用一点篇幅，简要介绍一下夏德安、马克合编的《早期中国的命书与大众文化：战国秦汉日书抄本》一书⑧。该书虽然以"大众文化

---

① 夏德安：《战国民间宗教中的复活问题》，陈松长、熊建国译，《简帛研究译丛》第 1 辑，湖南人民出版社 1996 年版；《战国时代兵死者的祷辞》，陈松长译，《简帛研究译丛》第 2 辑，湖南人民出版社 1998 年版；《周家台的数术书》，《简帛》第 2 辑，上海古籍出版社 2007 年版。

② Donald Harper：Warring States Natural Philosophy and Occult Thought, in Michael Loewe & Edward L. Shaughnessy（eds.）：*The Cambridge History of Ancient China*. Cambridge University Press，1999，pp. 813-884.

③ 刘道超：《秦简〈日书〉择吉民俗研究》，《广西师范大学学报》2004 年第 3 期。

④ 晏昌贵、梅莉：《楚秦〈日书〉所见的居住习俗》，《民俗研究》2002 年第 2 期；王晓卫：《秦简〈日书〉与敦煌卷子中的宅居观》，台湾《历史月刊》2003 年第 187 期。

⑤ 王子今：《睡虎地秦简〈日书〉所反映的楚秦交通状况》，《国际简牍学会会刊》第 1 号，台湾兰台出版社 1993 年版；《睡虎地秦简〈日书〉所见行归宜忌》，《江汉考古》1994 年第 2 期。刘增贵：《秦简〈日书〉中的出行礼俗与信仰》，台湾《"中研院"历史语言研究所集刊》第 72 本第 3 分，2001 年。

⑥ 王子今：《睡虎地秦简〈日书〉甲种疏证》，湖北教育出版社 2003 年版。

⑦ 参看彭卫、杨振红：《中国风俗通史·秦汉卷》，上海文艺出版社 2002 年版，第 198~199、279~282、333 页；杨英：《祈望和谐——周秦两汉王朝祭礼的演进及其规律》，商务印书馆 2009 年版，第 253~259 页。

⑧ Donald Harper & Marc Kalinowski（eds.）：*Books of Fate and Popular Culture in Early China*：*The Daybook Manuscrpts of the Warring States*，*Qin*，*and Han*. Brill，2017.

(或流行文化、民间文化)"为题，但不仅限于此。全书共分 11 章，第 1 章由法国学者杜德兰(Alain Thote)执笔，介绍日书发现的考古学背景。第 2 章由刘乐贤撰写，讨论日书的性质和特征。他将所有的已知日书材料分为四种类型，一是典型日书，包括九店、放马滩、睡虎地和孔家坡；二是日书类文献，如岳山、周家台、尹湾等；三是西北屯戍遗址所发现的日书残简；四是尚未公开出版的日书材料，如北大藏简、虎溪山等。通过对 4 种典型日书的分析，刘乐贤总结日书的四个主要特征：(1)日书的主要内容是择日，但不限于择日；(2)日书文本没有一个固定的模式；(3)人们希望日书成为日常生活的指南，对国家大事和军事事务几乎没有兴趣；(4)日书基于历书中日、月、时的关联性来确定好日子和不好的日子。① 第 3 章是夏德安撰写的"抄本文化和大众文化背景下的日书"，讨论日书的作者、日书抄本的形式和功能以及日书在日常生活中的具体应用，认为日书的制作者、使用者和适用对象均为社区一般民众尤其是地方官员，而非特殊的专门家("日者")。在形塑战国秦汉时期大众文化的过程中，日书发挥着重要作用。② 第 4 章是马克撰写的"日书择日和预测的理论与实践"，他将日书的内容分为个人生活、生命历程、官场事务、家庭，以及文化与社会，进行分门别类的统计，得出很多有意思的结论，并在此基础上重点考察了日书中的神煞和各种图式及其运用。③ 第 5 章是晏昌贵撰写的"日书中的鬼神"，讨论日书中鬼神类别和鬼神世界、驱鬼的方术等，指出日书中的鬼神有向神煞转变的倾向，这与战国秦汉时期五行观念的流行是分不开的。第 6 章李零介绍子弹库帛书，在此基础上，他将选择分为三类：一式法，二时令，三日书，认为日书写本有两个基本特征：第一，日书是不同社会阶层人士日常生活中使用的手册或实用指

---

① Donald Harper & Marc Kalinowski (eds.)：*Books of Fate and Popular Culture in Early China：The Daybook Manuscrpts of the Warring States，Qin，and Han.* Brill，2017，p. 65.

② Donald Harper & Marc Kalinowski (eds.)：*Books of Fate and Popular Culture in Early China：The Daybook Manuscrpts of the Warring States，Qin，and Han.* Brill，2017，p. 137.

③ Donald Harper & Marc Kalinowski (eds.)：*Books of Fate and Popular Culture in Early China：The Daybook Manuscrpts of the Warring States，Qin，and Han.* Brill，2017，p. 142.

南；第二，日书的内容最好被描述为杂记，信息的组合从一个手稿到另一个手稿各不相同。① 该书以下各章分别介绍秦汉时期的历法（Christopher Cullen）、日书的宗教背景（Marianne Bujard）、帝国晚期和现代中国的日书遗产（Richard Smith）、中世纪欧洲的择日术（László Sándor Chardonnens）和古巴比伦历术与择日（Alasdair Livingstone）。该书是英语世界第一本以日书为题的研究专著，值得重视。

5. 社会生活史研究初露锋芒，前景广阔

李学勤率先从社会史角度展开对日书研究②，其后不乏响应者。上述民间习俗研究所涉及的诸方面，亦可视作社会生活史的研究。我们曾呼吁加强日书的日常生活史研究③，亦有不少研究成果面世④，研究前景十分广阔。

（二）简帛日书整理与研究的不足

日书研究在取得上述成就的同时，亦存在一些明显的不足。管见所及，主要有以下几个方面。

1. 研究的重心主要集中在睡虎地秦简等少数日书上，缺乏对所有日书的整体综合性研究

睡虎地秦简《日书》资料丰富，刊布时间早，整理水平高，研究成果最多。目前所见的日书论著，大多数都是关于睡虎地秦简《日书》的。九店楚简《日书》整理水平很高，但资料没有睡虎地秦简丰富，有关论作多是文字训释和文本整理方面，内容阐发不多。内容丰富且整理水平较高的周家台秦简、

① Donald Harper & Marc Kalinowski（eds.）：*Books of Fate and Popular Culture in Early China*：*The Daybook Manuscrpts of the Warring States*，*Qin*，*and Han*. Brill，2017，p. 275、276.

② 李学勤：《〈日书〉与楚、秦社会》，《江汉考古》1985 年第 4 期。

③ 晏昌贵：《简帛〈日书〉与古代社会生活研究》，《光明日报》，2006 年 7 月 10 日，第 11 版。

④ 吕亚虎：《秦汉社会民生信仰研究——以出土简帛文献为中心》，中国社会科学出版社 2016 年版。

孔家坡汉简《日书》，研究成果也不多。放马滩秦简《日书》完整刊布时间不长，研究论著亦不多。至于其他日书材料，或为断简零章，或未能全部公布，从而影响了研究进展。

日书研究受材料整理、公布速度的影响。在上述列举的 30 余种（批）材料中，大部分都没有完整全部公布。实际上，未见诸报导，深藏于各博物馆库房的日书材料还有不少。若干年前，曾有学者呼吁加快出土材料的整理、公布速度①，迄今仍未见多少改变。这方面的工作自有其特殊性，但影响到日书研究也是很明显的。

日书研究者往往专注于各个别日书的考察，缺乏将所有日书材料整合起来，作贯穿式综合研究的成果。

2. 各种日书的比较研究不够

目前发现的日书材料，从时代上看，有战国、秦、汉三个不同的时期；从地域上看，主要集中在南方楚国故地和西北边陲。曾有学者探讨过睡虎地秦简和放马滩秦简《日书》的异同，但受材料限制（当时放马滩简未全部公布），成绩有限。现在完全有条件将不同时代、不同地区的日书材料作对比研究，以此观察日书随时代和地域不同在流传过程中所发生的变化，亦可了解同一时代不同地区日书的区别。《史记·太史公自序》所述之"齐、楚、秦、赵为日者，各有俗所用"的历史现象，或许可以通过对不同地区日书文本的比较研究，得以展现在世人面前。

3. 日书的社会生活史研究有待加强

日书内容涉及当时社会下层民众日常生活的方方面面，是社会生活史研究的好材料。上文曾列举学者在这方面的研究工作，但还不够。社会生活史包括人们生活的诸方面：衣食居行、婚丧嫁娶、生老病死、鬼神信仰，尽括其中。目前的日书研究在这方面虽然有所涉及，但缺乏全面系统的研究，难窥全貌。

---

① 参看刘乐贤：《简帛数术文献探论（增订版）》，中国人民大学出版社 2012 年版，第 36~37 页。

三、简帛日书所见古代社会生活

本书以现已公布的全部简帛日书为研究对象。在此，有必要谈谈我们对出土简帛日书的总体看法。

从考古发现的日书文本形态考察，被称作"日书"的那些简帛文书，其实差别还是比较大的，根据其内容，我们认为可以分为三种基本类型：

A 型，以"建除"类为纲，内容比较完备的日书。从已经公布的材料看，主要有九店楚简、睡虎地 M11 秦简、放马滩秦简、孔家坡汉简 4 种。睡虎地 M77 汉简自题"日书"，应该也属此类型，惜材料未公布。王家台秦简、印台汉简和水泉子汉简的材料尚未完全公布，是否归属此类有待进一步考察。悬泉置汉简《日书》虽然也有"建除"，但从已公布的材料看，这种"建除"只有建除十二直之名和所直之日，未见吉凶占辞，与上述 4 种日书中的"建除"不能等量齐观。张家山两种日书据称与睡虎地秦简相同或相似，但材料尚未公布，无法证实。

B 型，仅见日书单篇残章，且多杂忌类。从已刊布材料看，这一类最多，流传范围最广，如上博藏楚简中的日书残件、香港中大藏日书残件、岳山、杜陵木牍，磨嘴子以及悬泉置、居延、额济纳等遗址所出皆属此类。这一类日书在性质上与 A 类日书一致，是 A 类日书的单篇流行，对考察日书的成书和流布，具有重要意义。

C 型，性质与日书近似，但可能不完全属于日书，如子弹库楚帛书、马王堆汉墓帛书、周家台秦简；或者由于材料未完全公布有待进一步考察者，如虎溪山汉简等。这一类材料，或可称为"类日书"，属于广义的选择类古文献，尹湾汉墓简牍中的数术材料，可能也属此类。

本书研究以 A、B 两型日书为主，辅之以 C 型日书，研究日书所反映的战国秦汉时期社会层民众的日常生活面貌。由于日书的特殊性，它所反映的当时的社会生活未必都符合客观的历史事实，日书只不过是当时社会日常生活行事的择日指引。如果说日书是"一面镜子"的话，那么，这面镜子反映的，更多的是当时人的社会观念、社会心理与集体意识。简帛日书所见古代社会生活大致有如下主题和内容：

（一）衣食

日书中有关裁衣宜忌的条文较少，裁衣日的吉凶从衣丝、媚人到衣敝、死亡等有种种不同的情形。裁衣择日一直延续至今。在与饮食相关的农事生产方面，通过对放马滩秦简《日书》乙种和孔家坡汉简《日书》中关于农业生产的占文的考察，得出如下新认识：与农业生产有关的占术，可能来自秦国故地，秦灭楚后，又传入楚国故地。从孔家坡汉简《日书》"岁"篇看，内容与古代《月令》近似，但时间的节律约有两种，一种是春夏秋"三时"的农事节律，二是冬季的政事节律。此类占文与日常生活中的生产密切相关，很多是出自对农业生产经验的总结，基本不涉及神煞运行，较少神秘气息。

（二）居处

日书所见最基本的居住单元有屋、宇（寓）、宫、室等。结合睡虎地秦简法律文献，可知古代的居住环境约有二种：一种为"田庐"，介处野地农田间，便于农事；另一种为"邑居"或"邑屋"，位于城邑之中。从居处的空间形态考察，可以发现，室、堂、庭为一组，是为内；巷、术、野为一组，是为外。墙垣阻隔内外，门户则沟通内外。日书中多门、垣的选择方术，其原因或在于此。在居处的时间选择方面，可以发现三种基本形式：（1）与月令相似的日书条文，来自实际的生产和生活经验，尽量避免在农忙时节动土兴功，而将兴建房舍等土木活动集中在每年的秋季农闲时节；（2）每年各月均有适宜或适宜动土的规定，此类规定的基本"原理"，是想象着某位"神"在起支配作用；（3）按照神煞的运行，占断兴土动功的方位吉凶。其中第（1）种形式最早，最具"科学"成分和价值。第（2）种形式与古代的神话和宗教有关，是万物有灵的产物。第（3）种形式则是第（1）、（2）种形式的抽象化和方术化的结果，无所不在的神煞在其中起着支配性的作用。在居处的空间选择方面，九店楚简和睡虎地秦简《日书》都有"相宅"篇，比较二种《日书》，可以发现二种《日书》都是以主体建筑物"寓（宇）"为中心，涉及"寓（宇）"的地形地势、外部轮廓、形状和其他附属建筑物的吉凶，总体内容和描述方式是相同或相似的，甚至个别辞句完全一样。在方位吉凶判断上，都涉及东南西北四正位及四隅共八个方位，没有出现后世风水术常见的二十四方位，也较少阴阳五行的神秘气息。二者相异的地方也是很明显的：睡虎地秦简的结构更为清晰，文句更为简约，吉凶判断也更为简明，表现出一种程式化的倾向；在简文内容上，九店简中的祭室不见睡虎地秦简，睡虎地秦简则多出庑、小内、圈、囷、屏等建筑；在方位吉凶上，九店楚简《日书》没有强调"中"的观念，睡虎地秦简《日书》则比较突出"中央"的位置。这些差别，反映出楚、秦文化的差异。

（三）出行

日书有关出行的记录十分丰富，出行的种类，从距离上区分，有5里、10里、30里、100里、200里、300里、500里、1000里，超过100里的距离，就可以称为"远行"或"行远"；而10里以内，则可称为"近行"或"之野外"。从出行的性质上看，有出于军事原因的出行、有出于经商原因的出行、有出于官宦原因的出行。从出行使用的工具看，则陆行乘车，水行乘船。出行活动不像农业生产和营建城邑、居室一类的活动受自然时间节律的限制，在日书中几乎看不到符合自然时间节律的择日安排，而更多的是与神煞、五行联系在一起，与出行有关的最重要的神煞是小时（小岁）和大时（太岁）。古代山川阻隔，交通艰难，出行不易，因之有出行的仪式，祷祠道鬼行神，行禹步三，以求旅途平安。日书出行仪式为后世道教所吸纳继承，成为道教仪式的重要组成部分。

（四）官宦

楚、秦日书在记载吏治方面存在差异，九店楚简《日书》在吏道和吏治方面的记载较少，而秦汉简牍日书中有关官宦的记载却十分丰富，反映出楚、秦在吏治习俗方面的不同。我们认为，秦汉日书有关官宦吏治方面内容的增多，是秦商鞅变法后，封建官僚系统的建立和健全，吏途向社会民众开放，官宦日益深入民间，赐爵为官日益世俗化、成为民众日常生活重要组成部分的一种表现。楚国则不然，战国中期楚悼王时虽有吴起变法，但为时不长，成效有限。见于战国中后期的楚国大臣，多为与楚王室有关的屈、昭、景三族。为官之途既不能向社会民众开放，宜乎为民间日用之日书少见官宦内容的记述。在日书所反映的国家与社会关系方面，通过对孔家坡汉简《日书》"天牢"篇所见刑罚体系的考察，可以发现刑罚体系已渗透到与日常生活密切相关的日书之中；另一方面，日书也对秦汉律令产生影响。由于秦汉帝国疆域辽阔，异地殊俗，秦代地方吏治虽以移风易俗为己任，但国家法律与民间心理存在矛盾，秦代试图整合国家与社会之间的紧张关系，终因手段过于刚猛而告失败。

（五）生死

日书中有较多生子、嫁娶、疾病、死亡等方面的时日选择。通过对日书嫁娶择日的考察，可以印证《史记·日者列传》所载武帝时娶妇聚会占家，而各家之吉凶相互矛盾、相互攻讦的复杂情形。战国秦汉时人对婚姻嫁娶的看法，较多地关注女方的性情、家庭关系和子嗣生育，而较少关心对方的容貌。汉代改嫁改娶的习俗在日书中亦有反映。秦汉简牍日书中有大量关于疾病的择日占卜，其目的无外乎求得为祟的鬼神及其禳解之法。这种鬼神致病的观念有着十分古老的历史渊源。日书尤其关注死亡和丧葬的宜忌日，这与传统儒家"慎终追远"的观念有异曲同工之妙。在悬泉置汉简和孔家坡汉简《日书》中有关于"死失"的占文，通过对悬泉置简册的复原，可知"死失"之"失"与致病之"祟"有关。"失"与"祟"是事物一体的两面。与之相关的概念还有"殃咎"。人死之后为殃、为凶、为祟的观念，应与早期道教的"尸注""解注""重复"等说法有着某种程度的渊源关系。

（六）鬼神

日书中的鬼神有着鲜明的等级结构，最上端是帝、上帝、上皇等高位神，其中不乏五方色帝；中间层次的大概是"群神"系统，最下端则为"百鬼"。在睡虎地秦简《日书》"诘"中，记载各种鬼神的名目尤其繁多，其形象与《山海经》《搜神记》等传世志怪小说所见，其实并无二致。古人对待鬼神的态度和方法，不外乎二种：一是祭祀求祷，属于"软"的一手；二是攻除禳解，属于"硬"的一手。通过对简帛日书的考察，可以发现在鬼神信仰方面，楚、秦以及汉初的民间信仰似乎并无本质区别。早期的择日术，鬼神常常作为择日背景的依据出现，但在秦汉时期的日书中，择日原理有从鬼神向神煞转变的趋向。这一新趋向的出现，当与阴阳五行学说在战国秦汉社会的广泛流行密切相关。

第一章　衣　食

　　本章以"衣食"为题，但日书关于衣服、饮食的条文比较少见。九店楚简《日书》"结阳"篇"夬光日"有"利于饮食"，又有"居有食，行有得"；睡甲"楚除"篇"夬光日"、睡乙"窓结"篇"成、决光之日"并与之同，在"丛辰"篇、"临日"篇中"饮食"又与"歌乐"连称，因而有学者认为日书中的"饮食不应指一般的日常两餐，而是比较讲究的吃饭活动。如亲友相聚、庆贺喜事等"①。除一般性地通称"饮食"外，在九店楚简和睡甲《日书》"相宅"篇中均有"肉食"的说法，在睡虎地秦简《日书》甲、乙种六十甲子生子占均有"辛未生，肉食"的记录，"肉食"从字面意思讲是吃肉，睡甲"星"篇"昴"日、"毕"日二条，睡乙"官"篇"昴"日条均有"不可食六畜"的规定，睡乙"官"篇"毕"日和孔家坡汉简《日书》"昴"日条则并作"不可食畜牲"，也可能与"肉食"有关。不过，中国古代"肉食"还有特定的含义，专指享有厚禄的官员，是身份地位的象征。② 日书中另有食禾黍的规定，如孔家坡汉简《日书》186贰："五巳不可食新禾黍。"不过这一规定重在"新禾黍"而不在"食"。日书中衣食方面的记录之所以较少，大概在于一般性的衣服饮食太平常了，不需要专门择日，也没有特别的时日禁忌。但是，日书中另有一些有关农牧业生产的专门篇章，我们把它们看作与"食"有关的内容，于此一并叙述。古代"衣食"连称，日书中有关裁衣的条文较少，本章一并叙及。

---

① 吴小强：《秦简日书集释》，岳麓书社2000年版，第100页。
② 刘乐贤：《睡虎地秦简日书研究》，台湾文津出版社1994年版，第183页。

睡虎地秦简《日书》公布后，刘乐贤先生《睡虎地秦简日书研究》一书立有"农事篇"小节，考察睡虎地秦简《日书》中的谷物名称、五谷指代、农业神和农事的时间选择等。① 王子今先生在《睡虎地秦简〈日书〉甲种疏证》中对睡虎地秦简《日书》中五谷忌日的各种说法有详细疏证。② 但这两部著作限于著述体例，重在文字校释和文意梳理，未能充分展开研究。对睡虎地秦简《日书》所反映的农业生产进行专门研究的是贺润坤先生。贺氏撰著一系列论文，研究秦的谷物种植、农业水利、六畜饲养、渔猎活动、林业生产以及其他饮食状况。③ 这些研究，主要是将日书中有关农牧业的资料辑出，复引据传世文献，试图复原秦国的农牧业生产情景，其研究未能充分注意日书资料的特殊性。加之贺氏所据资料为较早期的日书文本，未能充分吸取后来学者在文字考释方面的新成果，且将睡虎地秦简《日书》看作秦国社会的"一面镜子"，在认识上有所偏差。

孔家坡汉简《日书》内含与农事有关的丰富简文，大大超过了睡虎地秦简《日书》。台湾学者陈炫玮先生在他的硕士学位论文中，汇集学者成果和传世文献的相关记载，对简文作了很好的疏证。④ 为进一步研究提供了基础。放马滩秦简《日书》乙种中亦有大量有关农事活动的宜忌，很多内容与孔家坡汉简《日书》相同或相似，可以作综合比较研究。

本章第一节"裁衣宜忌"。日书中有关裁衣宜忌的条文虽然不多，但在表示宜忌的时间表达上，却有 4 种不同的方式；裁衣日的吉凶从衣丝、媚人到

① 刘乐贤：《睡虎地秦简日书研究》，台湾文津出版社 1994 年版，第 41~53 页。

② 王子今：《睡虎地秦简〈日书〉甲种疏证》，湖北教育出版社 2003 年版，第 80~81 页。

③ 贺润坤：《从日书看秦国的谷物种植》，《文博》1988 年第 3 期；《云梦秦简所反映的秦国渔猎活动》，《文博》1989 年第 3 期；《从云梦秦简日书看秦国的六畜饲养》，《文博》1989 年第 6 期；《从云梦秦简日书看秦国的农业水利等有关状况》，《江汉考古》1992 年第 4 期；《从云梦秦简日书看秦民间的灾变与救灾》，《江汉考古》1994 年第 2 期；《云梦秦简〈日书〉所反映秦人的衣食状况》，《江汉考古》1996 年第 4 期。

④ 陈炫玮：《孔家坡汉简日书研究》，台湾"清华大学"历史研究所硕士学位论文，2007 年，第 248~262 页。

衣裞、死亡等种种的不同的情形。在敦煌文献和明清小说中，也有裁衣的时间选择术，它们的原理基本一致，可见这一类方术有着悠久的传承。

第二节"五谷六畜宜忌"，综考秦汉日书中有关五谷、六畜的简文。可以发现，日书中有关农事的占术，较多实际经验成分，而较少神秘气息。很多习俗，都一直传承下来，在明清时期乃至近现代农村地区，仍然流行。

第三节"风雨云占"，考察放马滩秦简《日书》、孔家坡汉简《日书》中有关风占、雨占、云占的内容。此类占术，可能起源北方黄河流域，而逐渐流传到南方楚地。在明清方志中，亦可见到相关记载，成为一种持久的民间农业生产习俗。

第四节"年岁禾稼占"，以孔家坡汉简《日书》为中心，考察"岁"占与农业生产活动的关系。此类方术，亦见于《越绝书》和《史记·天官书》。在孔家坡汉简《日书》"岁"篇中，存在两种时间节律，一种是春夏秋"三时"的农事节律，二是冬季的政事节律。很多方面都与"月令"类似，日书与月令的关系，值得深入探讨。

第一节 裁衣宜忌

一、裁衣宜忌的表述形式

日书有关裁衣的条文并不多见，按照时日的表达方式，大致可以分为四种：

1. 直接用干支表示裁衣的良日和忌日

这种形式在睡甲、放乙、岳山木牍中有较为集中的描述，兹列表为表1-1：

表 1-1　裁衣的良日和忌日

	良　日	忌　日
睡甲	丁丑，丁巳，丁未，丁亥，辛未，辛巳，辛丑，乙丑，乙酉，乙巳，辛巳，癸巳，辛丑，癸酉；乙丑、巳、酉，辛巳、丑、酉，丁巳、丑	癸亥，戊申，己未，壬申，丁亥，癸丑，寅、申、亥、戊、巳、癸、甲，己卯，辛卯，癸卯，丁、戊、己、申
岳山	丙辰，庚辰，辛未，乙酉，甲辰，乙巳，己巳，辛巳	戊申，己未，壬申、戊、丁亥
放乙	丁丑，丁巳，乙巳，己巳，癸酉，乙亥，乙酉，己丑，己卯，辛亥	

表 1-1 中有关裁衣的规定以睡甲最称繁复，不乏重抄漏抄的可能。有的时日干支既见于良日，又是裁衣的忌日，刘乐贤先生曾指出睡甲"良日"和"忌日"中都有丁亥，二者必有一误①。从表 1-1 所列岳山木牍"衣忌日"有丁亥而"衣良日"无此日的情形看，睡甲"衣良日"误抄的可能性很大。睡甲 120 背"衣忌日"有"丁亥，必予死者"，丁亥为忌日，亦可作为旁证。又，睡甲 26 正贰有如下简文："衣　制衣，丁丑媚人，丁亥灵，丁巳安于身，癸酉多衣。毋以楚九月己未始被新衣，衣手口必死。"九店 94 号简有"丁亥有灵，丁巳终其身"的裁衣规定，可见这种裁衣宜忌是来自楚人的。睡虎地秦简的整理者释"灵"为"福"，并引《左传》昭公三十二年："今我欲徼福假灵于成王"，哀公二十四年："寡君欲徼福于周公，愿乞灵于臧氏"，灵与福对举，作为例证②。今按：《史记·封禅书》"祠堂下、巫先"句下，《集解》引应劭曰："先人所在之国，及有灵施化民人，又贵，悉置祠巫祝，博求神灵之意。"《索

①　刘乐贤：《睡虎地秦简日书研究》，台湾文津出版社 1994 年版，第 63 页。
②　睡虎地秦墓竹简整理小组编：《睡虎地秦墓竹简》，文物出版社 1990 年版，第 186 页。

隐》："巫先谓古巫之先有灵者。"《汉书·食货志》"工商能采金银铜连锡登龟取贝者"，颜师古注引如淳曰："龟有灵，故言登。"《后汉书·杨震传》："魂而有灵，傥其歆享。"古人既相信龟有魂有灵，亦相信衣服有灵。《楚辞·九歌·大司命》："灵衣兮被被，玉佩兮陆离。"《史记·刺客列传》载豫让为智伯报仇，不果，为赵襄子所擒，乃"愿请君之衣而击之，焉以致报仇之意"。襄子许之，于是"豫让拔剑三跃而击之"。《史记索隐》引《战国策》曰："衣尽出血。襄子回车，车轮未周而亡。"①在我国古医书中，亦不乏用衣服碎片治病而显灵的记载。②类似的情景亦见异域之普鲁士及伯伦德等地方，在普鲁士，人们说如果你没有抓住盗贼，下一步应该做到的最好的事情，就是抓住一件他在逃跑中可能扔掉的衣服，因为当你使劲敲打这件衣服时，那盗贼就会病倒。在伯伦德附近，有一个男人打算偷蜂蜜而被人发觉，在逃走时，丢下了他的外衣。他听说那蜂蜜的主人正在愤怒地狠打他丢下的衣服，吓得很厉害，竟然躺在床上死去了。③所以，日书中有关丁亥日制衣"有灵"或"灵"的说法，不妨看作此类巫术观念的反映。古有所谓"服妖"，《白虎通·灾变》："妖者，何谓也？衣服乍大乍小，言语非。故《尚书大传》曰：'时则有服妖'也。"《续汉书·五行志一》引《五行传》："貌之不恭，是谓不肃。……时则有服妖。"所谓"丁亥有灵"的说法，可能是指服妖一类的凶事，是忌日而非良日。

2. 干支配合月份，比上述仅有干支日的规定更为具体

岳山 M36：43 背："毋以八月、九月丙、辛，癸丑，寅、卯裁衣。"孔家坡 195："八月、九月癸丑、寅、申、亥，不可裁衣裳，以之，死。"在这种时日安排中，具体到某月，这就比单纯利用干支规定裁衣的良日和忌日更为具体，时间范围也更小些。

---

① 今本《战国策》无此文。

② 参看詹鄞鑫：《心智的误区——巫术与中国巫术文化》，上海教育出版社 2001 年版，第 246~248 页。

③ 弗雷泽：《金枝——巫术与宗教之研究》，徐育新等译，大众文艺出版社 1998 年版，第 67 页。

在日书"建除""丛辰"一类的总表的宜忌中也颇涉及裁衣，从时日安排的形式看，也是月配合干支日的，如九店楚简《日书》"建赣"篇中的"盍日"规定："利以制衣裳"。睡乙23壹所记为："盍、绝纪之日，利以制衣裳。"所谓"盍日"或"盍、绝纪之日"，是指正月亥、二月子、三月丑、四月寅等日。日书"丛辰"中的"秀日"有可以"制衣裳"的规定，其时日表述也是以月配合干支的形式。

日书中还有不用干支，只用月份加日序的，如睡甲117背："月不尽五日，不可裁衣。""月不尽五日"是指每月倒数第五日。孔家坡194："入月旬七，不可裁衣，不燔乃亡。""旬七"即第十七日。

有意思的是，有些日书条文不仅使用月份加干支纪日，还另有序数日，"双管齐下"。如睡甲114背："入十月十日乙酉、十一月丁酉裁衣，终身衣丝。十月丁酉裁衣，不卒岁必衣丝。"这里的"入十月十日乙酉"可能是指十月十日又逢乙酉，这种时日的规定更狭窄。但也有可能是指十月十日和十月乙酉，甚至可能"十日"只是误书。

3. 利用二十八宿纪日

睡乙95壹：七月"轸、乘车、〔制〕衣裳、娶妻，吉"。类似的简文亦见睡甲95正壹，假如这里的星宿轸是用来纪日的，那么七月轸就相当于七月三日。在后世选择通书中也有利用二十八宿占裁衣吉凶者，如《玉匣记》有所谓"合帐裁衣吉日"："角安隐，亢得食，房益衣，斗美味，牛进喜，虚得粮，壁获宝，奎得财，娄增寿，鬼吉祥，张逢欢，翼得财，轸长久。"①"长久"对于裁衣而言当然是吉利的。

睡乙129："丁丑在亢，制衣裳，丁巳衣之，必敝。"这是利用二十八宿占裁衣的另一种形式，"亢"或指式盘(图)上星宿亢所在的方位，具体含义

---

① 《增补万全玉匣记》，中国文联出版社2005年版，第104页。《道藏》第35册，第326页载《法师选择记》之"文殊裁衣吉凶日期"所记较全："角安稳，亢得食，氐睦友，房益衣，心盗贼，尾必坏，箕王疾，斗美味，牛进善，女得病，虚得粮，危遭毒，室水厄，壁获宝，奎益财，娄增寿，胃减服，昴火烧，毕多事，觜鼠咬，参逢盗，井相分，鬼吉祥，柳凶服，星丧服，张逢欢，翼得财，珍长久。"

待考。

4. 只有月没有日的纪时形式

睡甲 117 背、121 背均记有："五月、六月，不可为复衣。"这种形式较为少见。"复衣"可能是有里可套棉絮的衣服。五月六月正是夏季天气炎热之时，做棉夹衣当然不合适。

二、裁衣的吉凶占断

在裁衣的吉凶判断方面，从好的方面看，有泛称"吉"的，如睡甲 119背："衣良日，乙丑、巳、酉，辛巳、丑、酉，吉。"有"衣丝"，如睡甲 119-120 背："入七月七日乙酉、十一月丁酉裁衣，终身衣丝。十月丁酉裁衣，不卒岁必衣丝。"战国秦汉时期的丝制衣物已经比较流行，当时主要的服装原料有丝帛、麻布、葛布和动物皮毛。① "衣丝"不仅华贵轻柔，同时也是身份地位的象征。九店楚简《日书》"建赣"篇"盍日"条有"制布褐"的说法，可能即指葛麻布，是一般人穿的衣服。

占语中另有"媚人"，如睡甲 119 背："丁丑裁衣，媚人。""媚人"是指讨人喜爱，或与古之媚道有关。② 所谓"人靠衣装"，当然是吉兆。《玉匣记》中的"张逢欢"之"逢欢"，可能与之相当。

睡甲 118 背说："丁酉制衣裳，以西又以东行，以坐而饮酒，矢兵不入于身，身不伤。"睡甲 121-122 背亦有相同的记载。这里讲到丁酉裁衣"以坐而饮酒"，"酉"与"酒"通假，如此则可以抵御"矢兵"，这种衣裳可能类似甲胄，我国古代的甲胄最初大概是用皮革制作的，后改为金属，商代已有铜制的"胄"，金属甲则见于西周和春秋时期。湖北枣阳九连墩一号楚墓出土皮甲③，秦始皇兵马俑穿戴的甲胄既有仿金属的，也有仿皮革的，

---

① 彭卫、杨振红:《中国风俗通史·秦汉卷》，上海文艺出版社 2002 年版，第105~110 页。

② 刘乐贤:《睡虎地秦简日书研究》，台湾文津出版社 1994 年版，第 62 页。

③ 王先福:《湖北枣阳九连墩一号墓皮甲的复原》，《考古学报》2016 年第 3 期。

汉代考古墓葬中出土的铁甲胄已经比较普遍，汉墓壁画亦可见戴胄的武士①。穿戴丁酉日制作的衣裳"坐而饮酒"，能够达到"矢兵不入于身，身不伤"的效果，也可能类似后世"铁布衫""金钟罩"有某种特异功能。这当然是裁衣的吉兆了。

图 1-1　汉代的甲胄

（采自《汉代物质文化资料图说（增订本）》，上海古籍出版社 2008 年版，第 171 页）

从不好的方面看，有的泛称"不吉"，如悬泉置Ⅰ0111②∶19∶"戊午裁衣，不吉。"悬泉置简同时还提到"戊子裁衣，不利出入"。"不利出入"显然也是凶兆。②

睡乙 129∶"丁丑在亢，制衣裳，丁巳衣之，必敝。""必敝"大概是衣不长久，容易破败，也是不好的。孔家坡 194∶"入月旬七，不可裁衣，不燔乃亡。"武威汉简"日忌"6 号简有"申毋裁衣，不烦必亡"，王强据此认为"燔"

---

① 参看孙机∶《汉代物质文化资料图说（增订本）》，上海古籍出版社 2008 年版，第 171~175 页。

② 胡平生、张德芳∶《敦煌悬泉汉简释粹》，上海古籍出版社 2001 年版，第 180~181 页。

"烦"都应训读为迁徙、流亡之义的"播",意为如果不流离失所就一定会死亡①。如此,则亦非吉兆。

裁衣最凶的兆头,当然是死亡。睡甲 115 背:"六月己未,不可以制新衣,必死。"孔家坡 195:"八月、九月癸丑、寅、申、亥,不可裁衣裳,以之,死。"在不合时适的日子裁衣会导致人死亡,真是令人称奇。北大汉简《六博》(简 26):"衣忌:入月十七日不可以裁衣,六月己未不可衣新衣,必死水中。"②看来死者当是穿衣人而非裁衣者。睡甲 120 背-121 背:"衣忌日,己、戊、壬、癸,丙申、丁亥,必予死者。癸丑,寅、申、亥,秋丙、庚、辛材衣,必入之。"所谓"必予死者",可能是给死者做的寿衣。所谓"必入之",吴小强先生说:"入,死。《韩非子·解老篇》:'人始于生而卒于死,始谓之出,卒谓之入,故曰出生入死。'"③

三、后世裁衣择日

裁衣的择日方术在后世也有记载,如敦煌卷子 S. 612V:"申日不裁衣,衣生祸殃。"④新获吐鲁番出土文献古写本《甲子推杂吉日法》:"裁衣,乙[卯]、□□、□卯,大吉。"⑤明清时期流行的《玉匣记》和官方编修的选择文献《协纪辨方书》也有相关记录。《水浒传》第二十四回《王婆贪贿说风情郓哥不忿闹茶肆》讲王婆设计引诱潘金莲,借口"有个施主官人,与我一套送终衣料,特来借历头,央及娘子与老身拣个好日,却请个裁缝来做"。小说

---

① 王强:《孔家坡汉简校读拾遗》,《简帛》第 11 辑,上海古籍出版社 2015 年版,第 175~176 页。

② 北京大学出土文献研究所编:《北京大学藏西汉竹书(伍)》,上海古籍出版社 2014 年版,第 210 页。

③ 吴小强:《秦简日书集释》,岳麓书社 2000 年版,第 162 页。

④ 中国社会科学院历史研究所等编:《英藏敦煌文献》(汉文佛经以外部分)第 2 卷,四川人民出版社 1990 年版,第 76 页。

⑤ 荣新江、李肖、孟宪实主编:《新获吐鲁番出土文献》,中华书局 2008 年版,第 161 页。

接着有如下对话：

> 王婆道：“娘子家里有历日么？借与老身看一看，要选个裁衣日。”那妇人道：“这个何妨。既是许了干娘，务要与干娘做了。将历头去叫人拣个黄道吉日，奴便与你动手。”王婆道：“若得娘子肯与老身做时，娘子是一点福星，何用选日？老身也前日央人看来，说道明日是个黄道好日。老身只道裁衣不用黄道日了，不忌他。”①

“黄道好日”或“黄道日”又称黄道吉日，泛指好日子。此事在《金瓶梅》中却另有说法，第三回《王婆定十件挨光计　西门庆茶房戏金莲》写道：

> ……王婆道：“娘子家里有历日，借与老身看一看，要个裁衣的日子。”妇人道：“干娘裁什衣服？”王婆道：“……见如今老身白日黑夜只发喘咳嗽，身子打碎般睡不倒的只害疼，一时先要预备下送终衣服。难得一个财主官人，常在贫家吃茶，但凡他宅里看病、买使女、说亲，见老身这般本分，大小事儿无不管顾老身。又布施了老身一套送终衣料，绸绢表里俱全，又有若干好绵，放在家里一年有余，不能勾闲做得。今年觉得好生不济，不想又撞着闰月，趁着两日倒闲，要做，又被那裁缝勒措，只推生活忙，不肯来做。老身说不得这苦也！”那妇人听了，笑道：“只怕奴家做得不中意。若是不嫌时，奴这几日倒闲，出手与干娘做如何？”那婆子听了，堆下笑来说道：“若得娘子贵手做时，老身便死也得好处去。久闻娘子好针指，只是不敢来相央。”那妇人道：“这个何妨。既是许了干娘，务要与干娘做了，将历日去，交人拣了黄道好日，奴便动手。”王婆道：“娘子休推老身不知，你诗词百家曲儿内字样，你不知识了多少，如何交人看历日？”妇人微笑道：“奴家自幼失学。”婆子道：“好说，好说。”便取历日递与妇人。妇人接在手内，看了一回，道：

---

① 施耐庵、罗贯中：《水浒传》，人民文学出版社1997年版，第320页。

"明日是破日，后日也不好，直到外后日方是裁衣日期。"王婆一把手取过历头来，挂在墙上，便道："若得娘子肯与老身做时，就是一点福星。何用选日！老身也曾央人看来，说明日是个破日。老身只道裁衣日不用破日，不忌他。"那妇人道："归寿衣服，正用破日便好。"王婆道："既是娘子肯作成，老身胆大，只是明日起动娘子，到寒家则个。"妇人道："何不将过来，做不得。"王婆道："便是老身也要看娘子做生活，又怕门首没人。"妇人道："既是这等说，奴明日饭后过来。"那婆子千恩万谢下楼去了。①

《水浒传》和《金瓶梅》中的择日书称"历日"，又叫"历头"，大概就是古代日书一类的东西。在《水浒传》中王婆说"明日是个黄道好日"。既然是"黄道好日"，当然也就利于裁衣。但在《金瓶梅》中，潘金莲看"历日"却说"明日是破日，后日也不好，直到外后日方是裁衣日期"。这就更增添了故事的曲折性，显得一波三折。何谓"破日"？此"破日"应当就是"建除"术中的"破日"，建除十二直的日名分别是：建、除、盈、平、定、执、破、危、成、收、开、闭。"破日"之后是"危日"，"危日"之后是"成日"，破日和危日都不利裁衣，大概是源自直日的名称不吉利。"危日"之后是"成日"，《玉匣记》"合帐裁衣吉日"说："裁衣喜成、开日。"②可见王婆和潘金莲看的"历日"是《玉匣记》一类的东西，所依据的是"建除"术。又据《金瓶梅》，此时乃阳春三月（《水浒传》则说是在上一年的十二月），又值闰年，后文说武松误打李外传，西门庆贿赂上下，清河县解送东平府，其文署"政和三年八月日"。政和三年（1113年）正好闰四月，据"建除"术，三月建辰，破日在戌。查张培瑜先生《三千五百年历日天象》，政和三年三月壬子朔，十三日甲子为清明③，则"破日"当在三月17日戊辰或29日庚辰。后文又说"西门庆刮剌

---

① 兰陵笑笑生：《金瓶梅》，人民文学出版社2000年版，第34~36页。

② 《增补万全玉匣记》，中国文联出版社2005年版，第104页。笔者购藏的《宪章堂通胜包罗万有04甲申年》"裁衣吉日"也说"宜成、开日"。

③ 张培瑜：《三千五百年历日天象》，大象出版社1997年版，第281页。

那妇人将两月有余"，"那时正值五月初旬天气"，从时间上推算，潘金莲的裁衣日当在政和三年三月 17 日戊辰较为合理。所谓"将两月有余"，大约只是说跨三、四两个月有余，并非满两个月 60 天。按照正常情况给活人做衣裳，"破日"当然不吉利，可是王婆要做的是死人穿的寿衣，阴阳相对，没准还正好呢。所以潘金莲要说"归寿衣服，正用破日便好"。她用的乃是正反相辅相成的"辩证法"。她们的对话的确是有根据的。①

第二节　五谷六畜宜忌

一、五谷宜忌

传统文献中关于"五谷"的说法颇为分歧，齐思和先生《〈毛诗〉谷名考》列举了三种主要说法，一是麻、麦、稷、黍、豆，首见于《吕氏春秋·月令纪》和《礼记·月令篇》；二是稻、黍、稷、麦、菽，出郑玄《周礼》注、赵岐《孟子》注、高诱《淮南子》注；三是麦、黍、稻、粟、菽，见《逸周书·职方篇》。此外又有六谷、八谷、九谷之说，六谷指稌、黍、稷、粱、麦、苽，八谷为黍、稷、赤豆、稻、粟、麦、大豆、穬，至于九谷之说则各家不同，

---

① 出土简牍日书"建除"术中，"破日""危日""成日"都没有关于裁衣吉凶的条文，可见在具体的吉凶规定方面，唐宋以后的"建除"术与战国秦汉时期颇不相同。笔者的家乡在江汉平原，在我小的时候(20 世纪六七十年代)，每到年终时节，常常就要延请裁缝居家做新衣裳，记得那是一件很隆重的事情，家长对裁缝很是恭敬，好酒好菜款待，小孩子都不许上饭桌，只能吃些裁缝剩下的，对裁缝羡慕得不得了。做新衣的工作通常会持续一星期左右的时间。想必古代亦当如此。如此重大事情，择日自在情理之中。现在大家都在商场或网店买衣服，制衣工厂一年四季都在裁衣做工，当然用不着择日，也无需顾及这方面的禁忌。但令人奇怪的是，笔者曾在澳门购得一部《宪章堂通胜》，是 2004 年出版物，这一类出版物在港澳地区特别流行，其中仍有裁衣吉凶日的规定，如"裁衣吉日"列举甲子、乙丑、戊辰等共 33 日(占 60 甲子的一半以上)，又说："宜成、开日，忌天贼、火星、长短星。"(无页码)也许只是沿袭历史上的陈规，并无实际意义；也许是制衣厂开工裁衣的日子吧。

郑兴以黍、稷、稻、麻、大小豆、大小麦、粱为九谷，郑玄以黍、稷、稻、麻、大小豆、麦、粱、苽为九谷，《氾胜之书》则以稻、米、黍、麻、秫、小麦、大麦、小豆、大豆为九豆。诚如齐氏所说："谷本不止于这些种，而五、六、八、九皆是中国的整数，无怪各家的说法并不一致了。"①上述农作物在考古发掘实物中都有发现。②

　　日书有"五谷"，说法也存在分歧。睡乙65号简有"五谷龙日"，所举为麦、黍、稷、麻、叔、瓜、葵共七种，其中"叔"即豆，"瓜"可能指瓜类作物，也可能是"苽"的假借字。"葵"即冬葵，属锦葵属锦葵科，简称葵菜。③假如后二种是指果蔬，则五谷的说法同于上举第一种《月令》之说。杜陵汉牍所举五谷为粟、豆、麻、麦、稻。睡甲151背、睡乙46-47贰"五种忌"所举则均为禾、麦、黍、麻、叔、稻，其中"禾"指粟④，实为六种。孔家坡455号简所举为麦、稷、黍、稻、叔、麻，亦为六种。放乙320号简记"五种忌"，所举则为麦、黍、稷、叔、麻、秫、稻，共七种。睡甲19正叁所举为稷、秫、稻、麦、叔、荅、麻、葵，共八种。王子今先生曾将日书中的上述谷物列有一表⑤，今移录如下（原缺孔家坡简及《神农书》⑥，今据补）：

---

　　① 齐思和：《〈毛诗〉谷名考》，收入氏著《中国史探研》，河北教育出版社2000年版，第7~8页。

　　② 参看彭卫、杨振红：《中国风俗通史·秦汉卷》，上海文艺出版社2002年版，第26~31页；孙机：《汉代物质文化资料图说（增订本）》，上海古籍出版社2008年版，第22~25页。

　　③ 金良年：《"五种忌"研究——以云梦秦简〈日书〉为中心》，《史林》1999年第2期。

　　④ 刘乐贤：《睡虎地秦简日书研究》，台湾文津出版社1994年版，第43~44页。

　　⑤ 王子今：《睡虎地秦简〈日书〉甲种疏证》，湖北教育出版社2003年版，第80~81页。表1-2据原简文有所修订。

　　⑥ 《神农书》据《开元占经》卷111所引，李零主编：《中国方术概观·占星卷》，人民中国出版社1993年版，第998页。

表 1-2　农作物忌日表

	睡甲禾忌日	睡甲五种忌	睡乙	放乙	孔家坡	杜陵	氾胜之书	神农书
子	麦	麦	麦	麦	麦	麦	大麦	小麦、荞麦
丑	秫	黍	黍	黍	黍	粟	黍	黍
寅	稷	禾	稷	稷	稷	禾、粟	秫	禾
卯	菽、荅	菽		菽	菽	禾	大豆、小豆	禾、大豆、小豆
辰	麻	麻	麻、瓜	麻	麻	麻	稻、麻	麻
巳		黍						
午								秫、麻
未			秫				秫	麻
申			菽				大豆	
戌		菽	菽		稻	豆	小麦	
亥	稻、葵	稻		稻		豆		稻、麻
甲		麦				麦		
乙		黍				麦		
丙		禾				禾、稻		
丁						稻		
戊						豆		
己						豆、麻		
庚						麻		
壬			瓜			粟、麻		
癸	葵		葵			麻		

　　王子今先生说："尽管《日书》资料有空间和时间的差异，在子日忌种麦这一点却表现出惊人的一致。"①的确，观表 1-2，子日忌种麦不仅各种日书完全一致，与传世文献《氾胜之书》亦类同。除此之外，辰日忌种麻也完全相同，卯日忌种菽(豆)、寅日忌种稷、丑日忌种黍也大体一致。可见这一类忌

日规定，有相当顽强的传承，较少因时间流逝和空间不同而发生变异。

孔家坡452："始种　正月七日，二月十四日，三月廿一日，四月八日，五月十六日，六月廿四日，七月九日，〖八月十八日，九月廿七日，〗十月七〈十〉日，十一月廿日，十二月卅〖日〗，以种，一人弗食也。"《开元占经》引《神农书》说："五谷以生、长日种者多实，以老、死日种者无实，又难生。以忌日种之，一人不食。""一人不食"与"一人弗食"相当，可见孔家坡此条亦为五种忌日。所谓生、长、老、死、忌日，大约是指农作物的生长的不同阶段。《齐民要术》卷一《种谷第三》引《杂阴阳书》曰："禾生于寅，壮于丁、午，长于丙，老于戊，死于申，恶于壬、癸，忌于乙、丑。凡种五谷，以生、长、壮日种者多实，老、恶、死日种者收薄，以忌日种者败伤。又用成、收、满、平、定日为佳。"卷二《黍稷第四》引《杂阴阳书》曰："黍生于巳，壮于酉，长于戌，老于亥，死于丑，恶于丙午，忌于丑、寅、卯。稷忌于未、寅。"《大豆第六》引《杂阴阳书》曰："豆生于申，壮于子，长于壬，老于丑，死于寅，恶于甲、乙，忌于卯、午、丙、丁。"《大小麦第十》引《杂阴阳书》曰："麦生于亥，壮于卯，长于辰，老于巳，死于午，恶于戊，忌于子、丑。小麦……忌与大麦同。"《水稻第十一》引《杂阴阳书》曰："戊、己，四季日为良，忌寅、卯、辰，恶甲、乙。"[1]类似的记载亦见《开元占经》卷一百十一《八谷占》引《神农书》。[2] 兹将二者列表对比如下（见表1-3）：

表1-3　《杂阴阳书》与《神农书》农作物"诸日"表

		生	壮(疾)	长	老	死	恶	忌
禾	杂阴阳书	寅	丁、午	丙	戊	申	壬、癸	乙、丑
	神农书	巳	酉	子	戊		丙、丁	寅、卯

---

① 缪启愉、缪桂龙：《齐民要术译注》，齐鲁书社2009年版，第65、100、109、127页。

② 李零主编：《中国方术概观·占星卷》，人民中国出版社1993年版，第998～999页。

续表

		生	壮(疾)	长	老	死	恶	忌
黍	杂阴阳书	巳	酉	戌	亥	丑	丙、午	丑、寅、卯
	神农书	寅	午	丙、丁	戌	申	壬	丑
豆	杂阴阳书	申	子	壬	丑	寅	甲、乙	卯、午、丙、丁
	神农书	申	子	壬	丑		甲、乙	丙、丁
麦	杂阴阳书	亥	卯	辰	巳	午	戊	子、丑
	神农书	酉	卯	辰	午	巳	戊	子

观表 1-3，豆的时日安排二书略同，其余则异，其中不乏校勘方面的讹误，比如《神农书》禾的老日和麦的恶日之"戌"均当是戊之误。据《神农书》，禾生于枣，黍生于榆，大豆生于槐，小豆生于李，大麦生于杏，小麦生于桃，稻生于柳。《阴阳书》略同。睡乙 67："木忌：甲、乙榆，丙、丁枣，戊、己桑，庚、辛李，壬、辰〈癸〉鬃。"类似的记载亦见放乙和孔家坡。放乙 129 贰-131 贰："春三月甲乙不可伐大榆东方，父母死。夏三月【丙丁不】可伐大棘(枣)南〔方〕，长男死。戊己不可伐大桑中【央】，长女死之。"孔家坡 2 贰-6 贰："壬□□□□〔。甲子、乙丑伐榆，父死。庚、辛伐桑，妻死。丙寅、丁卯、己巳伐枣，长女死。壬、癸伐□□，少子死。"饶宗颐先生以为简文所述当为榆、枣、桑、李、漆，即所谓"五木"，五木与五行有固定的搭配关系。① 《礼稽命征》称春为榆、柳之火，夏为枣、杏之火，季夏为桑、柘之火，秋为柞、楢之火，冬为槐、檀之火。② 按五行搭配，甲乙为春，丙丁为夏，庚辛为秋，壬癸为冬，戊己为季夏。禾既生于枣，属夏，配丙丁，《神农书》恶日为丙丁，用本位；《阴阳书》恶日配壬癸，属水，则用五行相胜。按照这种逻辑，表 1-3 中"恶日"栏中的"丙、午"当是丙、丁；"壬"当

---

① 饶宗颐、曾宪通：《楚地出土文献三种研究》，中华书局 1993 年版，第 432 页。

② ［日］安居香山、中村璋八辑：《纬书集成》上册，河北人民出版社 1994 年版，第 514 页。《周礼·夏官·司爟》郑玄注引郑司农引《邹子》同。

为壬、癸，"戊"则为戊、己。其时日干支可能都与五行的生克变化有关，其详待考。

上举文献不仅有忌日，还有良日，日书中也有记载，如睡甲 17 正叁："禾良日：己亥、癸亥、五酉、五丑。"睡乙 64："五谷良日：己☒【寅】出种及予人。壬辰，乙巳，不可以鼠(予)。子，亦勿以种。"这里的"种"可能是指谷物的种子，孔家坡 453："辰、巳，不可种、出种；乙巳、壬，不可予、入五种。"简文中的"种"与"出种"是一种情况，"予"和"入五种"是另一种情况，"五种"即五谷。周家台秦简 347-353"先农"："以腊日，令女子之市买牛胙、市酒。过街，即行拜，言曰：'人皆祠泰山，我独祠先农。'到囷下，为一高席，东向，三腏，以酒沃，祝曰：'某以壶露、牛胙，为先农除舍。先农苟令某多一邑，先农恒先泰父食。'到明出种，即趣邑最富者，与偕出种。即已，禹步三，出种所，曰：'臣非异也，农夫事也。'即名富者名，曰：'某不能胜其富，农夫使某来代之。'即取腏以归，到囷下，先侍豚，即言囷下曰：'某为农夫畜，农夫苟如□□，岁归其祷。'即斩豚耳，与腏以并涂囷廥下。恒以腊日塞祷如故。"[1]这是一篇祠祀先农的祭祷文，文中涉及两个场所，一是"囷下"，或称"囷廥下"，是储藏粮食谷物之所；二是"出种所"，《汉官仪》载："天子东耕之日，亲率三公九卿，戴青帻，冠青衣，驾青龙，公卿以下车驾如常法，往出种堂。天子升坛，上空无际，公卿耕讫，天子耕于坛，举耒三[推]而已。"[2]"出种堂"大约与"出种所"相当，前者是国家储藏种子的场所，后者为民间机构，大小不同，性质则一。从周家台"先农"篇看，出种所与囷廥相距并不太远，某人(农夫)先在囷下祭祷，后至出种所祈福，正是一"入(囷廥)"一"出(种所)"。从简文看，出种是在腊日的次日，即腊明日，睡虎地 M77 汉简《十年质日》记十二月"戊戌，可腊；己亥，出种"[3]，出种亦在腊明日。但银雀山汉简汉武帝元

---

① 陈伟主编，刘国胜等撰著：《秦简牍合集：释文注释修订本(叁)》，武汉大学出版社 2016 年版，第 237~238 页。

② 孙星衍等辑：《汉官六种》，中华书局 1990 年版，第 182 页。

③ 蔡丹、陈伟、熊北生：《睡虎地汉简中的质日简册》，《文物》2018 年第 3 期。

光元年(前134年)"历谱"(即"质日")腊日在十二月戊戌(11日)，十二月辛亥(24日)"出种"。① 也许周家台与睡虎地汉简只是巧合罢。从日书看，"出种"也是要择日的。

杜陵木牍分别记有五谷良日云：

禾良日：乙亥，己亥，癸亥，申戌，己、庚，大吉。

粟良日：戊午，戊戌，甲子，乙亥，甲戌，庚，大吉。

豆良日：庚辛，壬癸，五子，丑、寅，大吉。

麻良日：六丙，辛，五心(?)、子，癸丑，大吉。

麦良日：丙午，戊午，庚午，壬午，大吉。

稻良日：甲子，乙，庚子，辛丑，大吉。

上述五谷良日和忌日主要是关于栽种的时日选择。此外，日书还重视开始耕田的时日选择，孔家坡453号简："始耕田之良日：牵牛，酉、亥。"简文"牵牛"指牵牛星，是用二十八宿纪时，大概是取其谐音，此亦牛耕推广之一证。至于酉、亥日，酉为金，亥为水，古代犁耕用金属工具，且需要一定的水分，简文"酉、亥"为"始耕田之良日"，大约是取其五行属性。又，《齐民要术》卷一《耕田第一》引《杂阴阳书》曰："亥为天仓，耕之始。"杜陵汉牍则说："始田良日：乙未、乙亥、己亥、己未；利以播种、出粪，家大富。"乙亥、己亥即"亥"日，乙未、己未则大概与未属土有关。简文干支日稀少，已难其详。

日书另有始耕田的忌日，睡甲150背："田忌：丁亥、戊戌，不可初田及兴土功。"睡乙30贰作："初田毋以丁亥、戊戌。"丁亥亦是"亥"日，与上述始耕田良日用"亥"相违异，大概有不同的来源。值得注意的是，与睡甲"田忌"抄在一起的159背有如下简文："田亳主以乙巳死，杜主以乙酉死，

---

① 吴九龙：《银雀山汉简释文》，文物出版社1985年版，第233~236页。

雨师以辛未死，田大人以癸亥死。"古代的忌日常与传说中人物的死日有关，杜主亦见张家山汉简《二年律令·史律》486号简："畴尸、茜御、杜主乐皆五更，属大祝。"据《史记·封禅书》，杜主为故秦中"最小鬼之神者"，《索隐》云："秦宁公与亳王战，亳王奔戎，遂灭汤社。"又引徐广云："京兆杜县有亳亭。"《索隐》又云："案《地理志》：杜陵，故杜伯国，有杜主祠四。"是杜主在关中。至于"田大人"，《诗》有"田祖"，《甫田》："琴瑟击鼓，以御田祖。"毛传："田祖，先啬也。"孔疏："郊特牲注云：先啬若神农。"《大田》："田祖有神，秉畀炎火。"《周礼·地官·大司徒之职》："设其社稷之壝而树之田主，各以其野之所宜木，遂以名其社与野。"郑注："田主，田神后土，田正之所依也。诗人谓之田祖。"《春官·籥章》："掌土鼓、豳籥。中春昼，击土鼓，龡豳诗，以逆暑。中秋夜迎寒，亦如之。凡国祈年于田祖，龡豳雅，击土鼓，以乐田畯。国祭蜡，则龡豳颂，击土鼓，以息老物。"郑注："田祖，始耕田者，谓神农也。"郑司农曰："田畯，古之先教田者。"《山海经·大荒北经》："叔均乃为田祖"。《海内经》："稷之孙曰叔均，是始作牛耕"。若此说属实，则其来源亦在关中。

综上所述，似可推测，有关农业生产的诸多时日选择，最初可能来自关中秦国故地，秦灭楚后，始流行于楚国故地。九店楚《日书》此类禁忌尤少，或可作为旁证。

二、六畜宜忌

六畜饲养在我国有着悠久的历史。日书有很多关于买卖六畜的条文，最使人称异的，是岳山木牍中有所谓"七畜"的说法，从牍文的内容看，"七畜"显然是指人、马、牛、羊、犬、豕、鸡。将"人"与六畜并列，是为"七畜"。这里的"人"当指可以买卖的奴婢。兹将日书中有关"人"与六畜的良日和忌日列表为1-4：

表1-4 "人"与六畜的良日与忌日

		睡甲	睡乙	放乙	岳山	王家台	孔家坡	玉匣记
人	良日	乙丑,乙酉,己巳,己丑,辛丑,癸酉,癸巳,己巳	甲子申,乙□,戊寅,庚辰,辛午,癸未	乙丑,庚辰,己亥,己未,己酉	乙丑,己丑,己亥,庚辰,壬辰		乙亥,乙未,乙酉,己卯,辛丑,乙巳	甲子,乙丑,戊辰,丁巳,乙亥,丙戌,癸巳,己亥,丙午,壬子,戊午,己未,丙寅,丙申,壬申,甲辰,壬午,乙未,癸卯,癸亥,辛亥,辛卯,乙卯,己酉
人	忌日	丁巳,丁未,戊戌,戊子,戊辰	壬午,戊午,戊丁巳	丁未,戊戌,壬午,戊午,壬午	丁未,戊戌,壬午		戊戌,壬戌,癸亥,己丑,丙申	
马	良日	乙丑,乙亥,乙酉,己亥,辛丑,辛酉,癸巳,庚辰	甲申,乙丑,乙亥,己亥,己未,辛辰,壬申,戊辰		己亥,己巳,壬辰,庚未,己丑,戊戌,庚申	己丑,己酉,辛未,庚辰,乙丑,戊申	己巳,己酉,亥,辛卯,庚辰,己巳,乙巳,壬辰	乙亥,乙酉,戊子,壬子,己未,乙辰,乙巳,壬辰
马	忌日	丙子,丙午,丁未,甲寅,丁巳,戊戌,戊寅,戊子,庚寅,辛卯	甲寅,甲午,戊辰,丁巳,丁未		戊午,庚午,甲寅,丁未,丙寅	戊午,庚午	庚戌,庚寅	

续表

		睡甲	睡乙	放乙	岳山	王家台	孔家坡	玉匣记
牛	良日	庚辰、庚申、辛酉、壬戌、壬午、甲申、甲辰、甲寅	甲午、甲寅、庚午、庚寅、壬午、丙寅、丁未、甲辰	甲午、丙午、甲午、丁辰、戊未	甲午、庚午、戊午、甲寅、丙寅		囚卯	丙寅、丁卯、庚午、丁丑、癸未、甲申、辛酉、戊戌、辛亥、戊子、庚子、壬戌
	忌日	己丑、己未、己卯、戊戌、戊子、己巳	乙巳、乙未、辛丑、己巳、戊辰、壬午	乙巳、乙未、癸未、乙丑、辛丑、戊、戊辰	壬辰、戊戌、癸亥、未、乙丑、己丑、乙卯		壬辰、戌、癸亥、丙午、乙巳、未、戊戌	
羊	良日	乙丑、乙酉、乙巳、己丑、辛巳、庚寅	甲子、甲亥、乙酉、丁酉、己巳	辛巳、辛未、辛卯、庚寅、庚辰、癸未	辛巳、未、庚寅、癸未、庚辰			
	忌日	壬戌、癸亥、癸酉、己巳		乙巳、壬辰、壬戌、癸亥、癸未、乙巳、丙申	乙巳、丙午、丁未、□			

续表

		睡甲	睡乙	放乙	岳山	王家台	孔家坡	玉匣记
猪	良日	庚申,庚辰,壬辰,壬申,甲申,己丑,己巳	壬辰,壬戌,癸未	庚辰,乙丑,癸未,壬辰,壬戌,戊辰	壬辰,戌,癸未	壬戌,甲辰,癸未	丁丑,丁未,巳,己亥,丙辰	甲子,乙丑,癸未,乙未,壬子,癸丑,丙辰,壬戌
	忌日	乙亥,乙巳,乙未,丁巳,丁未	丁丑,丁未,丙辰,丙申	丁丑,丁未,丁巳,乙亥,丙辰	丁未,丑,丙辰,申	丁丑,丁未,丙寅,丙辰,乙亥	丙午,乙巳,壬辰,癸未,癸巳	庚寅,庚申,壬辰,壬卯,己卯,己亥
犬	良日	癸酉,癸未,甲申,甲辰,庚午,辛酉,壬辰	丁丑,丁未,丙辰,己巳,己亥		丁丑,未,丙辰,己,巳,亥			辛巳,壬午,乙酉,壬午,乙未,甲辰,丙午,戊午
	忌日	己丑,己巳,己卯,乙巳,戊子,戊寅,戊戌	壬戌,癸未,辛巳		辛巳,未			戊
鸡	良日	甲辰,乙巳,丙午,戊戌,丙辰	甲辰,乙巳,丙午,丙辰,庚辰	乙巳,丙戌,丙辰,庚午,甲辰	丙辰,乙巳,丙午			甲子,乙丑,壬申,甲午,壬戌,丁未,癸未,甲辰,乙巳
	忌日	辛未,庚寅,辛巳	辛巳,辛卯,庚寅,丁未	辛巳,庚辰,未,卯,寅,丙辰,丁亥	庚寅		辛未,庚寅	庚寅,庚申,壬辰,甲寅,己卯

表 1-4 中的良日和忌日都用干支表示。从表的横栏看，各种日书的良、忌日互有异同，没有一种是完全一致的，这与五谷的忌日大体一致很不相同，可见有关"六畜"的良、忌日在各地的流行差异较大。从表的竖栏看，睡甲中的人、马、羊三种良日，牛与犬的良日比较一致，兹列表如下（见表 1-5）：

表 1-5　睡甲"人"与六畜的良日

人	乙丑、乙酉、乙巳，己丑、己酉、己巳，辛丑、辛酉、辛巳，癸酉、癸巳
马	乙丑、乙酉、乙巳、乙亥，己丑、己酉、己巳、己亥，辛丑、辛酉、辛巳、辛亥，癸酉、癸巳、癸丑、庚辰
羊	乙丑、乙酉、乙巳，己丑、己酉、己巳，辛丑、辛酉、辛巳，庚辰、庚寅
牛	庚辰、庚申、庚午，辛酉，壬戌、壬申、壬午，癸酉，甲辰、甲申、甲寅
犬	庚辰、庚午，辛酉，壬辰，癸酉、癸未，甲辰、甲申、甲午，
猪	庚辰、庚申，壬辰、壬申，甲申、甲辰，己丑、己酉、己巳
鸡	甲辰、乙巳、丙午、戊辰、丙辰

表 1-5 中人、马、羊良日的一致性表现在：第一，三者的天干都有乙、己、辛，人良日和马良日另有癸，马良日和羊良日则有庚；第二，三者的地支都有丑、酉、巳，马良日则还有亥、辰，羊良日则还有辰、寅。人良日共有 12 个干支日，马良日 16 日，羊良日 11 日，三者完全相同的多达 9 个干支日。在五行三合局中，丑、酉、巳合金局，五行羊配东方木，木与金对冲，其良日干支或许与此有关。表 1-5 中的牛、犬、猪良日也较为相近，尤其是牛与犬的良日，都涉及甲、庚、辛、壬、癸天干，干支相同的占到半数以上。在所有的良日涉及的天干中，除鸡良日的丙午、丙辰外，全都不涉及丙、丁，按五行配物原理，丙、丁为火，鸡亦属南方火。买卖涉及金钱，火克金，所以睡甲诸良日多不涉及丙、丁或与此有关。银雀山汉简

《曹氏阴阳》："六畜：牛羊，阴也，马犬彘鸡，阳也。夫牛羊者贵【□□□】犬马彘贵前而膏。鸡者纯赤，故其同阳尤精……"①《五行大义》引《考异邮》："含牙戴角，著距垂芒，皆为阴也。"②说与《曹氏阴阳》同。这大概是将六畜按照有角和无角分为二类，有角的牛羊属阴，无角的马犬彘鸡则属阳，而鸡纯赤，是阳物中尤精者。简文中的时日安排或与此有关，其详情尚有待进一步考索。

从日书看，古代买卖奴婢是十分盛行的。九店 41 号简"成日""利以纳田邑，利以入人民"。46 号简"宜人民、六扰"。"六扰"即六畜，"人民"与"六扰"并列，当指奴婢。可见战国时期的楚国亦有奴婢买卖活动。睡虎地秦简《日书》"建除""丛辰"等篇多有"出入人民"的记载，"人民"往往与"马牛""畜牲"并列，如睡甲 23 正贰："收日，可以入人民、马牛、禾粟"，睡乙 58："出入人民、畜牲"，等等。其中的"人民"亦当指奴婢。在放马滩秦简中，又有"黔首"的称谓，如放甲 13："可以畜六牲，不可入黔首。"在孔家坡简中，则称"奴婢"，如孔家坡 56："入奴婢、马牛"，"奴婢"与"马牛"并列，可见其地位低下。孔家坡 191："……丁，以入奴婢，必代主。甲寅、癸丑、壬辰、辛酉、辛卯，不可入奴婢，必代主，有室。"这显然是一条关于买卖奴婢的吉凶日规定。类似的记载还见居延新简 EPT65·165A："出入奴婢良日：乙丑、辛……"在后世的选择书《玉匣记》中亦有专门规定："纳奴婢吉日：甲子、乙丑、丙寅、丁卯、戊辰、壬申、乙亥、戊寅、甲申、丙戌、辛卯、壬辰、癸巳、甲午、乙未、己亥、庚子、癸卯、丙午、丁未、辛亥、壬子、甲寅、乙卯、己未、辛酉。宜成、满日。"③可见此类时日宜忌历史悠久，并一直流传下来，没有断绝。

日书中常常"马、牛"并称，在周家台秦简《日书》有专章讲"亡马牛"以"孤虚"法求盗方，类似的简文又见孔家坡汉简《日书》"马牛亡者"篇，在其

①　银雀山汉墓竹简整理小组编：《银雀山汉墓竹简（贰）》，文物出版社 2010 年版，第 204 页。

②　萧吉：《五行大义》，钱杭点校，上海书店出版社 2001 年版，第 144 页。

③　《增补万全玉匣记》，中国文联出版社 2005 年版，第 89 页。

他日书篇章中，"马牛"连称且与"畜牲""畜产"或"它牲"有别，之所以如此，盖因马、牛在六畜之中形体巨大，价值亦高。而马、牛之中，马的地位更为特殊，这是由于马在古代除作为畜力外，更主要用于战争，是古代的战略物资，因而日书中关于马的良、忌日尤其多。张家山汉简《二年律令》有许多涉及买卖马的法律条文，严禁关中马出关流入关东诸侯王国，即可见马的重要地位。① 古代与马有关择日禁忌亦很发达，《虎钤经》卷十《马忌第一百一十》云："石灰泥槽损马，不得系马于门上，令落驹。养猕猴于坊内，辟患，并去疥癣。戊寅日及庚寅日，不得作厩，作之者不及一年，凶。丙寅日不可出入马，三年，人马俱死。申日不宜取马，必死。戊午、庚子之日，不取，并忌入厩，大败。凡养马作厩之法，当择时日之良，而知所忌之凶矣。""养猕猴于坊内，辟患，并去疥癣"乃民间习俗，称猴可辟马之疾患，孙悟空乃石猴，曾官位"弼马温"，"弼马温"者，避马瘟也。②

除马的各时日禁忌外，睡甲 158 背-159 背还有专篇讲"马禖祝辞"，其中有"令其口嗜□，□□嗜饮，律律弗遏自□，弗驱自出，令其鼻能嗅香，令耳聪目明，令颈为身衡，脊为身刚，肢为身【张】，尾善【驱虹】，腹为百草囊，四足善行"③。周家台秦简 345-346 号记载一种使马疾行的方术，文曰："禹步三，向马祝曰：'高山高丝，某马心天。某为我已之，并企侍之。'即午画地，而撮其土，以摩其鼻中。"④均为马在人们日常生活中重要性之体现。

---

① 参看陈伟：《张家山汉简〈津关令〉中的涉马诸令研究》，《考古学报》2003 年第 1 期。

② 邢义田：《"猴与马"造型母题——一个草原与中原艺术交流的古代见证》，收入氏著《画为心声：画像石、画像砖与壁画》，中华书局 2011 年版，第 514～544 页；又见邢义田：《"图像与历史研究"之孙悟空篇》，收入氏著《立体的历史：从图像看古代中国与域外文化》，三联书店 2014 年版，第 16～61 页。

③ 参看饶宗颐：《云梦秦简日书研究》，收入饶宗颐、曾宪通：《楚地出土文献三种研究》，中华书局 1993 年版，第 433～435 页；陈斯鹏：《简帛文献与文学考论》，中山大学出版社 2007 年版，第 119 页。

④ 陈伟主编，刘国胜等撰著：《秦简牍合集：释文注释修订本（叁）》，武汉大学出版社 2016 年版，第 237 页。

第三节　风雨云占

一、风占

放乙 166 号简："入正月一日而风不利鸡，二日风不利犬，三日风不利豕，四日风不利羊，五日风不利牛，六日风不利马，七日风不利人。"这是利用正月一至七日起风占六畜及人，与古之"人日"习俗相近。《北齐书·魏收传》："魏帝宴百僚，问何故名人日，皆莫能知。收对曰：'晋议郎董勋《答问礼俗》云：正月一日为鸡，二日为狗，三日为猪，四日为羊，五日为牛，六日为马，七日为人。'"胡文辉先生指出，所谓"人日"，"是在新年的某一天根据天气的阴晴占候某物一年的灾祥——正月一日占鸡，二日占狗，三日占猪，四日占羊，五日占牛，六日占马，七日占人"①。《开元占经》卷一一一《八谷占》引《京房占》曰："正月初一为鸡，二日为狗，三日为羊，四日为猪，五日为牛，六日为马，七日为人，八日为谷，和调不风寒，即人不病，六畜不死亡。"②其中"猪"与"羊"互倒，并多出"八日为谷"一条。但在明人王三聘《古今事物考》所引《东方朔占书》中却作"三日猪，四日羊"，与简文顺序一致。此俗流传后世，影响极广。清人顾禄《清嘉录》卷一《七人八谷九天十地》云："俗以七日为人日，八日为谷日，九日为天日，十日地日，人视此四日之阴晴，占终岁之灾祥。"③民国《辑安县志》"岁时民俗"："正月：初七日为'人日'，是日天朗气清，则生齿繁衍。所谓一鸡、二犬、三猪、四羊、五牛、六马、七人、八谷，某日佳，则利于某项。例如正月一日天气

---

① 胡文辉：《"人日"考辨》，原刊《中国文化》1994 年第 9 期，此据氏著《中国早期方术与文献丛考》，中山大学出版社 2000 年版，第 341 页。

② 李零主编：《中国方术概观·占星卷》，人民中国出版社 1993 年版，第 1002 页。

③ 顾禄：《清嘉录》，江苏古籍出版社 1999 年版，第 23 页。

佳，则鸡必蕃衍；初五日雨雪，则有牛瘟之类。"①或以为"人日"之俗起于汉，从放乙简看，战国晚期即有此俗。其初始大约只是以新年开始的一至七日占六畜及人，后扩展到占所有农作物之丰稔。1937年刊本《海城县志》："今世俗相传者，一日为鸡，二日为鸭，三日为猫，四日为狗，五日为猪，六日为羊，七日为人，八日为谷，九日为果，十日为菜。惟一、七二日与古同，余皆异。盖以各日之阴晴、寒暖预占一年人畜之否泰、蔬谷之丰啬。"②可见此俗流传极广，且有古今之变矣。

放乙简162A+93A+313亦讲"风占"："入正月一日风，风道东北，禾黍将；从正东，卒者丈夫；从东南，手枭坐坐；从正南【，衣之必死】。……兵，邦君必或死之；从正北，水【潦来】。"本简由三段残简组成，照片不清，释文或有误。"禾黍将"的"将"，孙占宇先生释作壮大。③简文大意是讲在正月一日以风的来向占卜诸事吉凶。从简文看，风从八方来，或即"八风"。《淮南子·天文》有"八风"，从冬至日后45日开始，每45日一风，"八风"是：条风、明庶风、清明风、景风、凉风、阊阖风、不周风、广莫风。孔家坡418-420号简云：

> 正月朔日，风从南方来，五日不更，吹地瓦石见，是谓燕风，饥。从东方，五日不更，是谓襄〖风〗，国有大岁。从西方，五日不更，是谓蘬廪风，大旱，百姓皆流。从北方，五日不更，【是谓山木入】庸。一日四周是兵起，必战，得数万。

简文记风从四方来，涉及三个风名，然皆与《淮南子》"八风"不同。孔家坡

---

① 丁世良、赵放主编：《中国地方志民俗资料汇编·东北卷》，北京图书馆出版社1989年版，第337页。

② 丁世良、赵放主编：《中国地方志民俗资料汇编·东北卷》，北京图书馆出版社1989年版，第74页。

③ 陈伟主编，孙占宇撰著：《秦简牍合集：释文注释修订本（肆）》，武汉大学出版社2016年版，第89~90页。

简另有八方风，见 421-422 号简：

　　□【有岁而为】。从东方来，禾大熟。从东南来，民多疾。从南方来，□□兵。从西方来，大战，灭军。从北方来，大水。

　　以八方来风占吉凶乃古之常术，《史记·天官书》载"汉魏鲜集腊明正月旦决八风之法"有云："风从南来，大旱；西南，小旱；西方，有兵；西北，戎菽为，小雨，趣兵；北方，为中岁；东北，为上岁；东方，大水；东南，民有疾疫，岁恶。故八风各与其冲对，课多者为胜。多胜少，久胜亟，疾胜徐。"《乙巳占》卷十《八方暴风占第八十一》："正月朔后八风者，此法齐人要术，五谷所宜。及出《汉书志》：从乾来，有忧兵；从坎来，回水汤汤，有大水；从艮来，人疾疫，岁有蝗虫；从震来，阳气干岁，大旱，有丧；从巽来，岁多风，伤五谷；从离来，岁旱，大热，多火灾；从坤来，人疾病，道中多死，凶；从兑来，有兵革之事。"①此用后天八卦指代八个方位，即乾西北、坎北方、艮东北、震东方、巽东南、离南方、坤西南、兑西方。相似的内容《开元占经》引作《京房占》。② 顾禄《清嘉录》卷一《看风云》："农人岁朝晨起看风云，以卜田事。谚云：'岁朝东北，五禾大熟。岁朝西北风，大水害农功。'案：九县《志》皆载：'元旦，风从东南来则岁大稔，东次之，东北又次之，西则歉。西北有红、黄云则稔，白、黑则歉。'并云：'是日宜阴，有"岁朝乌六秃，高低稻田一齐熟"之谚。'"③

　　孔家坡简另有占籴的简文，今一并叙及：

　　　　入正月一日，日出而风，籴贵；阴而雨，籴贱。入月二日为二月，

---

　　① 李零主编：《中国方术概观·占星卷》，人民中国出版社 1993 年版，第 161 页。标点有改动。

　　② 李零主编：《中国方术概观·占星卷》，人民中国出版社 1993 年版，第 905～906 页。

　　③ 顾禄：《清嘉录》，江苏古籍出版社 1999 年版，第 11 页。

三日为三月，四日为四月，五日为五月，六日为六月。447

入七月一日，日出而风，籴贵；阴而雨，籴贱。入月二日为八月，三日为九月，四日为十月，五日为十一月，六日为十二月。448

☑戊寅日出而风，籴贵449A

☑阴而雨，籴贱。不雨，日出不风，占如故。风从南方来，籴449B

☑尤甚阴而雨，风。风从☑450A

五月雾来，春籴贵，壹【雾】利贾，再雾再倍，三雾三倍，四雾四倍，五雾五倍，六雾六倍。451

此类方术，古书多见。《孝经内事》："雨霁之后，忽有长虹横西北方，明亮无彩，见一时，籴贵一倍；见二时，籴贵两倍；见三时，籴贵三倍。若见一日，民以饥死。"①《洛书》："日有青围之[侯]，谓之表晕，不出二旬，大寒，籴大贵。外长三钱，一岁五见，籴五倍。六见，籴六倍。不止，不出一年，民相食，多疾疫，在所见之国。"②《齐民要术》卷三《杂说第三十》："《师旷占》五谷贵贱法：常以十月朔日占春耀贵贱，风从东来，春贱，逆此者贵。以四月朔占秋耀，风从南来、西来者，秋皆贱，逆此者贵。以正月朔占夏耀，风从南来、东来者皆贱，逆此者贵。《师旷占》五谷曰：正月甲戌日，大风东来折树者，稻熟。甲寅日，大风西北来者，贵。庚寅日，风从西、北来者，皆贵。二月甲戌日，风从南来者，稻熟。乙卯日，稻上场，不雨晴明，不熟。四月四日雨，稻熟；日月珥，天下喜。十五日、十六日雨，晚稻善。"③《乙巳占》卷一《日月旁气第五》："日有青晕，不出旬日有大风，耀贵，人民多为病凶。"卷九《吉凶气象占第六十三》："三雾，秋以庚辛申酉

---

① 安居香山、中村璋八辑：《纬书集成》中册，河北人民出版社 1994 年版，第1017 页。

② 安居香山、中村璋八辑：《纬书集成》下册，河北人民出版社 1994 年版，第1290 页。

③ 缪启愉、缪桂龙：《齐民要术译注》，齐鲁书社 2009 年版，第 248 页。

日，气色白，东行利为客，先举兵胜，后举兵败。二雾，夏以丙丁己午日，色赤黄，气西行，为利客，主人凶。四雾，冬以壬癸亥子日，气青黑，气南行，兴军动众。五雾，四季月以戊己辰戌丑未日，气黄色，行向北，利客，主入内乱。一雾，春以甲乙寅卯日，气青，出东方向季者，客胜。"①《太平御览》卷一五引《望气经》："六月三日有雾，则岁大熟。"②近世陕西临潼一带农村亦有此类风俗，如称："占夏巢，风从南方来、东来者皆贱，逆此者贵。""以四月朔占秋巢，风从南来、西来者皆贱，逆此者贵。"③

二、雨占

雨对于农业生产的收成至关重要，尤其是在北方干旱地区。放乙有很多关于占雨的条文（简文前面的序号为笔者所加）：

(1)正月甲乙雨，禾不熟，邦有木功；丙丁雨，大旱，鬼神北行，多疾；戊己雨，大有年，邦有土功；庚辛雨，有年，大作邦 154 中；壬癸雨，大水，禾粟【弗】起，民多疾。

(2)入正月一日，天有雨，正月旱；二日雨，二月旱；三日雨，三月旱；四日雨，四月旱；五日 158 雨，五月旱；六日雨，六月旱；七日雨，七月旱。 159

(3)七月雨为澍，正月澍；八月雨，二月澍；九月雨，三月澍；十月雨，四月澍；十一月雨，五月澍；十二月雨，六月澍。

(4)正月、四月，娄为上泉，毕为中 160 泉，东井为下泉。上泉雨，稙熟；中泉雨，稙熟，中种熟；下泉雨，【稺】熟。三泉皆雨，大有黍

① 李零主编：《中国方术概观·占星卷》，人民中国出版社 1993 年版，第 35、138~139 页。

② 李昉等：《太平御览》，中华书局 1960 年版，第 78 页上栏。

③ 丁世良、赵放主编：《中国地方志民俗资料汇编·西北卷》，北京图书馆出版社 1989 年版，第 5、8 页。

〈年〉；三泉不雨，大饥。 161

（5）□□二月□□候岁：戊雨，董藁也；己雨，禾秀也；庚雨，上下；辛雨，有年；壬雨，上中；癸雨，禾秀也；甲雨，董蒿。 155

（6）五月辰，辰日大雨，大虫；小雨，小虫。 157

（7）七月甲乙雨，饥；丙丁雨，小饥；戊己雨，岁中；庚辛雨，有年。 156①

上举第（1）条是以正月十天干为占，十天干两两一组，共五组，占辞吉凶与五行配物有关，如甲乙于五行属木，故说"邦有木功"；丙丁属南方火，虽雨亦为"大旱"；戊己中央土，故"大有年，邦有土功"；庚辛西方金，为秋，乃收获季节，故说"有年，大作邦中"，"有年"即丰收，"大作"或为大兴土木，盖因秋季丰收之后，农闲之时有兴作之事也；壬癸司水，故有"大水"。

第（2）条是以正月的一至七日下雨占正月至七月的旱情，第（3）条则是以七月雨占正月"澍"，澍，时雨也。二者皆以数字"七"为界，大概是将一年十二月一分为二，以七月为中界，七月对正月，八月对二月，依此类推。

第（4）条娄宿，《开元占经》引巫咸曰："水星也。"春夏为水，秋冬为火。毕宿，《开元占经》引石氏曰："毕八星，附耳一星。"又引巫咸曰："附耳，水星也。"又引《百二十占》："毕主弋猎，为阳国。……日月五星出阳国，即有水。"②《史记·天官书》："东井为水事。"可知此三星宿皆与水事有关。所谓"上泉""中泉""下泉"约指天上渊泉所在，亦主水事。"稙"为早种谷物，"穉"为晚种谷物，上、中、下三泉分别对应稙（早）、中、穉（晚）三种谷物，则简文"中泉雨"后之"稙熟"或为衍文。刘国胜先生以为"娄""毕""东井"是

① 陈伟主编，孙占宇撰著：《秦简牍合集：释文注释修订本（肆）》，武汉大学出版社 2016 年版，第 88~89 页。

② 李零主编：《中国方术概观·占星卷》，人民中国出版社 1993 年版，第 630、632 页。

以星宿纪日，如正月娄为 4 日、毕为 7 日、东井为 10 日。① 以这些时日是否下雨占农作物收成年景，是有意附会天象，增加神秘意味。孔家坡简 453："五月东井，利树蓝、韭。"树为种植。蓝，一年生草本植物，叶形似蓼而味辛，干后变暗蓝色，可加工成靛青，作染料。叶也可供药用。《礼记·月令》仲夏之月"令民毋刈蓝以染"，郑玄注："为伤长气也，此月蓝始可别。"韭指韭菜，《诗·豳风·七月》："四之日其蚤，献羔祭韭。"五月东井亦以星宿纪日，为五月朔日，此日所以"利树蓝、韭"者，大约亦与"东井为水事"有关。

类似的简文亦见孔家坡汉简《日书》，相关简文如下：

> 正月甲、乙雨，雨膏；丙、丁雨，田嚚；戊、己雨，禾饶；庚、辛雨，田多蒿；壬、癸雨，禾消。**398**

> 入正月三日雨，三月尌(澍)；四日雨，四月澍；五日雨，五月澍。七日植禾为，九日中禾为，廿日稑禾为。**417**

> 正月上旬丁、己雨，上岁；中旬丁、〖己〗雨，中岁；下旬丁、己雨，下岁；三丁、己雨，毋岁。朔日雨，岁饥，有兵。**410**

> 正月乙巳、乙亥雨，不风，有岁；雨而风，有旱；不雨而风，大旱。**415**

> ⧄□日不雨，大旱，至百日。**403**

膏，《礼记·礼运》注："犹甘也。"《山海经·海内经》："西南、黑水之间有广都之野，后稷葬焉，爰有膏菽、膏稻、膏黍、膏稷。"嚚，疑读作"槁"，干枯的意思。澍，《说文》："澍，时雨，所以澍生万物"。为，《史记·天官书》"戎菽为"，《集解》引孟康曰："为，成也。"孔家坡这些有关说法，有可能是来自秦地秦人的传统。

北京大学藏汉简中有一篇《雨书》，全书现存 48 枚简，共 1300 余字。内

---

① 刘国胜：《秦简〈日书〉零拾》，《简帛》第 6 辑，上海古籍出版社 2011 年版，第 108 页。

容又可分为"雨""星(晴)""候风雨""候""霁""雷"等篇。"雨"篇是《雨书》的首篇和主体,详述每月每日"雨"或"不雨"及其相应的后果,如:"正月朔营室,雨。不雨,春肃。三日奎,雨。不雨,电,乃种作,春乃多寒,夏有覆。七日毕,小雨。九日参,小雨。十日东井,雨。不雨,倍荞见,国有舌夭。旬三日七星,小雨。旬七日角,雨。不雨,至七日乃风,春有雪。……"每月之下均采取序数与二十八宿相结合的纪日方式,不雨的结果多为灾异或兵事①。内容较日书丰富。

在睡虎地秦简和孔家坡汉简《日书》"丛辰"篇中,有以正月朔日占"岁"、占"兵"的记录,今录睡甲简文如下:

> 秀日,正月以朔,旱,岁善,有兵。
>
> 正阳,正月以朔,岁善,无兵。
>
> 危阳,正月以朔,多雨,岁半入,无兵。
>
> 敫日,正月以朔,多雨,岁善而被不产,有兵。
>
> 害日,正月以朔,旱,有岁,有小兵,无大兵。
>
> 阴日,正月以朔,多雨,岁中无兵,多盗。旦雨夕霁,夕雨不霁。
>
> 彻日,正月以朔,多雨,岁善,无兵。
>
> 结日,正月以朔,岁中有兵,有雨。

日书"丛辰"的占文大多比较简略,很可能是摘抄自其他相关日书。此类占文与日常生活中的生产密切相关,很多是出自对农业生产经验的总结。《史记·天官书》云:"或从正月旦比数雨。率日食一升,至七升而极;过之,不占。数至十二日,日直其月,占水旱。为其环域千里内占,则为天下候。竟正月。月所离列宿,日、风、云,占其国。"《汉书·天文志》略同。

---

① 陈苏镇:《北大汉简中的〈雨书〉》,《文物》2011年第6期;北京大学出土文献研究所编:《北京大学藏西汉竹书(伍)》,上海古籍出版社2014年版,第45~86页;参看高一致:《秦汉简帛农事资料分类汇释及相关问题研究》,武汉大学博士学位论文,2017年,第181~194页。

所谓"从正月旦比数雨",《史记索隐》曰:"谓以次数日以候一岁之雨,以知丰稔也。"其法,据《汉书》颜师古注引孟康曰:"正月一日雨,而民有一升之食;二日雨,民有二升之食;如此至七日已来,验也。"具体占法似与简文不同,但重视正月朔日,则无异。

《开元占经》卷九十二《雨占》所录各种占文甚详,有从正月至十二月占雨者,如:"正月一日有风雨,三月谷贵。一曰:正月一日风雨,其年大恶;微风小雨,年小恶;风悲鸣疾作,灾起。又曰:正月一日风雨,米贵,蚕伤,风雨从四方来,兵起。正月一日无风而雨,岁中下,田麦成,禾黍小贵。正月上旬雨卯,谷贵一倍;中旬雨卯,谷贵十倍。正月晦日,雨风兼至,籴贵禾恶。"①有干支占雨者,如:"春雨乙卯,夏籴贵;夏雨丁卯,秋籴贵;秋雨辛卯,冬籴贵;冬雨癸卯,来春籴贵。"引《京房占》曰:"诸寅卯日有小雨,小急;大雨,大急。丙午日雨,有围城。戊午日雨,霖三日止,其下大战。乙卯日雨,旱,有兵起东方;丁卯雨,旱,有兵起南方;己卯雨,旱,有兵起中央;辛卯雨,旱,有兵起西方;癸卯雨,旱,有兵起北方。"②

后世流行的《玉匣记》亦多此类占文,如《占十二个月节候丰稔歌》:正月"岁朝宜黑四边天,大雪纷纷是旱年。但得立春晴一日,农夫不用力耕田";七月"立秋无雨最堪忧,万物从来只半收。处暑若逢天下雨,纵然结实也难留"。又如《占元旦日阴晴》:元旦"阴雨,人秧田禾水涝,六畜不兴,花果不实"。再如《占元旦值十干日》:"值甲,米贱,人产,疫。""值己,米贵,蚕少,多风雨。"③

民间习俗亦多占雨以觇丰年者,如乾隆《河间县志》载当地习俗,称五月"朔日不宜雨,雨主虫。芒种后壬日为入梅,置物于高处,以遇壬日数为度。夏至后庚日,出梅,遇雷雨为断。重午,喜薄阴;大晴,主雨水,

---

① 李零主编:《中国方术概观·占星卷》,人民中国出版社1993年版,第899页。
② 李零主编:《中国方术概观·占星卷》,人民中国出版社1993年版,第903页。
③ 《增补万全玉匣记》,中国文联出版社2005年版,第197、198、199页。

则丝贵"①。同治《丽水县志》则云："六月,初一日雨,则禾有虫患,谓之
'放稻虫'。初二日再雨,则无患,谓之'杀稻虫'。"②近世陕西农村亦有此
俗,如陕西临潼:"元日,以甲乙为丰,丙丁旱,戊己虫、雨伤,庚辛兵,
壬癸潦。占夏果,风从南方来、东来者皆贱,逆此者贵。"③

三、云占

孔家坡汉简《日书》又有云占:

> 入正月八日,见赤云禾〈黍〉为,黑云菽为,青云麦为,黄帝禾为,
> 白云稻为,五色大饥。413
> 子:白云疾行庚、辛,黑云壬、癸,赤云丙、丁,青云甲、乙,黄
> 云行而云一,天下旱。416
> ☑〖黑〗云为水,白云为凶,青云为兵。凡以凶吉,云高终岁。423
> ☑至三日有阴,君子死,民多疾。三日晏暑,国安,五谷皆孰
> (熟)。405

简文多以五行配物为说,如:白云配庚辛,黑云配壬癸,赤云配丙丁,
青云配甲乙。赤云配黍,黑云配菽,青云配麦,黄云配禾,白云配稻等。

我国古代的云占有着悠久的历史。《左传》僖公五年:"凡分至启闭,必
书云物,为备故也。"《周礼·春官·保章氏》:"以五云之物,辨吉凶、水
旱、降丰荒之祲象。"郑司农注:"以二至二分观云色,青为虫,白为丧,赤

---

① 丁世良、赵放主编:《中国地方志民俗资料汇编·华北卷》,北京图书馆出版社
1989 年版,第 362 页。
② 丁世良、赵放主编:《中国地方志民俗资料汇编·华东卷》,书目文献出版社
1995 年版,第 918 页。
③ 丁世良、赵放主编:《中国地方志民俗资料汇编·西北卷》,北京图书馆出版社
1989 年版,第 5 页。

为兵荒，黑为水，黄为丰。"《易纬通卦验》："谨候日，冬至之日，见云送迎，从其乡（向）来，岁美，人民和，不疾疫。无云送迎，德薄岁恶。故其云青者饥，赤者旱，黑者水，白者为兵，黄者有土功，诸从日气送迎，此其征也。"又云："甲日见者青，乙日见者青白，丙日见者赤，丁日见者赤黑，戊日见者黄，己日见者青黄，庚日见者白，辛日见者赤白，壬日见者黑，癸日见者黄黑。各以其气候之，其云不应，以其事占吉凶。"①《史记·天官书》："欲终日有云，有风，有日，当其时者，深而多实；无云，有风日，当其时，浅而多实；有云风，无日，当其时，深而少实；有日，无云，不风，当其时者稼有败。如食顷，小败，熟五斗米顷，大败。则风复起，有云，其稼复起。各以其时用云色占种所宜。"《齐民要术》卷三《杂说第三十》引《物理论》曰："正月朔旦四面有黄气，其岁大丰，此黄帝用事，土气黄均，四方并熟。有青气杂黄，有螟虫。赤气，大旱。黑气，大水。正朔占岁星，上有青气，宜桑；赤气，宜豆；黄气，宜稻。"《玉匣记》亦有《占云》专章。②《清嘉录》卷四《四月十六》："土俗于十六日望晴雨以候岁，晴则水，雨则旱，惟阴云为佳。谚云：'有谷无谷，但看四月十六。'案：江、震《志》皆载此占。又谚云：'四月十六，天上有云，地上有谷。'"③

第四节　年岁禾稼占

在孔家坡汉简《日书》中，有一部分简文是关于禾稼占的条文，其中一篇自名为"岁"，从天地的起源讲起，涉及五行配物、"岁"的四季运行和逐月宜忌，内容与古代月令近似。在本节中，我们将以孔家坡汉简《日书》中的"岁"篇为中心，讨论与年岁有关的占卜，并及日书与月令的关系。

①　分见安居香山、中村璋八辑：《纬书集成》上册，河北人民出版社 1994 年版，第206、217 页。

②　《增补万全玉匣记》，中国文联出版社 2005 年版，第 204 页。

③　顾禄：《清嘉录》，江苏古籍出版社 1999 年版，第 98 页。

一、"年"与"岁"

　　"年"是以地球绕太阳公转运动为基础形成的时间单位，地球绕太阳公转一周的时间称为"年"。在古代，确定"年"的时间单位主要是气象与物候的周期变化，经过长期的观察与体验，人们认识到寒暑的周期变化和农作物的种收基本一致，因而将禾谷一熟确定为一年。① "年"字本义为稔熟，甲骨文有此字，为谷熟的象形字。《说文》："年，谷孰也。"《穀梁传》桓公三年："有年。五谷皆熟为有年也。"《史记·天官书》"角有土事，有年"，《正义》："有年，谓丰熟也。"孔家坡汉简《日书》399 号、401 号："……南方有年，小旱。""……□中；西方有年；南方无年，有旱。""有年"即表示谷物丰熟。孔家坡汉简《日书》大概是占四方年成。

　　"岁"的本义指木星，《说文》："岁，木星也。越历二十八宿，宣遍阴阳。十二月一次。从步，戌声。"后用于纪时，为年岁的通称，《尚书·尧典》："期三百六十有六日，以闰月定四时，成岁。"又指一年的农业收成、年景，《左传》昭公三十二年："闵闵焉如农夫之望岁，惧以待时。"杜预注："岁，年谷也。"《史记·宋微子世家》："（宋景公）三十七年，楚惠王灭陈。荧惑守心。心，宋之分野也。景公忧之。司星子韦曰：……'可移于岁。'景公曰：'岁饥民困，吾谁为君。'"

　　"岁"又指"太岁"，是古人假想的神煞，它与岁星的运行周期一致，但运行方向适相反。《周礼·春官·冯相氏》："掌十有二岁"，郑玄注："岁谓太岁。"《论衡·譋时篇》："审论岁月之神，岁则太岁也。"《诗·小雅·小弁》："天之生我，我辰安在"，孔疏引服虔《左传注》云："岁，岁星之神也。左行于地，十二岁一周。"均以"岁"为太岁。②

---

　　① 参看张衍田：《中国古代纪时考》，上海古籍出版社 2019 年版，第 95、102~103 页。

　　② 关于日书中的"太岁"神，参看胡文辉：《释"岁"——以睡虎地〈日书〉为中心》，收入氏著《中国早期方术与文献丛考》，中山大学出版社 2000 年版，第 88~134 页；刘乐贤：《楚秦选择术的异同及影响——以出土文献为中心》，《历史研究》2006 年第 6 期。

二、以"岁"占农业收成

古代以"太岁"纪年，"太岁"或称"太阴"或称"岁阴"，十二年一周期，以占农业收成。如《越绝书·计倪内经第五》："太阴三岁处金则穰，三岁处水则毁，三岁处木则康，三岁处火则旱。……天下六岁一穰，六岁一康，凡十二岁一饥。"《史记·货殖列传》引计然曰："知斗则修备，时用则知物，二者形则万货之情可得而观已。故岁在金，穰；水，毁；木，饥；火，旱。旱则资舟，水则资车，物之理也。六岁穰，六岁旱，十二岁一大饥。"《论衡·明雩篇》引范蠡、计然曰："太岁在水，毁。金，穰。木，饥。火，旱。"上述"太阴""岁""太岁"，名虽异而实同，均是以太岁占年岁之丰穰。

《越绝书·计倪内经第五》："寅至未，阳也。太阴在阳，岁德在阴，岁美在是。圣人动而应之，制其收发。当以太阴在阴而发，阴且尽之岁，亟卖六畜货财，以益收五谷，以应阳之至也。阳且尽之岁，亟发籴，以收田宅、牛马、积敛货财，聚棺木，以应阴之至也。此皆十倍者也。"这是将十二地支分为阴阳二部分，从寅至未为阳，从申至丑为阴，以太阴所在十二支占年岁。《盐铁论·水旱篇》："故太岁之数，在阳为旱，在阴为水。六岁一饥，十二岁一荒。"所谓"在阳""在阴"，大约指此。

《史记·货殖列传》："太阴在卯，穰；明岁衰恶。至午，旱；明岁美。至酉，穰；明岁衰恶。至子，大旱；明岁美，有水。至卯，积著率岁倍。"《史记·天官书》："必察太岁所在。在金，穰；水，毁；木，饥；火，旱。此其大经也。"泷川资言《史记会注考证》引王元启曰："按此所谓金水木火，盖以岁阴言之，申酉戌为金，亥子丑为水，寅卯辰为木，巳午未为火，又必纬之以云风日雨，而后占乃验，故曰此其大经。愚按《货殖传》云：太阴在卯，穰；明岁衰恶。至午，旱；明岁美。至酉，穰；明岁衰恶。至子，大旱，明岁美，有水。"[1]王元启是以太岁（太阴）纪年为说，据《史记·天官

---

[1] 泷川资言：《史记会注考证》，北岳文艺出版社1999年版，第81页。

书》，太岁（岁阴）在寅则岁星在丑，太岁左行而岁星右行；泷川资言则以太岁神煞运行四仲为说。《淮南子·天文》："岁星之所居，五谷丰昌。其对为冲，岁乃有殃。当居而不居，越而之他处，主死国亡。太阴治春，则欲行柔惠温凉；太阴治夏，则欲布施宣明；太阴治秋，则欲修备缮兵；太阴治冬，则欲猛毅刚强。三岁而改节，六岁而易常，故三岁而一饥，六岁而一衰，十二岁一康。"其说虽异，但都是以太岁（太阴）所在年份为占，是以年为单位的占卜术。

太岁纪年十二年一周，各有其岁名。如《淮南子·天文》：

摄提格之岁，岁早水晚旱，稻疾，蚕不登，菽麦昌，民食四升。寅。

单阏之岁，岁和，稻、菽、麦、蚕昌，民食五升。卯。

执徐之岁，岁早旱晚水，小饥，蚕闭，麦熟，民食三升。辰。

大荒落之岁，岁有小兵，蚕小登，麦昌，菽疾，民食二升。巳。

敦牂之岁，岁大旱，蚕登，稻疾，菽麦昌，禾不为，民食二升。午。

协洽之岁，岁有小兵，蚕登，稻昌，菽麦不为，民食三升。未。

涒滩之岁，岁和，小雨行，蚕登，菽麦昌，民食三升。申。

作鄂之岁，岁有大兵，民疾，蚕不登，菽麦不为，禾虫，民食五升。酉。

掩茂之岁，岁小饥，有兵，蚕不登，麦不为，菽昌，民食七升。戌。

大渊献之岁，岁有大兵，大饥，蚕开，菽麦不为，禾虫，民食三升。亥。

困敦之岁，岁大雾起，大水出，蚕、稻、麦昌，民食三升。子。

赤奋若之岁，岁有小兵，早水，蚕不出，稻疾，菽不为，麦昌，民食一升。丑。

孔家坡汉简《日书》427 壹-438 壹有如下内容：

> 正月子朔，闻〈摄〉民〈提〉格司岁，四海有兵，有年。
>
> 丑朔，单阏司岁，兴(？)实日秋食。
>
> 寅朔，执徐司岁，日食无寒。
>
> 卯朔，大荒落司岁，百资不食；兵起，民盈街谷。
>
> 辰朔，敦牂司岁，有兵。
>
> 巳朔，协洽司岁，民有疾，年□春□食，有兵。
>
> 〖午朔，〗□□司岁，百资不成，三种。
>
> 未朔，作骆司岁，有兵起。
>
> 申〖朔，阉茂司岁，有年。中央〗，黄帝
>
> 〖酉朔〗☒东方昊，南方炎帝。
>
> 〖戌朔〗☒兵。西方颛顼，白。
>
> 亥朔，〖赤奋若司岁，大风〗，报，兵革起，火行。

比较《淮南子·天文》和孔家坡汉简《日书》，有两点是相同的，第一，二者都有"摄提氏"之类的十二个"岁名"，二者都是以此十二岁名为占；第二，占辞的内容都涉及农业年成和兵事，从下文将要谈到的"风雨云占"看，也是以禾稼年成与兵事为主，将二者合占大概有悠久的传统。但《淮南子·天文》与孔家坡《日书》的差异也是很明显的：第一，《淮南子·天文》中摄提格与地支寅搭配，以下依次类推；但在孔家坡汉简《日书》中，摄提格却与子搭配，以下依次类推；第二，在《淮南子》以及其他传世文献中，摄提格等十二岁名代表十二个前后相继的年份，具有纪年的意义，而且这种纪年法与岁星的实际运行有直接的对应关系，具有天文学意义①；孔家坡汉简《日书》只

---

① 关于太岁或太阴纪年，以及岁名与岁星对应关系的讨论，可参看陶磊：《〈淮南子·天文〉研究——从数术史的角度》，齐鲁书社 2003 年版，第 73~97 页；刘乐贤：《马王堆天文书考释》，中山大学出版社 2004 年版，第 219~229 页。

是说，当某年正月的朔日为子日，其司岁之神叫"摄提格"，所谓"摄提格"等十二"岁名"并不具备纪年的作用，也完全失去其天文学意义，变成一种神煞。

三、年岁朔日占

孔家坡汉简《日书》中"年岁占"尤其重视朔日，孔家坡简 439 壹-446 号简另有干支朔日占卜的条文：

> 子朔，有岁。丑朔，败种，寡旱。卯朔，户饥。辰、巳朔，五种。午、未朔，多雨。申朔，旱杀。酉朔，暮杀，有岁。

> 丙丁朔，小旱，暮【澍】。

> 三以甲朔，大熟。
> 三以乙朔，中、稺为。
> 三以丙朔，禾、麻为。
> 三以丁朔，岁户。
> 三以戊朔，大穑、大中、菽、苔为。
> 三以己朔，岁大为，女子有疾。
> 三以庚朔，岁不熟。
> 三以辛朔，下田收。
> ☐大熟。

上述简文可分为三组，第一组是以十二支的朔日为占，简文缺寅、戌、亥三日条；其原理当与"司岁"篇相同，但没有"摄提格"一类的神煞名，亦即没有司岁神；从占卜的结果看，二者互有异同，如子日朔，"司岁"称"有年"，本篇称"有岁"，其义一也；卯日朔，"司岁"为"百资不食"，本篇为"户饥"。但大部分条文是不相同的，且本篇无兵战方面的内容。两相比较，可知本篇的朔日当指正月朔，简文省略了。第二组仅残留"丙丁朔"一条，大概是以十天干的朔日为占。第三组是"三以"十天干朔日占，"三以"其意不明。以十天干占年岁禾稼还见孔家坡汉简《日书》427贰-436贰号：

　　甲、乙朔，青帝主岁，人炊行没。青禾为上，白中〈中〉，黄下，麦不收。吏人炊。

　　丙、丁朔，赤帝产，高者行没。赤禾为上，黄中，白下，小旱。吏高者。

　　戊、己朔，黄帝主岁，邑主行没。黄禾为上，赤中，白下。有风雨，兵起。

　　庚、辛朔，白帝主岁，风伯行没。白禾为上，赤中，黄下。兵不起，民多疾。

　　壬、癸朔，炎帝主岁，群巫〖行〗没。赤黑禾为上，白中，黄下。禾不熟，水不大出，民少疾。事群巫。

简文是说，当甲、乙日为朔日时，青帝主岁，主岁即司岁，人炊鬼出没，青色禾为上，白色禾为中，黄色禾为下。余下可类推。其中文末的"吏某"与"行没"相同。上禾与天干的五行配色一致，如甲乙五行配色为"青"，故"青禾为上"。余可类推。睡虎地秦简《秦律十八种·仓律》34号简："计禾，别黄、白、青。秾勿以稾人。""禾"泛指农作物，而有黄、白、青之别。孔家坡汉简《日书》则有黄、白、青、赤、黑五种，或与五行配物有关，其详待考。

四、日书"岁"篇与月令

孔家坡汉简《日书》458-478号简有一篇自题为"岁"的文献，后半部分是以十二月占各月节候及宜忌，颇类似古代"月令"，兹将简文内容列表如下（见表1-6）：

表1-6　孔家坡汉简《日书》"岁"篇逐月事项之比较

月份	治事	吾子之气	节候	政令
正	并居寅，以谋春事		必温	不温，民多疾，草木、五谷生不齐
二	发春气于丑	吾已生，发子气	必风	民多腹肠之疾，草木不实
三	止寒于戌	吾已成，子敬毋杀	必温、寒	早寒早执，暮寒暮执，终日寒三执
四	并居卯，以受夏气		必温	不温，五谷夏夭，草木不实、夏落，民多战疾
五	治虫于辰	吾已长，子戒毋敢徼	必晴	小雨小虫，大雨大虫
六	止云雾于亥	吾已长，子毋敢徼		大雨大徼，小雨小徼
七	并居申，行秋气		必寒、温	民多疾病，五谷夭死
八	止阳气于未	吾已杀，止子气	必寒	不寒，民多战疾，禾复
九	为计于卯		风、温	早风以于草木，温以清，五官受令，其风，妄有大事，计不成；其黄也，有土功事；其黑也，有忧；其白也，有兵；其青也，有木功事；其赤也，民多战疾，鬼火哀
十	称藏于子		必清	风妄，有大事，受藏不成
十一	循事于酉		必清	风妄，政乱，下不听
十二	置免于午		必清	风妄，执政、置官不治，若有大事

从表1-6所列简文看，正月、二月、三月为春，四、五、六月为夏，七、八、九月为秋，十、十一、十二为冬，这显然是夏历时制。古书中有"三时"的说法，"三时"指春夏秋三季。《左传》桓公六年："三时不害，而民和年丰也。"杜预注："三时，春、夏、秋。"杨伯峻先生说："此皆务农之时，三时不害，犹《孟子》之'不违农时'。"①《国语·周语上》："三时务农，而一时讲武。"韦昭注："三时，春、夏、秋。一时，冬也。"《管子·问》："工尹伐材用，毋于三时"。《鹖冠子·泰鸿》："三时生长，一时煞刑，四时而定，天地尽矣。"马王堆汉墓帛书《经法·论约》："三时成功，一时刑杀，天地之道也。"②《春秋繁露·阴阳义》："天之道以三时成生，以一时丧死。死之者，谓百物枯落也；丧之者，谓阴气悲哀也。"《汉书·高帝纪上》"春正月"，颜师古注引如淳曰："以十月为岁首，而正月更为三时之月。"《后汉书·明帝纪》："夫春者，岁之始也，始得其正，则三时有成。"综考上述文献，可见我国古代确有将春夏秋称为"三时"的说法，以与冬季相区别，三时以农事为主，与孔家坡汉简《日书》"岁"篇一致。总之，从孔家坡汉简《日书》"岁"篇看，时间的节律大约有两种，一种是春夏秋"三时"的农事节律，二是冬季的政事节律。

这两种不同的农事节律还可以从简文表述的繁简程度看出。值得注意的是，正月至八月大体相同，十月、十一月、十二月大体一致，介于二者之间的九月尤其详细。我国古代农业生产大约以九月为限，主要的谷物收获在夏历九月，孔家坡汉简《日书》"岁"篇称"九月为计"，"计"当指"上计"，云梦睡虎地秦简《秦律十八种·司空》140号简："官相近者，尽九月而告其计官，计之其作年。"《内史杂》187号简："都官岁上出器求补者数，上会九月内史。"上计在九月，九月或为一年之终。我国古代农业历法，曾以九月为一岁之终，十月则为一岁之始。③《诗·豳风·七月》："五月斯螽动股，六月莎

---

① 杨伯峻：《春秋左传注（修订本）》，中华书局1990年版，第111页。
② 陈鼓应：《黄帝四经今注今译》，商务印书馆2007年版，第166页。
③ 于省吾：《岁、时起源考》，《历史研究》1961年第4期。

鸡振羽。七月在野，八月在宇，九月在户，十月蟋蟀入我床下。穹窒熏鼠，塞向墐户。嗟我妇子，曰为改岁，入此室处。"改岁即在十月。

表1-6中的右侧第二栏我们称之为"节候"的，大约只有四种：即温、晴、风、寒，它们与最右侧的一栏存在某种对应关系，如正月："必温。不温，民多疾，草木、五谷生不齐"。四月："必温。不温，五谷夏夭，草木不实、夏落，民多战疾"。八月："必寒。不寒，民多战疾，禾复"。从这些例子看，最右侧一栏所列事项当是违背"节候"所带来的后果。类似的说法在《月令》中多见，如："孟春行夏令，则雨水不时，草木蚤落，国时有恐。行秋令，则其民大疫，猋风暴雨总至，藜莠蓬蒿并兴。行冬令，则水潦为败，雪霜大挚，首种不入。""季春行冬令，则寒气时发，草木皆肃，国有大恐。行夏令，则民多疾疫，时雨不降，山林不收。行秋令，则天多沈阴，淫雨蚤降，兵革并起。""仲夏行冬令，则雹冻伤谷，道路不通，暴兵来至；行春令，则五谷晚熟，百螣时起，其国乃饥。行秋令，则草木零落，果实早成，民殃于疫。"等等。只不过《月令》是以四时行政令，而孔家坡简"岁"篇是行十二月"政令"。但在孔家坡汉简《日书》"岁"篇464-469号简中亦有"四时政令"，详下：

> 春以微秋，夏以微冬，秋以微春，冬以微夏，是谓四时〖微〗。春微戌也，是谓吾且生，子毋敢杀，尽春三月解于戌。夏微于丑也，是谓吾且长，子毋敢藏，尽夏三月乃解于丑。秋微辰也，是谓吾且杀，子毋敢生，尽秋三月乃解于辰。冬微未也，是谓吾且藏，子毋敢长，尽冬三月乃解于未。是谓四时结。结解不当，五【谷不成，草木不实，】兵革且作，六畜瘠，民多不丰，刑政乱。结解苟当，五谷必成，草木尽实，兵革不作，刑、政尽治。

简文说"结解不当，五谷不成，草木不实，兵革且作，六畜瘠，民多不丰，刑政乱。结解苟当，五谷必成，草木尽实，兵革不作，刑、政尽治"。

这种情形，应该就是表1-6所列违时所带来的结果。

　　总之，从孔家坡汉简《日书》看，日书与月令存在紧密的联系，二者都重视时间的节律和择时的重要性，只不过日书更重视"日"这个时间单位，月令更重视"月"；日书多流行民间，为社会下层所用；月令则由文人学士所总结，为上层所用，成为统治阶层的施政方针之一。

第二章　居　　处

　　战国秦汉竹简多有"居处"一词，概指居室处所及其生活环境。如包山楚简 32："辛巳之日不以所死于其州者之居处名族致命，阶门有败。"①放马滩秦简《日书》甲种简 21 贰："收日，可以入人民、马牛、畜牲，尽可，及入禾粟。可以居处。"张家山汉简"居处"与"出入"相对为文，《二年律令·户律》305 号："自五大夫以下，比地为伍，以辨□为信，居处相察，出入相司。"②本章以"居处"为题，将依次考察日书所见之"居所及其环境""居处的时间选择"和"居处的空间选择"。

　　日书中有一些关于当时居室结构和周边环境的简文，材料比较分散。呼林贵先生《〈日书〉反映的秦民宅建筑初探》主要利用睡虎地秦简《日书》，结合西北地区的考古遗址，讨论秦代民宅的住宅形式。③晏昌贵、梅莉《楚秦〈日书〉所见的居住习俗》，利用九店楚简《日书》和睡虎地秦简《日书》，比较楚、秦日书所记载的居所形态，二者在筑室、盖屋的时日选择方面的异同。④在居住环境方面，陈伟武先生著有《从简帛文献看古代生态意识》一文⑤，讨

---

　　①　湖北省荆沙铁路考古队：《包山楚简》，文物出版社 1991 年版，第 19 页；参看陈伟主编：《楚地出土战国简册［十四种］》，武汉大学出版社 2016 年版，第 20 页。

　　②　彭浩、陈伟、工藤元男主编：《二年律令与奏谳书——张家山二四七号汉墓出土法律文献释读》，上海古籍出版社 2007 年版，第 215 页。

　　③　呼林贵：《〈日书〉反映的秦民宅建筑初探》，《考古学研究》，三秦出版社 1993 年版，第 570~574 页。

　　④　晏昌贵、梅莉：《楚秦〈日书〉所见的居住习俗》，《民俗研究》2002 年第 2 期。

　　⑤　陈伟武：《从简帛文献看古代生态意识》，《简帛研究》第 3 辑，广西教育出版社 1998 年版，第 134~140 页。

论古代的生态环境和环境保护。所利用的材料不限于日书，重点亦非居住环境。韩国学者尹在硕先生的《睡虎地秦简〈日书〉所见"室"的结构与战国末期秦的家族类型》①，重点探讨日书中"室"所表现的社会史含义。王晓卫先生《秦简〈日书〉与敦煌卷子中的宅居观》，比较日书与敦煌文献中反映的不同宅住观念。② 赵瑞民先生则比较了睡虎地秦简《日书》、敦煌本《宅经》和今本《宅经》的异同。③ 本章第一节"居处及其环境"，在已有研究成果的基础上，先行解释日书中关于居处的若干名词，如屋、宇（寓）、宫、室等所表示的不同的含义，及其在日书中所反映的社会学意义；结合睡虎地秦简法律文献，力图复原当时一般民众的基本居住形式及其周边环境。又利用日书"刑德"对刑、德随着时间变化在空间中流动过程，解释日书对空间描述的数术化特征，认为建筑物及周边环境是以室、堂、庭为一组，巷、术、野为另一组，分别组内、外空间；墙垣阻隔内外，门户则沟通内外；日书中多门、垣的选择方术，或因由此。

日书中有大量关于筑室、盖屋和动土的时日禁忌，这些时日禁忌多与神煞有关。学术界的研究多集中在对睡虎地秦简《日书》的神煞考释上。尚民杰先生的《睡虎地秦简〈日书〉中的"土神"与"土忌"》一文④，集中考释睡虎地秦简《日书》的"土神"和"土忌"，认为这些神煞的时日干支，是按五行学说编排的。他的另一篇《云梦〈日书〉与五行说》⑤，认为"地冲"是指五行干支在空间上处于对冲关系。其后，刘乐贤先生从张家山汉简《盖庐》中找到了直接证据。⑥ 刘信芳先

---

① 尹在硕：《睡虎地秦简〈日书〉所见"室"的结构与战国末期秦的家族类型》，《中国史研究》1995 年第 3 期。

② 王晓卫：《秦简〈日书〉与敦煌卷子中的宅居观》，台湾《历史月刊》2003 年第 187 期。

③ 赵瑞民：《关于堪舆术的一个比较——睡虎地秦简〈日书〉甲种"宅居"、敦煌本〈宅经〉、今本〈宅经〉》，江林昌等主编：《中国古代文明研究与学术史——李学勤教授伉俪七十寿庆纪念文集》，河北大学出版社 2006 年版，第 143～149 页。

④ 尚民杰：《睡虎地秦简〈日书〉中的"土神"与"土忌"》，《陕西历史博物馆馆刊》第七辑，三秦出版社 2000 年版。

⑤ 尚民杰：《云梦〈日书〉与五行说》，《文博》1997 年第 2 期。

⑥ 刘乐贤：《谈张家山汉简〈盖庐〉的"地橦"、"日橦"和"日臽"》，《简帛》第 1 辑，上海古籍出版社 2006 年版，第 385～389 页。

生的《日书四方四维与五行浅说》①，也取同样思路，解释日书中的"土忌"神煞。这方面研究的成果，还有台湾学者刘增贵先生于2007年发表的《睡虎地秦简〈日书〉〈土忌〉篇数术考释》一文②，该文对此前学者研究中的偏差过失多有纠正，对睡虎地秦简《日书》与动土的神煞进行系统全面的考释。但该文有些地方也存在求之过深的问题。孔家坡汉简《日书》亦有大量关于动土盖屋的时日禁忌，集中反映在"土功"篇。该篇图文并茂，但报告整理者多有误释。陈炫玮先生有所辨析③，有待深入研究的地方尚有不少。本章第二节"居处的时间选择"不再以单个的神煞考释为主，而是将时间选择划分为年、四时(季)、月和日等不同的时间单位，在辨析学者已有研究成果的基础上，全面揭示日书在居处筑室方面的时间选择及其规律性特征。

　　九店楚简《日书》和睡虎地秦简《日书》都有"相宅"篇，可以作比较研究。由于九店楚简残缺比较严重，目前学术界主要集中在文字辨识、辞句训释和竹简拼缀方面，晏昌贵、钟炜、李守奎、刘国胜、周波等学者都对文本的释读作出过贡献④。陈伟主编《楚地出土战国简册[十四]》收入九店楚简，由李家浩、白于蓝执笔，吸收此前学者在文字考释、竹简拼缀的成果，代表了目前学术界的研究水平。⑤ 睡虎地秦简《日书》"相宅"篇保存完好，研究成果也

　　① 刘信芳：《日书四方四维与五行浅说》，《考古与文物》1993年第2期。
　　② 刘增贵：《睡虎地秦简〈日书〉〈土忌〉篇数术考释》，台湾《"中研院"历史语言研究所集刊》第78本第4分，2007年。
　　③ 陈炫玮：《孔家坡汉简日书研究》，台湾"清华大学"历史研究所硕士学位论文，2007年，第157~169页。
　　④ 晏昌贵、钟炜：《九店楚简〈日书·相宅篇〉研究》，《武汉大学学报》(人文科学版)2002年第4期；李守奎：《〈九店楚简〉相宅篇残简补释》，谢维扬、朱渊清主编：《新出土文献与古代文明研究》，上海大学出版社2004年版，第347~351页；刘国胜：《九店〈日书〉"相宅"篇释文校补》，《简帛研究　二○○二、二○○三》，广西师范大学出版社2005年版；周波：《〈九店〉楚简释文注释校补》，《江汉考古》2006年第3期。
　　⑤ 陈伟等：《楚地出土战国简册[十四种]》，武汉大学出版社2016年版，第317~320页。

集中在字辞的训释上①。本章第三节"居处的空间选择"以两种日书"相宅"篇为研究对象，比较其异同，以观察楚、秦在居址空间选择上的差异，并上溯甲骨文，下及敦煌文献，试图对此类方术作一贯穿式的综合研究。

第一节　居处及其环境

一、战国秦汉时期民居的基本单元

日书所见，最基本的居住单元有屋、宇(寓)、宫、室等。兹先说屋，《说文》："屋，居也，从尸，尸所主也。一曰尸象屋形，从至，至所至止。室、屋皆从至。"房屋是古代基本居住单元，日书多有盖屋的记载，睡甲38正《丛辰》"敫"日条："可以穿井、行水、盖屋、饮药、外除。"睡乙111-112号简有专门的"盖屋"忌，113号简则称"盖忌"。《说文》段注："屋者，室之覆也。"《穀梁传》文公十三年："大室屋坏"，范宁注："屋者，主于覆盖"。日书"盖忌"即盖屋的禁忌。日书中"屋"与"室"有时可以互换，如睡甲简68正壹"角"日条："角，利祠及行，吉。不可盖屋。"睡乙简96壹则称："不可盖室。"亦有"室屋"连称者，如睡甲简71正壹："房，娶妇、嫁女、出入货及祠，吉。可为室屋。生子，富。"睡乙简99壹作"可以为室"。张家山汉简《二年律令·贼律》4号简："贼燔寺舍、民室屋庐舍、积聚，黥为城旦舂。""室屋"与"庐舍"连称，皆指物质形态的房屋建筑。睡虎地秦墓竹简《魏律杂抄·魏奔命律》："假门逆旅，赘婿后父，或率民不作，不治室屋，寡人弗欲。"此"室屋"或有产业之意。

九店楚简《日书》"相宅"篇用"遇(寓)"表示房屋住所，《国语·周语中》："国有郊牧，疆有寓望"，韦昭注："境界之上有寄寓之舍、候望之

---

① 参看王子今：《睡虎地秦简〈日书〉甲种疏证》，湖北教育出版社2003年版，第328~338页。

人。"《汉书·高惠高后文功臣表》："故追述先父之志，录遗老之策，高其位，大其寓，爱敬饬尽，命赐备厚。"颜师古注："寓谓启土所居也。"是"寓"表示居处、住所。睡虎地秦简《日书》有"寓人"，意为寄寓之人，如睡乙17号简："窨、罗之日，利以说盟诅、弃疾、凿宇、葬，吉。而寓人，人必夺其室。""寓人"意谓寄寓之客民，而"凿宇"之"宇"则指房屋住所。睡甲"相宅"篇即用"宇"表示房屋形态，《诗·大雅·緜》："爰及姜女，聿来胥宇"，毛传："宇，居也。"孔疏："宇者，屋宇，所以居人，故为居也。"《楚辞·招魂》"高堂邃宇"，王逸注："宇，屋也。"日书中多有用"宇"表示房舍之意，如睡乙"盗"篇253号简："甲亡，盗在西方，一宇閒之食五口，其疵其上。""宇"放甲写作"于"，通假字也。"一宇"之"宇"大概指单体建筑，即一间房屋。但从"相宅"篇看，"宇"似指若干建筑物组成的建筑群体，睡虎地秦简《法律答问》186号："越里中之与它里界者，垣为'院'不为？巷相直为'院'；宇相直者不为'院'。"这里的"宇"也当指建筑群。睡虎地秦简《封诊式·封守》8-10号简对"宇"的环境有较详细描述：

　　乡某爰书：以某县丞某书，封有鞫者某里士伍甲家室、妻、子、臣妾、衣器、畜产。甲室、人：一宇二内，各有户，内室皆瓦盖，木大具，门桑十木。

　　简文描述某里士伍甲有"一宇二内"，"内"指内室，"皆瓦盖"，内室有窗户，宇有门，门有桑木十。这大概是秦代比较典型的小农居住环境。从睡甲"相宅"篇看，当时房屋的主体建筑为"宇"，在"宇"的外围有"池""水渎"等排污设施；窗下有"井"，可供汲水之用；四周有养猪的"圂"及其他牲畜的"圈"，有蓄积粮食的"囷"，和位于房屋前后的厕所（"屏"）。在房屋的内部有称之为"庑"的走廊和廊屋，有供人居住的"大宫""小宫""小内"。另据100号简："筑大内，大人死。"大约妇女的居所为"小内"，男主人的居所则为"大内"。在"内"与"宫"之间，可能还有专供祭祀的"祠室"。"宫""内"均有"门"，由若干房屋组成的"里"也有"里门"，房屋之外有墙垣环绕，形成一个相对独立的封闭空间。简文称："道周环宇，不吉。祠木临宇，不吉。"虽然在吉凶判断上都是"不吉"，但在实际居住环境上，房屋的四周也应有街道和祭祀社木的存在。

类似的简文亦见于九店楚简 45-59 号，与睡虎地秦简相比，"宇"字写作"遇"，通作"寓"。简文描述有"井""宫""门"等附属建筑，蓄积粮食的仓库写作"廪"，但没有反映农牧业生产的"圂""圈""屏"等建筑，而多出了与祭祀有关的"中坛""祭室"等设施。秦国重农业生产，秦文化多理性色彩；楚文化重淫祠、多巫风。这在楚、秦日书所反映的居室建筑方面亦有所体现。

日书中应用最广泛的是"室"的概念，它至少有三种含义。第一，日书中的"室"是指居所房屋，《说文》："室，实也，从宀从至，至所止也。"段玉裁注："室，引申之，则凡所居皆曰室。"室、屋皆从至，二者常通用互换，上文已有举证，另如九店楚简《日书》13 号："凡建日，大吉，利以娶妻、祭祀、筑室、立社稷、带剑、冠。"睡乙 117 号简："正月、七月朔日，以出母〈女〉、娶妇，夫妻必有死者。以筑室，室不居。"孔家坡汉简《日书》64 号："娄，利以祠祀及行，百事吉。以娶妻，妻爱。可筑室。"这里的"室"都是物质形式的房舍，与"屋"同义，大多数场合是指单体建筑形式，即一间房屋。睡甲《日书》"诘"篇常有"一室"或"一室人"的说法，这里的"室"即指一间居室。包山楚简 92 号："九月戊申之日，宛陈午之里人蓝讼邓令尹之里人苟□，以其丧其子丹，而得之于□之室。"睡虎地秦简《秦律十八种·司空律》136-137 号："一室二人以上居赀赎债而莫见其室者，出其一人，令相为兼居之。"这些法律类文献中的"室"也是指单个的房屋。

作为居舍房屋的"室"还可泛指其他建筑物或多种建筑物所组成的复合体。在睡虎地、放马滩和孔家坡三种《日书》中都有"直室门"篇，以睡甲 114-126 号简为例，绘有如下图幅(见图 2-1)：

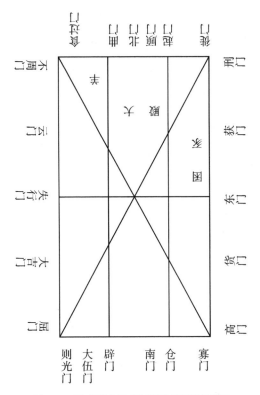

图 2-1　睡虎地《日书》甲种"直室门"图

　　从图 2-1 可以看出，大殿位于北部正中的位置，大殿的左边（东面）有囷和豕，囷是谷仓，豕指猪圈；大殿的右边（西面）写有"羊"，显然是指羊圈。大殿、囷、豕、羊共同组成一个大的"室"，这个"室"由方形的外框所包围，这个外框显然是墙垣，墙垣四周开有门。睡甲"直室门"简 115 正贰："仓门，富，井居西南，囷居北向廥，廥毋绝悬肉。"简 118 正叁："获门，其主必富，八岁更，左井右囷，囷北向廥。"《说文·广部》："廥，刍稿之藏也。"《韩非子·内储说下》："烧刍廥而中山罪"。广义的"廥"泛指仓库，狭义的"廥"则专指存放柴草、饲料的仓库。简文说"囷居北向廥"，则此"廥"应指狭义的柴草仓库。可见井、囷、廥均为直室门的组成部分。"直室门"图只是一种示意图，但从这种示意性的图画中，仍可以发现，室、垣、门正是日书特别重视的三种建筑物形式。

多种建筑物组成的复合式"室"还可以由日书中的其他简文得到说明，睡乙 127 号简："亥不可伐室中树木。""室中"有树木，则此"室中"应指室与室之间。香港中文大学文物馆藏简 48 号："逢时不产，背时没死。它邑用时，邑中不用时，室中垣无大小用时。"这里的"室中垣"显然也是指室与室之间的墙垣。睡甲 100 号简："凡为室日，不可以筑室。筑大内，大人死。筑右序，长子妇死；筑左序，中子妇死。筑外垣，孙子死。筑北垣，牛羊死。""大内"大约是指大的卧室①，"相宅"篇还有小内的说法，"盗"篇则有内中的说法。《尚书·顾命》"西序东向"，孔传："东西厢谓之序。"左序右序即东西厢房，连同外垣、北垣，均应包括在"筑室"的范围之内。

"室"的第二种含义是它在经济、法律上的意义。"室"是古代人民日常生活的基本空间单元，在这个空间单元中，有供人居住的房屋，有储藏粮食的囷、廥，有与人朝夕相处的猪、羊，以及日常生活不可或缺的水井，它们共同组成一个相对自足的生活单元。（参见图 2-2）职是之故，"室"在古代还是基本的经济单位，指家庭财产。包山楚简 126-127 号记某年子左尹命漾陵地方官调查名籍，"察州里人阳鍀之与其父阳年同室与不同室"。"同室"有法律上同财产的含义。睡虎地秦简《法律答问》201 号说得更加清楚明白："何谓'室人'？何谓'同居'？'同居'，独户母之谓也。'室人'者，一室，尽当坐罪人之谓也。"这种意义上的"室"常与"家"连用，称为"家室"或"室家"，九店楚简《日书》29 号："【午、】未、申、酉、戌、亥、子、丑、寅、卯、辰、巳，是谓阴日，利以为室家祭，娶妻、嫁女、入货，吉。"周家台秦简《日书》193 号："房：斗乘房，门有客，所言者家室事，人中子也，多昆弟。"睡乙 131 号简："寄人室　毋以戊辰，己巳入寄人，寄人反寄之。辛酉、卯，癸卯，入寄之，必代当家。"文称"家室""家"，乃是泛指家人、财产，类似于《左传》中所记之"室"②。这种含义的"室"在日书中比较少见。

---

①　刘乐贤：《睡虎地秦简日书研究》，台湾文津出版社 1994 年版，第 127 页。
②　参看《左传》桓公六年、文公元年、成公七年、襄公十九年。

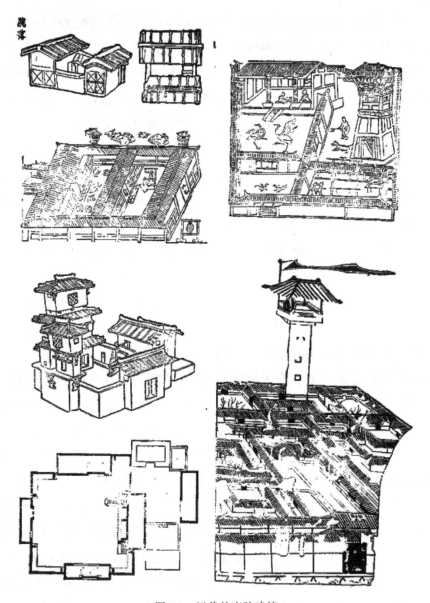

图 2-2 汉代的庭院建筑

(采自《汉代物质文化资料图说(增订本)》,上海古籍出版社 2008 年版,第 224 页)

日书"室"的第三种含义是，它可能具有某种数术意蕴。睡甲83-96号简背壹所记之"室"，如："寅，罔也。其咎在四室，外有火警。""辰，树也。其后必有警，有言见，其咎在五室马车。""巳，翼也。其后必有别，不皆（偕）居，咎在坙室。""午，室四隟也。其后必有死者三人，其咎在六室，必有死者二人。""申，石也。其咎在二室。生子不全。""亥，死必三人。其咎在三室。"所谓"二室""三室""四室""五室""六室"，应即甲种83-90号简背贰和乙种206-218号简所绘之图中的十二月所代表的十二室，并非实际生活中的住室。

二、居处的环境与空间结构

"室"是古代人民日常生活最基本的场所，其周边的环境如何呢？睡虎地秦简法律文书有一些很有意思的描述，《封诊式·贼死》55-62号简记载如下案例：

> 爰书：某亭求盗甲告曰："署中某所有贼死、结发、不知何男子一人，来告。"即令令史某往诊。令史某爰书：与牢隶臣某即甲诊，男子尸在某室南首，正偃。某头左角刃痏一所，背二所，皆纵头背，袤各四寸，相耎，广各一寸，皆臽中类斧，脑角出皆血出，被污头背及地，皆不可为广袤；它完。衣布禅幬、襦各一。其襦背直痏者，以刃决二所，应痏。襦背及中衽□污血。男子西有漆秦絜履一两，去男子其一奇六步，一十步；以履履男子，利焉。地坚，不可知贼迹。男子丁壮，皙色，长七尺一寸，发长二尺；其腹有久故瘢二所。男子死所到某亭百步，到某里士伍丙田舍二百步。

该"爰书"的描述在细节方面尤其详实，其传达的讯息应该是真实可靠的。据描述，该男子死于"某室"，头朝向南，其室距"某亭百步，到某里士伍丙田舍二百步"，可见该"室"亦应在田舍间。关于农田与农舍的关系，秦简中还有记载，睡虎地秦简《秦律十八种·田律》12号："百姓居田舍者毋敢酤酒，田啬夫、部佐谨禁御之，有不从令者有罪。"《魏律杂抄·魏户律》："自今以来，假门逆旅，赘婿后父，勿令为户，勿予田宇。"睡乙251号简："午失火，田宇多。"田宇即田宅。张家山汉简《二年律令·行书律》265号："一邮十二室。长安广邮廿四室，警事邮十八室。有物故、去，辄代者有其田宅。"所谓"田宇""田宅"当是位于田间的屋舍。《诗·小雅·信南山》："中田有庐，疆埸有瓜。"郑笺："中田，田中也。农氏作庐焉，以便其田事。"《管子·四时》："除急漏田庐。"《风俗通义·过誉》："汝南戴幼起，三年服竟，让财与兄，将妻子出客舍中住，官池田以耕种。"此类"田庐"介处农田间，为便于农事。

睡虎地秦简《封诊式·穴盗》73-81号记载另一件案例有如下描述：

> 令史某爱书：与乡□□隶臣某即乙、典丁诊乙房内。房内在其大内东，比大内，南向有户。内后有小堂，内中央有新穴，穴彻内中。穴下齐小堂，上高二尺三寸，下广二尺五寸，上如猪窦状。其所以埱者类旁凿，迹广一寸大半寸。其穴壤在小堂上，直穴播壤，破入内中。内中及穴中外壤上有膝、手迹，膝、手各六所。外壤秦綦履迹四所，衺尺二寸。其前稠綦衺四寸，其中央稀者五寸，其踵稠者三寸。其履迹类故履。内北有垣，垣高七尺，垣北即巷也。垣北去小堂北唇丈，垣东去内五步，其上有新小坏，坏直中外，类足距之之迹，皆不可为广袤。小堂下及垣外地坚，不可迹。不知盗人数及之所。内中有竹笱，笱在内东北，东、北去廧各四尺，高一尺。

据上文描述，其主体建筑应为"大内"，"爱书"他处亦称为"堂"；紧挨着大内的是"房内"，在大内的东面，南面开有门窗；大内后面有一台形建筑"小堂"，盗贼由小堂打洞，直达大内。大内北面有墙垣，高"七尺"，垣的北面为街巷。根据"爰书"的描述，这大概是位于城邑中的"室"，可称之为"邑居"或"邑屋"，睡甲简 144 正叁："戊戌生子，好田野、邑屋。""邑屋"与"田野"相对成文。关于这类居室的空间结构，可以借助孔家坡汉简《日书》刑德六舍加以说明，其 91-96 号简记云：

正月：刑在堂〖，德在庭〗。

二月：刑〖在庭，德在门〗。

三月：刑在门，德在巷。

四月：刑在巷，德在术。

五月：刑在术，德在野。

六月：刑德并在术。

七月：刑在术，德在野。

八月：刑在巷，德在术。

〖九月：〗刑在门，德在巷。

〖十月：〗刑在庭，德在门。

十一月：刑在堂，德在庭。

十二月：刑德并在堂。

简文记载刑、德在十二个月的运行所在，我们关心的是其中涉及的空间过程，即：堂→庭→门→巷→术→野。《淮南子·天文》所记刑德则有七舍，为：室→堂→庭→门→巷→术→野，多出"室"。很显然，这个空间结构是由内向外逐次展开的。刑德七舍虽为数术化的说法，但应有实际生活的背景。《诗·豳风·七月》："五月斯螽动股，六月莎鸡振羽。七月在野，八月在宇，九月在户，十月蟋蟀入我床下。穹窒熏鼠，塞向墐户。嗟我妇子，曰为改岁，入此室处。"诗歌描写蟋蟀的活动，依次由外向内，作：野→宇→户→床下。狭义的"室"指内室，是最深入最私密的空间。堂则为前室，由外向内，堂在室之外，《论语·先进》："由也，升堂矣，未入于室也。"皇疏：

"窗、户之外曰堂，窗、户之内曰室。"庭更在堂之外，《论语·季氏》："(孔子)尝独立，鲤趋而过庭。"邢昺疏："夫子曾独立于堂，鲤疾趋而过其中庭。"室、堂、庭是建筑物的三种内部空间形式，它由墙与外部的空间形式隔开，"门"则是内部空间与外部空间之间的过渡和沟通阈值。不过门的形式有多种，单体建筑物的"室"有门，或称之为"户"，"堂"之外亦有门，《礼记·问丧》："入门而弗见也，上堂又弗见也，入室而弗见也。"多重建筑物的"室"亦有门，睡虎地、放马滩、孔家坡《日书》均有"直室门"，以睡虎地秦简甲种为例，东西两面各有 5 门，南北两面各 6 门，共 22 个门，恰与天干(10)地支(12)的总数相合。饶宗颐先生以为与后世之奇门遁甲术有关①，但图中 22 门的名称基本不见于奇门遁甲，恐怕还是一种较为写实的门图。其中南面第 2 门为："仓门，富，井居西南，囷居北向廥，廥毋绝悬肉。"第 4 门"辟门，成之即之盖"。意为城门建成后立即加盖。可见城门是有盖的。东面第 2 门"获门，其主必富，八岁更，左井右囷，囷北向廥"。从图 2-1 中可以看出，"囷"正位于"获门"的右边，而井则未画出。第 4 门"货门，所利贾市，入货吉，十一岁更"。西面第 2 门"大吉门，宜钱金而入，易虚，其主为巫，十二岁更"。其附近可能有交易市场。22 个门中，有 16 门提到"更"或"弗更"，而东西南北四正门都没有类似的字样，可见"直室门"中大约只有四面正门是固定的，而其他各门则据时间年限的长短——短则三岁，长则二十岁——而随时变更。换言之，实际生活中，可能并没那么多的住宅门，"直室门"所提供的，是变更住宅门方位选择上的多样可能性，它同时也反映了"门"在日常生活中的重要性。

除"室门"外，若干住户房舍所组成的里亦有"里门"，更大的城市则有"邑邦门"，睡虎地秦简《法律答问》160 号："籓火延燔里门，当赀一盾；其邑邦门，赀一甲。"张家山汉简《二年律令·杂律》182 号："越邑、里、官、

---

① 饶宗颐：《云梦秦简日书剩义》，收入饶宗颐、曾宪通：《楚地出土文献三种研究》，中华书局 1993 年版，第 442~454 页。

市院垣，若故坏决道出入，及盗启门户，皆赎黥。其垣坏高不盈五尺者，除。"《户律》305-306 号简："自五大夫以下，比地为伍，以辨□为信，居处相察，出入相司。有为盗贼及亡者，辄谒吏、典。田典更挟里门钥，以时开；伏闭门，止行及作田者；其献酒及乘置乘传，以节使，救水火，追盗贼，皆得行，不从律，罚金二两。"308 号简："募民欲守县邑门者，令以时开闭门，及止畜产放出者，令民供食之，月二户。"从上述简文看，门与垣是联系在一起的，有垣则多有门，门在邑、里、市中多有之，它与墙垣一道，构成阻隔内外的屏障。

墙垣的社会文化学含义，日书中若干记载可供观察。睡虎地秦简《日书》甲种 69-82 号简背有一篇专讲占盗的"盗者"篇，根据被盗时日的地支及其属相来推测盗者的特征、藏身何处、叫什么名字等。其中的藏身处所亦往往涉及墙垣及其周围的建筑物，如：子，鼠也，"藏于垣内中粪蔡下"。丑，牛也，"藏牛厩中、草木下"。寅，虎也，"藏、于瓦器间"。未，马也，"藏于刍稿中"。酉，水也，"藏于园中草下"。亥，豕也，"藏于圂中垣下"。放马滩秦简《日书》甲种亦有"盗者"篇：子，鼠矣，"藏穴中粪土中"。辰，虫矣，"藏豁谷、窖内中"。巳，鸡也，"藏困屋屎粪土中"。午，马矣，"藏中厩庑"。孔家坡简 367-378 号也有类似的内容，如：子，鼠也，盗者"藏安内中粪蔡下"。"安内"即垣内。丑，牛也，"藏牛牢中"。巳，虫也，"藏瓦器下"。午，鹿也，"藏之草木下"。未，马也，"藏之刍稿厩中"。酉，水日，"藏之园中草木下"。戌，老火也，"藏之粪蔡之中、壤下"。亥，豕也，"藏圂中坏垣下"。上述盗者的藏身之所虽多异，但以墙垣下较为多见，其他厩牢、刍稿厩等处，或亦在墙垣附近。睡虎地秦简《秦律十八种·内史杂》195 号简："有实官高其垣墙。它垣属焉者，独高其置刍庸及仓茅盖者。令人勿近舍。非其官人也，毋敢舍焉。"盗者多藏身在墙垣内外，这是很值得注意的现象。

简文所见，墙垣之外为巷，《说文》谓为"里中道"。《诗·郑风·叔于田》："叔于田，巷无居人。"毛传："巷，里途也。"《史记·周本纪》："居期而生子，以为不祥，弃之隘巷。"包山楚简 143-144 号："甲辰之日，小人取怆之刀以解小人之桎，小人逃至州巷，州人将捕小人，小人信以刀自伤，州人焉以小人告。"睡甲 83 背壹："子，女也。有死，其后必以子死，其咎在渡衕。"衕，或读为"巷"。《离骚》："五子用失乎家巷"，巷一作"衕"。巷之外为术，《说文·邑部》："术，邑中道也。"《墨子·旗帜》："巷术周道者必为之门。"张家山汉简《二年律令·田律》245 号简："盗侵巷術、谷巷、树巷及垦食之，罚金二两。"247-248 号简："乡部主邑中道，田主田道。道有陷败不可行者，罚其啬夫、吏主黄金各二两。盗侵食道、阡陌及堑之，罚金二两。"术或为野地之道，《礼记·月令》："审端径术，善相丘陵。"孔疏："审正田之径路及田之沟洫。"术外为野，睡虎地秦简《法律答问》101 号简："盗贼杀伤人衝术，偝旁人不援，百步中比野，当赀二甲。""衝术"为大道，与"野"相对为文。

综合以上考察，我们认为室、堂、庭为一组，是为内；巷、术、野为一组，是为外。墙垣阻隔内外，门户则沟通内外。垣与门的重要性由此可见，日书中多门、垣的选择方术，其原因或在于此。

第二节　居处的时间选择

日书是关于时间选择的方术，对于居处室屋的时间选择的规定尤其详细。在时间单位方面，有以年为单位的，有以季节和月为单位的，也有以日为单位的。以下按照这三种时间单位分别叙述。

一、以年为单位的时间选择

日书中以年为单位的时间选择并不常见，主要出现在"直室门"中，讲某某门多少岁或年更，兹将三种日书的相关条文表列如下（见表2-1）：

表 2-1 "直室门"中的岁（年）更

	睡甲	放乙	孔家坡
南门		八岁更	八岁如虚
辟门	廿岁必富，大吉，廿岁更	廿岁更	廿岁其主必富
大伍门	十二岁更	十二岁更	八岁而更
则光门	十六岁弗更，乃狂	十六岁更，不殹必为巫	十六岁弗更，不为巫乃狂
屈门	四岁更	三岁更	三岁弗更必为巫
云门	八岁更		
不周门	八岁更	八岁更，弗更，必凶	八十岁弗更，必休
食过门	五岁弗更，其主癃		
曲门	五岁更，凶		
顾门	三岁中弗更，日出一布	三岁而更	三岁弗更，日出一布
起门	八岁昌，十六岁弗更，乃去	八岁始富	
徙门	五岁更	六岁更	
刑门	十二岁更	十二岁不更，不耐乃刑	
获门	八岁更	八岁而更	
货门	十一岁更	十一岁更	十一年而更
高门	五岁弗更，其主且为巫		五岁弗更，其主为巫
大吉门	十二岁更		十三年而更

　　"直室门"共有 22 个门，睡甲涉及"岁更"的有 16 个门，放乙和孔家坡简都有不同程度的残缺和错置，情况不明。但在睡甲没有写明岁更的"南门"，在放乙和孔家坡简中均有明确记载。此外，三种日书中的"仓门"都没有"岁更"的记录，然王家台 290 号简却有："仓门，是不五岁弗……""弗"后一字很可能是"更"，简文也是讲岁更。从表 2-1 中看，"直室门"中各门"岁更"大致是相同的，其中"不周门"睡甲和放乙都作"八岁"，孔家坡却作"八十岁"，"十"字或为衍文。其他差别都不大，可见三种日书大约都有同一来

源。岁更时间最短的只有"三岁"，时间最长的有"廿岁"。从睡甲看，以"五岁""八岁""十二岁"较多，我们还不清楚这些不同的年岁规定的来历何在。

二、以四时和月为单位的时间选择

日书居处的时间选择有以月为单位的，这一类规定的形式与古代月令相似。《礼记·月令》《吕氏春秋·十二纪》《淮南子·时则》都有类似的记载，如《礼记·月令》就规定孟秋之月"修宫室，坏墙垣，补城郭"；仲秋之月"可以筑城郭，建都邑，穿窦窖，修囷仓"。郑玄注："为民将入，物当藏也。"当八月秋收之后，天气未寒之时，兴土动工，营建居室，可以节省民力，不违农时。而在其他月份兴建房屋、大兴土木，就是违时令。如孟春之月"天气下降，地气上升，天地和同"，"毋置城郭"。《四民月令》记载的修缮房屋的时间亦集中在九月、十月。睡虎地秦简《日书》甲种 106 正："五月、六月不可兴土功，十一月、十二月不可兴土功，必或死。"睡甲 142 背："冬三月之日，勿以筑室及破地，是谓发蛰。"发蛰，即启蛰，指发动蛰伏的百虫。[1]《礼记·月令》载孟冬"天气上腾，地气下降，天地不通，闭塞而成冬……命百官谨盖藏"。仲冬"命有司曰：'土事毋作，慎毋发盖，毋起室屋及起大众，以固而闭。地气沮泄，是谓发天地之房，诸蛰则死，民必疾疫。又随以丧，命之曰畅月。'"刘增贵先生据此以为日书所载与月令完全相合。[2] 这些规定比较符合农业生产的节律，是对当时生活现象的总结。学者据此认为，对于大多数战国秦汉时人来说，每年的秋季应是建筑房屋的主要季节。[3]

但日书中也有与月令不相合的规定，其中有一些是以春夏秋冬四季为单位的选择术，兹列举如下：

---

[1]　刘乐贤：《睡虎地秦简日书研究》，台湾文津出版社 1994 年版，第 294 页。

[2]　刘增贵：《睡虎地秦简〈日书〉〈土忌〉篇数术考释》，台湾《"中研院"历史语言研究所集刊》第 78 本第 4 分，2007 年。

[3]　参看彭卫、杨振红：《中国风俗通史·秦汉卷》，上海文艺出版社 2002 年版，第 196～197 页。

（1）春三月毋起东向室，夏三月毋起南向室，秋三月毋起西向室，冬三月毋起北向室。有以者，大凶，必有死者。 睡甲 96 正贰-99 正贰

（2）春三月毋起东向室，夏三月毋起南向室，秋三月毋起西向室，冬三月毋起北向室。以此起室，大凶，必有死者。 睡甲 140 背-141 背

（3）〖春毋筑东向室，〗夏毋筑南向室，秋毋筑西向室，冬毋筑北向室，为之，或死之。 孔家坡 249

（4）春毋垣东方，夏毋垣南方，秋毋垣西方，冬毋垣及塞北方。 孔家坡 214 叁-215 叁

（5）冬三月毋垣北方；春三月毋垣东方；夏三月毋垣南方；秋三月毋垣西方。 孔家坡 272

（6）春为南门，夏为西门，秋为北门，冬为东门时。 孔家坡 290 贰 B

上举（1）至（6）条都是以四季为单位的宜忌，其中（1）至（3）条是关于室的，（4）、（5）是关于垣的，第（6）条是关于门的，但与前 5 条不同，它采取的是正面有利的规定。前 5 条的规定都是一样的，即春→东、夏→南、秋→西、冬→北，这种搭配关系与五行方位与四时的搭配是完全一致的，它的来源可能与小时（小岁）有关。放乙 139 号简云：

> 正月东方，四月南【方】，七月西方，十月北方，凡是是咸池之会月也，不可垣其向。垣高厚，死家；谷并，男子死；谷坏，女子死。

正月为春之始，四月为夏之始，七月为秋之始，十月为冬之始，简文称"凡是是咸池之会月也"大概是指而言，可见此条亦以四季为时间单位，不过它所依据的是咸池（太岁），而不是小岁。在孔家坡汉简《日书》"土功"篇图二之边文和框内文字可释写为：

> 正月、五月、九月在东方，二月、六月、十月在南方，三月、【七】

111

月、十二〈一〉月在西方，四月、【八】月、{十月、}十二月在北方。□□□月所在，为室，主死。垣，二版，□□；【三版，弗】居；四版，贱人死之；六版，母死之；七版，父死之。金□ 出月所在，凶。 206 壹，207 贰-214 贰

它所依据的，也是咸池（太岁）。《论衡·调时篇》："世俗起土兴功，岁、月有所食，所食之地，必有死者。"文中的"岁"当指太岁，"月"则指月建，或称小时、或称小岁。可见秦汉时代，与动土有关的神煞主要是太岁和小岁。后世所谓"太岁头上动土"，亦表明太岁神煞与动土的关系重大。①

　　除太岁、小岁之外，居延新简还记录"土音"神煞，或与动土有关，简文如下：

　　　　二月，土音西，食酉申地。EPT65·266
　　　　四月，土音西，食酉戌地。……EPT65·278
　　　　九月，土音南，食午未地。治南方吉，北方凶 EPT65·308 ②

　　上举三条简文只有九月条完整，此条是说：九月土音在南，食午未地，南方吉，北方凶。简文"治"可能是作事的意思，亦即兴土动功之意。《史记·梁孝王世家》："于是孝王筑东苑，方三百余里。广睢阳城七十里。大治宫室，为复道，自宫连属于平台三十余里。"按干支方位，午未在南。二月条之酉申和四月条酉戌，其方位均在西方。所以，简文中"土音"所在的方位即所食的方位，"治"此方位为吉，与之相对的方位则凶。孔家坡汉简《日书》"土功"篇有如下简文：

---

① 参看刘道超：《择吉与中国文化》，人民出版社 2004 年版，第 342～355 页。
② 甘肃省文物考古研究所等编：《居延新简——甲渠候官》，中华书局 1994 年版，第 192、193 页。

正月、七月、十月在东方，二月、六月、八月在南方，三月、五月、十一月在西方，四月、九月、十二月在北方。土□月所在，不可起土功。其向垣、坏垣，穿井窌，方，男子死之；圆，女子死之。 207 壹-214 壹

简文的神煞九月在北方，与土音九月在南方不同。"土"后所缺之字或为"府"，土府见《太平经》。此外，睡甲 112 正壹和 111 正壹还有如下简文：

援夕、刑尸、【夏尸】作事南方，纺月、夏夕、八月作事西方，九月、十月、爨月，作事北方，献马、中夕、屈夕作事东方，皆吉。

毁弃 八月、九月、十月，毁弃南方。爨月、献马、中夕，毁弃西方。屈夕、援【夕】、刑尿，毁弃北〔方〕。夏尸、纺月〔、七月〕，毁弃东方。皆吉。

简文中的"作事"指兴土功事，亦即兴建房屋居所①；"毁弃"与"作事"相对成文，应指毁弃房屋，与"直室门"中的"更"含义相当。简文中的援夕、刑夷等为楚代月名，可见这一套规定是来自楚日书。根据"楚秦（夏）月历对照表"，可将简文内容列表如下（见表 2-2）：

表 2-2 "作事"与"毁弃"表

夏历	正月	二月	三月	四月	五月	六月	七月	八月	九月	十月	十一月	十二月
楚历	刑尸	夏尸	纺月	夏夕	八月	九月	十月	爨月	献马	中夕	屈夕	援夕
作事	南方	南方	西方	西方	西方	北方	北方	北方	东方	东方	东方	南方
毁弃	北方	东方	东方	东方	南方	南方	南方	西方	西方	西方	北方	北方

---

① 吴小强：《秦简日书集释》，岳麓书社 2000 年版，第 87 页；王子今：《睡虎地秦简〈日书〉甲种疏证》，湖北教育出版社 2003 年版，第 226~227 页。

　　从表 2-2 中可以看出，"作事"和"毁弃"都是以每三个月为一个单位，根据某种神煞的所在，占断方位吉凶，只不过"毁弃"的每一个单位要比"作事"早一个月，其方位则是相对的。此神煞来历待考。

　　以上所述均是以月为单位与方位（方向）搭配，用来占方位吉凶，其基本"原理"，是想象某种神煞以月为单位运行于四方，以神煞所在之方位或其对冲方位来占动土之吉凶。但也有不与方位相系联的，如孔家坡 291 贰："正月，五月，四月，十月，可以为门。"此种方式，可能也与神或神煞有关，如睡甲 148 背："正月不可垣，神以治室。"按简文的意思，正月之所以不可垣，是因为此月"神以治室"。

　　综上所述，在以月为单位的选择占术中，可发现三种基本形式：（1）与月令相似的日书条文，这一类条文是来自实际的生产和生活经验，尽量避免在农忙时节动土兴功，而将兴建房舍等土木活动集中在每年的秋季农闲时节。（2）每年各月均有适宜或适宜动土的规定，此类规定的基本"原理"，是想象着某位"神"在支配作用，即简文所谓的"神以治室"。（3）按照神煞的运行，占断兴土动功的方位吉凶。日书所见，以第（3）种方式最多。从逻辑的发展看，我们认为第（1）形式最早，由于这种形式的选择术来源实际生产和生活经验，是最具有"科学"成分和价值的。第（2）种形式与古代的神话和宗教有关，它是万物有灵的产物。第（3）种形式则是第（1）、（2）两种形式的抽象化和方术化的结果，无所不在的神煞在其中起着支配性的作用。它是日书一类的选择术成熟的表现。

三、以日为单位的时间选择

　　日书居处的时间选择以日为基本单位最为多见，日书之所以称为"日"书，以此。由于古代纪时系统和纪日方法的不同，日书以"日"为单位的选择术亦有三种不同的表述方式：（1）以序数纪日，如睡甲 103 正壹："凡入月五日、月不尽五日，以筑室，不居；为羊牢、马厩，亦弗居；以用垣宇，闭货贝。""入月五日"是顺数每月的第五日，"月不尽五日"是倒数每月的第五日。以序数纪日的方式虽在今天广泛使用，但在日书却并不多见。（2）以干支纪日，这是我国古代最常见的纪日纪时方法，至迟从商代晚期开始，一直延续到采用公元纪年为止，这也是日书中最主要的纪日纪时方式。（3）以二十八宿纪日，在传统历书中，至迟从宋代开始，就有以二十八宿纪日的方法①，从近年考古发现的日书材料看，这种纪日纪时法可以早到战国秦汉时代②。我们就先从二十八宿纪日法开始谈起。

睡虎地秦简《日书》甲、乙种和孔家坡汉简《日书》都有以二十八宿纪日以占卜吉凶的条文，睡甲自题为"星"，睡乙自题为"官"，孔家坡简无自题，整理者命名为"星官"，其中颇多涉及盖屋筑室一类的土功事，兹列表如下（见表2-3）：

表2-3　日书"星官"篇涉及土功事

	睡甲	睡乙	孔家坡
八月角	不可盖屋	不可盖室	不可盖屋
八月亢	—	—	□室、为门，吉
九月房	可为室屋	可以为室	可为室屋
正月营室	不可为室及入之	不可为室及入之	不可为室及入之
二月娄	—	—	可筑室
三月胃	利入禾粟及为囷仓，吉	利入禾粟及为囷仓，吉	利入禾粟及为囷仓，吉。覆内
三月昴	—	—	可以筑室及闲牢
四月毕	以猎置网及为门，吉	以猎置网及为门，吉	……为门，吉
五月东井	可以为土事	可以为土事	—
六月七星	利以垣	利以垣	利以垣
七月翼	—	—	可以□门牖
七月轸	—	—	可以筑室

① 邓文宽：《传统历书以二十八宿注历的连续性》，《历史研究》2000年第6期。
② 刘乐贤：《简帛数术文献探论（增订版）》，中国人民大学出版社2012年版，第53~63页。

　　睡乙和孔家坡的二十八宿前都有月份，如八月角、亢，九月氐、房，等等，从日书的其他材料看，这种搭配是固定的，睡甲无月份，可能是抄写时遗漏了。从表2-3看，睡甲和睡乙基本一致，孔家坡则略有不同，但三种日书中的十、十一、十二月均没有涉及这方面的条文，这是值得注意的。孔家坡241号简："正月、二月壬、癸，三月、四月甲、乙，五月、六月丙、丁、戊、己，七月、八月丙、丁，九月、十月庚、辛，及星自虚至东壁，甲申、乙酉，不可操土功。"所谓"星自虚至东壁"，是指虚、危、东壁三宿。按简文的描述，前此的"正月、二月壬、癸"是以壬、癸纪日，后此的"甲申、乙酉"亦以干支纪日，所以这里自虚至东壁亦为纪日，这三宿的确不见于表2-3中。孔家坡268号简："更内、徙址毋西北，不居。胃、七星〖不〗可以徙室，凶。戊、己，五戌，春日未、酉，秋亥、丑入室、内，弗居。"从表2-3看，胃日"利入禾粟及为囷仓，吉。覆内"。七星"利以垣"。彼此相符。但简文此处又称"凶"，整理者据此认为简文脱"不"字，应作"胃、七星不可以徙室，凶"。但这样一来又与表2-3中所列胃、七星日的规定不符。也许简文此处并无脱文。此外，睡乙41贰号简："凡坏垣，卯在〖房〗，午在七星，子在虚，酉在昴，凶。"孔家坡266号简则写作："卯在房，午在七星，酉在昴，子〖在虚〗，不可坏垣。"卯午酉子在式盘上位处东南西北四个正方位，式盘上通常有二十八宿，所以这二条也可能是以式盘为占，或与式占有关。

　　上述二十八宿纪日以占土功事的来历我们并不清楚，这方面的择日术是日书中最难弄懂的部分。不过，古书记载，二十八星宿的确与土功事有关。《左传》庄公二十九年："凡土功，龙见而毕务，戒事也。火见而致用，水昏正而栽，日至而毕。"杜预注曰："今九月，周十一月，龙星角、亢晨见东方，三务始毕，戒民以土功事。……今十月，定星昏而中，于是树板干而兴作。"可见这类以天象授时确定居室兴建时日的选择术，有着悠久的历史。日书中以二十八宿与土功事的系联，或是此类实际生产、生活经验被数术化的结果。

　　睡甲和放乙简都有"帝"篇，今举睡甲96正壹-101正壹如下：

春三月，帝为室申〈亥〉，剽卯，杀辰，四废庚、辛。

夏三月，帝为室寅，剽午，杀未，四废壬、癸。

秋三月，帝为室巳，剽酉，杀戌，四废甲、乙。

冬三月，帝为室辰〈申〉，剽子，杀丑，四废丙、丁。

凡为室日，不可以筑室。筑大内，大人死。筑右序，长子妇死；筑左序，中子妇死；筑外垣，孙子死。筑北垣，牛羊死。

杀日，勿以杀六畜，不可以娶妇、嫁女、祷祠、出货。

四废日，不可以为室、覆屋。

据简文，春亥、夏寅、秋巳、冬申是帝为室之日，依此类推，春卯、夏午、秋酉、冬子则为帝之剽日，春辰、夏未、秋戌、冬丑则为帝之杀日，其四废日亦同此例，换言之，上述各种宜忌日都与帝之活动有关。帝的活动还见下述诸简，孔家坡 269 号简：

垣日，帝毁丘之日：正月辰，二月卯，三月寅，四月酉，五月子，六月亥，七月戌，八月丑，十月未，十一月午，十二月巳，不坏垣，不可除内中。

放乙 117 号简和 118 号简上栏：

丁未帝筑丹官而不成。

乙亥帝筑室而臣不成。

我们还不清楚上述诸简中的"帝"是否为同一个神帝，也不清楚这个"帝"的具体属性。在孔家坡 240 号简中则明确提到"黄帝"，简文说：

入月旬，不可操土功事，命谓黄帝。十一月先望日，望日，后望一

117

日毋操土功，此土大忌也。

按照五行搭配的原理，黄帝常与中央土搭配。在九店楚简《日书》"相宅"篇中亦有黄帝，这恐不是偶然的。但我们不知道前举各条中的"帝"是否也指黄帝。

除"帝"之外，还有"神"，睡甲138背："正月申，四月寅，六〈七〉月巳，十月亥，是谓地杓，神以毁宫，毋起土功，凶。"或以为此"神"当指上帝①，若然，则与上述"啻"篇之帝约略相当。

上述"帝"篇中的"帝为室日""杀日""四废日"以及"垣日"在后世选择书中均成为重要神煞，成为择日的重要依据。战国秦汉时期日书中的神煞，以太岁、小岁以及与之相关的诸神煞最为重要。在完整的日书中，都有一篇建除类文献，建除的时日是按小岁(月建、小时)安排的，内中涉及居处的宜忌。由于目前所见的日书实行于不同的地区，即使是同一种日书如睡虎地秦简，也可能包含了不同的来源，因而在时间规定方面不乏相互矛盾之处。如九店楚简"建赣"篇就规定：凡建日，大吉，利以筑室。凡盍日，利为门闾。但在放马滩秦简和睡虎地秦简甲种"建除"中，建日和危日(即九店楚简《日书》"盍日")就没有类似的规定，而在盈日规定：可筑闲牢，利筑宫室。一般而言，九店楚简反映楚人习俗，放马滩秦简反映秦人习俗，而睡虎地秦简中既有楚地习俗的旧传统，又有秦人占领楚地的新影响。如九店楚简《结阳》规定"交日，利以串户牖，凿井，行水事，吉"。睡虎地秦简甲种同之，睡虎地秦简乙种却作"建、交之日，以封，凿井□☑"。睡虎地秦简甲、乙种又都有"敫日""阴日"利盖屋、居室；"秀日""不可覆室、盖屋"的规定，很明显的是糅合了楚秦两地日书的结果。

在睡虎地秦简和孔家坡简日书"丛辰"篇中，关于居处兴土的时日就比较一致，如秀日，"不可覆室盖屋"。敫日，"可以穿井、行水、盖屋、饮药、

---

① 刘增贵：《睡虎地秦简〈日书〉〈土忌〉篇数术考释》，台湾《"中研院"历史语言研究所集刊》第78本第4分，2007年。

外除"。阴日,"利居室、入货及牲",反映出三种丛辰比较一致。

　　日书中有大量的与动土有关的专门神煞,其规定相当琐细。兹将主要神煞列表如次(见表2-4),然后作一扼要叙述。

表2-4　日书土忌神煞表

正	二	三	四	五	六	七	八	九	十	十一	十二	神煞名
寅	巳	申	亥	卯	午	酉	子	辰	未	戌	丑	地杓、土禁、大徼
卯	丑	寅	午	辰	巳	酉	未	申	子	戌	亥	地司空
亥	酉	未	寅	子	戌	巳	卯	丑	申	午	辰	土神、土星、司空
子	巳	酉	寅	午	戌	卯	未	亥	辰	申	丑	土□
丑	戌	未	辰	丑	戌	未	辰	丑	戌	未	辰	月煞、黄幡
壬	癸	甲	乙	戊	己	丙	丁	戊	庚	辛	己	土徼
壬	癸	戊	甲	乙	己	丙	丁	戊	庚	辛	己	匄日
午		申		戌		子		寅		辰		彻日
丁庚癸		丙己壬		乙戊辛		甲丁庚		癸己丙		戊辛甲		九忌、垣忌
戊			丑			辰			未			四敦
子			卯			午			酉			人破日
寅			巳			申			亥			
辰			巳			申			未			
乙卯			丙午			辛酉			壬子			招摇合日、咸池日
乙亥			丁亥			辛亥			癸亥			牝日
庚辛			壬癸			甲乙			丙丁			
甲乙			丙丁			庚辛			壬癸			
戊辰、己巳			戊申、己未			戊戌、己亥			戊寅、己丑			地冲
己巳、丁丑			甲申、壬辰			己亥、丁未			甲寅、壬戌			八魁

表 2-4 中的"地杓""土禁""大徽""人破日""招摇合日"以及"四敫（激、击）日"均与"岁"或"太岁"神煞有关，"太岁"神煞是日书中与居处动土相关的最主要的神煞。"太岁"及其衍生的各种神煞影响十分深远，后世民间俗信普遍信仰，如民国二十三年（1934 年）《淮阳乡村风土记》载："至占卜成房日期，意味宅中有太岁一神，性最暴烈，但其所在地域方向——或南或北，或东或西，常无一定，倘某日彼在西方，而吾人如适在西方建筑西房（坐西朝东之房），则即使新房建筑成功，亦难安然住居。……他如修桥、补路、上梁之择日，风雨天灾之预测，失人失物之寻找，以及出行、归籍之定期，几乎无一不赖占卜定之。"①

孔家坡 251 号简："☑□申、壬辰，秋三月丁□、□□，冬三月壬戌、甲寅，此八魁，不可盖屋，不出三月。"陈炫玮先生引《后汉书·苏竟杨厚列传》李贤注："历法，春三月己巳、丁丑，夏三月甲申、壬辰，秋三月己亥、丁未，冬三月甲寅、壬戌，为八魁"。以为简文"八桼"即八魁。② 今按：《流沙坠简》所载"永元六年历谱"历注有"八魁"：十二月大，"二日甲寅除八魁"，正月小，"十七日己巳平□八魁"。③ 所述十二月（冬）甲寅，正月（春）己巳为"八魁"，与文献记载相合。又，《后汉书·苏竟传》："是时月入于毕，毕为天网，主网罗无道之君，故武王将伐纣，上祭于毕，求助天也。夫仲夏甲申为八魁。八魁，上帝开塞之将也，主退恶攘逆。流星状似蚩尤旗，或曰营头，或曰天枪，出奎而西北行，至延牙营上，散为数百而灭。奎为毒螫，主库兵。"据此，八魁当为"上帝开塞之将也"。八魁亦为星名，《晋书·天文志》："北落西南一星曰天纲，主武帐。北落东南九星曰八魁，主张禽兽。"《开元占经》卷七十《甘氏外官·八魁星占第十四》引甘氏曰："八魁九

① 丁世良等主编：《中国地方志民俗资料汇编（中南卷上）》，书目文献出版社 1991 年版，第 162~163 页。

② 陈炫玮：《孔家坡汉简日书研究》，台湾"清华大学"历史研究所硕士学位论文，2007 年，第 163 页。

③ 罗振玉、王国维编著：《流沙坠简》，中华书局 1993 年版，第 88 页。

星，在北落东南。"复引《甘氏赞》曰："八魁陷窄，栈门揭翘。"①据此，则八魁神煞亦可能来自天官。

表2-4中"司空"又称"土神"或"土星"，司空为古代主管土木工程之官，但放乙简中另有"地司空"，228号简说："卯、丑、寅、午、辰、巳、酉、未、申、子、戌、亥，凡是是地司空，不可操土功，不死必亡。""地司空"或是与"司空"相关的神煞。

关于"臽日"，刘信芳先生说：正月壬臽、二月癸臽者，是因为正、二月为春季，"壬癸"于日中代表冬季，冬季已过，故壬癸为臽，臽即陷。其余可类推。他又认为，"三月戊臽""六月戊臽""九月己臽""十二月己臽"，戊己为中土日干，古人以中土方无定位，寄在四维，说明先秦已有土居四维的思想。三月末当春夏之交，六月末当夏秋之交，九月末当秋冬之交，十二月末当冬春之交，于方位正当四维。② 刘增贵先生则有不同的解释，他认为臽日的意思是：春天当为甲乙，木气已发，而日干却为上一季之壬癸冬水，故正月、二月以壬癸为臽，与地之陷相当。③ 刘乐贤先生则以为"臽日"即地臽，与"天阖"相对。此即《论衡·讥日篇》："《葬历》曰：葬避九空、地臽及日之刚柔、月之奇偶。"亦即张家山汉简《盖庐》中的"日臽十二日"④。可见此类神煞与干支五行有关。从表2-4中看，"土徽"有九个月与"臽日"相同，不同的只是三月、四月、五月，所以，"土徽"也许是与"臽日"相关的一个神煞。

"九忌"见于孔家坡简207叁-209叁："土忌：正月、二月丁、庚，三月、四月丙、己，五月、六月乙、戊、辛，七月、八月丁、庚，九月、十月丙、己、癸，十一月、十二月甲、戊、辛，此谓九忌，不可立垣。"类似的简文亦

---

① 李零主编：《中国方术概观·占星卷》，人民中国出版社1993年版，第711页。

② 刘信芳：《〈日书〉四方四维与五行浅说》，《考古与文物》1993年第2期。

③ 刘增贵：《秦简〈日书〉中的出行礼俗与信仰》，台湾《"中研院"历史语言研究所集刊》第72本第3分，2001年。

④ 刘乐贤：《睡虎地秦简日书研究》，台湾文津出版社1994年版，第351页；《谈张家山汉简〈盖庐〉的"地橦"、"日橦"和"日臽"》，《简帛》第1辑，上海古籍出版社2006年版，第385~389页。

见睡甲 108 正壹："正月、〖二月〗丁、庚、癸，三月、四月丙、己、壬，五月、六月乙、戊、辛，七月、八月甲、丁、庚，九月、十月癸、己、丙，十一月、十二月戊、辛、甲，不可以垣，必死。"放乙 203 号简则称为"垣忌"："正月、二月丁、庚、癸，三月、四月丙、己、壬，五月、六月乙、戊、辛，七月、八月甲、丁、庚，九月、十月丙、己、癸，十一月、十二月甲、戊、辛，凡是是垣忌，不可垣，一堵必有死□。"三种日书对照，可知孔家坡简有缺文，当以睡甲、放乙为准。"九忌"或"垣忌"的来源，可能与五行干支冲破有关，《五行大义·论冲破》云："冲破者，以其气相格对也。冲气为轻，破气为重。支干自相对，故各有冲破也。干冲破者，甲庚冲破，乙辛冲破，丙壬冲破，丁癸冲破，戊壬、甲戊、乙己亦冲破。此皆对冲破，亦本体相克，弥为重也。支冲破者，子午冲破，丑未冲破，寅申冲破，卯酉冲破，辰戊冲破，巳亥冲破。此亦取相对。"①"垣忌"正月二月丁庚癸，丁癸为冲破；三月四月丙己壬，丙壬为冲破；五月六月乙戊辛，乙辛为冲破；七月八月甲丁庚，甲庚为冲破；十一月十二月戊辛甲，甲戊为冲破；唯独九月十月癸己丙，癸丙不是冲破关系。

"地冲"日，据刘乐贤先生研究，即张家山汉简"地橦八日"②，张家山汉简《盖庐》24-28 号简云：

> 凡攻之道，德义是守，星辰日月，更胜为右。四时五行，周而更始。大白金也，秋金强，可以攻木；岁星木【也，春木】强，可以攻土；填星土也，六月土强，可以攻水；相星水也，冬水强，可以攻火；荧惑火也，四月火强，可以攻金。此用五行之道也。【秋】生阳也，木死阴也，秋可以攻其左；春生阳也，金死阴也，春可以攻其右；冬生阳也，火死阴也，冬可以攻其表；夏生阳也，水死阴也，夏可以攻其里。此用

---

① 萧吉：《五行大义》，钱杭点校，上海古籍出版社 2001 年版，第 54 页。
② 刘乐贤：《谈张家山汉简〈盖庐〉的"地橦"、"日橦"和"日台"》，《简帛》第 1 辑，上海古籍出版社 2006 年版，第 385~389 页。

四时之道也。地橦八日，日橦八日，日臽十二日，皆可以攻，此用日月
之道也。①

　　"橦"读作"冲"。②《盖庐》本段都是讲阴阳五行，则"地橦(冲)八日"或
与阴阳五行有关。据学者研究，日书"地冲"是按照四时季节与地支的冲破关
系而设，如春辰、巳与秋戌、亥为冲破，夏申、未与冬寅、丑，正好形成冲
破关系，而天干戊、己为土为地，此即"地冲"之来历。③

　　综合以上讨论，可知日书神煞有两大来源，或者说两大背景，一是古代
的天文天象，其中以岁星、北斗(招摇)衍生的神煞最为著称，可称之为"天
象神煞"；二是古代的五行学说，由五行的生克、冲破等关系衍生出诸种神
煞，可称之为"五行神煞"。日书中往往二者结合使用。睡甲简 95 正-98 正叁
有一段讲门忌：

　　　　北向门，七月、八月、九月，其日丙午、丁酉、丙申垣之，其
　　牲赤。
　　　　南向门，正月、二月、三月，其日癸酉、壬辰、壬午垣之，其
　　牲黑。
　　　　东向门，十月、十一月、十二月，其日辛酉、庚午、庚辰垣之，其
　　牲白。
　　　　西向门，四月、五月、十〈六〉月，其日乙未、甲午、甲辰垣之，其
　　牲青。

---

　　①　张家山二四七号墓竹简整理小组：《张家山汉墓竹简(二四七号)》，文物出版社
2001 年版，第 277~278 页。
　　②　张家山二四七号墓竹简整理小组：《张家山汉墓竹简(二四七号)》，文物出版社
2001 年版，第 278 页。
　　③　尚民杰：《云梦〈日书〉与五行说》，《文博》1997 年第 2 期；刘乐贤：《谈张家山
汉简〈盖庐〉的"地橦"、"日橦"和"日臽"》，《简帛》第 1 辑，上海古籍出版社 2006 年版，
第 385~389 页。

王家台有类似的简文(简351、352、370)①：

春三月可以南启门，壬戌、壬子、癸丑、癸未，以黑祠。

夏三月可以西启门……午，以青祠。

秋三月可以北启门，丁酉、丙辰、丁巳、丙申、丙戌，以赤祠。

【冬三月可】以东启东〈门〉，□申、辛亥、庚戌、辛巳，以白祠。

孔家坡简286贰-290贰A则写作：

正月，五月，九月，可以为北门。戊寅、甲寅、辰，筑吉。

二月，六月，十月，可以为东门。以戊寅、壬寅、辰，筑吉。

三月，七月，十一月，可为南门。以壬申、午，甲午，筑吉。

四月，八月，十二月，可以为西门。七星、斗、牵牛，吉。以甲申、辰，庚辰，祠吉。午，筑吉。

兹将上述三种日书列表如下(见表2-5)：

表2-5　三种日书之"门忌"

		睡甲	王家台	孔家坡
南门	月份	正、二、三	春三月	三、七、十一
	吉日	癸酉、壬辰、壬午	壬戌、壬子、癸丑、癸未	壬申、午，甲午
	牲色	黑	黑	
西门	月份	四、五、六	夏三月	四、八、十二
	吉日	乙未、甲午、甲辰	□午	七星、斗、牵牛，午
	牲色	青	青	祠日：甲申、辰，庚辰

---

① 　王明钦：《王家台秦墓竹简概述》，艾兰、邢文编：《新出简帛研究——新出简帛国际学术研讨会论文集》，文物出版社2004年版，第44页。

续表

		睡甲	王家台	孔家坡
北门	月份	七、八、九	秋三月	正、五、九
	吉日	丙午、丁酉、丙申	丁酉、丙辰、丁巳、丙申、丙戌	戊寅、甲寅，辰
	牲色	赤	赤	
东门	月份	十、十一、十二	冬三月	二、六、十
	吉日	辛酉、庚午、庚辰	□申、辛亥、庚戌、辛巳	戊寅、壬寅，辰
	牲色	白	白	

从表2-5看，睡甲和王家台秦简《日书》是一个系统（系统A），启四向门的用牲色完全一致；孔家坡简则没有用牲色的规定，只是289贰简附以祠祀的日干支。在按四季启四向门方面，睡甲用月份表示，王家台用春夏秋冬四季表示，表述的方式虽异，其实乃同。孔家坡286贰至290贰A号简所记则为另一个系统（系统B）。在系统A中，季节—门—牲大概是按时序五行相生安排的，如春三月（东木）的下一个时序为夏（南火），故春三月可以启南向门。用牲色与吉日相配，如南门癸酉、壬辰、壬午，壬、癸于五行属北方，其色黑，其时冬，冬在春之前。这样，牲色—四时—启门就可以表述为：冬（水）—春（木）—夏（火），此亦为五行相生之次序。其他各门可以此类推。这一系统可能与小时有关，按小时正月起寅，左行十二辰，正月在寅、二月在卯、三月在辰，并在东方木，为春。系统B则与大时有关，大时正月起卯，右行四仲。据孔家坡汉简《日书》"徙时"篇所载，大时（咸池、太岁）正月、五月、九月在东方，"正北吉日"，系统A的规定可能以此为依据。但在系统A的筑时吉日方面，其干支分配似乎比较凌乱，尚无规律可循。《类编历法通书大全》卷五"门向道路"造门吉日："甲子、乙丑、辛未、癸酉、甲戌、壬午、甲申、乙酉、戊子、己丑、辛卯、癸巳、乙未、己亥、庚子、

壬寅、戊申、壬子、甲寅、丙辰、戊午。”“修门忌年九良星、己卯、丁亥、癸巳、甲辰。”①可与简文参照。

上述启门与月份的配合，既可用岁神煞解释，也可用五行学说解释。后世的选择通书如《协纪辨方书》往往将所有的神煞都归为五行学说，学者在讨论日书土忌诸神煞时亦多从五行学说入手，作种种繁复的推衍②，其实是大可不必的。我们认为，早期神煞固然有因五行学说而产生的，但更主要的还是来自对实际天象的虚拟，太岁即为其中的典型。神煞与五行，就如同语言与语法的关系，语言的构成有其特殊的背景与方式，语法只是对语言的归纳，没有人是先学会语法然后才学习掌握语言的。将所有的神煞都解释成按五行学说推导而成，是颠倒了因果关系。大凡按五行学说解释日书神煞，愈复杂精致，则可信度愈低。本书于此不拟再作繁复的解释。

第三节　居处的空间选择

一、楚、秦日书“相宅”篇及其比较

上节时间选择实际上已涉及居处的空间选择问题，如居室、启门的东南西北方位及朝向，不过这种空间方位大多比较简单，没有太大的讨论价值。本节集中讨论九店楚简和睡虎地秦简《日书》“相宅”篇的空间选择问题。兹先将九店楚简《日书》“相宅”篇分段抄录如下：

【凡相垣、树】邦、作邑之道：盖西南之宇，君子处之，幽恢不出。

---

① 《四库全书存目丛书》子部第六十八册，齐鲁书社 1997 年版，第 160 页。
② 这方面的典型例子可看刘增贵：《睡虎地秦简〈日书〉〈土忌〉篇数术考释》，台湾《“中研院”历史语言研究所集刊》第 78 本第 4 分，2007 年。

北方高，三方下，处之安寿，宜人民，土田骤得。盖东〖北〗之【宇】，君子处之，□夫□□□□婆。西方高，三方下，其中不寿，宜人民、六扰。盖西北之宇，亡长子。北、南高，二方下，不可处，是谓【离】土，聚□，得土少。盖东南之宇，□□处，必有□□出□。东、南高，二方下，是谓虚井，攻通，安。中垣，中□，有穿泆，处之不盈志。西方【有城焉】，贫。东、北高，二方下，黄帝□□庶民处【之】▨□不筑。东北之宇，西南之宇，不可以□。45+116+46 上+55+47+56+54

凡宫侈于西南之南，处之贵。凡室不可以盖左向之墙，是谓□▨处祭室之后。侈于东北之北，安。窨处南、北，不利人民；处西、北，{利，}不利豕；处西、南，□▨侈于东北之东，□□▨□【是】谓之□。侈于▨侈于西北，不利于子；三增三沮不相持，无藏货，西□君□。侈于东南，不利于□▨水处之□，妇人正。48+49+51+52+50+57

凡垣南□▨▨□□粥。堂吉。□□于室东，日出炙之，必肉食以食。廪处西北，不吉；处是室▨吉。东北有□□▨▨□；处东南，多恶。▨□之□□□之西，处之福，□▨ 57+53+46 下+58+59

简文残缺较多，经过多位学者的研究，大致的意思还是清楚的。简文以"凡"字领头，可以分作三段，讲述三种建筑物的吉凶。首句"凡植垣、树邦、作邑之道"，"道"字从刘国胜先生释①，"垣"指城垣，"邦"或读为封，树邦疑指划分封域范围②，作邑指兴筑城邑，植垣、树邦、作邑是三个并列句，简文描述的或是三个逐步展开的次序。简文以下是描述盖宇的方位吉凶，兹列表如下（见表2-6）：

---

① 刘国胜：《九店〈日书〉"相宅"篇释文校补》，《简帛研究　二〇〇二、二〇〇三》，广西师范大学出版社 2005 年版，第 110 页。

② 陈伟等：《楚地出土战国简册[十四种]》，武汉大学出版社 2016 年版，第 403页。

表 2-6　九店楚简《日书》"相宅"篇盖宇方位吉凶表

西南之宇	君子处之，幽悆不出	北方高、三方下	处之安寿，宜人民，土田骤得
东北之宇	君子处之……	西方高、三方下	其中不寿，宜人民、六扰
西北之宇	亡长子	北、南高，二方下	不可处，是谓【离】土，骤□，得土少
东南之宇	□□处，必有□□出□	东、南高，二方下	是谓虚井，攻通，安

表 2-6 所列，是简文较清楚的部分。"盖宇"的方位排列，是先西南，然后依次为东北、西北和东南，在中国古代传统方术中，称之为"四隅"。在四隅的每一个方位，先讲总体吉凶，如房屋盖在西南方，是"君子处之，幽悆不出"，显非吉兆。然后是对房屋四周地形地势吉凶的进一步说明，如当西南之宇出现"北方高、三方下"时，则"处之安寿，宜人民，土田骤得"，就又是吉兆了。东北宇的占辞有残缺，但从相对为文的角度看，此条当是吉兆。西北宇"亡长子"，当然是凶兆①；后占辞"不可处"，当然也不吉利。东南宇虽有残缺，但从文意推测，应为吉利。总起来看，九店楚简《日书》相宅的方位吉凶，大概是以东方为吉利而以西方为凶险，尤其是西北方，最不吉利。我们曾对楚国都城宫室布局的作过考察，发现战国时期的楚国宫室多分布于都城的东部，与受传统周文化影响的诸侯国将宫室放在西南部不同。②日书相宅的方位吉凶，与楚国都城布局是基本一致的。

值得注意的是，西南与东北二条相似，只说一方高，三方下，后面的吉凶占辞也大致相同；而西北和东南却说二方高、二方下，占辞的表达方式也

---

①　《约书亚记》6：26："有兴起重修这耶利歌城的人，当在耶和华面前受咒诅：他立根基的时候，必丧长子；安门的时候，必丧幼子。"可见古代中西方都有兴建房屋不时有"亡长子"的说法。

②　晏昌贵、江霞：《楚国都城制度初探》，《江汉考古》2001 年第 4 期；晏昌贵：《楚国都城制度再认识》，《社会科学》2008 年第 8 期。

很相近。盖宇的方位排列和吉凶判断还可能与五行八卦有关。按照后天卦位，坤为西南，艮为东北，乾为西北，巽为东南。按八卦配五行，坤、艮均为土，所以简文将西南和东北排在前面。《易·坤卦·象辞》曰："地势坤，君子以厚德载物。"简文称："盖西南之宇，君子处之，幽愮不出。"大约取材于此。从简文的描述看，西北为乾位，《宅经》云："乾将三男：震、坎、艮，悉属阳位。"又云："阳宅宜修阴方。"简文"盖西北之宇，亡长子"。其理亦正相同。东南于五行属木，为日出之方，所以简文"盖东南之宇"之后缺文或可补为"日以"处……

简文在讲完"盖东南之宇"后，接着讲"中垣，中□"，这是从四隅转向中央，其吉凶占语则为"处之不盈志"，显非吉兆。下文接着说"西方……贫"，似乎是讲东南西北"四正"的方位吉凶，由于简文残缺过甚，有些意思还不太明朗。本段最末讲"东北之宇，西南之宇"，又回到四隅，大约是总结之辞。如果我们对简文的理解不误，则可得出两点认识，第一，战国楚人的"盖宇"方位吉凶是以东方为吉利，以西方为不吉利，而尤以西北方最为凶险。第二，简文没有对中央部位特别强调，可见战国楚人的"盖宇"没有"得中"的观念。

简文第二段是讲"宫佟"的吉凶。亦可列表如下（表2-7）：

表 2-7 九店楚简《日书》"相宅"篇宫佟吉凶表

佟于西南之南	处之贵	凡室不可以盖左向之墙，是谓……
佟于东北之北	安	窞处南、北，不利人民；处西、北，不利豕；处西、南，□……
佟于东北之东	？	……是谓之……
佟于西北	不利于子	三增三沮不相持，无藏货，西□君□
佟于东南	不利于□	……水处之□，妇人正

简文"宫"应指建筑物的主体部分，"宫侈"于某方位是讲房屋的外部形态。其表述方式是，先列出"宫侈"的方位，残存简文计有西南偏南、西北、东南、东北偏东和东北偏北；然后是对宫侈方位的吉凶说明，最后是对前面吉凶占断的进一步解释。从文本结构看，简文"窌处南、北，不利人民"一句也应该是对"侈于东北之北"的进一步解释。竹简残缺过多，不能作更多的讨论。

简文的第三段是其他建筑物的吉凶说明，残简所见有垣、廪等。

睡虎地秦简《日书》"相宅"篇抄在甲种 14-23 号简背，分六栏书写，兹分段抄录如下：

(1)凡宇最邦之高，贵、贫。宇最邦之下，富而癃。

(2)宇四旁高，中央下，富。宇四旁下，中央高，贫。宇北方高，南方下，无宠。宇南方高，北方下，利贾市。宇东方高，西方下，女子为正。宇有腰，不穷必刑。宇中有谷，不吉。宇右长左短，吉。宇左长，女子为正。

(3)宇侈于西南之西，富。宇侈于西北之北，绝后。宇侈于东北之北，安。宇侈于东北，出逐。宇侈于东南，富，女子为正。

(4)道周环宇，不吉。祠木临宇，不吉。

(5)垣东方高西方之垣，君子不得志。

(6)为池西南，富。为池正北，不利其母。水窦西出，贫，有女子言。水窦北出，无藏货。水窦南出，利家。

(7)圈居宇西南，贵、吉。圈居宇正北，富。圈居宇正东方，败。圈居宇东南，有宠，不终世。圈居宇西北，宜子与〈兴〉。

(8)囷居宇西北匽，不利。囷居宇东南匽，不盈，不利室。囷居宇西南匽，吉。囷居宇东北匽，吉。

(9)井当户牖间，富。井居西南匽，其君不癃必穷。井居西北匽，必绝后。

（10）庑居东方，向井，日出炙其**韓**，其后必肉食。

（11）娶妇为小内。内居西南，妇不媚于君。内居西北，无子。内居东北，吉。内居正东，吉。内居南，不畜。当祠室。依道为小内，不宜子。

（12）圂居西北匽，利猪不利人。圂居正北，吉。圂居东北，妻善病。圂居南，宜犬，多恶言。

（13）屏居宇后，吉。屏居宇前，不吉。

（14）门欲当宇隋，吉。门出衡，不吉。小宫大门，贫。大宫小门，女子喜宫斗。入里门之右，不吉。

简文第（1）~（4）条是讲"宇"的吉凶，其中第（1）条讲"宇"的地理位置。"宇"通"寓"，指房屋建筑。"邦"指城，"最邦之高"，整理者注释说："在城中最高。"①下文"最邦之下"显然是指位于城中的最低处。房屋位处城中最高是"贵、贫"，贵指身份地位，与房屋位于城中高位相当；但却是"贫"，显非吉兆。城中最低是"富而癃"，"癃"的本义是指废疾，显非吉利；但"癃"也可通"隆"，意指兴盛，当然很吉利。

简文第（2）条首二句与第（1）条相关，"宇四旁高中央下富"与"宇最邦之下富而癃"相当，"宇四旁下中央高贫"与"宇最邦之高贵贫"相当，二者的占语也基本相同。由此可见，"宇最邦之高"之"邦"相当于"宇四旁高中央下"之"宇四旁"，换言之，后者的"宇"相当于前者"邦"的缩小化，前者"邦"相当于后者"宇"的放大型。二者的对应关系是：

$$邦（四旁）\rightarrow 宇（中央）$$

简文突出了"中央"的重要性。这与九店楚简《日书》"相宅"篇很不相同。

---

① 睡虎地秦墓竹简整理小组编：《睡虎地秦墓竹简》，文物出版社 1990 年版，第 211 页。

"宇有腰"指房屋地势中部隆起，"宇中有谷"指中部凹陷，二者都不吉利。"女子为正"，整理者以为：正，《吕氏春秋·君守》注："主也"。古书中或作"政"，《左传》宣公二年："畴昔之事子为政，今日之事我为政。"①今按："正"也许是指品行，与"邪""奇"相对。《论语·子路》："其身正，不令而行；其身不正，虽令不行。"《大戴礼·保傅》："故太子乃目见正事，闻正言，行正道，左视右视，前后皆正人。夫习与正人居，不能不正也，犹生长于楚，不能不楚言也。"《庄子·天运》："中无主而不止，外无正而不行。"《管子·法法》："故正者，所以止过而逮不及也。过与不及，皆非正也。"《淮南子·主术》："衡之于左右，无私轻重，故可以为平；绳之于内外，无私曲直，故可以为正。"日书"为正""不正"似当此解。"女子为正"，似指妇人恪守妇道。《孟子·滕文公下》："以顺为正者，妾妇之道也。"赵岐注："女子则当婉顺从人耳。"《吕氏春秋·遇合》："嫫母执乎黄帝，黄帝曰，厉女德而弗忘，与女正而弗衰，虽恶奚伤。"《太玄·常·次二》："内常微女，不正也。"王涯注："处常之时，当正君臣夫妇之道。二失位当夜，是常以微贱之女处内，不正之象，且近于危。""正"又通"贞"，《左传》昭公二十六年："妻柔而正"，《晏子春秋·外篇七》"正"作"贞"。②《战国策·秦策三》"蔡泽见逐于赵"章："主圣臣贤，天下之福也；君明臣忠，国之福也；父慈子孝，夫信妇贞，家之福也。"《淮南子·氾论》："古者人醇工庞，商朴女重。"高注："女重贞正无邪也。"下文"女子为正"与"富"连言，可能并非凶兆。

第（3）条讲"宇侈"，与九店简"宫侈"略同，都是讲宫宅的外部轮廓、形状。其中"宇侈于东北之北安"与九店楚简相同。

第（4）条讲"宇"的外部环境，房舍外部为道路环绕不吉利，"祠木临宇"也不吉利。"祠木"或指社木。

第（5）条讲"垣"，仅一条，或有遗漏。

---

① 睡虎地秦墓竹简整理小组编：《睡虎地秦墓竹简》，文物出版社 1990 年版，第 211 页。

② 参看高亨、董治安：《古字通假会典》，齐鲁书社 1989 年版，第 60 页。

第(6)~(9)条讲"宇"的外围建筑,包括水池、羊圈、谷仓、水井等。囷,或读为"陋",指宅院的角隅。

第(10)条讲"庑"的吉凶,庑可能指堂下周围的房子。"韓"指井栏。"肉食"则意指享有俸禄。

第(11)条讲内室、卧室的吉凶。

第(12)、(13)条分别讲猪圈和厕所,从简文描述的次序看,猪圈和厕所与前面羊圈、谷仓、水井是分开的,大概猪圈、厕所更靠近主人所居的卧室,更接近居处的内部空间。

第(14)条讲门,南北为隋,东西为横。包括宫门和里门。

比较二种日书,可以发现有些方面是基本相同或相近的,第一,二种日书都是以主体建筑物"寓(宇)"为中心,涉及"寓(宇)"的地形地势、外部轮廓及形状以及其他附属建筑物的吉凶,总体内容和描述方式是相同或相似的;甚至个别词句完全一样。第二,二者都是以方位判断吉凶,所涉及的方位主要是东南西北四正位及四隅共八个方位,没有出现后世风水术常见的二十四方位,也较少阴阳五行的神秘气息,所以,在一定程度上,二者都可视作对日常生活中的经验总结。但是,二者相异的地方也是很明显的,第一,睡虎地秦简《日书》的结构更为清晰,文句更为简约,吉凶判断也更为简明,表现出一种程式化的倾向。第二,在简文内容上,二者互有异同,九店楚简中的祭室不见于睡虎地秦简,睡虎地秦简则多出庑、小内、圈、圂、屏等建筑。第三,在方位吉凶上,九店楚简《日书》没有强调"中"的观念,似乎以东方或东南方为吉利;而睡虎地秦简《日书》则比较突出"中央"的位置,可能以南方或西南方为吉利。

二、古代相宅术源流

我国古代的相宅术有着悠久的历史,早在新石器时代,居民点的选择就有一定的倾向性。迄今所发现的新石器时代遗址几千处,大多位于河流两岸的阶地上。根据考古发现研究，关中地区仰韶文化居址，有三种不同的地理类型：一是河流两岸的土丘，渭河以南支流较多；二是发育较好的马兰阶地，多在渭北黄土高原，高出河床三五十米；三在距河床较远的泉水附近，泾水沿岸较多。长江流域的居住环境亦分三种：（1）北临大江，南靠土岗，三面为水田；（2）两面大山，中间是河流贯穿的山冲，遗址分布在河流两岸接近大山余脉的土岗上；（3）山岗环绕的低凹盆地，不远处为山岗，四周或有小溪或池塘。总之，南北地区地理环境虽异，气候虽殊，但有一个共同的现象，即居住在近水的高地：水则河流湖泊，地则丘陵山岗。① 商代殷墟卜辞，多有"卜宅"的记录，如：

> 丁卯卜，作宀于北？
>
> 子卜，宾贞：我作邑？
>
> 乙卯卜，争贞：王作，帝诺？我从之唐。
>
> 庚午卜，丙贞：王勿作邑在兹，帝诺？
>
> 庚午卜，丙贞：王作邑，帝诺？八月。
>
> 贞：王作邑，帝诺？八月。
>
> 贞：王勿作邑，帝诺？
>
> 己亥卜，丙贞：王有石在鹿北东，作邑于兹？
>
> 王有【石】在鹿北东，作邑于兹？作于鹿？②

周人对相宅亦很重视，史书记载不乏其例。《诗·大雅·公刘》对公刘迁豳有绘声绘色的描述：公刘为寻得一满意居所，先是经过实地考察，选定城址。然后规划都鄙之制，最后察看阴阳寒暖之所宜，流泉浸润之所及，进行

---

① 杜正胜：《古代国家与社会》，台湾允晨文化实业股份有限公司1992年版，第105页。

② 以上卜辞皆引自温少峰等：《殷墟卜辞研究——科学技术篇》，四川省社会科学院出版社1983年版，第383页。

农田垦辟之规划。① 如果说公刘时代之相宅尚且富有理性实践色彩的话，到武王克商周公营建洛邑则颇涉秘术。《尚书·洛诰》："我卜河朔黎水。我乃卜涧水东，瀍水西，惟洛食。我又卜瀍东，亦惟洛食。"《尚书·召诰》所记更详："惟二月既望，越六日乙未，王朝步自周，则至于丰。惟太保先周公相宅。越若来，三月，惟丙午朏。越三日戊申，太保朝至于洛，卜宅。厥既得卜，则经营。越三日庚戌，太保乃以庶殷攻位于洛汭。越五日甲寅，位成。若翼日乙卯，周公朝至于洛，则达观于新邑营。越三日丁巳，用牲于郊，牛二。越翼日戊午，乃社于新邑，牛一、羊一、豕一。……且曰：其作大邑，其自时配皇天。"可见周朝相宅是既卜时间又占地点的。

春秋时代非但国都要卜，一般民居亦需卜。《左传》文公十三年："邾文公卜迁于绎。"昭公三年记齐景公欲更晏子之宅，晏子不同意，他还引谚曰："非宅是卜，唯邻是卜。"②战国时代亦然。《管子·乘马·立国》："凡立国都，非于大山之下，必于广川之上。高毋近旱而水足用，下毋近水而沟防省。因天材，就地利。故城郭不必中规矩，道路不必中准绳。"《度地》："故圣人之处国者必于不倾之地，而择地形之肥饶者，向山左右，经水若泽，内为落渠之写，因大川而注焉。乃以其天材，地之所生利养其人，以育六畜。"是为"树邦作邑"之相宅术。屈原《楚辞》有《卜居》篇，表明民间亦有相宅术。《周礼·地官》载大司徒之职："掌建邦之土地之图与人民之数，以佐王安扰邦国。以天下土地之图，周知九州之地域、广轮之数，辨其山林川泽丘陵坟衍原隰之名物，而辨其邦国都鄙之数，制其畿疆而沟封之。"或即国邑相宅术。又"以土宜之法辨十有二土之名物，以相民宅，而知其利害，以阜人民，以蕃鸟兽，以毓草木，以任土事"。则为相民宅术。今所发现的楚、秦日书，九店简约相当于建国作邑之相宅术，而云梦秦简则是民间相宅术，二者内容均较史书记载为详明，使我们对那个时代的相宅术有更确切直观的了解。

《汉书·艺文志》数术略"形法类"收录有《国朝》七卷、《宫宅地形》二十

---

① 参看扬之水：《诗经名物新证》，北京古籍出版社2000年版，第42~66页。

② 《晏子春秋·内篇杂下第六》作："先人有言曰：毋卜其居，而卜其邻舍。"

卷。其书已佚。班固叙曰："形法者，大举九州之势以立城郭室舍形。"①可见这类书是讲地形地势与城郭室舍形状的，并以此占断吉凶。《隋书·经籍志》有《宅吉凶论》三卷、《相宅图》八卷。《论衡·诘术篇》引《图宅术》曰："宅有八术，以六甲之名，数而第之，第定名立，宫商殊别。宅有五音，姓有五声。宅不宜其姓，姓与宅相贼，则疾病死亡，犯罪遇祸。"又说"商家门不宜南向，微家门不宜北向。则商金，南方火也；徵火，北方水也。水胜火，火贼金，五行之气不相得，故五姓之宅，门有宜向。向得其宜，富贵吉昌；向失其宜，贫贱衰耗"。《四讳篇》："俗有大讳四：一曰讳西益宅。西益宅谓之不祥，不祥必有死亡……"《太平御览》（卷180）引《风俗通》："宅不西益。俗说西南为上，上益宅者，妨家长也。"《潜夫论·卜列篇》："俗工曰：商家之家，宜出西门。"可知东汉相宅术已杂糅六甲、五姓、五音、五行的内容而渐趋复杂神秘。这一类相宅术，在敦煌占卜文书中也多有发现，金身佳先生撰《敦煌写本宅经葬书校注》，收录各种宅经类文献28件，内容丰富，蔚为大观。兹略举与日书相关之数例，以概见此类方术之流传。

P.3865《阴阳宅经》：

> 宅有五虚令人贫耗，五实令人富贵。宅大人少，一虚；宅门大内小，二虚；院墙不完，三虚；井灶不全，四虚；宅地多屋少，五虚。宅小人多，一实；【宅】大门小，二实；院墙完全，三实；宅小六畜多，四实；宅中水渎东南流，五实。②

此条亦见传世本《黄帝宅经》。五虚五实虽不见于日书，但睡虎地秦简《日

---

① 《汉书》，中华书局1962年版，第1775页，"形"字从上读，作"城郭室舍形"。近来流行"形"字从下读，作"形人及六畜骨法之度数、器物之形容，以求其声气贵贱吉凶"（参看李零：《兰台万卷：读〈汉书·艺文志〉》，三联书店2011年版，第198页，据页下注，此读从姚明煇《汉书艺文志注解》），"形"或通"型"，用作动词，有相度、察考之义。但从本书所举日书"相宅"篇看，也可能是指城郭室舍的外部轮廓形状。姑从旧读。
② 金身佳：《敦煌写本宅经葬书校注》，民族出版社2007年版，第8页。

书》有"大宫小门，贫。大宫小门，女子喜宫斗"，或与"宅门大内小"相似。《阴阳宅经》中"宅中水渎东南流"为五实之一，睡虎地秦简由"水窦南出，利家"的说法。

P. 2962V⁰《宅经》是以五音占住宅吉凶，其中角姓宅图所附有如下文字：

> 凡角家居宅，须东高北高、南平西下，水渎出寅未地，大吉。大门南出丙地，大富贵。西出庚、北出于癸，小吉。
>
> 作宅，先起西墙，次起南墙，其利三倍，伤南家母，益口一人。次起东墙，其利，伤西家父，得田宅，三年益口三人，大富贵。后起北墙，断乎其百倍。其宅门外下迟(？)高，宜财，富贵。①

所谓"东高北高、南平西下"，与日书某方高某方下相似。作宅起墙的占辞中涉及"益口""得田宅"，也与九店楚简《日书》中的"宜人民，土田骤得"相近。

P. 2615a《□帝推五姓阴阳等宅图经》号为敦煌卷子写本宅经第一长篇，约400行，内容包括五姓阴阳宅形法，祭宅文、五姓宅方位、建筑时间吉凶，五姓附属建筑吉凶宜忌，以及其他应注意的建筑神煞宜忌和建筑时日宜忌等，兹摘录列举如下：

> (1)推地形：【东】高西低名角地，羽居之吉。南高北下名徵地，宫居之吉。西高东下名商地，羽居之吉。北高南下名羽地，角居之吉。四方高、中央下名宫地，商居之吉。四方下、中央高名宽地，平居吉。四面不满一百廿步者，不可居。
>
> (2)凡地形，西北有高，东南有下，名曰楚地，居之先富后贫，出孤寡。南有流水，名曰魏地，居之富贵，宜子孙、六畜，食食中口七十人，出贵子。凡地，四方平、中央高，名魏地，居之添贫。如四方高、中央下，名曰周地，一名地藏之地，居之富贵，君子吉，小人凶。凡地

---

① 金身佳：《敦煌写本宅经葬书校注》，民族出版社2007年版，第27页。

平正、【中】央小高，有横流一水者，居之绝世。凡安宅，前下后高，有流水东南流，居之富贵，宜子孙。凡宅，四方高、中央下，并有水注地，唯决不出，名曰宫地，宜子孙、富贵。凡地四方高，名曰天住之地，五姓并不可【居】，煞人及六畜，鬼入人门，凶。凡地形平整，名周地，东南有流水，居【之】十年大富贵。

（3）占宅形势法：艮壮出军将，乾长出侯王。西短东长，法步儿郎。东短西长，夫弱妇强。……东看西高，西看东高，南看北障，北看南仰，如此之地，公卿将相。

（4）凡门无扇，令人家贫。大门无罗，绝灭小子孙。门当四仲，食常不足。门当大小墓，妨家长，多死亡。

（5）井去院墙一步，出孤寡。井上不安火炉，井上不种桃树，多不祥。井上种菜，莫无病明目。

（6）五姓置井合阴阳，同在巳。安灶同在乙辰间，安碓硙在寅甲之间，水渎同在辰巽间，猪栏同在亥酉间，厕同在丑癸间，牛羊同在酉，马厩同【在】申未之间。

（7）五姓合阴阳置仓库法：商角羽仓库在庚，奴婢在辛合阴宅法。……凡仓在金柜、勾陈、明堂上，并吉。①

上述第（1）、（2）条是讲宅屋地形，第（3）条讲宅屋的轮廓、形状，第（4）条讲门，第（5）条讲井，第（6）条讲水渎、猪栏、厕所、牛羊马圈厩，第（7）讲仓库，这些内容大多见于睡虎地秦简《日书》"相宅"篇，敦煌卷子不过以五音代表姓氏、干支八卦表示方位，故弄玄虚而已，如第（1）条中"东高西低名角地，羽居之吉"，角、羽是五音之一，"羽居之吉"是指羽姓人居之吉，哪些姓氏的人为羽姓人呢？在《□帝推五姓阴阳等宅图经》载之甚详，读者一查即得。再如第（3）条中艮、乾，均以八卦指代方位，艮指东北，乾指西北。（6）、

① 分见金身佳：《敦煌写本宅经葬书校注》，民族出版社 2007 年版，第 45、47、51、74、77、80 页。

（7）条中的干支指方位，勾陈、明堂亦指方位，敦煌卷子有五姓人宅图，这些干支八卦人神方位载之甚详，一查便得，毫不足怪。这种相宅术，随着《宅经》和《葬书》的出现，从而确立其风水理论，并在明清时期蔚为大观。①

<hr>

① 参看刘乐贤：《睡虎地秦简日书研究》，台湾文津出版社 1994 年版，第 222～224 页；刘沛林：《风水——中国人的环境观》，三联书店 1995 年版，第 44～60 页。德国汉学家朗宓榭（Michael Lackner）比较古代中西方的预测术，认为"中国的卜算文化可以分为'卜'人和'卜'地，如果说，'卜'人和西方还有很多相通之处，那么'卜'地，即看风水，则是西方所没有的"。参看朗宓榭：《小道有理：中西比较新视阈》，金雯、王红妍译，三联书店 2018 年版，第 23、140～141 页。

第三章 出　行

　　出行在古代民众日常生活中占据重要地位。古代交通不便，山川阻隔，旅途凶险，出行方术因之诞生。20 世纪 30 年代，江绍原先生撰著《中国古代旅行之研究》一书①，研究古代有关旅行的各种俗信，引起较大反响。但由于受到资料限制，有关问题尚无法深入讨论。简帛日书大量出土面世，其中包含大量有关出行的禁忌，在一定程度上弥补了资料的不足。据学者统计，仅睡虎地秦简《日书》中，直接涉及行归宜忌的有 151 简，占《日书》简的 35.7%。② 学者对这些资料进行研究，主要集中在字词训诂、神煞考释、出行习俗、行神崇拜等方面。1996 年，刘乐贤先生发表《睡虎地秦简〈日书〉中的"往亡"与"归忌"》一文③，利用传世选择文献，辨析日书中的"往亡"与"归忌"两种神煞，并指出日书中存在几种"归忌"，与后世选择书的"归忌"神煞有同有异。在日书出行习俗方面，王子今先生先后发表几篇论文，讨论睡虎地秦简日书中的归行宜忌④，比较楚、秦二地出行宜忌的差异⑤，研究

---

　　① 江绍原：《中国古代旅行之研究》，商务印书馆 1935 年版。

　　② 王子今：《睡虎地秦简日书秦楚行忌比较》，《秦文化论丛》第 2 辑，西北大学出版社 1993 年版；又见氏著《秦汉交通史稿（增订版）》，中国人民大学出版社 2013 年版，第 21 页。

　　③ 刘乐贤：《睡虎地秦简〈日书〉中的"往亡"与"归忌"》，《简帛研究》第 2 辑，法律出版社 1996 年版，第 116~124 页。

　　④ 王子今：《睡虎地秦简日书所见行归宜忌》，《江汉考古》1994 年第 2 期。

　　⑤ 王子今：《睡虎地秦简日书秦楚行忌比较》，《秦文化论丛》第 2 辑，西北大学出版社 1993 年版。

日书所反映的交通状况①，成绩斐然。2001 年，台湾学者刘增贵先生发表《秦简〈日书〉中的出行礼俗与信仰》一文②，对睡虎地秦简《日书》的出行资料进行综合研究，纠正学者研究中的偏差，详细考察出行的时宜忌、出行的方位吉凶、出行的法术仪俗、古代的行神崇拜等，尤其是对时日宜忌的数术原理的考察，颇具功力。

但是，由于日书文辞古奥，通读不易。加之新资料不断出土面世，可以弥补、纠正此前研究的缺失。如对"艮山"图的读法，此前有李学勤、刘乐贤、陈伟等学者的不同读法③，但随着孔家坡汉简《日书》的公布，此前的研究成果有修正的必要④。本章拟对简帛日书所反映出行种类、出行习俗、出行方术作一综合讨论。第一节考察此前学者较少注意的出行种类。日书的描述出行时涉及各种出行的种类，既有距离上的区别，又有出行目的的不同，随之所采用的方术的禁忌亦有差别。本节对此有细致的梳理。

第二节"出行择日原理"。针对此前的研究偏重出行神煞的考释，本节将出行择日原理细分为"日常时间节律""宗教时间节律"和"数术化的时间节律"。研究发现，出行所涉及的时日禁忌，主要涉及由神灵支配的"宗教时间节律"和由五行学说支配的"数术化的时间节律"，这两种时间节律，与农事活动和动土宜忌的时间节律颇为不同。此外，还利用敦煌文献，讨论"往亡"

---

①　王子今：《云梦睡虎地秦简日书所反映的楚秦交通状况》，《国际简牍学会会刊》第 1 号，台湾兰台出版社 1993 年版。另参《睡虎地秦简〈日书〉甲种疏证》，湖北教育出版社 2003 年版。

②　刘增贵：《秦简〈日书〉中的出行礼俗与信仰》，台湾《"中研院"历史语言研究所集刊》第 72 本第 3 分，2001 年。

③　李学勤：《〈日书〉中的〈艮山图〉》，收入氏著《简帛佚籍与学术史》，江西教育出版社 2001 年版，第 145～150 页；刘乐贤：《睡虎地秦简日书研究》，台湾文津出版社 1994 年版，第 96 页；陈伟：《睡虎地日书〈艮山〉试读》，（日本）《中国出土资料研究》第 6 号，2002 年，第 145～149 页。

④　参看晏昌贵：《日书"艮山·离日"之试解》，《周易研究》2014 年第 1 期；陈炫玮：《孔家坡汉简日书研究》，台湾"清华大学"历史研究所硕士学位论文，2007 年，第 106～111 页；森和：《从离日与反支日看〈日书〉的继承关系》，简帛网，2008 年 8 月 22 日。

在后世的演变，进一步深化了相关研究。

第三节"出行方术"。结合敦煌文献和后世选择文献《玉匣记》，讨论出行前的祭祷、出行途中的禳解术等，纠正了此前研究中的一些过失。

第一节　出行的名称与种类

一、"徙"与"行"

日书在描述人们外出旅行的空间移动时常常用到的词是"徙"和"行"，用"徙"的例子，如九店88-91号简：

> 荆层、夏层〖、享月，春不可以东徙〗。
> 〖夏柰、八月、九月，夏〗不可以南徙。
> 〖十月、〗复月、献马，秋不可西徙。
> 〖冬〗柰、屈柰、远柰，冬不可北徙。

《广雅·释言》："徙，移也。"《玉篇·彳部》："移，迁也。"《周礼·地官·比长》："徙于国中及郊"，郑玄注："或国中之民出徙郊，或郊民入徙国中。"涉及空间移动过程的"徙"还与"迁""移"连用，如：

> 亥不可迁徙，必返其乡。孔家坡396
> ……五月不肥命。天候在中。五月移徙吉凶。西北殷光。居延新简EPT5·57A

上举居延新简是讲"岁"神煞的移徙，"徙"用于神煞的移动，这在日书中也是比较常见的。此外，"徙"还用于徙门、徙址、徙室、徙家室、徙官等方面，并不局限于人口的空间移动一途。睡甲 7 背贰号简："以己丑、酉、巳，不可嫁女、娶妻，交徙人也可也。"王子今先生推测"交徙人"可能是说一家族于同日内既娶妻又嫁女，同时一出一入，一送一迎，形成"交徙"。①在这个意义上，"徙"是指调换的意思。

在人员的空间移动方面，"徙"还与"行"出现在同一支简上，如放乙 123 号简：

> 千里之行毋以壬戌、癸亥，徙死，行凶，不复迹。

当"徙"与"行"同时出现时，二者之间究竟有何区别呢？我们从日书中发现，"徙"的用法比较宽泛，当它被用于迁移词义时，多与迁移的方向有关，是泛指一般性的空间移动，而且这种移动似乎很少再回到原起点，用现代术语表示，"徙"相当于移民，而"行"相当于旅行。

日书中"行"的用法要具体明确得多，涉及出行的种类和性质。从种类上看，我们首先注意到一种距离上的区分，概括地说，有五里：

> 寅不可行，出入不至五里，人必见兵。不可祷祠，归以礼伤，百鬼
> 不飨。孔家坡 392-293

有十里：

> 千里外毋以丙、丁到室，五百里外毋以壬戌、癸亥到室，十里外□
> □□□丁亥，壬戌，癸亥行及归。孔家坡 146 壹-147 壹

有三十里：

---

① 王子今：《睡虎地秦简〈日书〉甲种疏证》，湖北教育出版社 2003 年版，第 317页。

入月正月壬，二月癸，三月戊，四月甲，五月乙，六月戊，七月丙，八月丁，九月己，十月庚，十一月辛，十二月己，此日行卅里遇言语，百里遇兵，邦君必或死之。 放乙 312-313

有一百里、二百里、三百里：

归行 凡春三月己丑不可东，夏三月戊辰不可南，秋三月己未不可西，冬三月戊戌不可北。百〖里〗中大凶，二百里外必死。岁忌。 睡甲 131 正
戊戌不可北，是谓行。百里中有咎，二百里外大咎。黄神□之。 香港 11
冬三月戊戌不可北行。百里大凶，二百里外必死将，三百里不复迹。 放乙 212-256

有五百里、千里，已并见上举。从日书简文看，千里是最大的数字，超过此数，则称千里外。

日书常用"远行"或"行远"来表示远距离的出行，如：

〖戌、亥、子、丑、〗寅、卯、辰、巳、午、未、申、酉，是谓〖外〗阴日，利以祭，入货，吉。以作卯事，不吉。以远行，久。是故不利以行〖作〗。 九店 33
己酉从远行入，有三喜。 睡甲 134 正贰
行者 远行者毋以壬戌、癸亥到室。以出，凶。 睡乙 140
凡大彻之日，利以远行、绝边境、攻击，亡人不得，利以举大事。 周家台 139 贰-140 贰
春三月乙丑，夏三月丙辰，秋三月辛未，冬三月壬戌，不可远行。 孔家坡 144 壹-145 壹

执日，不可行。行远，必执而于公。**放甲 18 壹**

凡黔首行远、役，毋以甲子、戊辰、丙申，不死必亡。**放乙 124 壹**

然则多大距离才算"远行"或"行远"呢？上举孔家坡简 144 壹-145 壹将春乙丑、夏丙辰、秋辛未、冬壬戌规定为"不可远行"，类似的规定在睡甲简 131 正写作："百〖里〗中大凶，二百里外必死。"香港藏简 11 号则称"百里中有咎，二百里外大咎"。所以，我们不妨假定，超过一百里的距离，就可以称为"远行"或"行远"了。百里也是常人一天的行程，空间上的距离也可以换算成时间单位，以百里作为标志是有道理的。

上举九店 33 号简在"远行，久"之后接着说"是故不利以行【作】"，从简文的意思看，前面说了"祭""入货""作卯事"和"远行"，所以这里的"行作"也许是指"行"和"作"二方面的事，"行"当然是指远行，而"作"或是指"作卯事"等。但日书有时候也将"行作"与"之四方野外"连称，如睡甲简 9 正贰："外害日，不可以行作，之四方野外，必遇寇盗，见兵。"类似说法还见于九店 31、32 号简。我们或者可以把"行作"与"之四方野外"连起来看，那么这里的"行"或"行作"就是指一种近距离的出行。与睡甲简 9 正贰相似的简文在睡乙 21 壹写作："空、外害之日，不可以行、之四邻，必见兵。"或可证明睡甲的"行作"是指行，而"四方野外"也就是"四邻"。传世文献有"近行"的说法，如《说郛》卷一百九上引《太乙经》云："主人近行在外，已至；主人远行在内，未至。""近行"与"远行"相对为言。然则这个近行至"野外""四邻"的距离究竟有多远呢？我们不妨也作一点推测。在孔家坡汉简《日书》中有一篇"死失"，根据六十甲子日占人死后"失"所在的方位场所，这些场所的距离有一里、三里、七里、十里，最远的距离是十里。所以十里的距离是一个界限，这个界限大概就是日书所说的"之野外"的"近行"的距离吧。

日书有"久行""长行"，大概是从出行的时间方面讲的，类似于"远行"。睡甲简 127 正和睡乙 132 号简又有"大行"，与"远行"并列，王子今先生认为

"大行"可能指意义比较重要的出行行为。①刘增贵先生则进一步指出"大行"与"远行"有别，"大行"或许与丧事有关。②《山海经·海内北经》："有人曰大行伯，把戈。""大行伯"为"大行"之神。曾侯乙墓漆棺多绘持戈之神人像，当即"大行伯"（参见图3-1），为墓主灵魂升天之先导。"大行"或与一般的"远行"有别，而是指与丧事有关的活动。不过，日书中与丧祭活动有关的出行却比较少见。

图 3-1　曾侯乙墓漆棺上的"大行伯"

上举周家台简 139 贰-140 贰有所谓"远行、绝边境"，"绝"是横度、穿越的意思，表示到另一个国家的旅行。异国旅行在日书中殊为少见，《西游记》第十二回《玄奘秉诚建大会　观音显像化金蝉》曾记曰："贞观十三年，

①　王子今：《睡虎地秦简〈日书〉甲种疏证》，湖北教育出版社 2003 年版，第 248 页。
②　刘增贵：《秦简〈日书〉中的出行礼俗与信仰》，台湾《"中研院"历史语言研究所集刊》第 72 本第 3 分，2001 年。

岁次己巳，九月甲戌，初三日，癸卯良辰。陈玄奘大阐法师，聚集一千二百名高僧，都在长安城化生寺开演诸品妙经。……光阴拈指，却当七日正会，玄奘又具表，请唐王拈香。此时善声遍满天下。太宗即排驾，率文武多官、后妃国戚，早赴寺里。那一城人，无论大小尊卑，俱诣寺听讲。……唐王甚喜，即命回銮，待选良利日辰，发牒出行，遂此驾回各散。……次早，太宗设朝，聚集文武，写了取经文牒，用了通行宝印。有钦天监奏曰：'今日是人专吉星，堪宜出行远路。'唐王大喜。……随即宣上宝殿道：'御弟，今日是出行吉日。'"①所谓"人专"吉日，据《玉匣记》，乃是正月、四月、七月、十月辛未、庚辰、己丑、戊戌、丁未、丙辰，二月、五月、八月、十一月庚午、己卯、戊子、丁酉、丙午、乙卯，三月、六月、九月、十二月己巳、戊寅、丁亥、丙申、乙巳、甲寅、癸亥。当"人专"日，"凡造作、嫁娶、移徙、上官、入宅、开店、葬埋遇此，一年之内主有贵子，三年之内有官者升官，无官者所为吉庆，生财致富得外人力，僧道用之俱吉"②。后世出国(绝边境)旅行需要通关文牒，还要用"通行宝印"。而人专吉日"僧道用之俱吉"，宜乎唐僧远行要择此日也。

二、出行的种类

从出行的性质上看，日书中比较明确的，有出于军事原因的出行：

未、申、酉、戌、亥、子、丑、寅、卯、辰、巳、午，是谓达日，利以行师徒，出征，得。九店 30
达日，利以行帅〈师〉、出征、见人、以祭上下，皆吉。睡甲 7 正贰
平、达之日，利以行帅〈师〉徒、见人、入邦，皆吉。睡乙 19 壹
危日，可以责人及执人、系人、外征。放甲 20 壹

---

① 吴承恩：《西游记》，人民文学出版社 1980 年版，第 141、147、149 页。
② 《增补万全玉匣记》，中国文联出版社 2005 年版，第 64 页。

军事征伐涉及出行，这一类占卜、禁忌在古代是很多的，但日书在这方面的规定却并不多见，这主要是因为，日书的使用者多为社会中下层的平民或官吏，较少涉及军国大事。

日书中有出于经商原因的出行，如：

斗，利祠及行贾、贾市，吉。睡甲75 正壹

〖十一月〗 斗，利祠及行贾、贾市，吉。睡乙103 壹

〖十一月〗 斗，利祠及行、贾市，吉。孔家坡56

简文中的"行贾"应指外出经商。在周家台秦简《日书》中，有一篇"二十八宿占"，以北斗所乘二十八宿占诸事，如：

亢：斗乘亢，门有客，所言者行事也，请谒事也，不成；占狱讼，不吉；占约结，不成；占逐盗、追亡人，得之；占病者，笃；占行者，不发；占来者，不至；占市旅，不吉；占物，青、赤；占战斗，不合，不得。189-190

危：斗乘危，门有客，所言者危行事也；占狱讼，疑；占约结，不成；占逐盗、追亡人，弗得；占病者，笃；占行者，已发；占来者，亟至；占市旅者，自当；占物，杂、白；占战斗，吉。209-210

翼：斗乘翼，门有客，所言者行事也；占狱讼，已；占约结，成；占逐盗、追亡人，得；占病者，有瘳；占行者，已发；占来者，亟至；占市旅，吉；占物，青、黄；占战斗，不合。239-240

轸：斗乘轸，门有客，所言者宦御若行者也；占狱讼，解；占约结，成；占逐盗、追亡人，不得；占病者，已；以有求，不得；占行者，已发；占来者，亟至；占市旅，吉；占物，黄、白；占战斗，不合。241-242

上举四条都涉及"行事"或"行者",行事或指出行之事。每条所占各事,不外乎狱讼、约结、逐盗、疾病、出行、市旅、战斗等。其中的占行者是从己方出发到外地去旅行,占来者则是从对方着眼,外出到己方来。占市旅则是指经商活动本身,吉利或不吉利。

日书中有出于官宦原因的出行,如:

入官 久宦者毋以甲寅到室。 睡乙 141

□宦毋以庚午到室。壬戌、癸亥不可以之远□及来归入室,必见大
咎。 岳山 M36:44 正

入官、远役、不可到室之日:庚午,丙申,丁亥,戊申,戊戌,壬
戌,此六旬龙日,忌入官□□。 放乙 125 壹

吏官毋以壬戌归及远役。 放乙 320

中国古代往往有异地为官的规定,本地人不得在本地为官,为官者往往远徙他乡,此种出行在后世又称为"宦游"。从上举简文看,此种"宦游"在秦代就已经开始了。

日书可能还有出于抓盗贼、追亡人的出行。九店楚简、睡乙和王家台秦简都有以十二支占盗、占疾的条文,其中以睡乙保存比较完整,兹举一条如下:

丑以东吉,西先〈无〉行,北吉,南得。 159A【朝】启夕闭。朝盗不
得。以入,小亡。以有疾,巳小瘳,酉大瘳,死生在子, 179B 胳肉从
东方来,外鬼为眚,巫亦为眚。 160

简文的前半部分占盗贼,后半部分占疾病。其中前半部分与睡甲的"十二支占行"类似,如:

　　子，旦，北吉。日中，南得。 睡甲 136 正壹

　　丑，旦，北吉。东必得。 睡甲 137 正壹

　　【寅，西】得，东凶，北毋行。 睡甲 138 正壹

　　【卯，南】吉，西得，北凶，东见疾不死，吉。 睡甲 139 正壹

　　比较两种日书条文，简文中的"得"也许是指追捕、得到亡人、盗贼，所以这里的"行"与"毋行"也就与追亡人捉盗贼有关了。

　　古人出行的原因和类别是很多的，但据我们观察，日书所见的出行种类似乎只有上述几种，而大量记载出行的简文仅只泛称"行"或"徙"，因何种原因出行，可能并不是日书的作者和使用者们所关心的重点。

　　在出行使用的工具上，日书有制车、乘车的记录：

　　建日，良日也。可以为啬夫，可以祠。利早不利暮。可以入人、始寇〈冠〉、乘车。有为也，吉。 睡甲 14 正贰

　　秀日，利以起大事。大祭，吉。寇〈冠〉、寻车、制衣裳、服带，吉。 睡甲 13 正贰

　　复、秀之日，利以乘车、寇〈冠〉、带剑、制衣裳、祭、作大事、嫁子，皆可，吉。 睡乙 25 壹

　　【轸】，□乘车马、〖制〗衣裳、娶妻，吉。以生子，必驾。可入货。 睡甲 95 正壹

　　睡甲 13 正贰的"寻车"，整理者读"寻"为制，怀疑制车即服车，亦即乘车。[1] 刘乐贤先生则理解为造车子。[2] 刘钊先生释为"寻车"，意为试车或用车。[3]

---

　　① 睡虎地秦墓竹简整理小组编：《睡虎地秦墓竹简》，文物出版社 1990 年版，第 182 页。

　　② 刘乐贤：《睡虎地秦简日书研究》，台湾文津出版社 1994 年版，第 27 页。

　　③ 刘钊：《古文字考释丛稿》，岳麓书社 2005 年版，第 308~309 页。

从其他日书简文作"乘车"来看，也许还是理解为乘车较好。乘车出行是指陆路交通，有意思的是，在孔家坡汉简《日书》"直室门"篇中，大伍门和大吉门都有"宜车马"，睡乙简在记录出行方术时，讲"出邦门"，"投符地，禹步三"，接着祝告，告毕，则"上车无顾"。日书记载古人乘车出城门外出旅行，城门外为陆路交通，这是确切无疑的。

陆行乘车，水行则乘船，睡甲 127 背、128 背有如下简文：

> 久行毋以庚午入室。长行毋以戌、亥远去室。丁卯不可以船行。六壬不可以船行，六庚不可以行。

类似的简文还见睡甲 95 背贰-99 背贰、睡乙 43 贰-44 贰，但不见于放马滩秦简和孔家坡《日书》，据我们在前文中的考察，孔家坡简更接近放马滩简，只见于睡虎地秦简中的有关"船行"的规定也许是来自楚国日书，它反映的是南方地区多水的交通地理条件。无论如何，日书中关于陆行乘车的规定要远多于水行乘船的记录。

日书中另有"行水"或"行水事"的记载，例如：

> 【辰】、巳、午、未、申、酉、戌、亥、子、丑、寅、卯，是谓交日，利以串户牖，凿井，行水事，吉。九店 27
> 心，不可祠及行，凶。可以行水。睡甲 72 正壹
> 〖微日〗☑ 利以穿井、沟窦、行水、盖屋、饮药、外除。孔家坡 38

日书中的"行水"是指治理水道、兴修水渠一类事，与乘船或水路交通未必有关系。①

---

①　湖北省文物考古研究所、北京大学中文系编：《九店楚简》，中华书局 2000 年版，第 82~83 页考释[八三]。

第二节 出行择日原理

所谓"出行择日原理"，是指出行时日安排的背后所遵循的"法则"。这个"原理"在后世选择通书中常被称为"神煞"，我们觉得日书中被称作"神煞"的东西还可以进一步细分，与后世的神煞并不完全一致。

按照我们在前文"衣食""居处"二章中的考察，可以发现日书中的时日规定或禁忌有一部分与实际生活的经验密切相关，这主要是关于农业生产的禁忌、动土的禁忌等，农业生产受气候、季节的影响比较大，受自然时间节律的限制，先民在长期的农业生产活动中，经过观察总结，得出一些规律性的认识，形成农时、岁纪等，再加以阴阳五行的附会，便形成所谓的"月令"，成为一种政治时间的节律。实际上，这部分知识也渗透到日书中，是日书时日禁忌、择日原理中形成时间最早，也最具有"科学"成分的部分。大规模的土木工程建筑也与农业生产有关，所以有关"动土"的时日选择和时日禁忌也受自然时间节律的限制。这是第一种情形。

第二种情形，是将一些历史传说人物或古圣王或神话中的上帝鬼神附会于时日干支，这些时日禁忌或者与古圣王、历史传说人物的生死忌日有关，或者与这些人物的某些重大活动有关，比如我们在前文中曾有列举的"田毫主以乙巳死，杜主以乙酉死，雨师以辛未死，田大人以癸亥死"（睡甲159背）；"帝毁丘之日"（孔家坡269）；以及五帝、五神与时日的搭配组合，等等。如此一来，原来的自然时间节律就被附着了一层神话宗教的外衣，不妨称为原始的"宗教时间节律"。

第三种情形，是所谓的"神煞"。我们把神煞限定在较小的范围内，是一种狭义的神煞。这一类神煞，是古人想象的一种并不存在的抽象的"力量"（但又明显不同于上述第二种情形中的上帝鬼神）在"支配"着这些时日的安排，换言之，时日的安排是受神煞运行所支配的。这些神煞大多有天文学上的背景，其中最具影响力的神煞是"太岁"和"小岁"，所依据的天文学背景便是岁星运行和北斗斗杓所指。

第四种情形，是受五行学说支配的时日安排。在后世选择书中，几乎所有的时日选择都可以用五行学说来加以解释，都可以称为神煞。我们觉得有必要细分一下，把日书中那些与天文学背景密切相关的时日单独提出来，称作"神煞"，尽管这些时日也可以作五行学说上的解释，即上述第三类。而把那些明显是受五行学说支配的时日干支另分一类。按照五行学说原理择日是抽象化思维的结果，成为后世择日术的大本营。

上述第三类、四类都可以称为"数术化的时间节律"。

出行活动不像农业生产和营建城邑、居室一类的活动受自然时间节律的限制，一年四季随时都可以进行，所以我们在日书的出行时日安排和宜忌中几乎看不到符合自然时间节律的安排，亦即上述第一类情形似乎并不存在。出行是离开自己熟悉的环境去到另一个比较陌生的环境，对于古人来说，出行的旅途充满凶险和不确定因素，因而它又不像吃饭穿衣那样"平常"。在战国秦及汉初那样一个充斥着动荡、冒险和商业活动频繁的年代里，出行择日显得尤其重要。① 在日书的择日"原理"方面，除了上述第二种至第四种情形，还有一种利用各种图形图画的方式，作时日的推导。下面就依次叙述这些择日"原理"及其变化。

一、出行择日中的帝、神、禹

睡虎地秦简《日书》甲、乙种和孔家坡汉简《日书》都有以赤帝临日占出

---

① 王子今先生在讨论秦汉交通史时曾注意到睡虎地秦简《日书》资料，他说："总计 423 支简中，简文直接涉及出行归返者达 151 支，占 35.7%。在各项卜问内容中，与'行'有关者显然数量最多。这说明在当时社会生活中，出行已经占据重要地位。"(《秦汉交通史稿(增订版)》，中国人民大学出版社 2013 年版，第 21 页) 他的方法由于没有考虑到《日书》文本的特殊性，受到学者的批评(刘增贵：《秦简〈日书〉中的出行礼俗与信仰》，台湾《"中研院"历史语言研究所集刊》第 72 本第 3 分，2001 年)。但出行在当时社会生活中的重要性是显而易见的，从战国、秦及汉初社会流动性的加强，国与国之间、各地人民之间交往的频繁、商业活动的繁荣等方面都可以得到证明，王氏《秦汉交通史稿》已有充分说明，无须再从《日书》中出行所占比例来证明这一点。

行的简文，睡甲题名为"行"，睡乙无自题，孔家坡汉简自题为"临日"，兹将睡甲简127正-130正列举如下：

> 行 凡且有大行、远行若饮食、歌乐、聚〖众〗、畜牲及夫妻同衣，毋以正月上旬午，二月上旬亥，三月上旬申，四月上旬丑，五月上旬戌，六月上旬卯，七月上旬子，八月上旬巳，九月上旬寅，十月上旬未，十一月上旬辰，十二月上旬酉。凡是日赤帝恒以开临下民而降其殃，不可具为百事，皆无所利。即有为也，其殃不出岁中，小大必至。有为而遇雨，命曰殃早至，不出三月，必有死亡之志至。凡是有为也，必先计月中闲日，苟无直赤帝临日，它日虽有不吉之名，无所大害。

简文正月上旬午以至十二月上旬酉，已有学者指出即《星历考原》卷四和《协纪辨方书》卷六中的临日。①《三术撮要》"万通历吉凶日图诀"有"杀星"，其运程为正月午，二月亥，三月申，四月丑，五月戌，六月卯，七月子，八月巳，九月寅，十月未，十一月辰，十二月酉。② 可见此日辰在后世选择书中又称"杀星"。值得注意的是，睡虎地秦简《日书》称此日为"赤帝临日"，是赤帝"开临下民而降其殃"的日子，是大凶日，"不可具为百事"。简文最后说"凡是有为也，必先计月中闲日，苟无直赤帝临日，它日虽有不吉之名，无所大害"。"月中闲日"应即除"赤帝临日"之外的其他日子，只要不是"赤帝临日"，即使是其他凶日，也"无所大害"。可见与其他凶日比较起来，"赤帝临日"更为凶险。之所以如此，恐怕与"赤帝"有关。

香港中文大学文物馆藏简58、59号：

> 殃，不可以曓为火，百事皆无所利。即以有为也，其殃不出岁中，

---

① 郑刚：《论睡虎地秦简日书的结构特征》，《中山大学学报》1993年第3期。
② 刘永明主编：《增补四库未收术数类大全》第十集《阴阳五行（一）》，江苏广陵古籍刻印社1997年版，第226页。

小大必至，有为死亡志至。凡有为也，□□□□□□□

此二条简文显然也是"赤帝临日"。简文虽然没见到"赤帝"，但有"不可以畺为火"，显然与赤帝有关，陈松长先生认为本简之"火"字非衍文，当是赤帝降殃之日所特忌之事，故先书之。① 其说是也。简文中的赤帝当是五行配南方的五色帝。

孔家坡 108-110 号简"临日"篇直接称"帝"，无"赤帝"字样。明清选择通书则连"帝"都省略掉了。其演变之迹为：赤帝临日→帝临日→临日，赤帝在这一时日禁忌安排的色彩和作用逐渐消失不见了。

孔家坡简 149-150 壹：

> 西大母以丁酉西不返，繪以壬戌北不返，禹以丙戌南不返，女过与天子以庚东不返。
>
> 子日忌不可行及归，归到、行亡。

简文将丁酉等四个干支日分别配西大母等五个传说中的历史人物，从"返"以及"子日忌不可行及归"来看，简文显然是有关出行归返的禁忌，其中"庚"后缺地支。

西大母，整理者疑指传说中的西王母。② 西王母至迟在战国时代已见于文献记载，其形象屡有变化，在汉代成为民间普遍信仰的神灵，其研究文献多不胜举。简文说"西大母以丁酉西不返"，西大母与西方的关系是固定的，似乎不好理解为西大母原来在别处比如中央而行到西方不返。因为在传统文献中，西王母一直就是与西方搭配在一起的。③ 与简文类似的说法也见于传

---

① 陈松长编著：《香港中文大学文物馆藏简牍》，香港中文大学文物馆藏品专刊之七，香港中文大学文物馆，2001 年，第 32~33 页。

② 湖北省文物考古研究所、随州市考古队编：《随州孔家坡汉墓简牍》，文物出版社 2006 年版，第 146 页。

③ 参看巫鸿：《武梁祠——中国古代画像艺术的思想性》，柳扬、岑河译，三联书店 2006 年版，第 125~160 页。

世文献，如《类编历法通书大全》卷五"建师人宅舍"云："凶日，甲子日东王公忌，乙亥日忌不东行；丁酉西王母忌不西行，丙辰日南斗忌不南行，丙寅日北斗忌不北行，丁酉日太岁死不祀神，戊子日赵侯死不行兵，壬戌日天师父死，丁亥日地师父死，丙戌日地师母死，甲寅日本师忌，辛亥日师父忌，庚子日师母忌。已上不宜修建师人舍宇、受师教、行兵治病。"①文中列举十二个人物及所配忌日，其中"丁酉西王母忌不西行"与简文相同。

　　被释作"繇"的那个字，整理者说："人名，待考。"②陈炫玮先生认为简文"繇"可能就是文献中的"禺强"，《山海经》中为北方神。③ 陆平则认为"繇"就是传说中的鲧。④ 关于鲧的流放地，古书多记在东方的羽山。然蒋大沂先生说："以四罪分配于四裔，此本后起之义，《大戴礼》始有之，《尧典》、《孟子》犹有此说。……羽山被配至东方，后人又从而附会之也。"并引《大荒北经》郭注引《竹书》："穆王北征，行流沙千里，积羽千山。"郝氏《笺疏》以为"积羽"即"委羽之山"。⑤ 委羽之山当在北方，《墨子·尚贤中》："昔者伯鲧，帝之元子，废帝之德庸，既乃刑之于羽之郊，乃热照无有及也。"所谓"热照无有及"，正是北方幽暗、太阳光不及之地，杨宽先生说："羽山当即委羽之山，《淮南子·地形篇》云：'北方曰积冰，曰委羽'，注云：'北方寒冰所积，因以为名，委羽山在北极之阴，不可见日。'《地形篇》又云：'烛龙在雁门，北蔽委羽之山，不见日。'注云：'龙衔烛以照太阴。'委羽之山不见日，而羽山亦'热照无有及'，是委羽之山即羽山明甚。"⑥

---

① 《四库全书存目丛书》子部第六十八册，齐鲁书社 1997 年版，第 168 页。

② 湖北省文物考古研究所、随州市考古队编：《随州孔家坡汉墓简牍》，文物出版社 2006 年版，第 146 页。

③ 陈炫玮：《孔家坡汉简日书研究》，台湾"清华大学"历史研究所硕士学位论文，2007 年，第 99 页。

④ 陆平：《试释孔家坡汉简〈日书〉之"繇"、"禹"、"女过"》，简帛网，2007 年 8 月 25 日。

⑤ 蒋大沂：《与杨宽正书——中国上古史导论之讨论》，吕思勉、童书业编著：《古史辨》第七册下编，上海古籍出版社 1982 年版，第 368~376 页。

⑥ 杨宽：《中国上古史导论》，吕思勉、童书业编著：《古史辨》第七册下编，上海古籍出版社 1982 年版，第 339 页。

"女过"和"天子"，整理者认为分别指女娲和伏羲。① 陆平先生则以为"女过"即禹之妻女趫，"天子"指禹。② 今按：《山海经·北次三经》："发鸠之山……有鸟焉，其状如乌，文首，白喙，赤足，名曰精卫，其名自叫。是炎帝之少女，名曰女娃。女娃游于东海，溺而不返，故为精卫。常衔西山之木石以堙于东海。"郭注："娃，恶佳反，语误或作阶。"丁山先生说："女娃，当即女娲。"③所谓女过"东不返"者，可能即指"女娃游于东海，溺而不返"。则此天子或即《山海经》中的炎帝。

简文中的"禹"，整理者以为传说禹南巡至会稽而亡，并引证《史记·太史公自序》"二十而南游江淮，上会稽，探禹穴"，《集解》引张晏曰："禹巡狩至会稽而崩，因葬焉。"④

禹是日书中记载最多、适用范围最广，也是最著名的古代史传说人物。在睡甲、放乙和香港所藏残简中都有一种叫"禹须臾"择日出行方术，是将纳音五行干支配合时辰占出行及"喜数"，兹列表为表 3-1：

表 3-1　禹须臾干支喜数表

五行	纳音	干支	时辰	喜数
金	商	壬申、壬寅、癸酉、癸卯，庚辰、庚戌、辛巳、辛亥、甲子、甲午、乙丑、乙未	夕（暮市）	九喜
木	角	庚申、庚寅、辛酉、辛卯、戊辰、戊戌、己巳、己亥、壬午、壬子、癸未、癸丑	市日（日失、餔时）	七喜

① 湖北省文物考古研究所、随州市考古队编：《随州孔家坡汉墓简牍》，文物出版社 2006 年版，第 146 页。

② 陆平：《试释孔家坡汉简〈日书〉之"繘"、"禹"、"女过"》，简帛网，2007 年 8 月 25 日。

③ 丁山：《中国古代宗教与神话考》，龙门联合书局 1961 年版，第 242 页。

④ 湖北省文物考古研究所、随州市考古队编：《随州孔家坡汉墓简牍》，文物出版社 2006 年版，第 146 页。

续表

五行	纳音	干支	时辰	喜数
水	羽	甲申、甲寅，乙酉、乙卯，壬辰、壬戌，癸巳、癸亥，丙午、丙子，丁未、丁丑	日中	五喜
火	徵	丙申、丙寅，丁酉、丁卯，甲辰、甲戌，乙巳、乙亥，戊午、戊子，己未、己丑	暮食	三喜
土	宫	戊寅、戊申，己酉、己卯，丙辰、丙戌，丁巳、丁亥，庚午、庚子，辛未、辛丑	平旦	二喜

表 3-1 中干支是按五纳音安排的，部分简文有脱误，均已补齐校正。日书中的五音与五行的关系有多种说法，表中暂按传统说法处理。时辰一栏各简有异说，一并列入。饶宗颐先生认为所谓"喜数"与五行配数有关。① 香港藏简 32 号："金胜木，可东。壬癸□□□□，夕行，九悫。"放乙简亦写作"悫"，字与"喜"通假。九喜在表 3-1 中于五行纳音属金，香港简说金胜木，意或指此。陈松长先生据此以为"喜数'九'确与五行中的'金'有关"②。五行配数，金的确配数字九，但其他五行配数却无一相合，刘乐贤先生认为"禹须臾"篇所列的喜数似乎还不可能有圆满的解释③。态度比较谨慎。

放甲简 42 壹-72 壹有一篇自题为"禹须臾行日"，用 30 支简依次逐日写明每天旦、日中、昏、中夜四个时辰出行的方位吉凶，放乙相同，均无篇题。孔家坡简 159 壹-167 壹是将放马滩秦简中逐日出行方位吉凶中的一

---

① 饶宗颐：《秦简中的五行说与纳音说》，收入饶宗颐、曾宪通：《楚地出土文献三种研究》，中华书局 1993 年版，第 464~466 页。

② 陈松长编著：《香港中文大学文物馆藏简牍》，香港中文大学文物馆藏品专刊之七，香港中文大学文物馆，2001 年，第 25 页。

③ 刘乐贤：《睡虎地秦简日书研究》，台湾文津出版社 1994 年版，第 165~171 页。

些完全相同的日子合并而成，可视为孔家坡简"禹须臾行日"列表如下（见表 3-2）：

表 3-2　禹须臾行日表

时日	旦	日中	昏	中夜
1~3	西	北	东	南
4	西	南	北	东
5~10	南	西	北	东
11~18	东	南	西	北
19~25	北	东	南	西
26~30	西	北	东	南

　　孔家坡简 151 壹有所谓"禹穷日"："穷日　禹穷日，入月二日、七日、九日、旬三〖日〗、旬八〖日〗、二旬二日、二旬五日，不可【行】。"以上"禹须臾""禹须臾行日""禹穷日"，连同下文将要叙及的"禹之离日""禹符""禹步"等与出行有关的择日与方术，可知禹是出行有关的最为著名的古史传说人物。日本学者工藤元男据此认为禹为古代被埋没的行神①，但禹在日书中除与出行有关外，还与婚姻嫁娶、分异、见人等活动有关，并不仅限于出行活动。禹在古代通常被看作社神而非行神②。禹在日书中的形象与作用，与其他古帝王圣人，并无本质区别。

　　禹在中国古史上的地位相当独特，在传统官方文献中，禹被看作第一个王朝夏的开创者，尧、舜、禹、汤、文王一系相传的道统影响十分深远。近代以降，以顾颉刚先生为首的"疑古学派"率先发难，怀疑禹的身份的真实

---

　　①　工藤元男：《禹形象的改观与五祀》，徐世虹、郇仲平译，《简帛研究译丛》第 1 辑，湖南人民出版社 1996 年版，第 1~26 页。

　　②　参看刘增贵：《秦简〈日书〉中的出行礼俗与信仰》，台湾《"中研院"历史语言研究所集刊》第 72 本第 3 分，2001 年，第 503~541 页。

性，说禹是一条虫，认为禹有由天神演变为人王的可能，其本相为湮塞洪水、创造大地的社神。① 日书的年代虽晚至战国秦及西汉初年，但禹的形象却毫无古人王气息，而更像是一位天神，且这位天神的形象也不见得如何的崇高与伟大。这种民间的集体记忆，与《尚书》等官方文献所见，的确相当不同。但是，民间记忆虽然有神话的倾向，其基本的史影还是存在的，这个历史的底层便是大禹治水的故事。《史记·夏本纪》说禹治水，"陆行乘车，水行乘船，泥行乘橇，山行乘樏"，其足迹无远弗届。日书中大量的有关出行的择日方术都依托于禹，正是以此为背景。

二、神煞与五行

与出行有关的最重要的神煞是小时(小岁)和大时(太岁)，孔家坡汉简《日书》"时"篇有如下简文：

> 正月，小时居寅，大时【居卯】，不可东徙。111 壹
>
> 二月，小时居卯，大时居子，不可北徙。112 壹
>
> 三月，小时居辰，大时居酉，不可东〈西〉徙。113 壹
>
> 四月，小时、大时并居南方，不可南徙。114 壹
>
> 五月，小时居午，大时居卯，不可东、南徙。115 壹
>
> 〖六月，小时居未，大时居子，不可……徙。〗116 壹
>
> 〖七月，小时、大时并居西方，不可西徙。〗117 壹
>
> 〖八月，小时居酉，大时居午，不可西南〗徙。118 壹
>
> 〖九月，小时居戌，大时居卯，不可……〗徙。119 壹
>
> 〖十月，小时、大时并居北方，不〗可北徙。120 壹

---

① 顾颉刚：《与钱玄同先生论古史书》，顾颉刚编著：《古史辨》第一册中编，上海古籍出版社 1982 年版，第 60 页；顾颉刚、童书业：《鲧禹的传说》，吕思勉、童书业编著：《古史辨》第七册下编，上海古籍出版社 1982 年版，第 142~195 页。

〖十一月，小时居子，大时居酉，〗不可西、北徙。121 壹

〖十二月，小时居丑，大时居午，不可……徙。〗122 壹

大时右行间二，小时左行毋数。正月建寅左行，建所当为冲日，卒，冲前为飘，后为败。是日毋可有为也。114 贰-115 贰

上述文字描述大、小时运行之方位列成表格如下（见表3-3）：

表3-3　大、小时运行干支方位表

月份		一	二	三	四	五	六	七	八	九	十	十一	十二
大时所在	十二辰	卯	子	酉	午	卯	子	酉	午	卯	子	酉	午
	方位	东	北	西	南	东	北	西	南	东	北	西	南
小时所在	十二辰	寅	卯	辰	巳	午	未	申	酉	戌	亥	子	丑
	方位	东	东	东	南	南	南	西	西	西	北	北	北

关于这两个神煞学界已有充分讨论，见于九店楚简77号简"太岁"篇，睡甲简59正壹-63正壹、64正壹-67正壹之"岁"篇，睡乙197-200号简"嫁子刑"篇，孔家坡97-100号简"徙时"篇，以及马王堆帛书《式法》、香港藏简33号、居延新简EPT5·57A等，彼此文字虽互有异同，但都是以太岁神煞占出行。①

上举孔家坡汉简说"正月建寅左行"，是指小时正月以寅日为"建"，"建所当为冲日"，应是指正对着建日为"冲日"，这一点很重要。睡甲简1背：

_____

① 参看胡文辉：《中国早期方术与文献丛考》，中山大学出版社2000年版，第88~134页；晏昌贵：《简帛〈日书〉岁篇合证》，《湖北大学学报》2003年第1期；李天虹：《孔家坡汉简中的"徙时"篇》，《简帛研究　二〇〇二、二〇〇三》，广西师范大学出版社2005年版，第204~208页。

"春三月季庚、辛，夏三月季壬、癸，秋三月季甲、乙，冬三月季丙、丁，此大败日。娶妻，不终；盖屋，燔；行，傅；毋可有为。日冲。"香港藏简61号："乙、丙丁、四废、日冲之日，不可入官，为室，困盖，覆内及行□。"这里的"冲日"和"日冲之日"都与小时（小岁）有关。睡甲简131正："归行凡春三月己丑不可东，夏三月戊辰不可南，秋三月己未不可西，冬三月戊戌不可北。百〔里〕中大凶，二百里外必死。岁忌。"类似的简文在香港藏简11号作"黄神□之"，据我们在前文中所考，这也是以小岁神煞占归行的文字。总之，日书中关于出行神煞可考者只有太岁、小岁，以及由太岁和小岁衍生出来的相关神煞。太岁、小岁不仅是出行的主要神煞，也是动土和其他事项的神煞。由于太岁、小岁在日书中的广泛存在及其重要地位，我们怀疑早期神煞系统是以岁神煞为基础构建起来的。

日书中另有一些专门为出行准备的时日规定，这一类时日禁忌在后世选择通书中也被称为神煞，但在解释系统上，似更符合五行学说。为了与前面所谈的岁神煞相区别，我们不妨将这种纯粹因五行学说推导的时日禁忌称为"五行神煞"。在讨论五行神煞之前，先来谈谈五行学说与出行的关系。

日书中有直接利用五行占出行的例子，孔家坡汉简《日书》云：

五胜：东方木，金胜木。锻铁长三寸，操，东。南方火，水胜火。以簸盛 105 【水】，操，南。【北方】水，土胜水。操土，北，裹以布。西方金，火胜金。操炭长三寸，以西，缠以布。欲有 106 所之，行操此物不以时。残 24+107

简文标题为"五胜"，是五行相胜相克的关系。除了抽象的五行方位及五行相克之外，每种"行"还有具体实物作代表，比如：铁代表"金"，炭代表"火"。简文"北方水，土胜水"，这里的水、土是指五行之水、土；而"操土北裹以布"之土则是真实的土，其他例子可类推。简文有残缺，但大意是清楚的。以西方为例，简文大概是说，西方在五行中属金，按五行相克原理，火克金，炭可以代表五行之火，所往西方出行时，只要操三寸炭，用布包裹，即便时日不吉利，也不会有问题。类似的说法见于周家台363号简：

> 有行而急，不得须良日，东行越木，南行越火，西行越金，北行越水，毋须良日可也。

比照上简，可知"东行越木"云云，即是说往某方行，只要操某方相克之物即可。但周家台更强调的"有行而急"，是一种权宜的应变措施。这是符合情理的，否则大家都"操物而行"，不去看出行良日，日书就没有市场了。

日书中有些时日安排只能用五行学说解释的，比如放乙216-219号简："甲乙毋东行，丙丁毋南行，戊己毋作土功，庚辛毋西行，壬癸毋北行。"五行干支搭配，东方甲乙，南方丙丁，中央戊己，西方庚辛，北方壬癸，五行干支所在之方均不可行，唯中央不能行代之以"毋作土功"，此亦戊己于五行属土之故。放乙245号简云："凡为行者，毋起其向之忌日，西毋起亥未，东毋起丑巳，北毋起戌寅，南毋起辰申。"睡乙142号称此为"行忌"，简文有残缺，刘信芳、刘增贵、刘乐贤诸先生均有补作，所补与放乙完全相同。①所谓"其向之忌日"，应指对冲方位，其中的干支是按五行三合局安排的，如酉巳丑三合金局，属西方，巳、丑与亥、未为对冲，则亥、未为西方所"向之忌日"，不可以西行。以下可类推。

日书中的"五行神煞"有时候涉及比较复杂的五行学说，放乙26、265号简："入月正月壬，二月癸，三月戊，四月甲，五月乙，六月戊，七月丙，八月丁，九月己，十月庚，十一月辛，十二月己，此日行卅里遇言语，百里遇兵，邦君必或死之。"这一规定实为"刍日"，睡甲136-138号简有如下内容："四月甲刍，五月乙刍，七月丙刍，八月丁刍，九月己刍，十月庚刍，

---

① 刘信芳：《〈日书〉四方四维与五行浅说》，《考古与文物》1993年第2期；刘增贵：《秦简〈日书〉中的出行礼俗与信仰》，台湾《"中研院"历史语言研究所集刊》第72本第3分，2001年；刘乐贤：《简帛数术文献探论（增订版）》，中国人民大学出版社2012年版，第87页。

十一月辛臽，十二月己臽。正月壬臽，二月癸臽，三月戊臽，六月戊臽。凡臽日，可以娶妇、嫁女，不可以行，百事凶。"这是一个涉及娶妇嫁女和出行的凶日，类似的规定亦见于睡乙简 88 贰-99 叁。刘信芳先生说，正月壬臽、二月癸臽者，是因为正、二月为春季，"壬癸"于日中代表冬季，冬季已过，故壬癸为臽，臽即陷。其余可类推。值得重视的是，"三月戊臽""六月戊臽""九月己臽""十二月己臽"，戊己为中土日干，古人以中土方无定位，寄在四维，说明先秦已有土居四维的思想。三月末当春夏之交，六月末当夏秋之交，九月末当秋冬之交，十二月末当冬春之交，于方位正当四维。① 刘增贵先生则另作解释，他认为臽日的意思是：春天当为甲乙，木气已发，而日干却为上一季之壬癸冬水，故正月、二月以壬癸为臽，与地之陷相当。② 按五行学说，干支与干支之间，往往存在多种关系，在五行系统中，有时间季节、空间方位以及配数、配物等多重搭配，相同的时日干支，可以有多种解释，很难取得一致的认识。在利用五行学说解释择日禁忌时，判断的标准往往只能是"好"或"不好"，而不是"对"与"错"。

阴阳的观念在日书中较少记载。但尹湾汉墓所出《行道吉凶》，却有明显的阴阳观念。该占术将六十甲子列为一表，将十天干中的甲、丙、丁、戊、庚、壬、癸，定为二阳，余则为二阴；又将十二地支中的子、丑、寅、午、未、酉、戌，定为一阳，余则为一阴。将干支纪日中的天干地支相加，即可得出其阴阳数，如："甲子三阳西门，戌三阳北门，申二阳一阴北门，午三阳东门，辰二阳一阴南门，寅三阳南门。"文中的"戌"指甲戌，承前省略，余类同。甲为二阳，子为一阳，故甲子为三阳，余可类推。门的规定是：逢子、巳、未宜出西门，丑、午、亥宜出东门，寅、辰、酉宜出南门，卯、申、戌宜出北门。阴阳数与门配合，以占出行吉凶。如："行得三阳，又得其门，百事皆成，不辟执、臽之日。"按"执日"为建除十二直日之一，臽日

① 刘信芳：《〈日书〉四方四维与五行浅说》，《考古与文物》1993 年第 2 期。
② 刘增贵：《秦简〈日书〉中的出行礼俗与信仰》，台湾《"中研院"历史语言研究所集刊》第 72 本第 3 分，2001 年。

亦见于睡虎地秦简《日书》，二者皆为出行忌日。但按《行道吉凶》所说，出行逢遇"三阳"日，"又得其门"，则无须避开这些出行忌日。①

日书中有些出行的神煞在后世一直沿用，睡甲简109背-110背："正月乙丑，二月丙寅，三月甲子，四月乙丑，五月丙寅，六月甲子，七月乙丑，八月丙寅，九月甲子，十月乙丑，十一月丙寅，十二月甲子，以行，从远行归，是谓出亡归死之日也。"刘乐贤先生认为，将各月的天干去掉，就成为正、四、十、七月丑，二、五、八、十一月寅，三、六、九、十二月子，此即归忌，《后汉书·郭陈传》："还触归忌，则寄宿乡亭。"李贤注引《阴阳书历法》："归忌日，四孟在丑，四仲在寅，四仲在子，其日不可远行、归家及徙也。"②居延新简EPT65·22："归死：丑癸寅子、丑寅子、丑寅子、丑寅子。""归死"即归忌③，简文衍"癸"字。《协纪辨方书》卷六《义例四》"归忌"条引曹震圭曰："子者一阳，丑乃二阳，寅乃三阳。盖此三辰阳气始盛，主动于外，不可反归于内也。"复引《星历考原》曰："孟月忌丑，仲月忌寅，季月忌子者，皆忌退后一辰，所谓归忌也。如子为仲，丑为季，寅为孟，故孟月忌退归于季，仲月忌退归于孟，季月忌退归于仲也。"《协纪辨方书》的作者一方面申述曹震圭之说："盖子一阳也，丑二阳也，寅三阳也，阳主进阴主退，今丑退于子，寅退于丑，卯退于寅，是逆阳之道也，故为归忌。"另一方面又创新说："子、丑、寅为支辰之始，子，旺之始也；丑，墓之始也；寅，生之始也。寅、申、巳、亥，四生之月，归忌在丑，

---

①　连云港市博物馆等：《尹湾汉墓简牍》，中华书局1997年版，图版第69~70页，释文第146~147页。参看刘乐贤：《尹湾汉简〈行道吉凶〉初探》，原刊《中国史研究》1997年第4期，收入连云港市博物馆等编：《尹湾汉墓简牍综论》，科学出版社1999年版，第183~186页；又见氏著《简帛数术文献探论(增订版)》，中国人民大学出版社2012年版，第123~128页。黄一农：《从尹湾汉墓简牍看中国社会的择日传统》，原刊台湾《"中研院"历史语言研究所集刊》第70本第3分，1999年，收入氏著《社会天文学史十讲》，复旦大学出版社2004年版，第122~166页。

②　刘乐贤：《睡虎地秦简〈日书〉中的"往亡"与"归忌"》，《简帛研究》第2辑，法律出版社1996年版，第116~124页。

③　刘昭瑞：《居延新出汉简所见数术考释》，收入氏著《考古发现与早期道教研究》，文物出版社2007年版，第389页。

是忌生之退归于墓也；卯、午、酉、子，四旺之月，归忌在寅，是忌旺之退归于生也；辰、未、戌、丑，四墓之月，归忌在子，是忌墓之退归于旺也。故其日忌远回、移徙。"①真可谓治丝而棼，愈说愈繁。神煞的五行解释往往如是。

日书出行神煞流传后世，往往有形同实异，发生变化的情形，兹以"往亡"日为例，略加探讨。"往亡"最早见于战国楚的九店《日书》中，复见于睡甲简133正、107背-108背，均无篇题；睡乙149-150号简题作"亡日"，睡乙151-152号简自题"亡者"；孔家坡简152壹-153壹亦自题为"亡日"。水泉子汉简《日书》有一枚残简，记有："……十日，廿日，卅日。不可远行。往，亡；归，死。壬戌、癸亥、庚午不可到家。"②简文上部所记，即为十月、十一月、十二月的往亡日。兹举睡甲简107背、108背如下：

> 正月七日，二月十四日，三月廿一日，四月八日，五月十六日，六月廿四日，七月九日，八月十八日，九月廿七日，十月十日，十一月廿日，十二月卅日，凡是日在行不可以归，在室不可以行，是是大凶。

饶宗颐先生最先将此神煞与后世往亡日联系起来考察，他引熊宗立《鳌头通书》卷七《往亡歌》云："立春后七日，惊蛰十四真。清明一十二，白露十八明。寒露二十七，立春十四灵。大雪二十位，大寒二十沈。"复引《资治通鉴》及胡三省注的有关记载，认为秦简是以每月的第几日来定，而不管节气。可见后代《通书·往亡歌》的数字是远有所承的。③ 刘乐贤先生在饶文的基础上进一步指出，"往亡"的日期数字是按五行学说排列的，其具体关

---

① 允禄：《钦定协纪辨方书》，郑同点校，华龄出版社2009年版，第146~147页。

② 张存良、吴荭：《水泉子汉简初识》，《文物》2009年第10期。原释文"归"字未释出。

③ 饶宗颐：《云梦秦简日书剩义》，收入饶宗颐、曾宪通：《楚地出土文献三种研究》，中华书局1993年版，第453~454页。

系是：

> 正、二、三月五行属木，日数七的五行属火。
>
> 四、五、六月五行属火，日数八的五行属木。
>
> 七、八、九月五行属金，日数九的五行属金。
>
> 十、十一、十二月的五行属水，日数十的五行属土。①

其后，刘氏又有后续研究，认为日书"往亡"与后世《通书》"气往亡"虽然在五行运用的原理方面基本一致，但二者之间实有区别，后世"气往亡"是东汉以后根据神煞运行的月份定历法的"星命月"出现的结果。②

事实上，在中古时期的敦煌具注历日中，以朔日为起始点的日书"朔往亡"和以节气为起算点的"气往亡"同时并存，情形还比较复杂。以下便是我们对邓文宽先生《敦煌天文历法文献辑校》（以下简称《辑校》）所收录的具注历日中往亡日分布情形的研究结果。

《辑校》共收录历法类文献45件，可以考知年代的有38件，未知年代7件，其中"历日残片"实由11件残片组成，《辑校》当作1件，所以实际的历法文献应在45件以上。在已知年代历日中，最早的是北魏太武帝太平真君十一年（450年），最晚的是宋太宗淳化四年（993年）。"往亡"注历日除1件年次未明外，全都出在可考知年代的文书中，共约29件，年代最早的是唐宪宗元和四年（809年），最晚的出自宋淳化四年。在未注明"往亡"的历日中，有的或是出于编写体例而省略，如"北魏太平真君十一年历日"；有的当是由于残阙过甚而遗漏，如"唐大和三年己酉岁具注历日（伯2797背）"。所以，"往亡"应是敦煌具注历日中非常常见的一项历注内容。从"往亡"的时日分布特点看，29件历日文书约可分为4种类型，为了称引的方便，

---

① 刘乐贤：《睡虎地秦简日书研究》，台湾文津出版社1994年版，第286页。

② 刘乐贤：《睡虎地秦简〈日书〉中的"往亡"与"归忌"》，《简帛研究》第2辑，法律出版社1996年版，第116~124页；《简帛数术文献探论（增订版）》，中国人民大学出版社2012年版，第212~224页。

分别命名为 A、B、C、D 型，其中 D 型包括"后唐同光二年（924 年）具注历日并序（斯 2404）"、"后周显德六年（959 年）具注历日并序（伯 2623）"和"年次未详历日序（伯 3054）"，这 3 件残存的历日极少或者没有历日，但在《序》中有"往亡日"的记载①。往亡日的具体分布情形不明。以下分别讨论其他三型。

A 型。属于此类的大约有 16 件，即：唐光启四年戊申岁（888 年）具注历日（伯 3492）、唐大顺二年辛亥岁（891 年）具注历日（伯 2823 背）、唐景福二年癸丑岁（893 年）具注历日（伯 4996+伯 3476）、唐乾宁二年乙卯岁（895 年）具注历日（伯 4627+伯 4645+伯 548）、唐乾宁四年丁巳岁（897 年）具注历日（共二件，罗 4、伯 3248）、唐光化三年庚申岁（900 年）具注历日（伯 2973A）、后梁贞明九年癸未岁（923 年）具注历日（伯 355B-14）、后唐长兴四年癸巳岁（933 年）具注历日一卷并序（北图新 0836）、后晋天福四年己亥岁（939 年）具注历日（伯 2591）、后晋天福九年甲辰岁（944 年）具注历日（伯 2591）、后晋天福十年乙巳岁（945 年）具注历日（斯 0681 背）、后周显德三年丙辰岁（956 年）具注历日并序（斯 0095）、宋太平兴国七年壬午岁（982 年）具注历日并序（斯 1473+斯 1427 背）、宋雍熙三年丙子岁（986 年）具注历日并序（伯 3403）、宋淳化四年癸巳岁（993 年）具注历日（伯 3507）。其中"淳化四年具注历日"采用文字说明形式，如正月小，六日立春正月节，"十二日往亡"；二月大，七日惊蛰二月节，"廿日往亡"。② 除此之外，大多采用分栏形式，少则三栏，多则五栏（多出日游神和人神日）。以三栏为例，上栏书蜜日注、日序及干支、五行纳音和建除十二客，中栏书节气、物候及朔、望等，下栏书神煞及诸事吉凶。"往亡"绝大多数位于中间一栏。关于往亡日之分布，我们以首尾完具的"宋雍熙三年丙子岁（986 年）

---

① 分见邓文宽：《敦煌天文历法文献辑校》，江苏古籍出版社 1996 年版，第 379、509、668 页。

② 邓文宽：《敦煌天文历法文献辑校》，江苏古籍出版社 1996 年版，第 664～665 页。

具注历日并序(伯3403)"①为例，列表如下(见表3-4)：

表3-4　宋雍熙三年丙子岁(986年)具注历日往亡表

节　气	往　亡	节　气	往　亡
正月十九日戊子惊蛰	二月三日辛丑	七月廿五日辛卯白露	八月十二日戊申
二月廿一日己未清明	三月十一日己卯	八月廿六日壬戌寒露	九月廿三日戊子
三月廿一日己丑立夏	三月廿八丙申	九月廿七日壬辰立冬	十月六日辛丑
四月廿二日庚申芒种	五月八日乙亥	十月十七日壬戌大雪	十一月十七日辛巳
五月廿三日庚寅小暑	六月十七日癸丑	十一月廿九日癸亥小寒	十二月廿九日壬戌
六月廿五日辛酉立秋	七月三日己巳	十二月卅日癸亥立春	

此型往亡日的分布，是以立春、立夏、立秋、立冬四个节气为起始点，以7、8、9、10天为周期分布的，如下所示：

立春7日　　　　立夏8日　　　　立秋9日　　　　立冬10日

惊蛰7×2=14日　芒种8×2=16日　白露9×2=18日　大雪10×2=20日

清明7×3=21日　小暑8×3=24日　寒露9×3=27日　小雪10×3=30日

此即明清通书广泛见于记载的"气往亡"。表3-4中十二月三十日癸亥立春为正月节，按规定往亡日应在次年正月六日，已逸出本年历谱之外。邓文宽先生说："敦煌具注历日多与此合"②，这一判断应该是正确的。

B型。共5件。此型似仍以节气为起始点，但算法与A型不同，且多阙误，故另立一型。(1)"唐元和四年乙丑岁(809年)具注历日(伯3900背)"，

---

① 邓文宽：《敦煌天文历法文献辑校》，江苏古籍出版社1996年版，第588~649页。

② 邓文宽：《敦煌天文历法文献辑校》，江苏古籍出版社1996年版，第193页。

残存四月十一日至六月六日。四月十三日庚申立夏，二十一日戊辰往亡。按：本条从立夏后一日起算，与 A 型从立夏日起算不同，若按 A 型算法，当是二十日丁卯往亡。又，闰四月十四日庚寅芒种，按本历体例，应于五月一日丙午注"往亡"，今所见无，当系脱漏。(2)"唐长庆元年辛丑岁(821 年)具注历日(伯 2583 末)"，残存二月二十八日至四月一日。三月十九日乙卯往亡，立夏在三月二十八日，若按 A 型计算，清明节当在二月二十八日乙未，但残历于此无注，故仍按 B 型推算。(3)"唐大和八年甲寅岁(834 年)具注历日(伯 2765)"，残存正月一日至四月七日。正月十九日庚午往亡；二十日辛未惊蛰，二月二十一日壬寅清明，三月十二日癸亥往亡，三月二十一日壬申立夏，二十九庚辰往亡。(4)"唐大中十二年戊寅岁(858 年)具注历日(斯 1439 背)"，残存正月一日至五月二十四日。正月十四日丁未立春，二十一日甲寅往亡；闰正月十三日丙子往亡；十五日戊寅惊蛰，二月十七日己酉清明，三月七日己巳往亡；三月十七日己卯立夏，二十六日戊子往亡；按本历体例当注于二十五日丁亥，此系误书。四月十八日己酉芒种，五月十九日庚辰小暑。(5)"唐咸通五年甲申岁(864 年)具注历日(伯 3284 背)"，残存正月一日至五月二十一日。正月十九日丙午往亡；二十日丁未惊蛰，二月二十一日戊寅清明，三月十三日己亥往亡；二十二日戊申立夏，三十日丙辰下部残断不明；四月二十三日己卯芒种，五月十日乙未往亡。

由于上述 5 历均残阙不全，我们还无法确切知道往亡日的分布规律。由上述可以推知：往亡日似仍以节气为起始点，但不以节气当日起算，而是以节气的次日起算。日本学者村山修一所编《阴阳道基础史料集成》中有关"往亡日"规定，除以每月节气起算外，另有一句"但有没日者加一日为往亡"[1]。其中的"加一日为往亡"与本型相符，但由于敦煌历日多残缺，是否与日本阴阳文献所记完全相合，尚有待进一步研究。

C 型。共 3 件，分别是"唐天复五年乙丑岁(905 年)具注历日(伯 2506

---

[1]　转引自刘乐贤：《睡虎地秦简〈日书〉中的"往亡"与"归忌"》，《简帛研究》第 2 辑，法律出版社 1996 年版，第 116~124 页。

背)"、"后梁贞明八年壬午岁(922年)具注历日一卷并序(伯3555背)"和"后唐同光四年丙戌岁(926年)具注历日一卷并序(伯3247背+罗1)"。我们以"后唐同光四年历日"为例①，本历闰正月，首尾完具。往亡日见于正月七日乙未、二月十四日庚子、三月廿一日丁丑，四月八日癸巳、五月十六日辛未、六月廿四日戊申，七月九日壬戌、八月十八日辛丑、九月廿七日己卯，十月十日壬辰、十一月廿日壬申、十二月卅日辛亥。其分布周期与A型相同，但起始点不是节气而是月朔，如下所示：

正月7日　　　　四月8日　　　　七月9日　　　　十月10日
二月7×2＝14日　五月8×2＝16日　八月9×2＝18日　十一月10×2＝20日
三月7×3＝21日　六月8×3＝24日　九月9×3＝27日　十二月10×3＝30日

邓文宽先生说："往亡日期从十二节气起往后数若干日，如立春后七日，惊蛰后十四日等等，详参本书附录八《气往亡表》。本历无一日相合者，细审本历气往亡安排，未从节气之日起计算日数，而是从历日每月一日起计算日数，故无一相合。盖因制历者未明了气往亡安排规律所致。今一概照录，存其旧观。"②由于月朔位于每月之首，而节气往往在每月之中，从而导致往亡日的周期虽同，但推算出来的结果却"无一相合"，但这可能并不是"制历者未明了气往亡安排规律所致"，而是见于日书中的"亡日"或"亡者"，亦即我们所说的"朔往亡"。

由上述讨论可知，以朔日为起始点的"朔往亡"可以追溯到战国中晚期，有相当悠久的历史。大约东汉时期，新出现一种以每月节气为起算点的"气往亡"，明清时期的选择通书记载的多是这种"气往亡"，史书记载的"往亡"日，可考者亦多"气往亡"，如《资治通鉴》卷115"(晋)安帝义熙六年(410

① 邓文宽：《敦煌天文历法文献辑校》，江苏古籍出版社1996年版，第387~417页。

② 邓文宽：《敦煌天文历法文献辑校》，江苏古籍出版社1996年版，第419~420页。

年)"条："二月癸未朔。……丁亥，刘裕悉众攻城。或曰：'今日往亡，不利行师'。"胡三省注："历书：'二月以惊蛰后十四日为往亡'。"《资治通鉴》卷 240"(唐)宪宗元和十二年(817 年)"条："(九月)甲寅，李愬将攻吴房，诸将曰：'今日往亡'。"胡注："阴阳家之说，八月以白露后十八日为往亡，九月以寒露后二十七日为往亡。"敦煌具注历日中，亦以"气往亡"为多，但其中仍保留有早期"朔往亡"的记录，年代最晚为后唐同光四年，公元 926年。"往亡"日的变化只是选择术中神煞变化具体而微的一个例子，通过上述考察，可以看到神煞在不同历史时期的复杂变化。

三、图画及其他

日书中有些时日安排是根据图形、图画推算出来。图文结合是日书文本的一个显著特征。这里举几种与出行有关图和配图文字，加以说明。

周家台 131 号简第叁栏写绘一幅图，图下配以说明文字：

此所谓戎磨〈曆〉日也。从朔日始数之，画当一日。直一者，大彻；直周者，小彻；直周中三画者，穷。

入月一日、七日、十三日、十九日、廿五日，大彻。入月二日、六日、八日、十二日、十四日、十八日、廿日、廿四日、廿六日、卅日，小彻。入月三日、四日、五日、九日、十日、十一日、十五日、十六日、十七日、廿一日、廿二日、廿三、廿七日、廿八日、廿九日，穷日。

凡大彻之日，利以远行、绝边境、攻击，亡人不得，利以举大事。凡小彻之日，利以行作、为好事。娶妇、嫁女，吉。是谓小彻，利以羁谋。凡穷日，不利有为也。亡人，得。是谓三闭。

上述简文第一段是讲从图推导日子的方法：整个图形由 5 个单元组成，

每单元由一横画和一个方框组成，方框内有三横画，上下二横画，连同单独的一横画，共6画，"画当一日"，整个图幅就有三十日（5×6），恰好当一月的天数。具体方法是：从每月朔日开始，从上往下数，数到单独的一横画，就叫"大彻"（直一者大彻）；数到方框的上下两画，就叫"小彻"（直周者小彻）；数到方框内中的三画，就叫"穷日"（直周中三画者穷）。简文第二段为数出来的结果，第三段则为大彻日、小彻日、穷日的占卜事项及后果。① 其法至为简单、浅显。后世选择通书亦用其法，如《玉匣记》有一种"安葬日周堂图"，图作圆形，内写：父、男、孙、亡人、女、母、妇、客，图下文字说："其图只论月份大小，不论节气。大月初一，从父向男顺数；小月初一，从母向女逆数。一日一位，数值'亡人'则吉，如值人，则出外少避，惟停丧在外则不论。"②

日书图形文字也有比较难懂的，睡甲和孔家坡汉简《日书》都有一种"艮山图"，见图3-2：

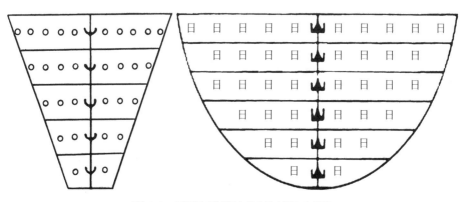

图3-2　睡甲与孔家坡的"艮（根）山"图

---

①　参看夏德安：《周家台的数术书》，《简帛》第2辑，上海古籍出版社2007年版，第397～407页。

②　《增补万全玉匣记》，中国文联出版社2005年版，第112页。

左边的睡甲"艮山"图作倒梯形，一垂直的竖线从中间将图一分为二，每边从下往上依次为 1~5 个圆圈，两边合计共 30 个圆圈。右边的孔家坡"根山"图为半椭圆形，用"日"字形代替睡甲中的圆圈，但多出一个 4"日"栏，我们以为孔家坡误衍一栏。相同的图形亦见于周家寨汉简《日书》，但在第四栏最左边的"日"字旁另写一个小"日"，学者以为这是删除符号，表示该栏为误衍。①

图下配文字讲"禹之离日"以占吉凶，二种日书基本相同，兹举睡甲 47 正叁-53 正叁号简一段文字如下：

> 此所谓艮山，禹之离日也。从上右方数朔之初，日及支各一日，数之而复从上数。日与支刺艮山之谓离日。离日不可以嫁女、娶妇及入人民、畜牲，唯利以分异。离日不可以行，行不返。

如何才能读懂这幅图配文字，换言之，我们如何从图和配图文字中推算出"禹之离日"的具体日子呢？李学勤先生说："从上右方数"，即自图右上角的圆圈数起，数的次序是由上而下，向左转行，和汉字的情形相同。"朔"是月初，"朔之初日及支各一日"，是说从月初数起，每日以及"支"各占一个圆圈。"支"当为"反支"的简称。刺，应为"夹"字之误。与"反支"夹艮山的日子便是"离日"，也就是说和"反支"日紧贴在《艮山图》中绕两侧的日子是"离日"。每月的"离日"只能在十一日到十二日之间，少则一日，多则二日。② 刘乐贤先生同意李先生的意见，并且在元光元年历谱中找到反支简称为"子"的例子。但他认为睡虎地秦简《日书》一月只有 3 个反支日，由此推

---

① 王强：《出土战国秦汉选择数术文献神煞研究——以日书为中心》，吉林大学博士学位论文，2018 年，第 184 页；陈伟：《秦汉日书〈艮山〉补说》，湖北省博物馆、湖北省文物研究所等：《湖北出土简帛日书国际学术研讨会论文、摘要合编》，武汉，2018 年11 月，第 84 页。

② 李学勤：《〈日书〉中的〈艮山图〉》，收入氏著《简帛佚籍与学术史》，江西教育出版社 2001 年版，第 145~150 页。

导出来的离日每月只有 1 个。① 陈伟先生不同意上述意见，他将简文读作："从上右方数朔之初，日及支各一日数之。而复从上数。日与支刺〈夹〉，艮山之谓离日。""方"读为"旁"，"方数"即"旁行计数"，亦即古书所说的"旁行"或"傍行"。"朔"是指一年的历法体系，"朔之初"也就是一年中的第一天。"日"指图中的圆圈，"支"应该是指图中各行中间的垂线以及由之生出的犄角形弧线，共有 5 个。"艮山"应与上文读断，"艮"有限的意思。艮山，即限于山。在简书具体所指，应是"与支夹"的"日"，也就是说，位于中垂直线两侧的日辰是所谓"离日"。其占断方法是：每年从开始的那天起算，在图中最上一行自右至左，每天移动一"日"（即圆圈）或"支"；在上一行数完后，转到其下一行再从右而左计数；当底行数完后，再回到最上一行重新计数。在"支"之两旁的日辰，就是所谓"离日"。② 我们认为：在简文的总体读法上，将简文从右至左读，读完一行（栏），再从第二行的右边读起，直至终了。此即孔家坡简所谓"数从上右方数朔初"，"尽，复道上右方数"。亦即古书中所谓的"旁行邪（斜）上"。"朔之初"或"朔初"是指月初。简文中的"日及支"分别指天干和地支。按照这种方法从"朔之初"开始数起，即可得出"离日"为：每月（入月）的 3 日、11 日、15 日、18 日、26 日、30 日。大月 6 个离日，小月 5 个离日。孔家坡简公布后，陈炫玮、森和均有意见发表，但基本上都同于李、刘二氏之说。③ 今按：放马滩秦简的离日是这样说的："丙寅、甲戌、戊寅、辛丑、己丑、癸巳、丙申、甲辰、戊申、辛亥、己未、癸亥，是谓离日，不可入官。"④12 个离日中有 11 个与我们的方案完全一致，只有"辛丑"，方案三作"辛巳"，查看原图版，"丑"字不误，则可

① 刘乐贤：《睡虎地秦简日书研究》，台湾文津出版社 1994 年版，第 96 页。

② 陈伟：《睡虎地日书〈艮山〉试读》，（日本）《中国出土资料研究》第 6 号，2002 年，第 145~149 页。

③ 陈炫玮：《孔家坡汉简日书研究》，台湾"清华大学"历史研究所硕士学位论文，2007 年，第 106~111 页；森和：《从离日与反支日看〈日书〉的继承关系》，简帛网，2008 年 8 月 22 日。

④ 甘肃省文物考古研究所编：《天水放马滩秦简》，中华书局 2009 年版，图版第 48 页，释文第 103 页。

能是竹简的抄写者涉下文"己丑"而致笔误。①

日书占行有些简配有图，但抄手将图抄漏或原图遗失了，如睡甲简132正以四门占出行：

> 毋以辛、壬东南行，日之门也。毋以癸、甲西南行，月之门也。毋以乙、丙西北行，星之门也。毋以丁、庚东北行，辰之门也。凡四门之日，行之敫也，以行不吉。

饶宗颐先生说：辛壬是日门，癸甲是月门，乙丙是星门，丁庚是辰门。如果用后天八卦合十干论之，辛壬在西北方位，属乾；癸甲在东北方位，属艮；乙丙在东南方位，属巽；丁庚在西南方位，属坤，是居四维，即秦简之四门。东南为辛壬(西北)之冲，西南为癸甲(东北)之冲，西北为乙丙之冲，东北为丁庚之冲，故"以行不吉"。② 刘乐贤先生则说："毋以辛壬东南行，日之门也"，应理解为东南维(与辛壬相对)为日之门，还是要理解为辛壬之间(西北角)为日之门呢，显然还是一个有待继续探讨的问题。③《管子·四时》云："东方曰星，其时曰春，其气曰风，风生木与骨。南方曰日……西方曰辰……北方曰月……"日书四门或许与式图有关。

睡甲136正壹-139正叁号简分栏书写十二支占行：

> 子，旦，北吉。日中，南得。
>
> 丑，旦，北吉。东必得。
>
> 【寅，西】得，东凶，北毋行。
>
> 【卯，南】吉，西得，北凶，东见疾不死，吉。

---

① 晏昌贵：《对〈日书〉"艮山"图的一个简单解读》，简帛网，2008年3月25日；《日书"艮山·离日"之试解》，《周易研究》2014年第1期。

② 饶宗颐：《云梦秦简日书剩义》，收入饶宗颐、曾宪通：《楚地出土文献三种研究》，中华书局1993年版，第446~447页。

③ 刘乐贤：《睡虎地秦简日书研究》，台湾文津出版社1994年版，第158、160页。

辰，北吉，南得，东、西凶，毋行。

巳，南吉，西得，北凶，东见疾死。

午，北吉，东得，南凶，西不返。

未，东吉，北得，西凶，南毋行。

申，西、南吉，北凶。

酉，西、南吉，东凶。

戌，东、南、西吉，南凶。

毋以亥行。

其中子、丑二条的行文方式与前举"禹须臾行日"相似，都有旦、日中纪时占方位吉凶，只不过"禹须臾行日"是以序数纪日，此处是以干支纪日。末条亥日与其他诸条不类，或别有来源；从寅至戌日条又是一种形式，此种形式的占文又见于放乙101贰-102叁号简：

子，西凶，北得，东吉，南凶。

丑，西凶，东、北吉，南得。

寅，西凶，北得，东、南逢言。

卯，西、东吉，南得，北凶。

辰，西毋行，北凶，南得，东吉。

巳，西凶，南吉，北得，东见疾人。

午，西见言，南凶，北得，东毋行。

未，西、南吉，东得，北凶。

申，西吉，东、北得，南凶。

酉，西吉，北凶，东少可，南逢言。

戌，西、北见兵，东得，南凶。

亥，西见祠者，东、北吉，南凶。

仔细比较这两种日书，没有一条是完全相同的。额济纳 2002ESCSF1：5A：
"卯，东、南有得，西、北凶。辰，东大吉，南有得，西、北凶。巳，东毋
行，南大吉，西凶，北有得。午，东、北有……"所见亦与睡甲、放乙不同。
王家台则是另一种书写形式：

五子，旦闭夕启。北得，东吉，南凶，西□。393

五丑，旦启夕闭。东、北吉，南得，西毋行。388

五未，旦闭夕启。西、南吉，东得，北凶。347

五亥，旦暮不闭。北吉，东凶。395

其中五子与放乙子日条、五未与放乙未日条相同，其余二条也大致相近，可
见二者关系密切。王家台简中的旦夕启闭一类的条文亦见于九店楚简和睡乙
简中的"十二占出入盗疾"，这两篇的前半部分内容与上举近似，或出于同系
统，兹列表如下（见表3-5）：

表3-5　十二支占出入盗疾

	九　店	睡　乙
子	……吉，南有得。朝闭夕启	东吉，北得，西闻言，南凶。朝启夕闭
丑	……西亡行，北吉，南有得。朝启夕闭	东吉，西无行，北吉，南得。朝启夕闭
寅	……北吉，西亡行，南有得。朝闭夕启	东北吉，西无行，南得。朝闭夕启
卯	……北见疾，西吉，南有得。朝闭夕启	东吉，北见疾，西南得。朝闭夕启
辰	……南有得。朝启夕闭	东吉，北凶，无行，南得。朝启夕闭
巳	……有得，西凶。南见疾。朝闭夕启	东吉，北凶，西凶，南见疾。朝闭夕启
午	……北得，西闻言，南凶。朝闭夕启	东无行，北得，西闻言，南凶。朝闭夕启
未	东吉，有得，北凶，西南吉。朝启夕闭	东得，北凶，西南吉。朝启夕闭

178

续表

	九　店	睡　乙
申	……朝闭夕启	东北得，西吉，南凶。朝闭夕启
酉	……朝启夕闭	东齐，南闻言，西凶。朝启夕闭
戌	东吉……	东得，西见兵，冬之吉，南凶。朝启夕闭
亥	……以入，有得，非予乃引。朝闭夕启	东南得，北吉，西遇□。朝闭夕启

后世选择书《玉匣记》有"出行十二时吉凶方向"，文曰：

子，东、北凶，西、南吉。

丑，东、南凶，西、北吉。

寅，四方吉。

卯，得吉，余凶。

辰，北吉，余凶。

巳，东、北凶，西、南吉。

午，北吉，余凶。

未，西、北吉，东、南凶。

申，北凶，余吉。

酉，四方吉。

戌，西、北吉，东、南凶。

亥，四方吉。①

《玉匣记》以十二支表示十二时辰，出行的方向吉凶判断也非常简单。但这种出行的择日方式，与日书是比较接近的，可见这一类择日术历史相当悠久。

---

① 《增补万全玉匣记》，中国文联出版社 2005 年版，第 94 页。

第三节　出行方术

一、出行祠祀

古代山川阻隔，出行不便。战国、秦及汉初，天下扰攘，旅途多艰。古人对陌生环境和异域的想象，总是充满离奇、迷幻的色彩，想象着行旅途中充满魑魅魍魉、奇物异怪。行道之难，常成为诗人笔下咏叹的主题，张衡《四愁诗》云：

> 一思曰：我所思兮在太山，欲往从之梁父艰，侧身东望涕沾翰。美人赠我金错刀，何以报之英琼瑶。路远莫致倚逍遥，何为怀忧心烦劳。
> 二思曰：我所思兮在桂林，欲往从之湘水深，侧身南望涕沾襟。美人赠我金琅玕，何以报之双玉盘。路远莫致倚惆怅，何为怀忧心烦伤。
> 三思曰：我所思兮在汉阳，欲往从之陇阪长，侧身西望涕沾裳。美人赠我貂襜褕，何以报之明月珠。路远莫致倚踟蹰，何为怀忧心烦纡。
> 四思曰：我所思兮在雁门，欲往从之雪纷纷，侧身北望涕沾巾。美人赠我锦绣段，何以报之青玉案。路远莫致倚增叹，何为怀忧心烦惋。①

诗人描绘旅途的艰辛、心情烦伤，历历如在眼前。为了克服对行旅的畏惧心理，出行择日固然重要，古人还发明一套出行的祷祠仪式和禳解巫术。日书中常有祠行的记录：

> 八月　角，利祠及〖行〗，吉。睡乙96壹

① 《文选》卷二十九《杂诗上》，上海古籍出版社1986年版，第1357~1358页。

亢，祠、为门、行，吉。睡乙97壹

九月　氐，祠及行、出入〖货〗，吉。睡乙98壹

十月　心，不可祠及行，凶。睡乙100壹

牵牛〖，可祠及行，〗【吉】。睡乙104壹

二月　奎，祠及行，吉。睡乙82壹

舆鬼，祠及行，吉。睡乙90壹

上举睡乙二十八宿配日占卜中有关祠行的条文，类似的简文亦见于睡甲和孔家坡。简文多称"利祠及行"，可以理解为祠祀和出行两种行为，也可以理解为祷祀"行"，"行"指行神。九店楚简的记载更为清楚地说明了祭祷"行"的择日方术：

【辰、】巳、午、未、申、酉、戌、亥、子、丑、寅、卯，是谓交日……以祭门、行，飨之。27

巳、午、未、申、酉、戌、亥、子、丑、寅、卯、辰，是谓害日……利以祭门、行，除疾。28

简文中的"祭门、行"，是指祭祷门神和行神。在楚卜筮祭祷简中，除行神外，还有"宫行"，包山210、229号简祭祷对象即为宫行，新蔡葛陵楚简和天星观楚简中都有祭祷"道"神的记录。① 睡甲简72正贰："戊、己有疾，巫堪、行、王母为祟"，此"行"亦泛指行神。孔家坡简350壹："庚、辛，金也，有疾，白色，日中死。……街、行、人炊、兵祟。"孔家坡362号简："……祟门、街。戊戌黄昏有疾死。""街"指街道之神，"行"指行神。睡乙简37贰-38贰："祠行日：甲申，丙申，戊申，壬申，乙亥，吉。龙戊、己。"可见行神有专门的祠祭日。

---

① 参看晏昌贵：《楚卜筮简所见地祇考》，《石泉先生九十诞辰纪念文集》，湖北人民出版社2007年版，第357~359页。

行道之神还有其他称呼，孔家坡简 358 壹："午有疾，三日小閒，七日【大】閒。祷及道鬼、尚行。""道鬼"和"尚行"分别是不同的两个鬼神。在楚卜筮简中，道神与行神区分甚严，道神只见于封君阶层，而行神则较为普遍。① "尚行" 又写作 "常行"，睡乙 143 号简："凡行祠常行，道右、【左】……"睡乙 144 号简："行祠 祠常行，甲辰，甲申，庚申，壬辰，壬申，吉。毋以丙、丁、戊、壬……"睡乙 145 号简另有"大常行"。尚、常古字通假，尚行与常行为一神之异称。《潜夫论·巫列》："若乃巫觋之所独语，小人之所望畏，士公、飞尸、咎魅、北君、衔聚、当路、直符七神，及民间缮治微蔑小禁，本非天王所当惮也。""当路" 或即尚行，亦为行路之神，在汉为民间七小神之一。

《风俗通义》卷 8 引《礼传》："共工氏之子曰脩，好远游，舟车所至，足迹所达，靡不穷览，故祀以为祖神。""祖神" 即道途行旅之神。或以为"祖神"之"祖"当为"徂"，义为跋涉远行②，与义更加切合。《汉书·景十三王传·临江闵王刘荣传》："祖于江陵北门"，颜师古注："昔黄帝之子累祖，好远游而死于道，故后人以为行神也。"行神而有共工氏子脩或黄帝之子累祖之异，此皆不同地区的民间传说，互有异辞。日书祠祭行道之神有酒食，睡乙 145-146 号简载之甚详：

> 行行祠 行祠，东南行，祠道左；西北行，祠道右。其号曰：大常行，合三土皇，耐为四席。席餟其后，亦席三餟。其祝曰："无王事，唯福是司，勉饮食，多投福。"

标题"行行祠"的第一个"行"字当为动词，吴小强先生译作"举行祭祀行

① 晏昌贵：《楚卜筮简所见地祇考》，《石泉先生九十诞辰纪念文集》，湖北人民出版社 2007 年版，第 358 页。

② 詹鄞鑫：《神灵与祭祀——中国传统宗教综论》，江苏古籍出版社 1992 年版，第 439 页。

神的仪式"①，或是。"东南行"从蒲慕州先生释读②，与下文"西北行"相对。按古代地理方位，东、南在左，为阳；西、北在右，为阴。简文中的"道左""道右"可能据此而言。"大常行"即行神；"三土皇"为土地社神，孔家坡简353壹称为"三土君"。"三土皇"是三个"土皇"，为三个神祇，加上行神，一共是四个神，所以下文说"耐为四席"。北京大学藏秦简《祠祝之道》曰："祠道旁：南向二席，席餟；合东向、西向各一席，席三餟。召曰：大尚行主、少尚行主，合三土皇。"③"大尚行"即睡乙大常行，"主"是写有所祀神灵名号的牌位④，包山楚墓曾出土写有"室""灶""门""户""行"五祀的牌位⑤。"少尚行"即小尚行，与大尚行相对，同为行神，或即睡虎地秦简中的"常行"。加上"三土皇"，一共有五个神灵的牌位，所以北大藏秦简《祠祝之道》下文接着有"皆有五餟，餟已祠而燔之"的话。在这个祠祭活动中，行神是主神，"三土皇"则为陪神。祠祭行神还要土地神作陪，大概是出行要扰动地方，希求土地神保佑其旅途平安吧。《西游记》载唐僧师徒远赴西天取经，旅途多艰，但凡路遇妖魔或难解之事，悟空都要惊动本方土地，勘查问询，冀求为之一助。日书祠行神而要"合三土皇"，大概也是出于同样的理由吧。

"餟"是指一种祭祷活动，简文先祭后祝告。总之，简文所记祀祭活动有两种形式，一是以酒食祭祀，一是以言辞祝告。睡乙祝辞中有"毋王事"，《易·坤·六三》："含章可贞，或从王事，无成有终。"《讼·六三》："食旧德，贞厉，终吉，或从王事，无成。""王事"或指国家大事。简文祝告神灵"无王事"，"勉饮食，多投福"，这种民间心态是值得玩味的。

---

① 吴小强：《秦简日书集释》，岳麓书社2000年版，第223页。

② 蒲慕州：《睡虎地秦简〈日书〉的世界》，台湾《"中研院"历史语言研究所集刊》第62本第4分，1993年，第675页。

③ 田天：《北大藏秦简〈祠祝之道〉初探》，《北京大学学报》(哲学社会科学版)2015年第2期。

④ 吕亚虎：《秦汉社会民生信仰研究——以出土简帛文献为中心》，中国社会科学出版社2016年版，第325页。

⑤ 湖北省荆沙铁路考古队：《包山楚墓》下册，文物出版社1991年版，图版四七。

二、出行巫术

祭祀祷祠是以酒食贿赂鬼神以求福佑，是属于软的一手。日书中还另有其他行为方术，睡甲简130正：

> 凡民将行，出其门，毋敢顾，毋止。直术，吉，从道右，吉，从左，咎。小顾是谓小楮，咎；大顾是谓大楮，凶。

简文涉及方术有二，一是旅行途中要走路的中间和右边，不要走左边。"术"为道路中央之意。直术，走道路中央。《礼记·王制》："道路，男子由右，女子由左，车从中央。"即有道路的左、中、右之分。二是"勿顾、勿止"，"止"是停留，出行途中"勿止"，这是当然之事。"顾"是回头看，勿顾大概是促使行人下定决心，不要有所顾恋。"勿顾"还广泛见于其他方术，有更深的历史文化背景。马王堆医书有多处谈到"勿顾"的方术，兹录列如下：

> 令疣者抱禾，令人呼曰："若胡为是?"应曰："吾疣。"置去禾，勿顾。
>
> 以月晦日日下餔时，取块大如鸡卵者，男子七，女子二七。先以块置室后，令南北列，以晦往之块所，禹步三，道南方始，取块言曰："今日月晦，磨疣北。"块一磨□。已磨，置块其处，去，勿顾。
>
> 女子鲜子者产，令它人抱其□，以去□□濯其胞，以新布裹之，为三约以敛之，入□中，令其母自操，入溪谷□□□之三，置去，归，勿顾；即令它人善埋之。①

---

① 分见马王堆汉墓帛书整理小组编：《马王堆汉墓帛书［肆］》，文物出版社1985年版，第39、40、139页。

上举第一、二条为《五十二病方》中的治疣方，第三条为《胎产书》中埋胞衣法。这里讲到的"勿顾"，大概是防止邪祟之事物随人上身之意。《吕氏春秋·本味》记载伊尹氏的传说，涉及洪水故事，亦提及"毋顾"：

> 有侁氏女子采桑，得婴儿于空桑之中，献之其君。其君令烰人养之。察其所以然，曰："其母居伊水之上，孕，梦有神告之曰：'臼出水而东走，毋顾。'明日，视臼出水，告其邻，东走十里而顾，其邑尽为水，身因化为空桑。"故命之曰伊尹，此伊尹生空桑之故也。

此则故事讲到，伊尹之母梦有神告知："臼出水而东走，毋顾。"但其母不听神告，东走十里"而顾"，结果是"身因化为空桑"。可见"顾"的后果相当严重，"毋(勿)顾"有着悠久的历史文化背景。

日书还记载另一种行道途中的简易方术，睡甲简46背叁：

> 人行而鬼当道以立，解发奋以过之，则已矣。

此为睡虎地《日书》"诘"篇中对付鬼魅方术之一种。"解发"即披发。人的头发为魔魅物件，披发则可以驱鬼魅①。或者鬼魅多披发者，披发而奋行，则易蒙混过关耳。②

日书中还有一种名为"禹须臾"的出行方术，广泛见载于睡虎地秦简、放马滩简、额济纳汉简中，兹备列如下：

(1) 禹须臾行，不得择日出邑门。禹步三，向北斗质，画地，祝之

---

① 江绍原：《发须爪——关于它们的迷信》，中华书局2007年版，第56~60、78~83页。

② 在中国传统文化中，披发是蛮夷之俗，《论语·宪问》："微管仲，吾其被发左衽矣。"披发为人的非正常状态，《史记·宋微子世家》载箕子"乃被发佯狂而为奴"。鬼亦披发，《左传》成公十年："晋侯梦大厉，被发及地，搏膺而踊。"

曰："禹有直五横，今利行，行无咎，为禹前除道。"放甲 66 贰-67 贰

（2）禹须臾行，不得择日出邑门。禹步三，向北斗质，画地，祝之曰："禹有直五横，今利行，行无咎，为禹前除道"放乙 165

（3）欲急行出邑。禹步三，呼"皋！"，祝曰："土五光，今日利以行，行毋死。已辟除道，莫敢我当。狱史、壮者皆导道旁。"额济纳 2002ESCSF1：2

（4）【出】邦门，可……行……禹符，左【行，置右】还，曰□□□□右还，曰：行【邦】……令行。投符地，禹步三，曰：皋！敢告……符。上车无顾。睡乙 102 叁-107 贰

（5）行到邦门阃，禹步三，勉壹步，呼："皋！敢告曰：某行无咎，先为禹除道。"即五画地，掫其画中央土而怀之。睡甲 111 背-112 背

（6）即行，之邦门之阃，禹步三，言曰："门左、门右、中央君子，某有行，择道。"讫，乐……印台 3

上举第（1）至（4）条是出门所行的方术，第（5）、（6）条"阃"，指直竖于门的门限。简文是讲从外地回城门即入门的方术。但无论出门还是入门，二者所行方术似乎区别不大。从第（3）条看，此类方术似行之于紧急情况下的权宜之计。第（1）条、第（2）条"禹须臾行"，可能都是指此类状态。敦煌卷子 P.2661V 有类似文字：

凡人欲急【行】，不择日者，出大门，画大地五纵六横，一云四纵五横。禹为治水道，蚩尤避兵。吾周行天下病祸殃，呵吾者死，流吾者亡。急急如律令。讫，骑画上过而去，勿回顾。①

后世选择书《玉匣记》有所谓"出行紧急不暇当作纵横法"，文曰：

---

① 黄永武主编：《敦煌宝藏》第 123 册，台湾新文丰出版公司 1986 年版，第 175 页。

　　出行紧急，不暇【择日】，当作纵横法：正身、齐足、立于门内，叩齿三十六遍，以右手大拇指先画四纵，后画五横。画毕咒曰："四纵五横，吾今出行。禹王卫道，蚩尤避兵。盗贼不得起，虎狼不得侵。行远归故乡，当吾者死，背吾者亡。急急如九天玄女律令。"咒毕便行，慎勿反顾。每出行，将咒念七遍，画地，却以土块压之，自然吉矣。①

　　二者所述，均为紧急情况下所施用。敦煌卷子为出门，《玉匣记》从咒语"行远归故乡"看，似是入门；但正文有"立于门内"以及"每出行"，又似是出门。大概出门和入门所用相同，无所区别吧。

　　上举第（4）条残缺较多，差别较大，暂不讨论。其余四条都涉及以下几点：

　　第一，禹步三。禹步，一种巫术的步法。②《尸子·君治》："禹于是疏河决江，十年未阚其家，手不爪，胫不毛，生偏枯之疾，步不相过，人曰禹步。"后世道书习见，其具体步伐，据《抱朴子·登涉篇》所记，是为："正立，右足在前，左足在后，次复前右足，以左足从右足并，是一步也。次复前右足，次前左足，以右足从左足并，是二步也。次复前右足，以左足从右足并，是三步也。"③或以为"禹步"是古代的一种隐身术。④恐未必是。第（5）条在"禹步三"后接着说"勉壹步"，即向前进一步。大概"禹步"主要在原地循环走三步，所以才有"勉壹步"的说法。古代巫者通过"禹步三"，希望借此获得大禹的庇护或拥有超自然的神力，此后为道教所继承和改造，作为

---

　　① 《增补万全玉匣记》，中国文联出版社 2005 年版，第 96 页。胡文辉所引《玉匣记》首句作："出行紧急不暇择日当作纵横法"，见《中国早期方术与文献丛考》，中山大学出版社 2000 年版，第 150 页。

　　② 睡虎地秦墓竹简整理小组编：《睡虎地秦墓竹简》，文物出版社 1990 年版，第 224 页。

　　③ 王明：《抱朴子内篇校释》，中华书局 1983 年版，第 302~303 页。

　　④ 刘昭瑞：《考古发现与早期道教研究》，文物出版社 2007 年版，第 225 页。

最重要的法术步法而不断强化和累次神化，成为道教仪式、法术体系中的核心动作。①

第二，画地。据《玉匣记》所述，是在地上画四纵五横。第(3)条祝语中的"土五光"当指画地之"五横"。② 从简文的祝告辞看，在地上画四纵五横应是寓意大道纵横、通行无阻。第(5)条画地在祝告后，画完地还要"掫其画中央土而怀之"，掫，拾也。从所画图形的正中央拾取一块土抱于怀中。马王堆帛书《养生方》"疾行"："行欲毋足痛者，南向禹步三，曰：'何水不截，何道不枯，气我□□。'末，即取突墨□□□□□纳履中。"③所记呼告完毕，即将某物纳于履中，与简文怀土用意相同。从《玉匣记》看，"怀土"也许是为了增强此类法术的效力，使之更为灵验吧。

在放马滩秦简《日书》中，"画地"之前还须"向北斗质"，我们以为这是请求北斗为之盟证之意。《楚辞·九叹·远逝》："北斗为我折中兮，太一为余听之。"王逸《章句》："折，一作质。折，正也。言己乃复使北斗为正其中和，太一之神听其善恶也。"洪兴祖《补注》："折中，平也。"④《九叹·逢纷》："指日月使延照兮，抚招摇以质正。"王逸《章句》："招摇，北斗杓星也。斗主建天时。言己上指语日月，使长视己之志，抚北斗之杓柄，使质正我之志，劝告神明以自征验也。"⑤《汉书·息夫躬传》："躬归国，未有第宅，寄居丘亭。奸人以为侯家富，常夜守之。躬邑人河内掾贾惠往过躬，教以祝盗方，以桑东南指枝为匕，画北斗七星其上，躬夜自被发，立中庭，向北

---

① 姜守诚：《放马滩秦简〈日书〉"行不得择日"篇考释》，《鲁东大学学报》(哲学社会科学版)2012年第4期；又见氏著《出土文献与早期道教》，中国社会科学出版社2016年版，第208~254页。

② 刘乐贤：《额济纳汉简数术资料考》，《历史研究》2006年第2期。吕亚虎作"土五(伍)光"，认为"光"是出行仪式实行者的名字，参看《〈额济纳汉简〉所见出行方术浅析》，《殷都学刊》2009年第2期；又见氏著《战国秦汉简帛文献所见巫术研究》，科学出版社2010年版，第149页。

③ 马王堆汉墓帛书整理小组编：《马王堆汉墓帛书[肆]》，文物出版社1985年版，第116页。

④ 洪兴祖：《楚辞补注》，中华书局1983年版，第293页。

⑤ 洪兴祖：《楚辞补注》，中华书局1983年版，第285页。

斗，持匕招指祝盗。"马王堆帛书"太一祝图"所附有关出行仪式的文字正有"北斗为正"之语①，可见此类方术皆向北斗以为质正。

第三，祝告。从简文看，祝告似是这类方术的主体内容。前三条用"祝"，或读为"咒"，古祝、咒不分。第(5)条作"呼"，马王堆帛书《养生方》："行宿，自呼：'大山之阳，天□□□，□□先□，城郭不完，□以金关。'即禹步三，曰以产荆长二寸周画中。"又，"一曰：东向呼：'敢告东君明星，□来敢到画所者，席彼裂瓦，何人?'又即周中"②。呼即祝告。第(6)则称"言"。祝告的内容大同小异，但都有"除道""避道""导道"，大意谓某行人出行无咎，并假借禹之名，命鬼神为之除道，以保障其旅行的安全。值得注意的是，第(6)条明确提到"言（祝告）"的对象为"门左、门右、中央君子"，可见此类方术中的祝告对象，主要还是与道路有关的神灵。

① 裘锡圭主编：《长沙马王堆汉墓简帛集成[陆]》，中华书局2014年版，第103页。

② 马王堆汉墓帛书整理小组编：《马王堆汉墓帛书[肆]》，文物出版社1985年版，第116页。

第四章 官 宦

　　日书何以会出现在战国秦汉时期的中下层地方官吏的墓葬中？这引起了学者对日书与当时吏治关系的兴趣。日本学者工藤元男认为云梦睡虎地秦简《日书》的随葬，是墓主人喜为了了解当时楚国故地的习俗。[①] 余英时先生注意到日书与法律文书同时共出的现象，个中原因，他认为与秦代地方官肩负移风易俗的使命有关，地方官吏往往为大、小文化传统沟通整合之中介。林剑鸣先生也注意到此类现象，他由此推测，秦汉地方官吏大多兼通日书，精通日书者与执法的官吏在秦汉时代往往两者集于一身。[②] 三位学者揭示日书与地方吏治的关系问题，无疑是有意义的。随着日书材料的增多，我们发现一些高等级的墓葬中也出土日书或类似日书的材料，比如安徽阜阳汝阴侯墓、湖南长沙马王堆汉墓，就都出土日书或类似之物。秦及汉初的墓葬中出土的日书及其他简牍材料，可能说明经秦始皇"焚书"令之后，在当时社会上流行的，主要只有日书类卜筮书和法律文书。何况墓主人生前个人喜好不同，也会导致墓葬随葬文书的差别。日书为何会出现在中下级地方官吏的墓中，以及日书与法律文书伴出，其原因是很复杂的。九店楚简《日书》出土后，与之伴出的简牍材料虽然在性质上多有争议，但恐怕主要还是与地方税收有关。[③] 在

---

　　① 工藤元男：《睡虎地秦简所见秦代国家与社会》，广濑薰雄、曹峰译，上海古籍出版社 2010 年版，第 146 页。

　　② 林剑鸣：《秦汉政治生活中的神秘主义》，《历史研究》1991 年第 4 期；《〈日书〉与秦汉时代的吏治》，台湾《新史学》1991 年第 2 卷第 2 期，第 31~51 页。

　　③ 关于九店、马王堆、阜阳等地的《日书》的发现与研究概述，参看本书的"前言"部分。

解释楚国日书的发现时，是否也意味着战国中晚期的楚国地方官吏也承担移风易俗的使命，从而成为沟通大、小文化传统的中介呢？这是需要慎重考虑的。在本章中，我们将主要考察日书所反映的吏治情形，首先比较楚、秦日书在记载吏治方面的异同①，然后讨论日书记述的与吏治相关的诸事项，最后以孔家坡汉简《日书》"天牢"篇为中心，概述日书所见的国家与社会之关系。

第一节　楚吏与秦吏

一、楚吏

九店楚简《日书》在吏道和吏治方面的记载是比较少的。29 号简云："【午、】未、申、酉、戌、亥、子、丑、寅、卯、辰、巳，是谓阴日……以见邦君，不吉，亦无咎。"简文中的"邦君"毫无疑问是楚邦君主，"以见邦君"的主人，可以假定为中央官员或地方官吏。类似的简文亦见睡甲简 6 正贰，简文说："阴日……以见君上，数达，无咎。"陈伟先生引《说文》："达，行不遇也。"段注："今俗说不相遇尚有此言，乃古言也。……训通达者，今言也。"以为"数达"是说多次晋见都不能见到。② 睡虎地本条简文显然是来自楚日书，从下文的介绍可知，下级官吏面见上司在秦汉简牍日书中是很常见的，九店楚简《日书》本条的特异之处在于，面见者为邦君，从日书使用者多为中下层地方官吏情形看，直接面见君上的机会恐怕不会很多吧，简文中不

---

①　汉代日书多承袭秦日书，汉代吏治似亦继承秦代，本书中的"秦吏"亦可涵盖汉吏，不作严格区分。

②　陈伟：《九店楚日书校读及其相关问题》，《人文论丛》1998 年卷，武汉大学出版社 1998 年版，第 154 页。《战国策·楚策三》记苏秦的话说："楚国之食贵如玉，薪贵如桂，谒者难得见如天鬼，王难得见如天帝。"若此说属实，面见楚王诚非易事，可与简文参照。

提地方官吏的上司而直接说"以见邦君",是否表明楚国君主对地方官吏的直接控制,抑或楚国缺乏严明的上下级层属关系?值得进一步探讨。

从秦汉时期的日书看,占逃亡、占盗为地方吏治的主要职责,这方面的内容在九店楚简《日书》略有所载,如:

> 未、申、酉、戌、亥、子、丑、寅、卯、辰、巳、午,是谓达日,利以行师徒,出征,得。以祭小大,吉。生子,男吉,女必出其邦。逃人不得。利于寇盗。30
>
> 〖申、〗酉、戌、亥、子、丑、寅、卯、辰、巳、午、未,是谓外阳日,利以行作,〖 〗四方野外,吉。以田猎,获。逃人不得,无闻。设网,得,大吉。31
>
> 亥、子、丑、寅、卯、辰、巳、午、未、申、酉、戌,是谓绝日,无为而可,名之曰死日。生子,男不留。逃人不得。利以除盟诅。34

不过,逃人的范围比较广泛,除地方官吏外,一般势人之家或封君大族,若私蓄奴婢,也会涉及逃亡问题,尚不足以完全说明地方吏治的情形。此外,在放马滩秦简《日书》、睡虎地秦简《日书》和孔家坡汉简《日书》中都有"入官""请谒""见人""占盗"等与地方官吏有关的专篇,但这些内容均不见于九店楚简《日书》。总之,据九店楚简《日书》所见,地方吏治并非其主要内容,一般社会民众和地方官吏亦不寻求日书一类的书籍作为其升迁之阶和心理的依托。

二、秦吏

与之相反,秦汉简牍日书中有关官宦的记载却十分丰富,包括两个方面:其一,是与官宦生活密切相关的专篇,如"入官""请谒""见人""占盗"等,具体情形详见下节;其二,是在一些"总纲"性的日书条文中多涉及官宦内容。下面略作讨论。

日书通常以"建除"篇居首，在放马滩秦简、睡虎地秦简和孔家坡汉简《日书》"建除"篇中都有涉及官宦的内容，略如表 4-1 所示：

表 4-1　日书"建除"篇涉及官宦的简文

建除十二直	放甲	睡甲	孔家坡
建日	可为啬夫	可以为啬夫	可为大啬夫
除日	逃亡不得。可以治啬夫	臣妾亡，不得。攻盗，不可以执	奴婢亡，不得……以攻，不报。
盈日	可……为小啬夫	可以筑宫室、为啬夫	可以……为啬〔夫〕。
执日	不可行，行远必执而于公	以亡，必执而入公而止	不可以行，以是，不亡，必执入县官。可以逐盗，围得。
危日	可以责人及执人、系人、外政	可以责、执、攻击	可以责、捕人、攻戮、射。
开日	逃亡不得，可以言盗，盗必得	亡者，不得。请谒得。言盗，得	亡者，不得。可以请谒。言盗，必得

观表 4-1 可知，在建除十二直日中，有六日涉及官宦内容，所占比例正好一半，不可谓不重要。其内容涉及三方面：第一，可否为啬夫，啬夫分大啬夫和小啬夫，据云梦秦简法律文书所记，尚有县啬夫、官啬夫、离官啬夫、田啬夫、仓啬夫、库啬夫、亭啬夫、司空啬夫、发弩啬夫、厩啬夫、皂啬夫、苑啬夫等十多种。简文大啬夫大约是指县的令、长一类的官，啬夫或小啬夫或是百石以下的小官吏。① 第二，占亡人、占盗，这方面内容在简文

---

① 裘锡圭：《啬夫初探》，收入氏著《古代文史研究新探》，江苏古籍出版社 1992年版，第 430~523 页。

中所占比例最大。第三，为请谒，只一见。

在睡虎地秦简《日书》甲、乙种和孔家坡汉简《日书》中均有"丛辰"篇，在睡乙简中标题为"秦"，当系来自秦人的日书。三者大体相同，今姑举睡甲32 正-45 正号的相关材料如下：

> 秀，是谓重光。利野战，必得侯王。……利祠、饮食、歌乐，临官莅政相宜也。利徙官。免，复事。系，亟出。
>
> 正阳，是谓番昌。……利为啬夫，是谓三昌。
>
> 危阳，是谓不成行。以为啬夫，必三徙官。徙官自如，其后乃昌。免，复事。亡人，自归。
>
> 敫，是谓有小逆，无大殃。……亡者，不得。……不可临官、饮食、〖歌〗乐、祠祀。
>
> 害，是谓其群不拜，以辞不答。……亡者，得。利弋猎、报仇、攻军，围城、始杀。
>
> 阴，是谓乍阴乍阳，先辱而后有庆。……为啬夫，久。以系，不免。
>
> 彻，是谓六甲相逆。利以战伐……亡者，得；不得，必死。系，久不已。

"丛辰"有八直日，几乎每个直日都有涉及官宦的条文，可见官宦内容已成为秦汉日书必不可少的占卜事项。与"建除"篇相比，内容方面则增加官吏任免和升迁一途，即所谓"利徙官。免，复事"，"以为啬夫，必三徙官。徙官自如，其后乃昌。免，复事"。

此外，睡甲"二十八宿占"中有关生子的条文亦涉及"为吏"的内容，如角日条，"生子，为〖吏〗"（睡甲 68 正壹）。亢日条，"生子，必有爵"（睡甲 69 正壹）。营室条，"生子，为大吏"（睡甲 80 正壹）。奎日条，"生子，为吏"（睡甲 82 正壹）。觜觿条，"生子，为正"（睡甲 87 正壹）。所谓"为正"，整理者以为"正"为官长①，王子今先生则径称"为政"②。皆指官宦中事。孔家坡汉简《日书》"直室门"285 贰号简"不周门"有"临端"，临端或即"为政"，为治理政务。③

楚、秦日书在官宦方面的差异是很明显的，表现在楚日书较少或不涉及官宦方面的内容，而秦汉日书则大量增加官宦方面的记载。这种差别是否意味着秦汉吏治更多迷信色彩、更具神秘意味呢？这可不一定。我们认为，秦汉日书有关官宦吏治方面内容的增多，是秦商鞅变法后，封建官僚系统的建立和健全，吏途向社会民众开放，官宦日益深入民间，赐爵为官日益世俗化，官宦生活日益成为民众日常生活的重要组成部分的一种表现。

有关商鞅变法的研究成果十分丰富。《史记·商君列传》对商鞅变法有一概括性的描述，其文曰：

> 令民为什伍，而相牧司连坐。不告奸者腰斩，告奸者与斩敌首同赏，匿奸者与降敌同罚。民有二男以上不分异者，倍其赋。有军功者，各以率受上爵；为私斗者，各以轻重被刑大小。僇力本业，耕织致粟帛多者复其身。事末利及怠而贫者，举以为收孥。宗室非有军功论，不得为属籍。明尊卑爵秩等级，各以差次名田宅，臣妾衣服以家次。有功者显荣，无功者虽富无所芬华。

商鞅变法于政治方面最重要之改革为废除世袭贵族的特权，无军功者虽宗室亦不得有秩爵，虽富贵者亦不得芬华。而旧日之庶人微贱者，但有军

---

① 睡虎地秦墓竹简整理小组编：《睡虎地秦墓竹简》，文物出版社 1990 年版，第193 页。

② 王子今：《睡虎地秦简〈日书〉甲种疏证》，湖北教育出版社 2003 年版，第 174页。

③ 湖北省文物考古研究所、随州市考古队编：《随州孔家坡汉墓简牍》，文物出版社 2006 年版，第 166 页。

功，即可拜官受爵，于是贵贱之分，不复根据门第之高低而以军功相区别。① 变法的直接效果，是战功成为猎官与升迁唯一途径，间接地，向社会民众开放了一条为官升迁的坦途。

商鞅变法虽然规定以军功授爵，爵可以无限制地扩张，但官职官位却不能无限地增多。是否为官以及为官升迁，还得等待机遇。秦汉日书中有关官宦条文的大量出现，正是社会民众冀图抓住这种机遇的侥幸心理的具体反映。

反观楚国则不然。战国中期楚悼王时虽有吴起变法，变法的原因，据《韩非子·和氏》所载，为"大臣太重，封君太众"。变法的主要目的，亦为削减贵族特权，整顿吏治，《史记·孙子吴起列传》称："明法审令，捐不急之官，废公族疏远者，以抚养战斗之士。要在强兵，破驰说之言纵横者。"与商鞅变法有异曲同工之妙。可惜吴起变法为时不久，成效有限。下至楚宣王之时，封君势力日益强盛，其中亦不无佞幸。② 见于战国中后期的楚国大臣，亦多与楚王室有关的屈、昭、景三族。为官之途既不能向社会民众开放，宜乎为民间日用之日书少见官宦内容的记述了。

第二节 入官、请谒与占盗

秦汉日书中有关官宦之事主要有三项：第一，入官及升徙；第二，请谒晋见；第三，占盗。以下分述之。

一、入官及升徙

秦汉简牍日书多有利用十二支占入官吉凶的条文，见于睡虎地秦简和孔

---

① 参看齐思和：《商鞅变法考》，收入氏著《中国史探研》，河北教育出版社 2000 年版，第 247~278 页。

② 参看张正明：《秦与楚》，华中师范大学出版社 2007 年版，第 129~136 页。

家坡汉简如：

入官良日：睡甲 157 正陆

丁〈子〉、丑入官，吉，必七徙。睡甲 158 正陆

寅入官，吉。睡甲 159 正陆

戌入官，吉。睡甲 160 正陆

亥入官，吉。睡甲 161 正陆

申入官，不计去。睡甲 162 正陆

酉入官，有罪。睡甲 163 正陆

卯入官，凶。睡甲 164 正陆

未、午、辰入官，必辱去。睡甲 165 正陆

子、丑入官，久，七徙。睡乙 228 贰

实〈寅〉、巳入官，吉。睡乙 234 贰

戌入官，行。睡乙 229 贰

亥入官，伤去。睡乙 230 贰

申入官，不计而徙。睡乙 231 贰

未、辰、午入官，辱而去。睡乙 235 贰

卯入官，凶。睡乙 233 贰

酉入官，有罪。睡乙 232 贰

入官　入官，寅、巳、子、丑，吉。申，不计，徙。亥，易去。戌，行。卯，凶。午、辰、未，辱。酉，有罪。孔家坡 196

三种日书表述虽有异，其实质则是相同的，今列表如下（见表 4-2）：

表4-2　十二支占入官

	子	丑	寅	卯	辰	巳	午	未	申	酉	戌	亥
睡甲	吉，七徙	吉，七徙	吉	凶	辱去	—	辱去	辱去	不计去	有罪	吉	吉
睡乙	久，七徙	久，七徙	吉	凶	辱而去	吉	辱去	辱而去	不计而徙	有罪	行	伤去
孔家坡	吉	吉	吉	凶	辱	吉	辱	辱	不计，徙	有罪	行	易去

从表4-2中可以看出，三种日书的内容几乎完全一致，由此或可判断，亥日条所谓"伤去"或"易去"，实际上也是比较吉利的。申日条"不计徙"或谓未到上计之时而去职①，或谓任职不足一年即上迁②。从表4-2中所列诸条看，凡"徙"者皆为吉兆，所以"不计徙"也应该是吉兆，意指升迁较快。辰、午、未三日的"辱"或"辱去""辱而去"当为不吉，孔家坡简200号："辰，不可为啬夫，必以狱事，免。"对比之下可知，"辱"指狱事，"去"则指免职。在十二支中，凡吉日有七个地支日，不吉日则有五个，吉日稍多于凶日，反映出一般社会民众对为官之途的向往和追求。

日书的入官也有利用干支结合选择时日吉凶的，如：

　　丙寅，甲戌，戊寅，辛丑，己丑，癸巳，丙申，甲辰，戊申，辛亥，己未，癸亥，是谓离日，不可入官。放乙318

　　吏官毋以壬戌归及远役。放乙320

　　戊子，庚子，不可入官。孔家坡200

放乙简中的"离日"我们还没有找到类似的说法，干支结合所形成的十二

①　睡虎地秦墓竹简整理小组编：《睡虎地秦墓竹简》，文物出版社1990年版，第208页。

②　王子今：《睡虎地秦简〈日书〉甲种疏证》，湖北教育出版社2003年版，第309页。

日也许是指两两相对的六组干支日，如丙寅与甲戌、戊寅与辛丑、己丑与癸巳，等等；也许是配合十二个月的，如正月丙寅、二月甲戌等，其详有待探究。

十二月与干支日搭配占官吉凶是比较多见的，如孔家坡 196-199 号简：

> 入官毋以十月戊午、十一月亥、巳，十二月子……二月甲、乙、辛、戌、亥、癸，庚寅、申，三月戊、甲、乙卯，戌、未，四月辰、巳，五月丙，丁亥，乙未、巳，六月申、戌、壬、癸、午，七月甲、乙、丙、未、酉，八月甲、乙、甲戌、申、寅，九月酉、丑。

月日搭配比较凌乱，尚难以发现其规律性。孔家坡 198-199 号简则是以序数纪日占入官的条文：

> 入月四日、七日、十六日、十八日、廿六日，不可入官，不死，必癃。

类似的说法在后世选择书中也有记载，如《类编历法通书大全》卷二《袭爵上官》"回避日期"："上官初四不为祥，初七、十六最堪伤，十九更兼二十八，遇人不信定遭殃。运好任中人马死，改任终须有一场，若是为官知此日，官升职显禄高强。"[①]《三术撮要》"四不祥日忌上官"为初四、初七、十六、十九[②]，其中初四、初七、十六日与简文同，十九日、二十八日与简文异。

"入官"亦见四时干支日搭配占卜者，睡乙 224 叁-227 贰号简有如下简文：

---

① 《四库全书存目丛书》子部第六十八册，齐鲁书社 1997 年版，第 132 页。

② 刘永明主编：《增补四库未收术数类大全》第十集《阴阳五行（一）》，江苏广陵古籍刻印社 1997 年版，第 231 页。

春三月，丙寅，丙子，利入官。

夏三月，甲申，甲辰，乙巳，乙未，利入官。

秋三月，壬子，壬辰，壬申，庚子，壬寅，癸丑，利入官。

冬三月，庚申，庚子，庚寅，辛丑，利入官。

入官日在秋季最多，冬、夏其次，春季最少，大约与春季忙于春耕农业生产，无暇及此；秋季是收获的季节，考绩定功，最宜论功入官也。

睡甲简 145 背-146 背有"天李"篇，其文曰：

正月居子，二月居子〈卯〉，三月居午，四月居酉，五月居子，六月居卯，七月居午，八月居酉，九月居子，十月居卯，十一月居午，十二月居辰〈酉〉。凡此日不可入官及入室，入室必灭，入官必有罪。

天李以子卯午酉逐月铺叙十二月，是战国秦汉日书中比较常见的神煞。上述简文是以神煞占入官的例子。

孔家坡 201 号简则记载了另一种形式的"入官"择日，简的上部的文字，文作："入官以朔日数，直□者，直□者。"下部为图画，作：

整理者说：这列图案画在 201 号简的下部，可能与简上段的文字有关，

是为方便数入官之朔日而设。① 今按：此图画由横线和竖线组成，今所见有
10 道横线和 16 道竖线，共计 26 道线，不足一月之数。我们认为，简文所谓
"直□者"之"□"，当指图中的横线或竖线中的一种。简文大约是说，每月
从朔日开始，从下往上数，一日当一画，当数到日数所当者为横画将会如何，
当竖画者又会怎样，并非"为方便数入官之朔日而设"。简文有残缺，表示占卜
结果的简文遗失未见。传世选择书《玉匣记》有所谓"上官赴任天迁图"，图由
二个同心圆组成，分为六栏，内圈依次标明正月七月、二月八月，以下类推，
共十二个月；外圈写吉凶占语，共六组，如正月七月栏为"吉逢吉"，二月八月
栏为"中逢中"，三月九月栏为"亡凶亡"，等等。配图文字为：

> 天迁圆图，按宫制顺逆，如大月初一日顺行，小月初一日逆行，按
> 逐月上起初一数去，遇"迁"字，吉。遇"颇"、"如"、"中"，半吉。遇
> "罪"、"失"、"亡"，俱凶。②

其图画与占法虽与简文有别，但原理却是一致的。

表 4-2 所列有所谓"七徙""去"等内容，"徙"指升迁，"去"或即离职。
离职和升迁也是当时人所关心的内容，放马滩秦简《日书》乙种 127-128 号简
有利用反支日占升迁的内容：

> 子朔，巳、亥；丑朔，子、午；寅朔，子、午；卯朔，丑、未；辰
> 朔，丑、未；巳朔，寅、申；午朔，申、寅；未朔，【酉、卯；申朔，
> 酉、卯；酉朔，戌、辰；戌朔，戌、辰；】亥朔，亥、巳。是谓反支。以
> 徙官，十徙；以受忧者，十喜；以亡者，得十；系囚，亟出。不可冠
> 带、见人、取妇、嫁女、入臣妾及田。

---

① 湖北省文物考古研究所、随州市考古队编：《随州孔家坡汉墓简牍》，文物出版
社 2006 年版，第 154 页。
② 《增补万全玉匣记》，中国文联出版社 2005 年版，第 84 页。

徙官达到"十徙"的程度，升迁之频繁，出乎意料，这当然是吉兆了。

二、请谒、晋见

在秦汉时期的官场事务中，下属晋见上司为其重要内容，它关系到政令的实施和官吏在官场的前途，日书在这方面有颇为详细的记载。放甲42-65号简下栏记录两篇简文，前者按十二支的顺序，分旦、晏食、日中、日昳、夕日五个时段见人的吉凶，后者则分旦、晏、昼、夕四个时间段见上司的具体表现，二者统属在标题"禹须臾所以见人日"之下。放乙25-46号简下栏有相同的内容，前后二篇之间用墨方块"■"标示，但没有标题。为了区别这两种日书，我们把五时段占见人者称为"禹须臾所以见人日"A，而将四时段占的那一种称为"禹须臾所以见人日"B。其中A种又见睡甲157-166号简正面，整理者命名为"吏"①。周家台245-257号简记有A种五时段占，但以表格书写的形式出现。孔家坡亦有同样的简文，自题为"禹须臾所以见人日"。香港藏简有两种，一种分五时段分别占见吉凶，但缺干支；另一种虽然出现五时段的名称，但往往两个时段共占。兹将诸种日书所见"禹须臾所以见人日"列表如下（见表4-3、4-4）：

表4-3 "禹须臾所以见人日"A

		旦(朝)	晏食(暮食)	日中(昼)	日昳(日虒)	夕日
子	放甲	吉	吉	凶	吉	凶
	孔家坡	吉	凶	吉	吉	吉
	睡甲	有告，听	有告，不听	有美言	令复见之	有美言
	周家台	告，听之	告，不听	有美言	复好见之	有美言

---

① 睡虎地秦墓竹简整理小组编：《睡虎地秦墓竹简》，文物出版社1990年版，第207页。

		旦(朝)	晏食(暮食)	日中(昼)	日昳(日虒)	夕日
丑	放甲	凶	吉	凶	可	凶
	孔家坡	凶	吉	凶	凶	吉
	睡甲	有怒	有美言	遇怒	有告，听	有恶言
	周家台	有怒	有美言	遇怒	有告，听	有恶言
寅	放甲	凶	吉	凶	凶	凶
	孔家坡	凶	吉	凶	吉	吉
	睡甲	有怒	悦	不得，复	不言，得	有告，听
	周家台	有得，怒	悦	不得言	不得言	有告，听
卯	放甲	吉	吉	凶	凶	凶
	孔家坡	凶	吉	吉	吉	凶
	睡甲	喜。请命，许	悦	有告，听	请命，许	有怒
	周家台	有请命，许	悦	告，听之	请谒，听	有怒
辰	放甲	凶	吉		凶	吉
	孔家坡	凶	吉	凶	凶	吉
	睡甲	有告，听	请命，许	请命，许	有告，不听	请命，许
	周家台	告，不听	告，听之	请命，许	有告，遇怒	请谒，许
巳	放甲	凶	吉	凶	凶	可
	孔家坡	凶	吉	凶	凶	可
	睡甲	不悦	有告，听	有告，不听	有告，遇怒	有后言
	周家台	不悦	告，听之	告，不听	有告，遇怒	后有言
午	放甲	凶	凶	吉		凶
	孔家坡	凶	凶	吉	凶	凶
	睡甲	不怡	百事不成	有告，听	造，许	悦
	周家台	许	百事不成	告，听之	有造，恶	悦

续表

		旦(朝)	晏食(暮食)	日中(昼)	日昳(日虒)	夕日
未	放甲	吉	可	凶	吉	凶
	孔家坡	吉	可	凶	吉	凶
	周家台	有美言	令复之	有恶言	悦	不怡
申	放甲	吉	凶	吉	吉	凶
	孔家坡	吉	凶	吉	吉	凶
	睡甲	遇怒	得语	不悦	有后言	请命，许
	周家台		得语	不说(悦)	有后言	请谒，许
酉	放甲	吉	凶	吉	吉	凶
	孔家坡	吉	凶	吉	吉	凶
戌	放甲	凶	凶	吉	吉	凶
	孔家坡	凶	凶	吉	吉	凶
	睡甲	有告，听	造，许	得语	请命，许	有恶言
	周家台			悦	有言，听	有恶言
亥	孔家坡	可	凶	吉	凶	可
	睡甲	有后言	不怡	令复见之	有恶言	令复见之
	周家台	有后言	不言	令复见之	怒言	请后见

表4-4 "禹须臾所以见人日"B

		旦	晏	昼	夕
子	放甲	有言，喜，听	不听	得美言	得美言
	放乙	有言，喜，听	不听	得美言	得美言
丑	放甲	有言，怒	得美言	遇恶言	恶言
	放乙	有言，怒	得美言	遇恶言	恶言
寅	放乙	有言，怒	悦	不得言	听

续表

		旦	晏	昼	夕
卯	放甲	有言，听	许	听	不听
	放乙	有言，听	悦	听	不听
辰	放甲	有言，不听	许	不听	请谒，听
	放乙	有言，不听	悦	不听	请谒，听
巳	放甲	不听	听	不听	得后言
	放乙	不听	听	不听	得后言
午	放甲	不听	百事不听	许	许
	放乙		百事不听	许	许
未	放甲	有美言	后见之	得恶言	不听
	放乙	有美言	后见之	得恶言	不听
申	放甲	遇恶言	许	不悦	许
	放乙	遇恶言	许	不悦	许
酉	放甲	得美言	遇恶言	不悦	许
	放乙	得美言	遇恶言	不悦	许
戌	放甲	不听	遇恶言	得言	有恶
	放乙	不听	遇恶言	得言	有恶
亥	放甲	有美言，得言	不听	有求，后见之	
	放乙	有求，得后言	不听	有求，后见之	

比较上述表4-3、4-4，有几个值得注意的现象，第一，从表4-3系统A看，孔家坡与放马滩比较接近，都是分为五个时段，占语为吉、凶、可，简明扼要。从表4-3中看，放马滩简与孔家坡简的吉凶判断并不完全一致，但十二支所代表的各日没有哪一天是完全吉利的，孔家坡子日有四个吉时，似乎较适合见人，放马滩寅日有四个凶时，孔家坡午日亦有四个凶时，似乎不

宜见人。其他各日则或三吉二凶，或三凶二吉。从时段的分布看，吉凶的分配比较平衡，唯放马滩夕时在十一个干支日(缺亥日)有9个凶日，似不宜见人。但孔家坡却只有6个凶日，吉凶日分布也很平衡。

第二，表4-4系统B只见于放马滩秦简，虽然只有旦、晏、昼、夕四个时段，但所用占语却与表4-3系统A中的睡甲和周家台相似。从时间段上看，晏，简文原作"安"，当与"晏食"接近，是介于"旦"与"日中(昼)"之间的时间段，约相当于上午。"夕"即"夕日"，约相当于傍晚时分。四时段中的"昼"则可能涵盖了五时段中的"日中"和"日昳"两个时段，大概相当于下午时分。由于系统A与系统B同见于放马滩简，可能有着不同的来源，但在睡甲和周家台秦简中，是将四时段(系统B)中的"昼"分为"日中"和"日昳"两个时段，从而与五时段相对应；当然也有可能系统B将系统A中"日中"和"日昳"两个时段合并为"昼"，从而形成四时段的划分，合并的情形可从香港藏简得到证明：

　　□，旦，见人有怒。晏食，有美言。昼，见人不得见。日昳，见人得美言。夕，见人有怒。 88

　　旦，见人有怒。晨食，有美言。昼，见人有怒。日昳，见人听言。夕，见人有怒。 89

　　昼，见人【有怒】。日昳，见人听言。 90

　　昼，见人不得言。日昳，听言曰许。夕，见人有怒。 91

　　□，昼有美言。日昳复见之。夕，慎，美言。 92

　　日昳，听言曰许。夕，见人有怒。 93

上述诸简缺干支纪日，时段虽然不完整，但可以看出是以旦、晏食、昼、日昳和夕来划分的，值得注意的是89号简，"旦"与"昼"之间的时段作"晨食"，大约是吃早饭的时辰，所以我们把"旦"与"昼"之间的时段理解为上午时分应该是正确的。下面几支简是合二个时段共一占语：

辰，旦，凶。晏食，吉。日中、日昳，凶。夕吉。**84 贰**

巳，旦吉。晏食、日中，吉。日昳、夕，凶。**85 贰**

未，旦吉。晏食，可。日中、夕凶。日□。**86 壹**

亥，旦，□。日中，□□，晏食，日□□。**87**

84 号简日中、日昳共用占语"凶"，85 号简日昳、夕共用占语"凶"，86 号简日中、夕共用占语"凶"，87 号简后一"日"后所缺当是"失（昳）"，是晏食、日昳共用占语。为了共用一条占语，86、87 号简的时分名称作了调整，而与其他简有异。上述四简可以看作系统 A 的合并省简形式。

第三，在比较复杂的占语的情形下，更多的判断是"听""不听""许""有恶言""喜""怒"等用语，可见下属在面见上司时，语言以及上司的情绪对下属的影响，这也凸显了言说之道在官场上的重要性。《史记·商君列传》对于商鞅初见秦孝公时有一段戏剧性的描述：

> 孝公既见卫鞅，语事良久，孝公时时睡，弗听。罢而孝公怒景监曰："子之客妄人耳，安足用邪！"景监以让卫鞅。卫鞅曰："吾说公以帝道，其志不开悟矣。"后五日，复求见鞅。鞅复见孝公，益愈，然而未中旨。罢而孝公复让景监，景监亦让鞅。鞅曰："吾说公以王道而未入也。请复见鞅。"鞅复见孝公，孝公善之而未用也。罢而去。孝公谓景监曰："汝客善，可与语矣。"鞅曰："吾说公以霸道，其意欲用之矣。诚复见我，我知之矣。"卫鞅复见孝公。公与语，不自知厀之前于席也。语数日不厌。

卫鞅初见孝公，语以帝道，孝公怒而不听；再说以王道，亦不"中旨"；最后说以"霸道"，孝公"不自知厀之前于席也"，且"语数日不厌"。此事的真实性可置勿论，然"说"之道的重要性于此可见一斑。战国策士如苏秦、张仪之流仅逞口舌之能而位至卿相，流风所及，亦影响到秦及汉初的官场情态。《韩非子》有"说难"诸篇，专讲言说之道的各种情形。云梦睡虎地秦简《为吏之道》亦多此类教诲：

> 怒能喜，乐能哀，智能愚，壮能衰，勇能屈，刚能柔，仁能忍，强良不得。审耳目口，十耳当一目。30 壹-39 壹
>
> 戒之戒之，财不可归；谨之谨之，谋不可遗；慎之慎之，言不可追；綦之綦〔之〕，食不可偿。怵惕之心不可长。33 贰-37 贰
>
> 处如资，言如盟，出则敬，毋施当，昭如有光，施而喜之，敬而起之，惠以聚之，宽以治之，有严不治。47 叁-4 肆
>
> 戒之戒之，言不可追；思之思〔之〕，谋不可遗；慎之慎〔之〕，货不可归。48 肆-50 肆
>
> 凡治事，敢为固，谒私图，画局陈棋以为藉。肖人聂心，不敢徒语恐见恶。1 伍-2 伍
>
> 听有方，辩短长，困造之士久不阳。15 伍
>
> 口，关也；舌，机也。一曙失言，四马弗能追也。
>
> 口者，关；舌者，符玺也。玺而不发，身亦毋辤。29 伍-34 伍①

三、占盗

秦汉时期地方官吏的主要职责，在于维护地方治安。战国中晚期以至秦及汉初，战乱频仍，社会动荡，流动性加强，因而盗贼特别多。在如何发现盗贼的踪迹以及捕捉盗贼方面，充满了各种不确定性因素，具有一定的偶然性。地方官吏为了尽快捕捉盗贼，亦不得不乞灵于日书一类的方术。《史记·龟策列传》有"卜击盗聚若干人，在某所，今某将卒若干人，往击之"；

---

① 陈伟主编，伊强撰著：《秦简牍合集：释文注释修订本（壹）》，武汉大学出版社2016年版，第300、306、312、316、317、323页。

"卜往击盗，当见不见"；"卜往候盗，见不见"；"卜闻盗来不来"。日书所见，占盗内容更为丰富。放马滩秦简《日书》甲、乙种均有以十天干占盗的篇章，内容涉及盗所在方位、藏身之所，聚集若干人，盗者的性别、体貌特征及其职业，捕获盗者得不得，等等。如放甲 23 号简："乙亡，盗青色，三人，其一人在室中，从东方入，行有【遗】也，不得，女子也。"是说乙日亡失财物，盗者为青色，共三人为盗，其中一人在室中，从东方来，有踪迹可寻，盗者女子，捕获不得。在"得不得"方面，放马滩所记十天干日，"得"与"不得"各占五日，捕获的几率占 50%，这个概率亦不算太高。睡甲 81-82号简背记有十天干占盗者之名，如"甲盗名曰耕、郑、壬、赣、强、当良"。盗者名与天干之间究竟有何关系，还有待进一步探索。

在放马滩甲、乙种，睡甲和孔家坡简中，另有十二支占盗，十二支与十二生肖搭配，以生肖占盗者的形貌、藏身之所以及盗者之名。如放甲 32A+30B 号简："寅，虎殹。以亡，盗从东方入，又从〔之〕出。藏山谷中，其为人方面，面广颊，圜目。"简文说寅日为虎，盗者藏身山谷中，与虎生活于山谷中相近。盗者体貌特征亦与虎有关。此条简文无盗者名，不过放甲多数简文都没有盗者名。在"得"与"不得"方面，放甲简文所记共九条，"得"居六，"不得"为三，捕获的几率大为提高。但在睡甲和孔家坡简中，均无"得""不得"的记录。睡甲且在每条之末均缀以盗者之名。李零先生曾将睡甲中的干支与盗者名列如表 4-5：

表 4-5　干支与盗者名

干支	盗者名
甲	耕、郑、壬、赣、强、当良(或当、良)
乙	舍、徐、可、不奢、亡忧
丙	䲹、可、癸上(或癸、上)
丁	浮、妾、荣、辨、仆、上
戊	匿、为胜(或为、胜)、㸯

续表

干支	盗 者 名
己	宜食、成、怪、目
庚	甲、郢、相、卫、鱼
辛	秦、桃、乙、忌、慧
壬	黑、疾、齐、誣
癸	阳生、先智(或先、智)、丙
子	鼠、鶨、孔、午郢(或午、郢)
丑	徐、善、趣、以未(或以、未)
寅	虎、犴、貆、豹、申
卯	兔、灶、陉、突、垣、义酉
辰	瞿、不图、射、亥戌(或亥、戌)
巳	西、茝、亥旦(或亥、旦)
午	彻、达、禄、得、获、错
未	建、章、丑吉(或丑、吉)
申	责、环、貉、豺、干、都寅(或都、寅)
酉	多酉(或多、酉)、起、婴
戌	马童、龚、勇、辰戌(或辰、戌)
亥	豚、孤、夏、谷、□亥(或□、亥)

　　李零先生说，简文所见之名，相当现在所说的"小名"，并将简文命名分为五类：(1)用生肖本身为名；(2)用与生肖有关的动物为名；(3)用生日(支日)本身为名；(4)用生日(支日)的冲日为名；(5)用其他含义相关之字为名。① 李学勤先生亦讨论过盗者名与干支的关系，他认为简文盗者之名的理由，一是与十二禽有关，二是与十二支相关，如子条下有名午，其次序是

------

① 李零：《中国方术考(修订本)》，东方出版社 2000 年版，第 222~224 页。

自午条下数起，直到巳条下有名亥。简文也有个别缺漏，如午条下应有名子；还有音近而讹的，如酉条下应有名卯，而作"西"。①

周家台秦简《日书》有"孤虚求盗"的方术：

□以孤虚循求盗所道入者及藏处。260

甲子旬，戌亥为孤，辰巳为虚，道东南入。355

甲戌旬，申酉为孤，寅卯为虚，从西南入。356

甲申旬，午未为孤，子丑为虚，从南方入。357

甲午旬，辰巳为孤，戌亥为虚，从西北入。358

甲辰旬，寅卯为孤，申酉为虚，从南方【入】。359

甲寅旬，子丑为孤，午未为虚，从北方入。360

甲子亡马牛，求西北方。甲戌旬，求西方。甲申旬，求南方。甲午旬，求东南方。甲辰旬，求 361 东方。甲寅旬，求北方。362

"孤虚"为古代方术名。《史记·龟策列传》："日辰不全，故有孤虚。"《集解》："《六甲孤虚法》：甲子旬无戌亥，戌亥即为孤，辰巳即为虚；甲戌旬无申酉，申酉为孤，寅卯为虚。"《后汉书·方术传》："孤虚之术"，李贤注："孤为六甲之孤辰。若甲子旬中，戌亥无干，是为孤也。对孤为虚。"简文以"孤虚"求亡马之盗者所在方位，盗者所藏身的方位其实就是"孤"的方位。如甲子旬亡马牛，盗者藏身西北方，可往西北方求之，而西北方正是地支戌亥所在的方位。②

第三节　日书所见的国家与社会

秦汉时代的官吏，往往肩负改良社会风俗的任务。睡虎地《为吏之道》有

---

① 李学勤：《简帛佚籍与学术史》，江西教育出版社 2001 年版，第 158 页。

② 刘乐贤：《从周家台秦简看古代的"孤虚"术》，《出土文献研究》第 7 辑，上海古籍出版社 2005 年版，第 50~56 页。

云："临事不敬，倨骄无人，苛难留民，变民习俗。"《语书》载南郡守腾谓县、道啬夫文书曰："古者，民各有乡俗，其所利及好恶不同，或不便于民，害于邦。是以圣王作为法度，以矫端民心，去其邪僻，除其恶俗。"官吏作为国家推行政令的代表，直接与民间社会沟通，可以看作国家与社会交通的中介。在本节中，我们将以孔家坡汉简《日书》"天牢"篇为例，结合日书和出土的法律文献，探讨秦汉时期国家与社会之关系。

一、孔家坡汉简《日书》"天牢"篇释读

孔家坡汉简《日书》"天牢"篇抄在 352 号至 359 号简下栏，由一幅图和占文组成，图在上，文字在下。图略如下示（见图 4-1）：

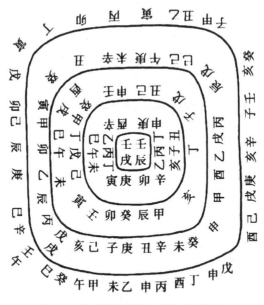

图 4-1 孔家坡汉简《日书》"天牢"图

图下书写文字曰"此天牢"，"此"即指上图，是讲上幅图所表示者为"天

牢"。类似的表述在日书中多见，如睡甲《日书》简 47 正贰-69 正贰绘有一图，图下文字说"此所谓艮山"，"此"是指"艮山"图。孔家坡《日书》简 139-149 有类似的图和文字，文称"是谓根山"，其中"是"义为此，指"根山"图。香港中文大学文物馆所藏简牍 34 号"此禹之根山"①，"此"亦指根山图，可惜图已遗失不见。周家台秦简《日书》简 131 叁写绘一组图符，其下文字"此所谓戎磨〈曆〉日也"②，"此"亦指图符而言。从这些例子看，"此天牢"可能省略了"所谓""谓"或类似文字，简文是说所绘之图即为"天牢"。③

　　然则篇中的"天牢"究竟何所指？整理者注释说："《史记·天官书》'赤帝行德，天牢为之空'，《正义》：'天牢六星，在北斗魁下，不对中台，主秉禁暴，亦贵人之牢也。'"④所谓"赤帝行德，天牢为之空"，写在全文的结尾段，前有"苍帝行德，天门为之开"。从文章的结构看，《史记·天官书》的最后是"太史公曰"，司马迁回顾了"自初生民以来，世主曷尝不历日月星辰"的种种现象，最后写道："为天数者，必通三五，终始古今，深观时变，察其精粗，则天官备矣。"文章到此结束，文气一贯。接下来的"苍帝行德"云云，似属多余。所以，日本人猪饲彦博认为"苍帝行德以下，恐是后人附益"⑤。今人郑慧生亦认为是错简。⑥ 这是值得重视的意见。

　　《史记·天官书》另有"贵人之牢"，"在斗魁中"，《集解》引孟康曰："《传》曰'天理四星在斗魁中。贵人牢名曰"天理"。'"《索隐》引《乐汁图》：

　　①　陈松长编著：《香港中文大学文物馆藏简牍》，香港中文大学文物馆藏品专刊之七，香港中文大学文物馆，2001 年，第 26 页。
　　②　湖北省荆州市周梁玉桥遗址博物馆编：《关沮秦汉墓简牍》，中华书局 2001 年版，第 120 页。
　　③　如果我们的说法正确，则周家台秦简《日书》244 号简"此正月，系申者"之"此"亦当指"线图"。相应地，该简的位置应调整到"线图"之下。见《关沮秦汉墓简牍》，中华书局 2001 年版，第 107、117 页。
　　④　湖北省文物考古研究所、随州市考古队编：《随州孔家坡汉墓简牍》，文物出版社 2006 年版，第 174 页。
　　⑤　泷川资言：《史记会注考证》，北岳文艺出版社 1999 年版，第 1897 页。
　　⑥　郑慧生：《星学宝典——〈天官历书〉与中国文化》，河南大学出版社 1998 年版，第 252 页。

"天理理贵人牢。"又引宋均曰："以理牢狱也。"照此说法，在斗魁之中的"贵人之牢"应该是天理四星，清人王元启《史记三书正讹》据此以为，《史记·天官书》原文"在上"前有"四星"二字。① 在传统星图中，天理四星通常被画成菱形②，与孔家坡简中"天牢"为圆形不符。

《史记正义》所指的天牢六星见于石氏星经，《开元占经》卷一百七《星图二·石氏中官星座古今同异》："天牢，旧均圆，近中台；今其星北斗魁下，兼有疏有密。"③又同书卷六十七《天牢星占五十六》云：

> 石氏曰：天牢六星，在北斗魁下。《黄帝占》曰：天牢，贵人之牢也，在北斗魁下，所以禁暴横。《春秋合诚图》曰：天牢主守将。郗萌曰：天牢，天子疾病之忧患。《黄帝占》曰：天牢中星众，贵人多下狱；星希，天下安，无罪人。石氏曰：天牢中无星，天下安宁；有星，贤主伤。焦延寿曰：天牢星明大动摇，辟拘系；一星明，主侯有系者。司马迁《天官书》曰：赤帝行德，天牢为之空。石氏曰：天牢与贯索通占。④

北斗魁下的天牢六星在中国传统天文学中得以流传下来，相当于现代天文学大熊座47、58星(Uma47、58)⑤，在传统星图中多画作圆圆形，与上举《石氏中官星座古今同异》"天牢，旧均圆"一致。郝氏《续后汉书》卷八十四亦云："斗魁下六星，圜、锐、色赤，曰天牢。"

上举《开元占经》所引石氏称"天牢与贯索通占"，贯索亦名天牢。《晋书·天文志》："贯索九星在其（晏按：指七公七星）前，贱人之牢也，一曰

---

① 王元启：《史记三书正讹》卷三，《二十五史补编》第一册，开明书店1936年版，第75页。

② 参看潘鼐：《中国恒星观测史》，学林出版社1989年版，第312页。

③ 李零主编：《中国方术概观·占星卷》下册，人民中国出版社1993年版，第992页。

④ 李零主编：《中国方术概观·占星卷》下册，人民中国出版社1993年版，第992页。

⑤ 陈遵妫：《中国天文学史》上册，上海人民出版社2006年版，第407页。

连索，一曰连营，一曰天牢，主法律，禁暴强也。牢口一星为门，欲其开也，九星皆明，天下狱烦；七星见，小赦；六星、五星，大赦。动则斧锧用，中空则更元。《汉志》云十五星。"《开元占经》卷六十五《贯索占十》：

> 石氏曰：贯索九星，在七公前。《黄帝占》曰：天牢者，贼人之牢也，天下狱律也。一名连索，一名天受，一名天围。《论谶》曰：贯索，主天牢。郗萌曰：贯索，为逮狱之法律也；天牢，主天子之疾病忧患。《春秋纬》曰：贯索，贼人之牢；中星实则囚多，虚则开出。石氏曰：贯索北开，名曰牢户；其星间阔则户开，必有赦，若星狭而不开，牢中有忧，贵人当之。①

贯索九星形如连环，在传统星图上往往绘画为圆圈形②，故又称连索、连营、天围，相当于现代天文学上的天冕座（CrBθ、β、α、γ、δ、ε、ι、ρ、κ）。

《史记·天官书》亦有"贼人之牢"，这就是北斗杓端的勾圈十五星："有勾圈十五星，属杓，曰贼人之牢。其牢中星实则囚多，虚则开出。"《索隐》："其形如连环，即贯索星也。"《汉书·天文志》完全袭用了《史记·天官书》的说法，《晋志》所称"《汉志》云十五星"指此。传统天文学中的贯索为九星，《史记·天官书》则为十五星，而且从星图看，"勾圈十五星"也并非"如连环"，也不完全是贯索星，《索隐》说殊误。朱文鑫先生以为，勾圈十五星，其范围大于后来的贯索九星，它包含着北冕座全部，甚至包括牧夫座西侧的一二颗星。其中有若干六等星，当大气透明度有变化或离地平线较近时，较暗的星就会看不到，所以会有星"实"和"虚"之语。后来的贯索九星实际上只包括北冕座下部"圈"的九星，而不包括上部"勾"六星（见图4-2）。③

---

① 李零主编：《中国方术概观·占星卷》下册，人民中国出版社1993年版，第654页。

② 参看陈遵妫：《中国天文学史》上册，上海人民出版社2006年版，第305页。

③ 朱文鑫：《史记天官书恒星图考》（中华书局1927年版），转引自潘鼐：《中国恒星观测史》，学林出版社1989年版，第79页。

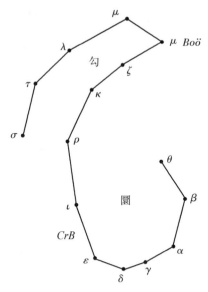

图 4-2　贯索九星勾圜图

天文史家研究《史记·天官书》，认为司马迁父子从唐都所受之天文学，仍保留着早期星学的不少特征。① 从上述梳理可以看出，《史记·天官书》以天理四星表示"贵人之牢"，但"贵人之牢"在后世则成为与之邻近的天牢六星；《史记·天官书》以勾圜十五星表示"贱人之牢"，后来亦变成为贯索九星。为什么会发生这种变化？这可能与古代的监狱形态有关。

"牢"字本义为关牲畜的栏圈，《说文·牛部》："牢，闲也，养牛马圈也。从牛，冬省，取其四周帀。"段注："从古文冬省也。冬取完固之，亦取四周象形。"后引申为关人之监牢，睡虎地《封诊式》51、56、63、64 号简并有"牢隶臣"，"牢"即监牢。《释名·释宫室》："狱，确也，实确人之情伪也。又谓之牢，言所在坚牢。又谓之圜土，言土筑表墙，其形圜也。又谓之囹圄，囹，领也，圄，御也，领录囚徒禁御之也。"王先谦《释名疏证补》：

---

① 潘鼐：《中国恒星观测史》，学林出版社 1989 年版，第 77 页。

"囹圄即圜土别称，一以形言，一以义言，周狱有二名也。"①所说周代监狱有囹圄、圜土二种，还可以讨论；②说圜土是以"形名"，则是有据的。《周礼·地官·大司徒》："其附于刑者，归于士"，注引郑司农云："或谓归于圜土，圜土谓狱也，狱城圜。"《周礼·地官·比长》"若无授无节，则唯圜土内之"，郑玄注："圜土者，狱城也。狱必圜者，规主仁，以仁心求其情，古之治狱，闵于出之。"圜土亦简称"圜"，《周礼·秋官·叙官》"司圜"，注引郑司农云："圜，谓圜土也。圜土，谓狱城也。今狱城圜。"《初学记》卷二十《狱第十一》"象斗"条引《春秋元命包》曰："为狱圜者，象斗运合。"宋均注："作狱圜者，象斗运也。"③司马迁《报任安书》："今交手足受木索，暴肌肤受榜棰，幽于圜墙之中。"圜墙即监狱。

以上列举先秦两汉监狱作圜形者，我们在考古发现中还没有找到监狱的遗址和图像。福柯（Michel Foucault）在《规训与惩罚：监狱的诞生》中对18世纪西方监狱有如下描述：

> 所有的建筑物被排列成一个环形，门窗对着里面。中心点是一个高大建筑物。这里行使着行政管理职能，治安监视职能，经济控制职能，宗教安抚职能。这里发号施令，记录各种活动，觉察和裁决一切过错。④

可见古代监狱作圜形，是符合监狱的管理职能的。中国古代的星官往往取象于人间组织。⑤作为星象的"天牢"，显然要取象于人间的"监牢"。早期

---

① 王先谦：《释名疏证补》，上海古籍出版社1984年版，第270页。

② 沈家本说："圜土之制，周仿于夏。《周礼》云，以圜土收教罢民，是专为罢民而设。囹圄则为通常之狱，当分别言之。《郑志》以周有圜土，遂疑囹圄非周狱名，亦拘虚之见也。"见《历代刑法考·狱考》第三册，中华书局1985年版，第1163页。

③ 参看安居香山、中村璋八辑：《纬书集成》中册，河北人民出版社1994年版，第624页。

④ 米歇尔·福柯：《规训与惩罚：监狱的诞生》，刘北城、杨远婴译，三联书店1999年版，第197页。

⑤ 参看郑慧生：《星学宝典——〈天官历书〉与中国文化》，河南大学出版社1998年版，第120～123页。

"贵人之牢"的天理四星作菱形,"贱人之牢"的勾圜十五星作勾形和圜形,显然与人间的监牢形象不符,于是人们选取与天理四星相邻近的天牢六星代表"贵人之牢",将勾圜十五星一分为二,仅取其下部的圜形九星以象征"贱人之牢",从而完成"天人合一"的改造工作。但历史的发展往往有吊诡之处。天上的星象完成其基本组织形式后,又反过来成为人间事项的指导,古代的城市建筑和陵墓营造往往取法天象。① 古代监狱亦取象天牢,《明史·刑法志二》:

> (洪武)十七年,建三法于太平门外钟山之阴,命之曰"贯城"。下敕言:"贯索七〈九〉星如贯珠,环而成象名天牢。中虚则刑平,官无邪私,故狱无囚人;贯内空中有星或数枚者即刑繁,刑官非其人;有星而明,为贵人无罪而狱。今法天道置法司,尔诸司其各慎乃事,法天道行之,令贯索中虚,庶不负朕肇建之意。"

明太祖朱元璋"法天道置法司",将监狱命名为"贯城",名似贯索,形亦当相差不远。此一做法,将中国古代"天人合一""天人感应"的思想表露无遗。

综合以上讨论,可知竹简"天牢"图既取象天文,亦当是人间监狱的象形。天文上的天牢六星为贵人之牢,贯索九星为贱人之牢,二者通占,故"天牢"可以合二为一。在占文中,一占"系者",似为贱人之牢;一占"居官宦御",当是贵人之牢。这样安排,体现出"天人合一"的思想,颇具巧思。但孔家坡简"天牢"篇并不依实际星象的变化为占,不是占星术,只不过摹仿天文图像,取其监牢之形、"主法律"之义,实为一种择日术。这从占辞可以看得更清楚。

"天牢"篇是如何为占的呢? 整理者注释说:"本篇'天牢'图画有四圈,将六十记日干支按一定规律分属五栏。本篇文字内容所谓的五'曰',与图的五栏可能存在一定的关系。图可能是供查找'曰'所在的日子,亦即为'天

---

① 参看江晓原:《天学真原》,辽宁教育出版社1991年版,第265~275页。

牢'所系之日。图上六十干支记日在排列上按一定规律换栏。"①陈炫玮认可这种说法，并且说："其干支的安排是由第一圈往内一直排到第五圈，然后再从第一圈开始向内到第五圈，如此四次循环，最后是排到第一圈癸亥日结束，而之后再从甲子日重新开始。因此，可以说从最外圈到最内圈，每个循环是以15个干支为单位，如此反复排列下去。"②这种说法只是对六十干支在图中的排列次序有所厘清，图中干支与占文之间的关系究竟如何，换言之，古代"日者"是如何利用"天牢"图来占"系者"、占"居官宦御"的，反而并不十分清楚。我们认为，图中干支与占文是密切相关的，这就是整理者所说的图"是供查找'曰'所在的日子"。具体说，占文中的"一曰"所对应的是最外圈的干支，依次向内，"五曰"对应的是最内圈的"壬辰、壬戌"两个干支日。《遁甲演义》卷三："庚为天狱，辛为天庭，壬为天牢，宜避之。"《六壬大全》卷二："辰天牢，戌地狱，专主狱讼、官府。"所说壬、戌为天牢，主狱讼、官府，均与简文相似，或者狭义之"天牢"即指图4-1内圈。兹将图文换成表格形式，见表4-6：

表4-6 "天牢"篇图中干支与占辞的关系

	干　　支	系者	居官宦御
一曰 （20/33.3）	甲子1、乙丑2、丙寅3、丁卯4 戊寅15、己卯16、庚辰17、辛巳18、壬午19 癸巳30、甲午31、乙未32、丙申33、丁酉34 戊申45、己酉46、庚戌47、辛亥48、壬子49 癸亥60	除	进大取

① 湖北省文物考古研究所、随州市考古队编：《随州孔家坡汉墓简牍》，文物出版社2006年版，第174页。

② 陈炫玮：《孔家坡汉简日书研究》，台湾"清华大学"历史研究所硕士学位论文，2007年，第208页。

续表

	干 支	系者	居官宦御
二曰 (16/31.7)	戊辰 5、己巳 6、庚午 7、辛未 8 癸未 20、甲申 21、乙酉 22、丙戌 23 戊戌 35、己亥 36、庚子 37、辛丑 38 癸丑 50、甲寅 51、乙卯 52、丙辰 53	赀	多前毋□
三曰 (12/20.0)	壬申 9、癸酉 10、甲戌 11 丁亥 24、戊子 25、己丑 26 壬寅 39、癸卯 40、甲辰 41 丁巳 54、戊午 55、己未 56	耐	□□□句
四曰 (10/16.7)	乙亥 12、丙子 13、丁丑 14 庚寅 27、辛卯 28 乙巳 42、丙午 43、丁未 44 庚申 57、辛酉 58	刑	深入多取
五曰(2/3.3)	壬辰 29；壬戌 59	死	臣代其主

表 4-6 中干支后阿拉伯数字表示干支在六十甲子中的顺序。其中"一曰"有 20 个干支日，占六十甲子的 33.3%，"五曰"仅两个干支。术士择日占卜时，当出现干支栏中从甲子到丁卯、戊寅到壬午、癸巳到丁酉、戊申到壬子以及癸亥这 20 个干支日时，若占问"系者"，其结果是"除"；若占问"居官宦御"，其结果是"进大取"。以下可类推。这种读法，在下文的论述中还可以得到进一步证明。

二、"天牢"篇中的刑罚

孔家坡"天牢"篇的占项有二，一为"系者"，一为"居官宦御"。占"系者"的简文曰：

系者：一曰除；二曰 352 叁 赀；三曰耐；四曰 353 叁 刑；五曰死。 354 叁

《史记·龟策列传》"卜系者出不出"，尹湾汉简"博局占"前为六十甲子博局图，后为占项，其中有"问系者"一项①。《论衡·辨祟篇》："犹系罪司空作徒，未必到吏日恶，系役时凶也。"亦可见系役占时日。所谓"系者"，是指犯罪被拘系但尚未被处以刑罚的状态，或谓待决囚，或谓犯罪嫌疑人。这是利用"天牢图"占"系者"的占辞。这段占语看起来颇简单，其实蕴含着丰富内容，其中占问系者之除、赀、耐、刑、死，很可能就是秦代刑罚体系中的五个刑种，以下试结合睡虎地法律文献略述之。我们改变简文的顺序，先从较容易说清楚的死刑开始，然后依次是刑—耐—赀，最后止于"除"。我们的讨论以能说明占辞为五个刑种为限，而不涉及秦刑罚体系的其他问题。

1. 死

死刑又称生命刑，是剥夺犯罪人生命的刑罚方法，意味着个体生命的终结。在死刑废除之前，它都是任何刑罚体系中的终极点，是刑罚体系中最为严厉的刑罚方法，故又称为极刑。秦刑罚体系中有"死刑"刑种，这是没有疑问的。至于具体的刑名和行刑方式，见于睡虎地秦简，则有弃市、磔、定杀、生埋等，这些刑名或有程度上的差别，但都应属于"死刑"的范畴。文献所载，尚有"族刑"，《史记·秦始皇本纪》："有敢偶语《诗》《书》者弃市。以古非今者族。""族"刑是死刑的扩大化。

2. 刑

狭义的"刑"指肉刑。《太平御览》卷六百四十五《刑法部十一》引《慎子》："斩人肢体，凿其肌肤，谓之刑。"睡虎地秦简《秦律十八种·司空》往往将死刑(死罪)与肉刑(刑罪)并列对举，如：

---

① 连云港市博物馆等：《尹湾汉墓简牍》，中华书局 1997 年版，第 125～126 页。

（1）公士以下居赎刑罪、死罪者，居于城旦春，毋赤其衣，勿枸椟
欙杕。 134

（2）葆子以上居赎刑以上到赎死，居于官府，皆勿将司。 135

这两条简文虽然都是讲赎刑，但在赎刑系统里分明可见肉刑（刑罪）—死
刑（死罪）的排序。文献中亦有"死"与"刑"对举之例，如《管子·中匡》：
"于是死罪不杀，刑罪不罚，使以甲兵赎。"《汉书·宣帝纪》引《令甲》曰：
"死者不可生，刑者不可息。"所以，我们认为在秦刑罚体系中，刑—死是两
个依次上升的等序，死刑（死罪）在肉刑（刑罪）之上。

睡虎地秦简中的肉刑多与徒刑配合使用，成为一种复合刑，如：刑为城
旦、刑为隶臣、刑为鬼薪，斩以为城旦、斩左止为城旦，黥为城旦、春，黥
颜頯为隶妾，黥劓以为城旦等。唯宫刑似是单独出现，如《法律答问》114：
"何谓赎宫？""其有府（腐）罪，【赎】宫。"

3. 耐

秦简中多有"耐罪""耐罪以上"的说法，根据"罪刑相等"的原则，"耐"
应为单独的刑种。"耐"字本义为剔除鬓须毛发，原本为耻辱刑。秦律中的
"耐刑"究属何种刑罚，学者间争议很大。本书的目的只是论证"耐"为单独
的刑种，其等级在肉刑（刑）之下，赀刑之上。请看下列简文：

（3）士伍甲盗，以得时值赃，赃值过六百六十，吏弗值，其狱鞫乃
值赃，赃值百一十，以论耐，问甲及吏何论？甲当黥为城旦；吏为失刑
罪。睡虎地《法律答问》33

（4）士伍甲盗，以得时值赃，赃值百一十，吏弗值，狱鞫乃值赃，
赃值过六百六十，黥甲为城旦，问甲及吏何论？甲当耐为隶臣，吏为失
刑罪。睡虎地《法律答问》35-36

（5）"葆子狱未断而诬告人，其罪当刑为隶臣，勿刑，行有耐，又系
城旦六岁。"何谓"当刑为隶臣"？有收当耐未断，以当刑隶臣罪诬告人，

是谓"当刑隶臣"。睡虎地《法律答问》108、109

（6）女子为隶臣妾妻，有子焉，今隶臣死，女子北其子，以为非隶臣子也，问女子论何也？或黥颜頯为隶妾，或曰完，完之当也。睡虎地《法律答问》174

上举(3)、(4)两条都是关于"吏失刑"的条款，这里的"刑"是广义的"刑"，指量刑处罚。其中前条盗时赃物价值超过"六百六十"，审案时仅值"百一十"，吏以审案时赃物所值量刑为"耐"，而实际上应按盗时赃物的价值判为"黥为城旦"，比照下条，这里的"耐"当是"耐为隶臣"的省称。后条则正好相反。在这两条里，"黥"（刑）都在"耐"之上。第(5)条中的"又系城旦六岁"不好理解，但参照(3)、(4)二条，"耐"与"刑"的关系是很清楚的。第(6)条中的"完"刑当即"耐"刑①，亦与"黥"（刑）相对。这些例子都可以说明"耐—刑"的等序关系。

此外，秦简尚有如下法律条文：

（7）"擅杀、刑、髡其后子，谳之。"何谓"后子"？官其男为爵后，及臣邦君长所置为后太子，皆为"后子"。睡虎地《法律答问》72

（8）"公室告"〔何〕也？"非公室告"何也？贼杀伤、盗它人为"公室"；子盗父母，父母擅杀、刑、髡子及奴妾，不为"公室告"。睡虎地《法律答问》103

（9）"子告父母，臣妾告主，非公室告，勿听。"何谓"非公室告"？主擅杀、刑、髡其子、臣妾，是谓"非公室告"，勿听。而行告，告者罪。者罪已行，它人又袭其告告之，亦不当听。睡虎地《法律答问》104-105

以上三条虽为家刑范围，但擅杀—刑—髡的序列正与死—刑—耐的刑罚序列相当，其中"髡"亦当为"耐"刑②。

---

① 参看韩树峰：《秦汉律令中的完刑》，《中国史研究》2003年第4期。
② 韩树峰：《秦汉律令中的完刑》，《中国史研究》2003年第4期。

睡虎地秦简刑罚中的"耐"刑多与徒刑配合使用，具体有耐隶臣、耐鬼薪、耐司寇、耐候、耐迁等。① 学者或以为徒刑为正刑，而耐刑为加刑，这恐怕是不对的。正如上文所指出的，作为肉刑的"刑"为刑种，肉刑之刑名则有黥、劓、斩左右趾、宫刑等，这些肉刑又与徒刑配合，乃有刑城旦舂等说法。以彼例此，我们认为广义的"耐"为刑种，具体刑名则有完、耐、髡，它又与徒刑配合而成为一种复合刑。

4. 赀

耐刑之下为赀刑见下列简文：

（10）军新论攻城，城陷，尚有栖未到战所，告曰战围以折亡，假者，耐；屯长、什伍知弗告，赀一甲，伍二甲。睡虎地《秦律杂抄》35、36

（11）捕赀罪，即端以剑及兵刃刺杀之，何论？杀之，完为城旦；伤之，耐为隶臣。睡虎地《法律答问》124

（12）大夫甲坚鬼薪，鬼薪亡，问甲何论？当从事官府，须亡者得。今甲从事，又去亡，一月得，何论？当赀一盾。复从事。从事又亡，卒岁得，何论？当耐。睡虎地《法律答问》127-128

（13）"盗出珠玉邦关及卖于客者，上珠玉内史，内史材予购。"何以购之？其耐罪以上，购如捕它罪人；赀罪，不购。睡虎地《法律答问》140

（14）有稟菽、麦，当出未出，即出禾以当菽、麦，菽、麦价贱禾贵，其论何也？当赀一甲。会赦未论，又亡，赦期已尽六月而得，当耐。睡虎地《法律答问》153

---

① 龙岗秦简 129 号："人及虚租希（稀）程者，耐城旦舂。"（中国文物研究所、湖北省文物考古研究所编：《龙岗秦简》，中华书局 2001 年版，第 116 页）释作"耐"的字实可疑。秦简中似尚未见"耐城旦舂"的说法。

以上各简，可以证明比"赀"刑重的刑罚为"耐"。尤其是第(11)条"赀罪"，第(13)条简文中"耐罪以上"和"赀罪"的说法，可以表明"赀"和"耐"是两个独立的刑种。

《说文·贝部》："赀，小罚以财自赎也。"睡虎地注释说："赀，有罪而被罚令缴纳财物。"①本是一种财产刑。在睡虎地秦简中，有"赀布"和"赀戍"两种，赀布的数量有：络组廿给、络组五十给、一盾、二盾、一甲、二甲、二甲一盾；赀戍则为：日四月居边、徭三旬、一岁、二岁等。

5. 除

秦简在赀刑以下往往有"除"，如：

　　(15)同官而各有主也，各坐其所主。官啬夫免，县令令人效其官，官啬夫坐效以赀，大啬夫及丞除。睡虎地《效律》17-18

　　(16)器识耳不当籍者，大者赀官啬夫一盾，小者除。睡虎地《效律》43

　　(17)计脱实及出实多于律程，及不当出而出之，值其价，不盈廿二钱，除；廿二钱以到六百六十钱，赀官啬夫一盾；过六百六十钱以上，赀官啬夫一甲，而复责其出也。睡虎地《效律》58-60

第(15)条整理者注释说："除，免罪，《墨子·号令》：'归敌者，父母、妻子、同产皆车裂；先觉之，除。'其中'除'字与此同例。"②整理者的意见是有道理的，《法律答问》125号简："将司人而亡，能自捕及亲所知为捕，除无罪；已刑者除隐官。"已将"除""无罪"连言。175号简："以其乘车载女子，何论？赀二甲。以乘马驾私车而乘之，毋论。""毋论"即"除"。如果是这样的话，"除"似乎就不能构成一个刑种了。但睡虎地有如下简文：

①　睡虎地秦墓竹简整理小组编：《睡虎地秦墓竹简》，文物出版社1990年版，第38页。

②　睡虎地秦墓竹简整理小组编：《睡虎地秦墓竹简》，文物出版社1990年版，第72页。

（18）战死事不出，论其后。又后察不死，夺后爵，除伍人；不死者
归，以为隶臣。《秦律杂抄》37

整理者注释说："除，《考工记·玉人》：'以除慝。'注：'除慝，诛恶逆也。'
据此，除有惩办的意义。"①从这个意义上看，"除"仍有刑罚上的含义。

现在我们不妨换一个角度思考这个问题：秦简中的"赀"刑是不是最轻的
刑种？换言之，"赀"刑之下是否另有其他刑种或刑罚措施？我们对这个问题
的回答是肯定的。请看下列简文：

（19）发弩啬夫射不中，赀二甲，免，啬夫任之。驾驺除四岁，不能
驾御，赀教者一盾；免，偿四岁繇戍。睡虎地《秦律杂抄》2-3

（20）为听命书，废弗行，耐为候；不避席立，赀二甲，
废。睡虎地《秦律杂抄》4

（21）采山重殿，赀啬夫一甲，佐一盾；三岁比殿，赀啬夫二甲而
废。睡虎地《秦律杂抄》21-22

第（19）条简文中的"免"指免职，第（20）、（21）条简文中的"废"指撤职永不
叙用。从"免""废"在简文中所处的位置看，大约与上述"除"相当。古有"除
名"之法，《尚书·蔡仲之命》："降霍叔于庶人，三年不齿。"孔疏："降黜霍
叔于庶人，若今除名为民，三年之内不得与兄弟年齿相次。"又有"夺爵"，
《汉书·景帝纪》元年，"吏迁徙免罢，受其故官属所将监治送财物，夺爵为
士伍，免之"。颜师古注引李奇曰："有爵者夺之，使为士伍，有位者免官
也。"师古曰："此说非也。谓夺其爵，令为士伍，又免其官职，即今所谓除

---

① 睡虎地秦墓竹简整理小组编：《睡虎地秦墓竹简》，文物出版社1990年版，第
89页。周群、陈长琦（《秦简〈秦律杂抄〉译文商榷》，《史学月刊》2007年第1期）不同意
整理者之说，以为"除"为免除。若将"除"理解为免除，则"伍人"一词不好理解。

名也。"王先谦《汉书补注》:"颜说误。汉法,初罪免官,重论夺爵。已夺爵矣,免官何待言乎。"①沈家本《汉律摭遗》(卷十一)引上文而加按曰:"士伍之称,夺爵之法,皆沿于秦。……爵本由士伍而得,失爵则仍为士伍。"②又有"除籍",《史记·蒙恬列传》:"赵高者,诸赵疏远属也。高有大罪,秦王令蒙毅法治之。毅不敢阿法,高当死罪,除其宦籍。"宦籍者,仕宦之人书名于籍也。程树德《九朝律考·汉律考》于"罚金"之下并列有"夺爵""除名"二刑名,且说夺爵之条,"汉盖沿秦制"③。

睡虎地秦简发表以来,研究秦刑罚者大概有两种思路,一种是就秦简结合文献考证其刑名,单纯就刑名考证的结果,是秦的刑罚种类繁多,多达10余种,并以此来说明秦刑罚的严苛和残酷。④ 另一种思路是试图把秦简所见的刑名系统化,归纳为4~5个种类,其中日本学者堀毅根据秦律中"刑罪以上""耐罪以上""赀盾以上"等表述,认为"刑罪""耐罪""赀盾"可以表示各自的刑罚范围,成为独立的刑种,他还认为秦律完刑可以单独成为一个刑种,加上死刑,秦代刑罚由赀、耐、完、刑(肉刑)、死五种构成。⑤但秦律中完刑实相当于耐刑,把它作为单独的刑种是难以成立的。⑥ 另一位日本学者冨谷至则认为秦代刑罚只有四种:死刑、肉刑、非肉刑(耐)、财产刑(赀)。⑦ 我们同意后一种意见,假如再加上日书中所见的"除",秦代刑罚

---

① 王先谦:《汉书补注》,书目文献出版社1995年版,第54页上栏。

② 沈家本:《历代刑法考》第3册,中华书局1985年版,第1583页。

③ 程树德:《九朝律考》,中华书局2003年版,第49页。

④ 比如刘海年《秦律刑罚考析》(原刊《云梦秦简研究》,中华书局1981年版;此据氏著《战国秦代法制管窥》,法律出版社2006年版,第94~122页)就将秦刑罚分为11种,此文影响很大。在一般法制史教材中,秦代刑罚亦有八九种之多,如张晋藩主编《中国法制史》(中国政法大学出版社2007年版,第41~43页)将秦刑罚归纳为死刑、肉刑、笞刑、徒刑、髡耐完刑、迁刑与谪刑、收刑、废刑、赀刑九种。

⑤ 堀毅:《秦汉法制史论考》,法律出版社1988年版,第162~166页。

⑥ 韩树峰:《秦汉律令中的完刑》,《中国史研究》2003年第4期。

⑦ 冨谷至:《秦汉刑罚制度研究》,柴生芳、朱恒晔译,广西师范大学出版社2006年版,第17页。

体系之主刑亦当由五种刑构成。① 现将秦简所见的刑罚体系列表如下(见表
4-7):

表 4-7 秦简刑罚体系表

刑种	除	赀	耐	刑	死
行刑方式	免罪、免爵、免职	赀布：络组廿给、络组五十给、一盾、二盾、一甲、二甲、二甲一盾，赀戍：日四月居边、徭三旬、一岁、二岁	完、耐、髡	黥、劓、斩左趾、斩右趾、宫	戮、弃市、磔、定杀、生埋、擅杀
附加徒刑			隶臣妾、鬼薪白粲、司寇、候、迁	城旦舂、隶臣妾、鬼薪	

汉初刑罚多继承秦代，但由张家山汉简《二年律令》所见，秦代刑罚体系

---

① 我国刑罚自隋唐以后即稳定为五种：笞、杖、徒、流、死。宣统二年(1910年)改制，新刑罚亦为五种：罚金、拘役、有期徒刑、无期徒刑、死刑，沿用至民国。现今刑法体系包括五种正刑：管制、拘役、有期徒刑、无期徒刑、死刑，四种附加刑：罚金、剥夺政治权利、没收财产、驱逐出境(参看高铭暄、马克昌主编：《刑法学》上编，中国法制出版社1999年版，第427~454页)。隋唐以前，《晋书·刑法志》引《魏律序》："改汉旧律不行于魏者皆除之，更依古义，制为五刑"，据韩国磐先生所考，曹魏新制定的五刑是：赎、作、完、髡、死。另据韩氏研究，晋代五刑为赎罚、髡作、弃市、斩、枭首，北齐五刑为杖、鞭、刑、流、死，北周五刑为杖、鞭、徒、流、死(《中国古代法制史研究》，人民出版社1993年版，第254、262~278页)。可见我国刑罚体系率以"五刑"为主。如果我们的看法成立，则"五刑"传统可追溯至秦代。汉代是否亦有"五刑"体系，其详待考。又，《尚书·尧典》"流宥五刑"，《史记·五帝本纪》叙舜事有"五刑有服"，《集解》引马融说："五刑，墨、劓、荆、宫、大辟。"《周礼·秋官·司刑》所举五刑则为墨、劓、宫、刖、杀。前四种均为肉刑，后一种则为死刑。《尚书·吕刑》所举肉刑则为劓、刵、椓、黥，椓即宫刑，黥即墨。要之，我国古代刑罚体系中的"五刑"可谓渊源有自，起源甚古。

中的赀刑已由罚金所取代①。从这一角度看，孔家坡汉简《日书》"天牢"篇中的刑罚体系应为秦人产物，说它是秦系日书，大概也是不为过的。

三、"天牢"篇之吏道观

"天牢图"下另一种占卜内容为"居官宦御"，孔家坡简 355-359 叁栏简文载：

> 居官宦御，一曰进大取；二曰多前毋……句（拘）；四曰深入多取；五曰臣代其主。

居官宦御，整理者注释说："居官、宦御，任官。"②周家台秦简《日书》241 号："斗乘轸，门有客，所言者宦御若行者也"，注释者说："'宦御'，指任官。"③孔家坡注释将"居官"与"宦御"断开，大概是依据周家台秦简。但古书中"宦御"一词罕见。④ 睡虎地《秦律十八种·司空》及里耶秦简多见

---

① 对张家山汉简所见刑罚的综合讨论，可参看李均明：《张家山汉简所见刑罚等序及相关问题》，《华学》第 6 辑，紫禁城出版社 2003 年版，第 122～134 页；崔永东：《张家山汉简〈二年律令〉中的刑罚原则与刑罚体系》，张中秋编：《法律史学科发展国际学术研讨会文集》，中国政法大学出版社 2006 年版，第 334～348 页。张家山汉简《二年律令》仅见一条与"赀"有关的条文，《兴律》401 号简："乏徭及车牛当徭而乏之，皆赀日廿二钱"（彭浩、陈伟、工藤元男主编：《二年律令与奏谳书——张家山二四七号汉墓出土法律文献释读》，上海古籍出版社 2007 年版，第 244 页）。大约汉初刑罚中的"赀"仅限于与徭役有关且罚金数目较小者，不是主要的刑种。

② 湖北省文物考古研究所、随州市考古队编：《随州孔家坡汉墓简牍》，文物出版社 2006 年版，第 174 页。

③ 湖北省荆州市周梁玉桥遗址博物馆编：《关沮秦汉墓简牍》，中华书局 2001 年版，第 117 页。

④ 《论衡注释·命禄篇》（中华书局 1979 年版）第 41 页"故宦御同才，其贵殊命"，第 42 页注 15："'宦'字原本作'官'，据文意改。宦御：做官。"今按：官御亦见《史记·龟策列传》："官御不强，其势不成。"所改未必恰当。

"居赀赎债"一语①，是指居赀、居赎、居债三种身份。由此，"居官宦御"也可能是指居官、居宦、居御三种情形，官、宦、御在官府任职的程度是依次降低的。总之，所谓"居官宦御"是与"系者"相反的占项，在简文中似指仕途进取之道，职是之故，李零先生将此图称为"居官图"，类似唐宋以降的"升官图"②。两个占项分别有五种可能，占问系者依次是除、赀、耐、刑、死；占居官宦御亦有五种，原简文大概是这样的："一曰进大取，二曰多前毋□，【三曰】□□□句，四曰深入多取，五曰臣代其主。"占辞为韵语。

　　"居官宦御"之占辞似强调为官之途在于进取，所谓"进大取""深入多取"皆明白如话，毋庸辞费。严耕望先生在论及汉代仕宦之途径时有如下论断：

　　　　汉代仕宦途径以郎吏为基点，凡百卿相，显名朝列者，大多出身于此。然地方小吏考绩优等察举孝廉者，又为补郎之最主要途径，则谓地方小吏为达宦之初阶可也。汉世小吏之与宰辅，虽地位悬绝，但阶品不繁，高才异等，报迁至速，多有地方小吏察孝廉，为郎官，十余年中四五迁而至公卿者。故有远志者必自近始，人才布于四方，群以绩效自见，品操自励，不自菲薄，望跻公卿。此则绝非后世任何朝代所能及者。③

　　此虽为汉代官场风气，但在此风气影响下，一般民间心理，在占卜"居官宦御"时，也充满积极进取之心态。而尤可注意者，为"臣代其主"一语。睡虎地《日书》有"臣代主"：

---

　　① 湖南省文物考古研究所等：《湖南龙山里耶战国——秦代古城一号井发掘简报》，《文物》2003 年第 1 期。

　　② 李零：《中国最早的"升官图"——说孔家坡汉简〈日书〉的〈居官图〉及相关材料》，《文物》2011 年第 5 期。

　　③ 严耕望：《中国地方行政制度史》甲部《秦汉地方行政制度》，台湾"中研院"历史语言研究所专刊之四十五 A，1997 年景印四版，第 5 页。

月生五日曰杵，九日曰举，十二日曰见莫取，十四日敼（諛）詢，十五日曰臣代主。代主及諛詢，不可娶妻。 睡甲8-9背贰

简文将每月的五日、九日、十二日、十四日、十五日分别命名为杵、举、见莫取、諛詢，以此占娶妻当否。何以会有这些奇怪命名，目前看来还没有很好的解释。① 关于"臣代主"，吴小强译作"奴隶代替主人"。② 但从孔家坡简占"居官宦御"看，也可能是指臣下代替上司，甚至指大臣代替皇帝。《开元占经》所列占辞有一些涉及"臣代主"，录列如下：

郗萌曰：月入西门而折出右掖门，皆为大臣假主之威而不从主命；月入西门，犯天庭，出端门，皆为大臣代主。(《开元占经》卷十四《月占四·月犯石氏中官一》)

甘氏曰：岁星守翼，圣臣代主。(《开元占经》卷二十七《岁星犯翼六》)

《春秋感精符曰》：星孛于东方，言阴夺阳，臣代主，以兵相灭，以势相乘，天下变易，帝位久空，人人傲幸，布衣纵横，祸未定息，主灭乱起，阴动争明之异也。(《开元占经》卷八十八《彗孛名状占二》)③

在这些占辞中，无一例外的是指大臣代替皇帝，取得帝位。汉代仕途虽充满积极进取之风习，但对统治者而言，"臣代其主"绝非所愿。此种情形之发生，当在战国乱世，或帝国之初，君臣恩威未严之时。《史记·项羽本纪》："秦始皇帝游会稽，渡浙江，（项）梁与（项）籍俱观。籍曰：'彼可取而代

---

① 参看刘乐贤：《睡虎地秦简日书研究》，台湾文津出版社1994年版，第210~211页。

② 吴小强：《秦简日书集释》，岳麓书社2000年版，第119页。

③ 转引自李零主编：《中国方术概观·占星卷》，人民中国出版社1993年版，上册第303、384页，下册第853页。

也.'"《史记·高祖本纪》:"高祖常繇咸阳,纵观,观秦皇帝,喟然太息曰:
'嗟乎,大丈夫当如此!'"项羽、刘邦见秦始皇帝,一个说"彼可取而代也",
一个说"大丈夫当如此"。合孔家坡简而观之,项、刘二人之英雄气概,诚当
为当时民间之普遍心理状态,殆无可疑。

四、日书所见的国家与社会

日书反映了社会中以中下阶层为主的人民生活与信仰的部分情形。① 孔
家坡八号汉墓的下葬年代为汉景帝后元二年(前142年)②,墓中所出日书的
年代下限或在汉高祖十二年(前195年)③。据上文所考,"天牢"篇的年代当
在秦代,为秦系日书。所以,我们不妨把"天牢"篇看作反映秦代社会的一个
具体例证。睡虎地秦墓既出土《日书》,也出土大量法律文献,张家山汉墓亦
出土汉初法律文献。法律是国家推行政令之所凭依,是国家实行其权力的象
征。由此,我们将日书看作古代"社会"的一个缩影,而把律令看作"国家"
的象征,以此观察秦汉时期国家与社会之间的相互关系。

据上文所考,孔家坡汉简《日书》"天牢"篇实含有秦代刑罚体系的五个
刑种,这种刑罚对日书的渗透还见于其他日书篇章,睡虎地《日书》甲种117
正叁"直室门"之刑门条有云:"刑门,其主必富,十二岁更,弗而耐乃刑。"
同样的条文亦见于孔家坡《日书》,其简虽残,然294壹仍存"耐乃刑。外毁
孙,内毁子"。其"刑门"之得名,当与刑罚有关。孔家坡283贰之"失伍门"
尚有"虽为啬夫,废。有爵者,耐"。所谓"废",或与"天牢"篇之"除"相当;

---

① 蒲慕州:《睡虎地秦简〈日书〉的世界》,台湾《"中研院"历史语言研究所集刊》
第62本第4分,1993年,第623~675页,尤其是第666~670页。蒲氏所论虽为睡虎地
《日书》,但同样适用于所有秦汉简牍《日书》。

② 湖北省文物考古研究所、随州市考古队编:《随州孔家坡汉墓简牍》,文物出版
社2006年版,第33页。

③ 陈炫玮:《孔家坡汉简日书研究》,台湾"清华大学"历史研究所硕士学位论文,
2007年,第269页。

"耐"，则指耐刑。

假如我们把眼光放大，观察其他数术类文献，可以发现《周易》的卦爻辞中已多有与刑罚有关的术语，如《易·睽》六三："见舆曳，其牛掣，其人天且劓，无初有终。"程《传》："天，髡首本义。"惠栋《辨证语类》："天亦作而，剃鬓也。""而"通"耐"，指耐刑；劓则为肉刑。《周易》卦爻辞所见，不仅有各种刑名，还包括刑具、监狱以及缓刑、赦免等刑罚原则①，可视作刑罚向卜筮类数术文献渗透的佳例。在出土汉代及以后的葬仪文书中，常见"急急如律令""如律令"等语，这种法律术语对民间宗教的渗透，一直影响到道教的早期形式②。

另一方面，日书也对律令产生影响。张家山汉简《二年律令·田律》250号简："毋以戊己日兴土功。"③孔家坡《日书》224号简："壬、癸朔，戊、己土忌。"241号简："五月、六月丙、丁、戊、己……不可操土功。"按五行说学，戊、己属土，故有戊、己日不可兴土功之规定。对于法律文献中的这一类迷信色彩，叶山（Robin D. S. Yates）教授曾表示特别关注，他说：

> 在同一墓葬中发现的法律文献既有明显的逻辑和理性，但有时也带有一点奇怪的、浓厚的宗教色彩。此外，最近在秦国地方官墓葬中的另一些发现也表明法律文献和术数相结合的现象并非睡虎地所独有。此外，这些所谓"迷信"思想甚至被整合到那些相当理性的法治之中。④

---

①　参看韩国磐：《中国古代法制史研究》，人民出版社1993年版，第30～34页；崔永东：《简帛文献与古代法文化》，湖北教育出版社2003年版，第118～153页。

②　参看索安（Anna Seidel）：《从墓葬的葬仪文书看汉代宗教的轨迹》，赵宏勃译，《法国汉学》第7辑《宗教史专号》，中华书局2002年版，第118～148页。汉以后的相关材料，刘屹《敬天与崇道——中古经教道教形成的思想史背景》（中华书局2005年版，第14～125页）有列举，但他未讨论"如律令"的含义。

③　彭浩、陈伟、工藤元男主编：《二年律令与奏谳书——张家山二四七号汉墓出土法律文献释读》，上海古籍出版社2007年版，第191页。

④　叶山：《秦的法律与社会》，叶凡译，郭齐勇主编：《儒家文化研究》第1辑，三联书店2007年版，第300页。

法律文献中含有数术色彩，确实不是个别现象。《史记·李斯列传》："故商君之法，刑弃灰于道。"①据学者考察，此条秦法实源自古老的民间习俗，与睡虎地《日书》"诘咎"篇所载驱鬼术有某种关联。②《后汉书·和帝纪》："永元六年六月己酉，初令伏闭尽日。"李贤注："《汉官旧仪》曰：伏日万鬼行，故尽日闭，不干它事。"同书《王符传》："明帝时，公交车以反支日不受章奏。帝闻而怪曰：民废农桑，远来诣阙，而复拘以禁忌，岂为政之意乎：于是遂蠲其制。"伏日、反支均为日书所常见，沈家本《汉律摭遗》卷十一《户律二》引此二条，复加按语曰："以上二事皆阴阳家俗忌，明帝蠲除反支不受章奏之制，可谓明快。今时拘忌虽多，此二事则无闻矣。"③《艺文类聚》卷五《岁时下·伏》引《风俗通》曰："《户律》：汉中、巴、蜀、广汉自择伏日。俗说汉中、巴、蜀、广汉土地温暑，草木早生晚枯，气异中国，夷狄畜之，故令自择伏日也。"④《晋书·刑法志》："改诸郡不得自择伏日，所以齐风俗也。"⑤凡此，均可见汉代法律对于民间习俗之吸纳。

但是，国家法律与民间习俗毕竟还有相对立的一面。秦汉帝国疆域辽阔，各地殊俗，如何推广国家法律，移风易俗，是国家政府和地方官吏面临的首要任务。睡虎地《语书》载南郡守腾谓县、道啬夫之文告，略谓："古者，民各有乡俗，其所利及好恶不同，或不便于民，害于邦。是以圣王作为法度，以矫端民心，去其邪僻，除其恶俗。"而区别"良吏"与"恶吏"之标准亦端在是否"明法律令"。《为吏之道》明载"吏有五失"："一曰见民倨傲，二曰不安其朝，三曰居官善取，四曰受命不偻，五曰安家室忘官府。一曰不察

---

① 《韩非子·内储说上》作："殷之法，刑弃灰于街者。……一曰：殷之法，弃灰于公道者，断其手。"

② 王子今：《秦法"刑弃灰于道者"试解——兼说睡虎地秦简〈日书〉"鬼来阳（扬）灰"之术》，《陕西历史博物馆馆刊》第 8 辑，三秦出版社 2001 年版，第 83~90 页；另参同氏《睡虎地秦简〈日书〉甲种疏证》，湖北教育出版社 2003 年版，第 356~362 页。

③ 沈家本：《历代刑法考》第 3 册，中华书局 1985 年版，第 1656 页。

④ 参看吴树平《风俗通义校释》（天津人民出版社 1980 年版，第 413 页）所录佚文。

⑤ 沈家本以为《晋志》所云，乃《魏律》所改。参看沈家本：《历代刑法考》第 3 册，中华书局 1985 年版，第 1656 页。

所亲，不察所亲则怨数至；二曰不知所使，不知所使则以权衡求利；三曰兴事不当，兴事不当则民伤指；四曰善言惰行，则士毋所比；五曰非上，身及于死。"其中"居官善取""非上，身及于死"之失，适与孔家坡《日书》"天牢"篇"居官宦御"之"进大取""臣代其主"之民间心态相违异。国家法律与民间心理之矛盾，国家与社会之整合因其手段之刚猛而归于失败，此或为秦帝国二世而亡之一大主因。

第五章　生　死

一个人从出生到死亡，其生命历程经过许多不同的阶段，包括出生、成年、结婚、衰老，以至于死亡，等等。这些不同阶段的经过，经常会引起个人心理与群体关系的转变，每一阶段所产生的转变程度虽有不同，但都如"关口"一样要设法通过，所以社会就设计了一套标准化的行动，帮助个人及其亲属，借这些标准化的仪式，以顺利通过关口。为人的生、老、病、死所举行的仪式，一般称为"通过仪式"（rites of passage）。①

战国秦汉简帛日书尤其重视人生各关口，从人的出生到死亡的各种选择术，都有明确记录。学者的研究也较为丰硕。在生子方面，吴小强先生讨论了秦人的生育意愿和生殖文化。② 尚民杰先生探讨了睡虎地秦简《日书》中的"男女日"与"生子"之间的关系。③ 刘乐贤先生还结合《医心方》收录的《产经》对日书中的"六十甲子生子占""十二支占""时辰占生子""星宿占生子"进行对比研究。④ 睡虎地秦简《日书》有一篇"人字"，利用图幅占生子吉凶，同样图幅亦见长沙马王堆帛书，但无占文。刘乐贤先生对此有很好的研究，

---

①　参看李亦园：《说仪式》，收入氏著《宗教与神话》，广西师范大学出版社 2004 年版，第 36~48 页。

②　吴小强：《秦人生育意愿初探》，《江汉论坛》1989 年第 11 期；《秦简〈日书〉与秦汉时期的生殖文化》，《简帛研究》第 3 辑，广西教育出版社 1998 年版。

③　尚民杰：《〈日书〉"男女日"与"生子"》，《文博》2000 年第 1 期。

④　刘乐贤：《谈〈产经〉的生子占文》，收入氏著《简帛数术文献探论（增订版）》，中国人民大学出版社 2012 年版，第 275~282 页。

纠正了原整理者的一些误释，从而使得该篇文字能够通读。① 台湾学者李建民先生则研究了"人字"图所蕴含的阴阳、数字观念和类比思维特征。② 香港中文大学文物馆藏汉简《日书》中有"人字"残简，由于只存有一支简，整理者未能正确辨识，研究者亦未注意。此后在湖北随州孔家坡和周家寨亦有类似，但名称不同。明清以降的选择通书多有类似之物，甚至还传播到了东洋日本。本章第一节综合研究日书中的各种生子占术，观察古人对子女未来的期许，并对香港中文大学文物馆藏汉简《日书》"人字"残简进行详细考辨。

日书中有关嫁娶的占文涉及古代的婚姻家庭观念，吴小强先生利用日书结合史汉典籍，较为系统地论述了战国秦代社会秦人的家庭生育观念，着重分析了秦人的择偶观念、婚姻质量、妇女观念等方面，指出秦人的婚姻观念与后世有相通之处，具有典型意义。③ 日书嫁娶择日吉凶往往与传说故事联系在一起，包括禹娶涂山氏之女的传说、牵牛（牛郎）织女的传说等，刘乐贤、王子今等先生曾作过考察，唯限于著述体例，未能充分展开④。《史记·日者列传》记载了武帝娶妇择日时各种流派择日吉凶相互矛盾的情形，出土简帛日书充分说明了这一点。本章第二节对此有详细考察。

日书对疾病的占卜亦很重视，内容丰富。刘乐贤先生引用敦煌文献资料，对睡虎地秦简日书所反映的疾病观念有很好的研究。⑤ 杨华先生结合楚卜筮祭祷简研究日书中的疾病占卜，指出楚卜筮祭祷简与日书有相通之处。⑥

---

① 刘乐贤：《睡虎地秦简日书"人字篇"研究》，《江汉考古》1995 年第 1 期；《睡虎地秦简日书"人字篇"补释》，《江汉考古》1995 年第 2 期。

② 李建民：《"人字"图考》，原刊《大陆杂志》1995 年第 5 期，收入氏著《方术·医学·历史》，台湾南天书局 2001 年版，第 81~94 页。

③ 吴小强：《秦人婚姻家庭生育观念新探》，《中国史研究》1989 年第 3 期。

④ 参看刘乐贤：《睡虎地秦简日书研究》，台湾文津出版社 1994 年版，第 451~461 页；王子今：《睡虎地秦简〈日书〉甲种疏证》，湖北教育出版社 2003 年版，第 292~294 页。

⑤ 刘乐贤：《睡虎地秦简日书研究》，台湾文津出版社 1994 年版，第 445~450 页。

⑥ 杨华：《出土日书与楚地的疾病占卜》，《武汉大学学报》（人文科学版）2003 年第 5 期。

朱玲、杨峰对睡虎地秦简《日书》医疗疾病史料作过较为系统的疏理。[1] 陈炫玮引用甲骨卜辞资料对孔家坡汉简《日书》"有疾"篇作比较研究，指出二者的数术原理是相同的。[2] 本章第三节综合考察日书中的疾病观念和疾病的选择占术。

睡虎地秦简《日书》有"死咎"篇和所谓的"视罗图"，文辞简单，抄写有脱误，研究者曾有种种猜测。孔家坡汉简《日书》公布后，内有"死失图"和附图文字三篇，整理者正确指出"死失"即后世之"死煞"。[3] 其后，陈炫玮在他的硕士学位论文中将"失"读为"魅"，指厉鬼。[4] 刘乐贤先生又从汉简中找到两则材料，对"失"读为"魅"作进一步论证，并指出悬泉置汉简《日书》中有同类简文。[5] 本章第四节在上述研究成果的基础上，综合研究睡虎地秦简、放马滩秦简、孔家坡汉简、悬泉置汉简《日书》的同类资料，并大量引述敦煌文献和明清方志材料，不仅基本上弄懂了日书占"死丧"的方术原理，还厘清了此类方术自战国以至明清的发展线索。

第一节　生　子

一、"人字"图说

睡甲 150-154 号简有一篇自题为"人字"的简文，上为图下为配图文字，

---

① 朱玲、杨峰：《睡虎地秦简〈日书〉医疗疾病史料浅析》，《中国中医基础医学杂志》2007 年第 5 期。

② 陈炫玮：《孔家坡汉简日书研究》，台湾"清华大学"历史研究所硕士学位论文，2007 年，第 195~196 页。

③ 湖北省文物考古研究所、随州市考古队编：《随州孔家坡汉墓简牍》，文物出版社 2006 年版，第 170 页。

④ 陈炫玮：《孔家坡汉简日书研究》，台湾"清华大学"历史研究所硕士学位论文，2007 年，第 185 页。

⑤ 刘乐贤：《悬泉汉简中的建除占"失"残文》，《文物》2008 年第 12 期。

兹先将图像写绘如下(见图 5-1):

图 5-1　睡虎地《日书》"人字"图

　　图下有文字曰:"人字:其日在首,富难胜也。夹颈者贵。在奎者富。在腋者爱。在手者巧盗。在足下者贱。在外者奔亡。""字"为生子之意,"人字"也可以指竹简上的图像,此类图形在出土简帛日书多有之,或称"生子占"或"产子占",本书用"人字"图概指此类图式。睡虎地《日书》图分二种,一表示春夏,一表示秋冬。春夏为阳,秋冬为阴。从图像看,俩小人形似为一男一女,春夏图似女,秋冬图为男,季节与男妇的阴阳相配,取阴阳和谐之意。十二地支分列人体各部位,其中春夏图从手部开始,十二支按子丑寅卯的次序,顺时针方向排列;秋冬图则从足部开始,错开二个地支,亦作顺时针方向排列。占辞的排序大概是先吉后凶，略如下述：

其日在首(春夏卯、秋冬巳)，富难胜。

夹颈者(春夏寅辰、秋冬辰午)，贵。

在奎(胯)者(春夏酉、秋冬亥)，富。

在腋(春夏亥未、秋冬丑酉)者，爱。

在手者(春夏子午、秋冬寅申)，巧盗。

在足下者(春夏戌申、秋冬子戌)，贱。

在外(肩)者(春夏丑巳、秋冬卯未)，奔亡。

分析占卜结果，可以发现好的占辞有"富""贵""爱"，不好的判断语有"巧盗""贱"和"奔亡"。从干支的数量看，好与不好的时日各占一半。我们将吉凶判断语写绘于人体，则可得图5-2：

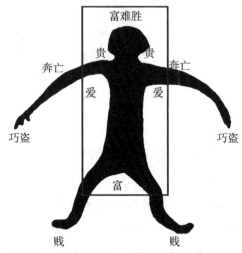

图 5-2 "人字"图吉凶占语与身体部位的关系

从图 5-2 中可见，好的、吉利的判断位于身体的中间部分(内、阳)，不好的、凶险的判断位于身体的外侧(外、阴)。这当然是有意为之。

类似的图形亦见于马王堆帛书《胎产书》①，干支标注的位置与睡虎地相同，但人手上举，与睡虎地手下垂有异，可能是简帛材料的不同所致。《胎产书》只见图像没有占文。北京大学藏汉简有类似的图，名曰"占产子"。②孔家坡汉简《日书》亦有同类图式，竹简残损，整理者据睡虎地填补复原③。新出周家寨汉简《日书》图像清晰(见图5-3)，俩小人分列左右，干支的安排与睡虎地相同；中间插写占辞，文曰："此禹汤生子占也，直头、肩上，贵。直腋，富。足：男子，贱；女子，贵。耳，圣。奎，嫪。手，劳盗。"④与睡虎地相比，二者略有异同，不足深怪。

此类图像发现既多，也有助于我们判读、理解其他日书中的类似图像。《香港中文大学文物馆藏简牍》乙《汉代简牍·日书》第17号简原释文为：

> 行者得功，木者胜，□者不死·陷丙午未申酉戌·则以孝惠三年十一月辛巳夕生。

整理者陈松长先生注释说：

> "陷"即陷日，睡虎地秦简《日书》中有陷日、臽日、窨日。其中陷日见于"除篇"，臽日见于"臽日敫日篇"，而窨日则一见于"除乙篇"，一见于"徐篇"。三者的具体所指并不一样。刘乐贤指出："'除篇'、'除乙篇'、'徐篇'都属建除家言，其具体内容虽略有差异，但都以地支记日，且相邻月份的对应地支也总是相邻关系。差别较大的是本篇

---

① 马王堆汉墓帛书整理小组编：《马王堆汉墓帛书[肆]》，文物出版社1985年版，第133页。

② 北京大学出土文献研究所编：《北京大学藏西汉竹书墨迹选粹》，人民美术出版社2012年版，第37页。

③ 湖北省考古研究所、随州市考古队编：《随州孔家坡汉墓竹牍》，文物出版社2006年版，第177页。

④ 湖北省文物考古研究所、随州市曾都区考古队：《湖北随州市周家寨墓地M8发掘简报》，《考古》2017年第8期。

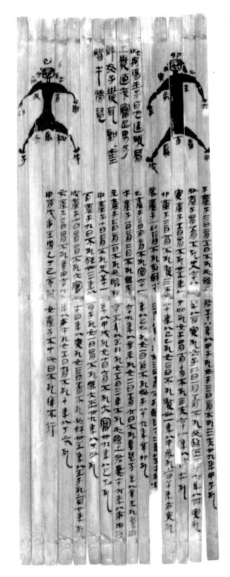

图 5-3　周家寨汉简《日书》"禹汤生子占"

（指刍日歇日篇）的刍日，采用的天支记日，显然与建除说大不相同。所
以将刍日与陷日或窨日联系在一起的说法是没有根据的。"但值得注意的
是，这里虽是四枝有关陷日的残简（晏按：指十七至二十号简，详下），
但其记日既有天干，如"陷己"、"陷庚"、"陷癸"，更有间以地支者，

如"陷丙、午未申酉戌",而且在书写上亦有差别,其中天干是单字较大,而地支附着于所划的曲线两侧,按照"旬日敨日篇"所记,"七月丙旬",那"陷丙"所记为七月,再按"除篇"所记,"午未申酉戌"乃是二、三、四、五、六月的陷日。现此简将二者合书于一简之内,且月份相连,这是否意味着在汉初,陷日的记日已将天干和地支两种不同的记日法融在一起使用了呢?这是很值得研究的问题。①

细按原照片,陈文所说"地支附着于所划的曲线两侧"之"曲线",有上下两道,其"曲线"作上圆下尖之曲锥状,恰似人之手足未画全者。拿它与睡虎地秦简《日书》甲种"人字"图对照,戌位于足下,申位于手下,未、酉位于手臂之间,午在手臂上。此简正是"人字"图秋冬图的右半部分。可见地支"午未申酉戌"是"人字"的一部分,与"陷日"无关。据睡虎地秦简《日书》,此类"人字"图是用以占卜婴儿命运的数术,睡虎地秦简《日书》有占辞,马王堆帛书《胎产书》则无占辞。从香港简 17 残存情况看,当是只有"人字"图而无占辞,与《胎产书》相近。

简文的后半部"则以孝惠三年十一月辛巳夕生",陈松长先生已正确指出"则"为人名,如此,则香港简 17 简文与"人字"是配合使用的,以"则"出生的时日与"人字"图对照以占断其命运之吉凶。十一月为冬,查睡虎地秦简《日书》及马王堆帛书《胎产书》,其秋冬图"巳"正位于"人字"的首(头)部,按睡虎地秦简《日书》占辞,则其人"富难胜也",王子今先生释为"富的程度难以超越,难以匹敌"②。如此吉兆,当然值得在简书大书一笔了。③

① 陈松长编著:《香港中文大学文物馆藏简牍》,香港中文大学文物馆藏品专刊之七,香港中文大学文物馆,2001 年,第 20 页。

② 王子今:《睡虎地秦简〈日书〉甲种疏证》,湖北教育出版社 2003 年版,第 289 页。

③ 陆平《港中大馆藏汉简〈日书〉校释》(简帛网,2008 年 9 月 20 日)以为 27 号简亦为"人字",其中有"思以大□四年十一月丙□□",其例正同。但汉代没有"大□"的年号。

与"人字"图类似的图文在后世亦有流传。司马富（Richard Smith）曾引述一件清道光年间"历书"中的"黄帝四季诗"，为四个站立人像，分别表示春夏秋冬四季，十二支布列于人体各部位，并据生子时的干支占婴孩未来的命运吉凶。[1] 刘乐贤先生亦曾引用彝族《玄通大书》中的"春夏秋冬耿纪"，与日书"人字"图互证。[2] 刘乐贤还引述了香港年历中的"轩辕黄帝四季诗"，笔者早年在珠海亦曾购得来自澳门的类似读物《李宪章通胜》，略如图 5-4 所示：

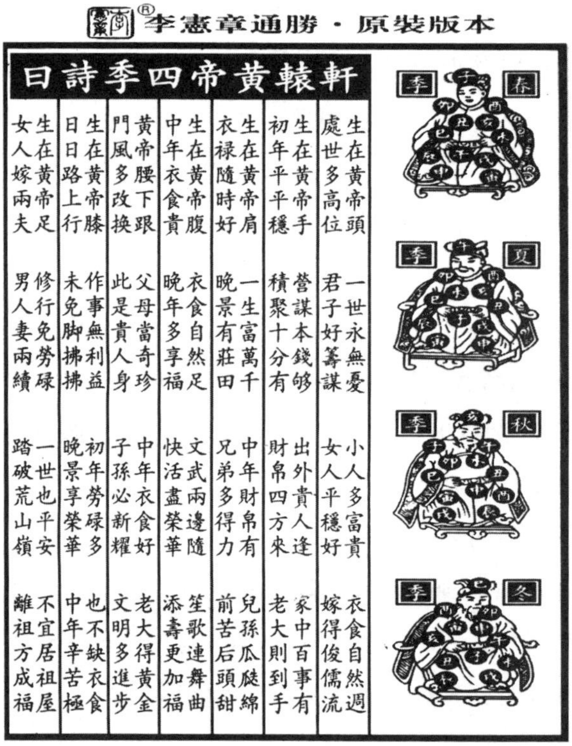

图 5-4　流行于港澳地区《通胜》中的"轩辕黄帝四季诗"（自藏本）

---

① Richard Smith：The Legacy of Daybooks in Late Imperial and Modern China, in Donald Harper & Marc Kalinowski（eds.）：*Books of Fate and Popular Culture in Early China：The Daybook Manuscrpts of the Warring States，Qin，and Han.* Brill，2017. p.153.

② 刘乐贤：《睡虎地秦简日书研究》，台湾文津出版社 1994 年版，第 193~196 页。

2013 年，笔者访学东瀛，春节期间，在日本仙台购得《平成二十六年神宫馆家庭历》，其中有"皇帝四季の占い"（见图 5-5），与中国港澳地区流行的年历如出一辙。可见此类知识源远流长，在民间广为传播，一直未曾断绝。

图 5-5　日本《平成二十六年神宫馆家庭历》之"皇帝四季の占い"（自藏本）

二、生子占对未来的期许

怀孕生子，无疑是人生大事。放甲 16 贰-17 贰、19 贰有一段十六时占生子的简文："平旦生女，日出生男，夙食女，暮食男，日中女，日过中男，旦〈日〉侧女，日下侧男，日未入女，日入男，昏女，夜暮男，夜未中女，夜中男，夜过中女，鸡鸣男。"男、女交替出现，无所偏倚。可见怀孕而欲知其男女性别，古已有之。

放乙 293 号简云："即有生者而欲知其男女，投日、辰、星而三合之，奇者男殹，偶者女殹，因而三之，即以所中钟数为卜□。"简文大意是说，妇女怀孕之后，以占生男生女之法，其方法涉及日（天干）、辰（地支）、星（二十八宿)以及钟律,其详难以尽知。

产子占术还涉及空间方位,周家台秦简《日书》:"东首者贵,南首者富,西首者寿,北首者北。"类似的简文还见于睡乙 74 贰-76 贰,唯"北首者北"作"北向者贱",可知周家台简中的"北首者北"之"北"亦卑贱之义。疏勒河流域出土汉简则作:"生子东首者贵,南首者富,西首者贫,北首者不寿。"①其说又略不同。放乙 303-304 号简文有:"春三月东首,夏三月南首,秋三月西首,冬三月北首,皆吉。"将生子头向方位与时间季节相结合为占,更加细致。睡乙 248 号简说:"凡生子北首西向,必为上卿,女子为邦君妻。"刘乐贤先生说,"首"可能是指产妇头所指的方向;"向"则可能是产妇身子所朝的方向,或者是婴儿出生时身体所朝的方向。② 生子"北首西向"则"必为上卿,女子为邦君妻"。社会地位不可谓不高,远非"卑贱"者可比。

事实上,日书中的生子占比较关注儿女今后的社会关系和社会地位。睡甲和睡乙均有六十甲子生子占的篇什,二者大同小异。我们将占语按个人、社会及一般吉凶判断分为三类,个人又分容貌、品行、生存状态三种,社会属性分社会关系和社会地位二种,其结果列表如下(见表 5-1):

表 5-1   六十甲子生子占对子女未来的期许

	个人			社会		一般
	容貌	品行	疾病、年寿	职业与社会关系	社会地位	
数量	5	25	15	17	25	11
比例(%)	5.1	25.5	15.3	17.3	25.5	11.2

睡甲和睡乙的生子占大部分占语相同,但也有不一致的地方,比如睡甲简 140 正壹:"甲戌生子,饮食急。"睡乙简 239-240 作:"利酒醴。"同一条占

---

① 林梅村、李均明:《疏勒河流域出土汉简》,文物出版社 1984 年版,第 65 页。
② 刘乐贤:《睡虎地秦简日书研究》,台湾文津出版社 1994 年版,第 299 页。

语往往涉及几方面的情形,如睡甲简 143 正壹:"丁丑生子,好言语,或眚于目。""好语言"属于个人品行方面,"或眚于目"则属于个人容貌。我们把相异的简文和多种情形的占语分别看待,共得 98 条占语,统计的结果如表5-1 所示,在个人属性方面,有关品行的占语最多,共 25 条,占总数的25.5%,品行包括:"好女子""好货""好衣佩""武有力""嗜酒",等等。在社会属性方面,以"社会地位"的数量较多,共 25 条,亦占 25.5%,包括:"谷""富""事君""肉食""有闻于邦",等等。"一般"是指"吉"或"不吉"等简单吉凶判断。据表5-1 可知,日书在生子占方面对个人品行和社会地位方面较为看重,对个人容貌反而较少措意。

　　孔家坡汉简《日书》"十二支生子占"以十二支占生子,亦较多地关注生子的社会地位,如简 379 贰:"子,生子,三日、二月五日不死,必为上君。"简 386 贰:"未,生子,三日、二月一日不死,必临国。六十五年以壬申死。女,五日、三年不死,必为上君妻。七十六年以庚申死。"占语中的"临国""上君""上君妻",其社会地位已相当高。孔家坡汉简中当然也有贫富、职业等方面的占断和期许,这些都属于人之常情,无须过多讨论。值得注意的是,简文生子几日不死,然后占其死日的条文,从时间上看,最长的年寿为 87 年,最短者为 9 年,且以年寿者居多,反映了古代人们对长寿的期望。类似的简文见于香港中文大学文物馆藏简,刘乐贤先生有很好的讨论①。孔家坡和香港中大藏简都有所残缺,周家寨简无损坏,兹将其生子的年寿预期列表如下(见表5-2):

表5-2　周家寨"产子占"年寿的预期

	子	丑	寅	卯	辰	巳	午	未	申	酉	戌	亥
男	58	68	35	80	73	61	69	65	51	43	74	67
女	39	56	67	31 \ 80	72	89	50	76	49	49	35 \ 20	10

---

① 刘乐贤:《简帛数术文献(增订版)》,中国人民大学出版社 2012 年版,第 275～283 页。

表 5-2 卯日生，女卅一年以甲辰死，一曰八十年庚辰死。表中用斜线分隔两个年代，戌日条类同。《产经》几乎每条末尾都有"一云"，但不涉及卒年。这个"一曰"不知是抄手所见另本有不同的说法，还是来自不同的占家。表 5-2 中所见，最年寿者为 89 年，最短命者为 10 年，二者均出女性。在此类占术中，前文都有假设性的条件，称某某日不死，然后才是年寿短长的预测，已事先基本上排除年幼夭折的可能，但亥日生的女性只有十年寿命，仍足以使人骇异。从表 5-2 中统计可知，男性平均年寿为 62 岁，女性为 51.9 岁（若按"一曰"计算，则为 54.8 岁），比男性少了 10 岁多。男女平均寿命都在 50 岁以上，已经相当高了，这应该只是一种愿望和预期，而非实际年寿。而女性寿命预期少于男性，则很可能是当时社会男女年寿差别的一种变相反映。

第二节 嫁 娶

一、嫁娶择日的表述形式与特征

嫁娶择日，古已有之。九店楚简《日书》"建除"篇之建日"利以娶妻"、盈日"利以娶妻"、城日利以"娶妻、嫁子"、散日"利以嫁女"。凡十二直日中，有四日利以嫁娶，其比例不低。秦汉时期，嫁娶择日风习更盛，规定繁复，《论衡·辨祟篇》对此多有批评。古诗《孔雀东南飞》云："下官奉使命，言谈大有缘。府君得闻之，心中大欢喜。视历复开书，便利此月内，六合正相应。良吉三十日，今已二十七，卿可去成婚。"[1] "视历复开书"即是此类日书，可见民间嫁娶，多"视历开书"以择"良吉"。帝王之家亦然，《史记·日者列传》褚少孙补曰：

---

[1] 吴冠文、谈蓓芳、章培恒：《玉台新咏汇校》上册，上海古籍出版社 2014 年版，第 80 页。

臣为郎时，与太卜待诏为郎者同署，言曰："孝武帝时，聚会占家问之，某日可取妇乎？五行家曰可，堪舆家曰不可，建除家曰不吉，丛辰家曰大凶，历家曰小凶，天人家曰小吉，太一家曰大吉。辩讼不决，以状闻。制曰：'避诸死忌，以五行为主。'"人取于五行者也。

武帝时娶妇聚会占家，而各家占断之吉凶相互矛盾、相互攻诘。此类情形，在日书中亦有所反映。据放马滩、睡虎地、孔家坡三种日书"建除"篇，利于嫁娶之吉日为平日、收日、闭日，换写成表格形式，即为表5-3：

表5-3 日书"建除"篇之嫁娶吉日

正月	二月	三月	四月	五月	六月	七月	八月	九月	十月	十一月	十二月
巳、亥、丑	午、子、寅	未、丑、卯	申、寅、辰	酉、卯、巳	戌、辰、午	亥、巳、未	子、午、申	丑、未、酉	寅、申、戌	卯、酉、亥	辰、戌、子

睡虎地秦简和孔家坡汉简均有"丛辰"，据睡甲所记，可娶妇嫁女的吉日为"秀""阴""结"日，不可娶妇嫁女的凶日为"危阳""敫""彻"日。上述丛辰诸日可按月列成下表(见表5-4)：

表5-4 日书"丛辰"篇之嫁娶吉、凶日

	正、二月	三、四月	五、六月	七、八月	九、十月	十一、十二月
吉日	子、巳、未、亥	寅、未、酉、丑	辰、酉、亥、卯	午、亥、丑、巳	申、丑、卯、未	戌、卯、巳、酉
凶日	寅、酉、卯、午	辰、亥、巳、申	午、丑、未、戌	申、卯、酉、子	戌、巳、亥、寅	子、未、丑、辰

比较上述表5-3、表5-4，可见嫁娶之吉凶日有同有异，如正月巳、亥日均为吉日，但也有相互矛盾之处，如二月寅、午日在建除术中为吉日，但在丛辰术中则为凶。建除和丛辰是《史记·日者列传》中提到的二家，其他诸家

还未能在日书中确认，但日书中所见的复杂情形一点也不比《史记·日者列传》差。如睡乙《日书》有一篇我们称为"悤结"，利以嫁娶的日子为："嬴、阳之日"，"作、阴之日"，"成、决光之日"，"复、秀之日"，把这几种时日综合起来，其吉日分布如下表(见表5-5)：

表5-5 睡乙《日书》"悤结"篇之嫁娶吉日

正月	二月	三月	四月	五月	六月	七月	八月	九月	十月	十一月	十二月
丑、辰、戌、亥	寅、巳、亥、子	卯、午、子、丑	辰、未、丑、寅	巳、申、寅、卯	午、酉、卯、辰	未、戌、辰、巳	申、亥、巳、午	酉、子、午、未	戌、丑、未、申	亥、寅、申、酉	子、卯、酉、戌

拿表5-5与上述表5-3、表5-4比较，没有一个月是完全相同的，相互矛盾、抵牾之处甚多。此外，秦汉简牍日书还有一些专门讲嫁娶的简文，这一类简文对吉凶的判断，也与上述各表所列不尽相同。比如放乙和睡甲中的"帝"篇就规定"杀日""不可出女、娶妻"，放乙简规定"反支"日"不可冠带、见人、娶妇、嫁女、入臣妾"。周家台141-142号简有"凡小彻之日，利以行作、为好事。娶妇、嫁女，吉"。睡甲和孔家坡简均有"艮山"，其中说到"离日不可以嫁女、娶妇及入人民、畜牲，唯利以分异"。孔家坡简利用孤虚术占嫁娶，其文曰："凡娶妻、嫁女，毋从孤之虚，出不吉。从虚之孤，杀夫。"凡此之类，不胜枚举。日书所见，益可证《史记·日者列传》所述，信而有征。

日书有关嫁娶择日，有两点值得注意，其一，择日吉凶与传说故事相联系，其二，多利用星宿占其吉凶。以下分述之。

日书中有将娶妻日与禹娶涂山之女相联系的例子，如下：

癸丑，戊午，己未，禹以娶梌山之女日也，不弃，必以子死。睡甲2背壹

　　□□□以戊午、己未，是禹之娶梌【山之女为】妻之日也，必一子死。香港25

　　简文中的"梌山"之"梌"，古书多作"涂"，或作"盦"。关于禹娶涂山女日，自来颇有分歧。《尚书·皋陶谟》载："予娶涂山，辛、壬、癸、甲，启呱呱而泣，予弗子。"《史记·夏本纪》作："予辛、壬娶涂山，癸、甲生启，予不子。"①《索隐》："《尚书》云：'娶于涂山，辛、壬、癸、甲，启呱呱而泣，予弗子。'今此云：'辛、壬娶涂山，癸、甲生启'，盖《今文尚书》脱误，太史公取以为言，亦不稽其本意。岂有辛、壬娶妻，经二日生子，不经之甚。"张文虎曰："辛、壬错在涂山上，传写偶误。"②《集解》引伪孔传云："辛日娶妻，至于甲四日，复往治水。"这是说禹以治水之公务为重，结婚仅四天就离去。郑玄云："登用之年，始娶于涂山氏，三宿而为帝治水。"孙星衍《尚书今古文注疏》综考之，云："'予辛、壬娶涂山'者，盖涂山道远，娶之行二日。'癸、甲生启'者，在家二宿也。《广雅·释诂》云：'腹，生也。'言二日而娠启，即往治水。《列女传·母仪篇》云：'启母者，涂山氏长女也，夏禹娶以妃，既生启，辛、壬、癸、甲，启呱呱而泣，禹去而治水。'似说辛、壬、癸、甲为生启后四日，亦或可释为生启以辛、壬、癸、甲之四日也。《楚辞·天问》云：'焉得彼涂山女，而通之于台桑?'王逸注云：'言禹治水，道娶涂山之女，而通夫妇之道于台桑之地。'又云：'以辛酉日娶，甲子日去，而有启也。'《吴越春秋》云：'禹因娶涂山，谓之女娇。取辛、壬、癸、甲，禹行。十月，女娇生子启。启生不见父，昼夜呱呱而啼泣。'"③又，《说文》："盦，会稽山也。一曰九江当涂也。民以辛、壬、癸、甲之日嫁娶。"《水经注·淮水》："淮水自黄邪山东北，迳马头城北，魏马头郡治也，故当涂县之故城也。《吕氏春秋》曰：'禹娶涂山氏女，不以私害公，自辛、

———

① 今中华书局点校本作："予娶涂山，辛壬癸甲"，以与《尚书》相合。《史记》卷二《夏本纪》，中华书局1959年版，第80页。
② 参看泷川资言：《史记会注考证》，北岳文艺出版社1999年版，第39页。
③ 孙星衍：《尚书今古文注疏》，中华书局1986年版，第113页。

壬至甲四日，复往治水。故江淮之俗以辛、壬、癸、甲为嫁娶日也。"所引
《吕氏春秋》不见今本。将简文与传世文献对照，至少有两点不同。第一，
《尚书》及其他传世文献均以天干之辛、壬、癸、甲纪日，而日书则以天干结
合地支纪日，作：癸丑、戊午、己未三日。历代注疏对禹娶涂山女日辛、
壬、癸、甲虽多歧异，但无一与简文日书相同。第二，《说文》和《吕氏春
秋》均以禹娶涂山氏女日为嫁娶吉日，而日书则以为不吉日。上述差异，盖
传闻异辞；书缺有间，不足深辨。所可注意者，为日书将禹娶涂山氏女日为
不吉利，此盖因禹娶涂山氏女之后，不久即离去。新婚即离别，诚非其所
愿。日书所反映的一般社会大众的嫁娶心态，于此可见一斑。

日书所见另一种民间传说，为牵牛、织女故事，简文云：

> 戊申、己酉，牵牛以娶织女，不果，三弃。睡甲155 正
> 戊申、己酉，牵牛以娶织女，而不果，不出三岁，弃若亡。睡甲3 背壹

牵牛、织女故事当即后世牛郎、织女民间神话故事的前身。讨论牛郎、
织女神话故事的学者，常引《诗经·大东》为据①，但也有学者表示怀疑。从
《日书》简文看，早在先秦时代，牵牛、织女的神话已普遍流行。② 有学者甚
至认为："牵牛以娶织女"的说法，说明在睡虎地秦简《日书》甲种成书的时
代，牛郎织女的爱情传说已经形成了比较确定的主题，形成了比较完整的结
构。③ 不过，后世民间传说，多以为牛郎、织女七月七日一相会④，而《日
书》则以戊申、己酉为牵牛娶织女之日。日书的这一特点，是另有民间传说
作为依据，抑或出于日书择日需要的造作，还有待更多的资料来证明。

---

① 参看罗永麟：《试论〈牛郎织女〉》，原刊《民间文学集刊》第 2 集，此据苑利主
编：《二十世纪中国民俗学经典·传说故事卷》，社会科学文献出版社 2002 年版，第 89~
108 页。
② 刘乐贤：《睡虎地秦简日书研究》，台湾文津出版社 1994 年版，第 451~454 页。
③ 王子今：《睡虎地秦简〈日书〉甲种疏证》，湖北教育出版社 2003 年版，第 292~
293 页。
④ 参看小南一郎：《中国的神话传说与古小说》，孙昌武译，中华书局 2006 年版，
第 1~141 页。

日书嫁娶宜忌常以二十八宿纪日，如：

　　凡娶妻、出女之日，冬三月奎、娄，吉。以奎，夫爱妻；以娄，妻爱夫。 睡甲 6 背壹

　　直参以出女，室必尽。 睡甲 2 背贰

　　直营室以出女，父母必从居。 睡甲 3 背贰

　　直牵牛、须女出女，父母有咎。 睡甲 4 背贰

　　中春轸、角，中夏参、东井，中秋奎、东壁，中冬箕、斗，以娶妻，弃。 睡甲 5 背贰

　　凡参、翼、轸以出女，丁巳以出女，皆弃之。 睡甲 6 背贰

上举简文中的二十八宿应为纪日法，尤其是孔家坡 173 号简"牵牛日"的说法，可为明证。简文所见二十八宿纪日有两种，一种是以四时配二十八宿纪日，如睡甲简 5 背贰、睡甲简 6 背壹，其余则为单纯以二十八宿纪日。简文中的二十八宿纪日与序数和干支纪日的对应关系，由于材料所限，目前还难以得出具体、明确的结论。上述二十八宿配日所关乎嫁娶吉凶，除睡甲简 6 背壹一条之外，似乎都是不吉利的结果。水泉子汉简《日书》有："……欲娶妇嫁女，不避咸池，家室空。"[1]咸池当即太岁。前文曾讲到动土、出行要避太岁，看来娶妇嫁女亦须回避，太岁真是凶神恶煞，为害不浅。

明清小说多有嫁娶择日者，《三国演义》第十九回《下邳城曹操鏖兵　白门楼吕布殒命》记曰："却说许汜、王楷回见吕布，具言袁术先欲得妇，然后起兵救援。布曰：'如何送去？'汜曰：'今郝萌被获，操必知我情，预作准备。若非将军亲自护送，谁能突出重围？'布曰：'今日便送去，如何？'汜曰：'今日乃凶神值日，不可去。明日大利，宜用戌、亥时。'"[2]吕布出女，

---

① 张存良、吴荭：《水泉子汉简初识》，《文物》2009 年第 10 期。
② 罗贯中：《三国演义》，人民文学出版社 1973 年版，第 166 页。

逢凶神值日，故不吉利。此乃泛言。《金瓶梅》第十七回《宇给事劾倒杨提督　李瓶儿招赘蒋竹山》记李瓶儿新寡欲招赘蒋竹山曰："妇人笑以手携之，说道：'且请起，未审先生鳏居几时，贵庚多少？既要做亲，须得要个保山来说，方成礼数。'竹山又跪下哀告道：'小人行年十九岁，正月二十七日卯时建生。不幸去年荆妻已故，家缘贫乏，实出寒微。今既蒙金诺之言，何用冰人之讲。'妇人听了笑言道：'你既无钱，我这里有个妈妈，姓冯，拉他做个媒证。也不消你行聘，择个吉日良辰，招你进来入门为赘。你意下如何？'这蒋竹山连忙倒身下拜：'娘子就如同小人重生父母，再长爹娘，宿世有缘，三生大幸矣！'……到次日，就使冯妈妈通信过去，择六月十八日大好日期，反蒋竹山倒踏门招进来，成其夫妇。"文中具体说到"六月十八日大好日期"，如何是好日，文中亦未明言。嫁娶除择日外，还需要"保山""媒证"，《西游记》第二十三回《三藏不忘本　四圣试禅心》记述菩萨化身为妇人，带着三个女儿来试探唐僧师徒："妇人道：'四位长老，可肯留心，着那个配我小女么？'悟净道：'我们已商议了，着那个姓猪的招赘门下。'八戒道：'兄弟，不要栽我，还从众计较。'行者道：'还计较什么？你已是在后门首说合的停停当当，"娘"都叫了，又有什么计较？师父做个男亲家，这婆儿做个女亲家，等老孙做个保亲，沙僧做个媒人。也不必看通书，今朝是个天恩上吉日，你来拜了师父，进去做了女婿罢。'"①所谓"天恩上吉日"，《玉匣记》说："四季何日是天恩，甲子乙丑丙寅连；丁卯戊辰兼己卯，庚辰辛巳壬午言；癸未隔求己酉日，庚戌辛亥亦同联；壬子癸丑无差误，此是天恩吉日传。""其日宜营造、嫁娶、移徙、祭祀、上官、纳财。"所以又称"上吉日"，适宜嫁娶。悟空的说法是有根据的。

二、嫁娶择日预测的内容

睡虎地秦简《日书》甲、乙种及孔家坡汉简《日书》中，均有二十八宿择

_____

①　吴承恩：《西游记》，人民文学出版社1980年版，第282页。

日的简文，或名为"星"，或名为"官"，其中颇涉及嫁娶吉凶，兹将睡甲中的有关简文列表如下（见表5-6），作为一个典型例子，试分析嫁娶择日预测的主要内容。

表5-6 二十八宿"星官"篇中的嫁娶吉凶

星	吉凶	星	吉凶	星	吉凶
角	娶妻，妻妒	须女	娶妻，吉	参	娶妻，吉
氐	娶妻，妻贫	虚	娶妻，妻不到	东井	娶妻，多子
房	娶妇、嫁女，吉	营室	以娶妻，妻不宁	柳	娶妻，吉
心	娶妻，妻悍	奎	以娶妻，女子爱而口臭	七星	不可出女
尾	不可娶妻	娄	以娶妻，男子爱	张	娶妻，吉
箕	娶妻，妻多舌	胃	以娶妻，妻爱	翼	娶妻，必弃
斗	娶妻，妻为巫	毕	娶妻，必二妻	轸	娶妻，吉

表5-6中所列共二十一宿，另有七宿无相关记录。从表5-6的吉凶占语看，单纯讲嫁娶吉凶而不涉及其他者有7条；涉及女方（妻）容貌、性情者有4条，如"妻妒""妻悍""妻多舌"等；涉及夫妻关系者3条；涉及家庭关系及女性职业者有2条；涉及婚后状况者2条。还有些条文暂时无法归类。下面结合其他简文略作分析，以此观察秦汉时代社会民众对婚姻关系的一般认识。

1. 容貌与性情

日书中鲜有关于夫妻双方容貌的记录，但下列简文值得注意：

庚辰，辛巳，敝毛之士以娶妻，不死，弃。**睡甲5背壹**

敝毛，或指年长发衰。① 《周易·大过·九二》："枯杨生稊，老夫得其

① 睡虎地秦墓竹简整理小组编：《睡虎地秦墓竹简》，文物出版社1990年版，第209页。

女妻，无不利。"《太玄·内·次七》："枯桓生荑，曜头内其稚妇，有。"简文
或以"敝毛之士"指年长之男性，老夫娶少妻，因而有"不死"即"离弃"的
后果。

与较少或不大关注容貌相对应的，是对女方性情的较多关注，表 5-6 中
的角日"娶妻，妻妒"；心日"娶妻，妻悍"；箕日"娶妻，妻多舌"，多舌即
多口舌，是喜欢搬弄是非、多嘴多舌的意思。① 妻子飞短流长，必为人所厌
弃。营室日"以娶妻，妻不宁"；"不宁"或为不安分之意，亦非吉兆。香港
中文大学文物馆藏简 31 号：

> 疵。伐木，吉。娶妻，妻恃，不可入奴。

"痔"当读为"恃"。简文的"妻痔"当指其妻仗势跋扈②，亦为"妻悍"之类。

总之，从日书简文看，时人对婚姻嫁娶的看法，较多地关注女方的性
情，而较少关注女方的容貌。

2. 夫妻关系与家庭关系

婚姻嫁娶涉及男女双方，夫妻关系是否和谐，亦为日书关注的重点。表
5-6 中的"男子爱"，"妻爱"即是这方面的表现。此外，尚有下列简文：

> 凡娶妻、出女之日，冬三月奎、娄，吉。以奎，夫爱妻；以娄，妻
> 爱夫。睡甲 6 背壹
> 戊戌、己亥不可〖以〗嫁人，始生日，夫妻相恶，乃涂奥，乃止。
> 孔家坡 178 贰

> 戊己毋娶妻，娶妻厌姑。孔家坡 181

① 刘乐贤：《睡虎地秦简日书研究》，台湾文津出版社 1994 年版，第 112 页。
② 陈松长编著：《香港中文大学文物馆藏简牍》，香港中文大学文物馆藏品专刊之
七，香港中文大学文物馆，2001 年，第 23 页。

睡甲所记为夫妻相爱，最为理想。孔家坡 178 贰号简所记则为治"夫妻相恶"之方术。"奥"或指灶，《礼记·礼器》："燔柴于奥。夫奥者，老妇之祭也。"孔疏："奥者，正是灶之神，常祀在夏，以老妇配之。"奥亦为猪圈，《庄子·徐无鬼》："吾未尝为牧，而牂生于奥。"《经典释文》：奥，"一曰豕牢也"。"乃"为假设连词，义为"若"。① 简文大概是说，夫妻相恶，如果刚开始的那一天以泥涂"奥"，就不会再相恶。这是一种禳解巫术。《医心方》卷廿六《相爱方》引《枕中方》："夫妇相憎之时，以头发埋着灶前，相爱如鸳鸯。"又引《灵奇方》："取黄土，酒和，涂账内户下，方圆一寸，至老相爱。"又方："取灶中黄土，以胶汗和，着屋上五日，取涂所欲人衣，即相爱。"② 敦煌遗书《攘女子妇人述秘法》亦云："凡欲令夫爱，取户下泥涂户上，方圆五寸，即得夫畏敬。"③所述与简文类似。

　　孔家坡 181 号简讲戊己日娶妻，妻与婆婆关系不好。武威汉简有："亥毋纳妇，不宜姑、公。"④"姑"与"公"也许可以分读，《说文》："姑，夫母也。"《尔雅·释亲》："(妇)称夫之母曰姑。"是说不仅与婆婆交恶，还与公公不相宜。

　　嫁娶择日影响到夫妻关系、家庭和睦的情形，在后世小说中多有记载，《二刻拍案惊奇》卷十五《韩侍郎婢作夫人　顾提控掾居郎署》记一对江老夫妇为图报恩而将女儿嫁给顾提控，文中说道："当下三人计议已定，拿本历

---

① 参看杨树达：《词诠》，中华书局 2004 年版，第 68～72 页。

② 丹波康赖编撰，沈澍农等校注：《医心方校释》，学苑出版社 2001 年版，第 1638、1639 页。

③ 转引自詹鄞鑫：《心智的误区——巫术与中国巫术文化》，上海教育出版社 2001 年版，第 604 页。

④ 甘肃省博物馆、中国科学院考古研究所编：《武威汉简》，中华书局 2005 年版，第 136 页。明清通书"彭祖百忌日"有"亥不嫁娶，必主分张"之禁忌，唐宋以后，"亥不嫁娶"更成为历书铺注之公规而广为流传，参看黄一农：《嫁娶宜忌：选择术中的"亥不行嫁"与"阴阳不将"考辨》，收入刘增贵编：《法制与礼俗》，台湾"中研院"历史语言研究所，2002 年，第 285～308 页；又见黄一农：《社会天文学史十讲》，复旦大学出版社 2004 年版，第 168～193 页。

日来看，来日上吉。次日早起，把女儿装扮了，江老夫妇两个步行，女儿乘着小轿，抬到城中，竟到顾家来。"但没过多久，顾提控又将江氏女完璧送还。这引起了江老夫妇的疑惑，在匆忙询问女儿详情之后，又请教嬷嬷，嬷嬷道："敢是日子不好？与女儿无缘法？得个人解禳解禳便好。"于是江老说道："且等另拣个日子，再送去做外。"①

孔家坡 181 号简所记，大约涉及婚后家庭成员之间的关系。与之类似的还有下列诸简：

> 直参以出女，室必尽。睡甲 2 背贰
> 直营室以出女，父母必从居。睡甲 3 背贰
> 直牵女、须女出女，父母有咎。睡甲 4 背贰
> 不可娶妻、嫁女，父母三年有大咎。香港 26

所谓"室必尽"，是指其家庭将要破产耗财，或指家人的死丧。② 由上述简文可见，秦汉时代婚姻关系，比较多的关注婚后妻子与父母及其他家庭成员是否和睦相处。

3. 对子嗣的关注

婚后是否有子嗣或子女的多寡，亦为日书所关注。表 5-6 所列东井"娶妻，多子"，显然是时人所希望的。此外尚有下列诸简：

> 甲寅之旬，不可娶妻，无子；虽有，无男。睡甲 9 背壹
> 甲寅旬，此【谓星】辰季也，不可嫁，无子。孔家坡 177 贰
> 甲午旬，嫁女，无娠。孔家坡 178 壹

---

① 凌濛初：《二刻拍案惊奇》，上海古籍出版社 1992 年版，第 191~192 页。
② 参看刘乐贤：《睡虎地秦简日书研究》，台湾文津出版社 1994 年版，第 206 页；王子今：《睡虎地秦简〈日书〉甲种疏证》，湖北教育出版社 2003 年版，第 318 页。

孔家坡178壹号简"无娠",显然是指妻子无法生育,亦即"无子"。睡甲简9背壹则特别强调"无男"的重要性,可见妻子是否能生育男孩、承继家业、延续香火,对于婚姻嫁娶而言,是很重要的。

4. 对婚后吉凶的预测

日书嫁娶择日有大量关于婚后吉凶的占测,充斥着离弃和死亡的占语。上举禹娶涂山氏女日,牵牛娶织女日均充斥"弃"或"死"的记录,睡甲简155正甚至有"不果,三弃"的说法。睡甲简10背:"戌兴〈与〉亥,是谓分离日,不可娶妻。娶妻,不终,死若弃。"离弃即意味着不能从一而终。汉代改嫁改娶司空见惯,贵族重臣多不以为意。① 日书中有关离弃的大量记录,或者从另一个角度反映了秦汉时代民间社会存在的改嫁改娶的风俗。

婚后预测最为严重的后果,是导致夫妻一方或子嗣的死亡:

> 正月、七月朔日,以出母〈女〉、娶妇,夫妻必有死者。睡乙117
> 戌不可娶妻、嫁女,且作且丧。孔家坡395-396
> □□□□□妇、嫁女,用之凶,八月辰,不可娶妻,恐寡及一人,申巳□。香港28

在死亡的对象方面,有死子的:

> 癸丑,戊午,已未,禹以娶梌山之女日也,不弃,必以子死。
> 睡甲2背壹

有死妻的:

> 戊申、已酉,以娶妻,妻不出三岁,弃、亡。孔家坡175贰
> 癸丑、戊午、已未,以娶妻,妻死,不,必弃。孔家坡176贰

---

① 参看杨树达:《汉代婚丧礼俗考》,上海古籍出版社2000年版,第34~44页。

但更多的是死夫：

> 壬辰、癸巳，橐妇以出，夫先死，不出二岁。睡甲 4 背壹
>
> 亥不可娶妻、嫁女，炸夫之建，炸妇之日也。以之，不字，夫恐
> 死。孔家坡 174

第三节　疾　病

中国古籍中并没有对疾病的专门定义，大约人身体感到不舒服，不能自由活动或从事劳动生产，便是疾病。① 但这并不意味着中国古代对疾病没有认识，在殷墟甲骨文中，就已有丰富的疾病记录，那时候的人们对疾病已有相当广泛的认识。春秋时代秦国名医医和，根据其行医经验提出"六气致病说"，成为后世风、寒、暑、湿、燥、火"六淫病源"说的基础。迭至战国秦汉时代，对疾病的认识更为全面、深刻，由此奠定了祖国医学的基础理论体系。马王堆汉墓出土的简帛医药，即其明证。② 战国秦汉时代的简牍日书亦多疾病择日的记录，在有关疾病择日的简文中，多将疾病归因鬼神作祟，表现出比较原始、落后的一面，同时也反映出民间一般社会民众对疾病的基本认识。

一、疾病择日与病情描述

日书对病情的描述较为简单，周家台 187-242 号简是一篇二十八宿占书，其中有关疾病一项略如下示：

---

① 马伯英：《中国医学文化史》，上海人民出版社 1994 年版，第 118 页。

② 史兰华等编：《中国传统医学史》，科学出版社 1992 年版，第 23~75 页。

角：占病者，已。

亢：占病者，笃。

牵牛：占病者，死

奎：占病者，勮。

胃：占病者，未已。

昴：占病者，少可。

毕：占病者，笃，不死。

翼：占病者，有瘳。

"笃"指病情加重。《论衡·率性篇》："古贵良医者，能知笃剧之病所从生起，而以针药治而已之。"《论衡·顺鼓篇》："笃病有瘳。"《论衡·恢国篇》："是故微病恒医皆巧，笃剧扁鹊乃良。"《论衡·订鬼篇》："故病笃者气盛。"《论衡·解除篇》："病人困笃，见鬼之至。"简文"勮"即剧，亦病重之义。放乙242号简："投黄钟，以占为病，益疾。""益疾"亦病情加重之义。《左传》昭公七年："晋侯有疾，韩宣子逆客，私焉，曰：'寡君寝疾，于今三月矣。并走群望，有加而无瘳。'""瘳"为病愈，"有加"即病情重。

简文"已""未已"是指病情好不好。《广雅·释诂》："已，愈也。"《吕氏春秋·至忠》："王之疾，必可已也。"高诱注："已，犹愈也。"《素问·离合真邪论》："刺其出血，其病立已。"放乙《日书》345、348号简可相接，简文曰："凡人来问病者，以来时投日、辰、时数并之。上多下占病已，上下【等】曰垂已，下多上一曰未已而几已，下多上二曰未已，上下多三曰日尚久，多四、五、六曰久未知已时，多七曰癃不已，多八、九曰死。"这种方术大概是利用日（天干）、辰（地支）和时辰数的多少来测算病情，从好到坏排列，最坏的结果当然是病人死亡。

简文中表示病愈的还有"起""酢""间"等。睡甲16正贰："盈日……有疾，难起。"刘乐贤先生说，"起"在古汉语中有治愈之意。① 睡甲 68-69 正贰："甲、乙有疾，父母为祟，得之于肉，从东方来，裹以漆器。戊、己病，庚有〖閒〗，辛酢。若不〖酢〗，烦居东方，岁在东方，青色死。"简文中的"酢"，学者亦以为表示病愈。②

日书表示病情的还有"汗"，如孔家坡 350 壹："庚、辛，金也，有疾，白色，日中死。非白色，丙有瘳，丁汗。街、行、人炊、兵祟。""汗"原释文读为"閒"。《论衡·寒温篇》："人中于寒，饮药行解，所苦稍衰；转为温疾，吞发汗之丸而应愈。"《三国志·魏书·方技·华佗传》："县吏尹世苦四支烦，口中干，不欲闻人声，小便不利。佗曰：'试作热食，得汗则愈。不汗，后三日死。'即作热食而不汗出，佗曰：'藏气已绝于内，当啼泣而绝。'果如佗言。"《太平御览》卷七二二引《三国志·魏书·华佗传》作："试作热食，得汗即愈；不汗，后三日死。"《黄帝内经素问》卷九《刺热篇第三十二》："肝热病者……庚辛甚，甲乙大汗，气逆则庚辛死。……心热病者……壬癸甚，丙丁大汗，气逆则壬癸死。……脾热病者……甲乙甚，戊己大汗，气逆则甲乙死。……肺热病者……丙丁甚，庚辛大汗，气逆则丙丁死。……肾热病者……戊己甚，壬癸大汗，气逆则戊己死，刺足少阴太阳。诸汗者，至其所胜日汗出也。……诸当汗者，至其所胜日，汗大出也。"《医心方》卷一《治病大体》引仲景曰："不须汗而强汗之者，出其津液，枯渴而死；须汗而不与汗之者，使诸毛孔闭塞，令人闷绝而死。"引《医门方》："大法春夏宜发汗。凡服汤药发汗，中病便止，不必尽剂。凡发汗，俗令手足周遍蛰，津液通身一时润，益佳，但以不用流离如雨，急令粉磨涂身体，勿当风冷。凡大汗出，复后脉洪大，形如疟，一日再发，汗出便解。"《灵枢经·热病第二十三》："热病七日八日，脉不躁，躁不散数，后三日中有汗；三日不汗，四日死。"明熊宗立《新增素问运气图括写局立成》有"伤寒汗瘥定局立成"及"逐日

① 刘乐贤：《睡虎地秦简日书研究》，台湾文津出版社 1994 年版，第 34 页。

② 参看刘乐贤：《睡虎地秦简日书研究》，台湾文津出版社 1994 年版，第 117 页；李零：《中国方术考(修订本)》，东方出版社 2000 年版，第 207 页；朱玲、杨峰：《睡虎地秦简〈日书〉医疗疾病史料浅析》，《中国中医基础医学杂志》2007 年第 5 期。

司天运气汗瘵法写局"，亦均写作"汗"。①

日书描述病情通常比较简单，也很少涉及疾病的名称，但有关于身体得病部位的说明。放马滩秦简《日书》乙种343号简云："九者首也，八者肩、肘也，七、六者胸、腹、肠也，五者股、胻也，四者膝、足也，此所以知病疵之所也。"简文用数字依次从头到足表示人体得病的十个部位。放马滩秦简《日书》乙种"黄钟"篇记述投黄钟等十二钟律占疾病，涉及的疾病部位有：病心肠、病风痹、病腰、病颈项、病中（腹中）、病肩、病耳目间、病腰腹、病背隆肿、病肋鼻、病四体、病颜、病腰脾、病右脾、病目、病乳、病足、病胸肋、病攀中、病肩手等，涉及人身体的各个部位，内外兼有。

日书作为择日占卜之书，更关注疾病的时间问题，多描述何时得病、何时病愈。九店楚简《日书》有一篇十二支占盗疾的简文，前述占盗，后述占疾，如64号简辰日条："……〖南〗有〖得〗。辰，朝启夕闭。凡五辰，朝〖盗不〗得，昼得，夕得。以入，吉，以有疾，酉少瘳，戌大瘳，死生在子。"简文说辰日得病，酉日"少瘳"，戌日"大瘳"，分别相隔6天和1天。所谓"死生在子"，大概是说病情的转折点出现在子日。类似的简文见于睡虎地《日书》乙种，其中的第165-166号简写作："辰以东吉，北凶，〖西〗先〈无〉行，南得。朝启夕闭，朝盗不得，夕、昼得。以入，吉。以有疾，酉少瘳，戌大瘳，死生在子，干肉从东方来，把者青色，巫为眚。"在占疾部分，与九店简相比，多出"为眚"等内容，"为眚"即作祟。在敦煌卷子中，亦多此类占书，如法藏敦煌文书 Pel. chin. 2856"推得病日法"辰日条：

　　辰日病者，困。辰者，天罡之游激，主住收人命，故知之困，十死一生。为人黄色，头痛，心腹胀满，手足浮肿，久有疮肿痛，寒热乍来乍去，令人吐逆有时，目视冥冥之。祟丈人、宅神、土公。许之不赛，东南西北有鬼，字小光、阿仙，在人舍南午地，去九十步，亦云九步。

① 《四库全书存目丛书》子部第三十八册，齐鲁书社1995年版，第161~162页。

以面人、假鸡子、香火送。或因酒食从外得之。申日小差，戌日大愈，死生忌子、丑日。①

敦煌文书的内容更加复杂。但三者都有得病日、小瘳（小差）日、大瘳（大差）日、死生忌日，不过，三种文献中的诸日并不完全一致。

孔家坡352-363号简为十二支占疾，我们仍举辰日条为例，简文说："辰有疾，四日小汗，七日大汗。祟大父。戊辰暮食有疾，黄色死。"与上述简文对比，可知"小汗"即小瘳或小差，"大汗"即大瘳或大差。但孔家坡汉简以序数纪日，与九店、睡乙都不相同，我们怀疑九店、睡乙乃至敦煌卷子中的小瘳、大瘳干支日与孔家坡汉简中的序数纪日的含义是一致的，比如睡乙"酉少瘳，戌大瘳"，酉至辰为六日，戌至辰为七日。与孔家坡汉简的大汗相同，小汗则差二日。

二、病因说：鬼神为祟与五行生克

《左传》昭公元年有一段很著名的话，涉及中国古代的两种病因说，今具引如下：

> 晋侯有疾，郑伯使公孙侨如晋聘，且问疾。叔向问焉，曰："寡君之疾病，卜人曰：'实沈、台骀为祟。'史莫之知，敢问此何神也？"子产曰："昔高辛氏有二子，伯曰阏伯，季曰实沈，居于旷林，不相能也。日寻干戈，以相征讨。后帝不臧，迁阏伯于商丘，主辰。商人是因，故辰为商星。迁实沈于大夏，主参。唐人是因，以服事夏、商。其季世曰唐叔虞，当武王邑姜方震大叔，梦帝谓己：'余命而子曰虞，将与之唐，属诸参，而蕃育其子孙。'及生，有文在其手曰'虞'，遂以命之。及成

---

① 上海古籍出版社、法国国家图书馆编：《法藏敦煌西域文献》第19册，上海古籍出版社2001年版，第137页。

王灭唐而封大叔焉，故参为晋星。由是观之，则实沈，参神也。昔金天氏有裔子曰昧，为玄冥师，生允格、台骀。台骀能业其官，宣汾、洮，障大泽，以处大原。帝用嘉之，封诸汾川。沈、姒、蓐、黄，实守其祀。今晋主汾而灭之矣。由是观之，则台骀，汾神也。抑此二者，不及君身。山川之神，则水旱疠疫之灾，于是乎禜之。日月星辰之神，则雪霜风雨之不时，于是乎禜之。若君身，则亦出入饮食哀乐之事也。山川星辰之神，又何为焉？……"晋侯闻子产之言，曰："博物君子也。"重贿之。

晋侯求医于秦。秦伯使医和视之，曰："疾不可为也。是谓：'近女室，疾如蛊。非鬼非食，惑以丧志。良臣将死，天命不祐。'公曰：'女不可近乎？'对曰：'节之。先王之乐，所以节百事也，故有五节，迟速本末以相及，中声以降，五降之后，不容弹矣。于是有烦手淫声，慆堙心耳，乃忘平和，君子弗听也。物亦如之，至于烦，乃舍也已，无以生疾。君子之近琴瑟，以仪节也，非以慆心也。天有六气，降生五味，发为五色，征为五声，淫生六疾。六气曰阴、阳、风、雨、晦、明也。分为四时，序为五节，过则为菑，阴淫寒疾，阳淫热疾，风淫末疾，雨淫腹疾，晦淫惑疾，明淫心疾。女，阳物而晦时，淫则生内热惑蛊之疾。今君不节不时，能无及此乎？"出告赵孟。……赵孟曰："良医也。"厚其礼而归之。①

公元前 541 年，晋平公病，子产出访晋国并询及晋平公的病情，叔向告知卜人占得实沈、台骀为祟，但史官不知其来历，可知求病祟当知鬼神来历，如此方能实施针对性的措施，于是子产洋洋洒洒，历述实沈、台骀的渊源及其与晋国的关系，晋平公听后大为赞赏，称子产为"博物君子"，这个"物"当指实沈、台骀一类的鬼神，并"重贿之"。晋国又请秦国著名的医师名叫"和"的诊治，医和说出一段著名的话，此即中医史上

① 杨伯峻：《春秋左传注（修订本）》，中华书局 1990 年版，第 1217～1223 页。

有名的"六气致病说"①。晋平公听后派赵孟送行，赵孟称医和为"良医也"。晋侯对待"专家"（医和）和"通人"（子产）的态度似乎不同，而"病因鬼祟"说似乎更为流行。

鬼神致病的观念有着十分古老的历史渊源，殷墟甲骨卜辞常见求祟的占卜记录。《史记·龟策列传》："卜病者祟曰：'今病者有祟无呈，无祟有呈。兆有中祟有内，外祟有外。'"可见古代有专门的卜书，巫者据占卜所得兆象求病者祟。古书多有求祟的记载，《左传》哀公六年："初，昭王有疾。卜曰：'河为祟。'王弗祭。大夫请祭诸郊。"《战国策·东周策》："赵取周之祭地，周君患之，告于郑朝。郑朝曰：'君勿患也，臣请以三十金复取之。'周君予之，郑朝献之赵太卜，因告以祭地事。及王病，使卜之。太卜谴之曰：'周之祭地为祟。'赵乃还之。"《史记·赵世家》："晋景公疾，卜之，大业之后不遂者为祟。"上述文献所载，均是人生疾病，乃询之卜者，通过占卜而求何物为祟及祟之所在，为祟者包括山川等自然神灵和人鬼之属，然后以祭祷、攻除等手段去其病祟，使病人得愈。此类情形，在楚地出土的卜筮祭祷简中亦屡见不鲜，新蔡葛陵楚简乙三36："……求其祟，有祟于……"②包山楚简249-250号简：

> 大司马悼愲救郙之岁夏凥之月己亥之日，观义以保家为左尹邵佗贞：以其有瘇病，上气，尚毋死。义占之：恒贞，不死，有祟见于绝无后者与渐木位，以其故说之。与祷于绝无后者，各肥豬，馈之。命攻解于渐木立，且徙其处而桓之。尚吉。义占之曰：吉。③

---

① 马伯英：《中国医学文化史》，上海人民出版社1994年版，第226~229页。
② 河南省文物考古研究所：《新蔡葛陵楚墓》，大象出版社2003年版，第205页。"求"字原缺释，据陈伟《葛陵楚简所见的卜筮与祷祠》（《出土文献研究》第6辑，上海古籍出版社2004年版，第36~37页）释补。
③ 湖北省荆沙铁路考古队：《包山楚简》，文物出版社1991年版，第37页。

简文大意是说，贞人观义为求贞者昭佗贞问，其病之祟见于"绝无后者与渐木位"，于是"说之"，用"与祷"与"攻解"的方术以消解为祟之鬼神。①

祟病之说在汉以后仍广为流行，《论衡·明雩篇》："夫知病之必不可治，治之无益，然终不肯安坐待绝，犹卜筮求祟，召医和药者，恻痛殷勤，冀有验也。"②所谓"卜筮求祟"，正是祟病说的反映。《岳阳风土记》记晚近荆湖民俗云："荆湖民俗，岁时会集，或祷祠，多击鼓，令男女踏歌，谓之歌场。疾病不事医药，惟灼龟打瓦，或以鸡子占卜，求祟所在，使俚巫治之。皆古楚俗也。"③

不过，上述"求祟"必须借助于外在的工具，如龟甲兽骨等，病祟往往是未知的，需占卜求得。而日书将为祟之鬼神系于得病的时日之下，无需借助外在工具，临事翻检，索之即得。从方术的角度看，前者属于卜筮，后者属于择日，是两种不同的方术形式。很显然，利用日书求祟，要比卜筮简便快捷得多。

上举楚简及传世文献所载，在求得为祟者后往往要实施各种消解的方术，这方面的情形在日书中亦有记录，孔家坡简358壹："午有疾，三日小汗，七日〖大〗汗。祷及道鬼、尚行。庚午日昳有疾，白色死。"道鬼、尚行为病祟所自，解除病祟的方术则用"祷"。香港藏简云：

死中子，女子黑色下，日虒有疾，旬二起，莫食及旦为奈(祟)，侖(说)之，乙起。67

【女子】□色，日中有疾，九日起，司禄为奈(祟)，侖(说)之，丁

---

① 参看晏昌贵：《巫鬼与淫祀——楚简所见方术宗教考》，武汉大学出版社2010年版，第290~296页。

② "夫"原作"又"，据黄晖《论衡校释》(中华书局1990年版，第671页)校改。

③ 引自《七国考·楚杂祀》，此据缪文远：《七国考订补》，上海古籍出版社1987年版，第546页。

起。暮疾，非良死也。 69 ①

简文中的"俞之"即楚卜筮简中的"以其古敓之"的"敓之"，均当读为"说之"。《周礼·春官·大祝》："掌六祈以同鬼神示……五曰攻，六曰说。"郑司农云："类、造、禬、禜、攻、说，皆祭名也。"郑玄注："攻、说，则以辞责之。"贾公彦疏："六祈皆是祈祷之事。"②《墨子·兼爱下》引汤说之辞曰："惟予小子履，敢用玄牡，告于上天后曰：今天大旱，即当朕身，履未知得罪于上下。有善不敢蔽，有罪不敢赦，简在帝心。万方有罪，即当朕身；朕身有罪，无及万方。"又释之曰："汤贵为天子，富有天下，然且不惮以身为牺牲，以祠说于上帝鬼神。"可见"说"包括了用言词祷告和用牲币祭祀。

上举法藏敦煌文书"推得病日法"有所谓"以面人、假鸡子、香火送"，送的当是为祟之鬼。又有"推建除日得病法"，如："建日病者，犯东方土公、丈人，索食祀，不了，有龙蛇为怪，家亲所为。解之大吉，七日差。""执日病者，天神下有宿债，不赛，丈人将外鬼与人为祟，急解送，七日差。""破日病者，犯土命、灶、土公，丈人欲得饮食，遣死鬼为祟，急解送，五日差。""开日病者，天神不下有宿债，不赛，丈人将外鬼来为病，遣解送，三日小降，七日大愈。"③所记均为送鬼之法。

《红楼梦》第四十二回《蘅芜君兰言解疑语　潇湘子雅谑补余音》记刘姥姥游历大观园，返乡前与王熙凤道别："且说刘姥姥带着板儿，先来见凤姐儿，说：'明日一早定要家去了。虽住了两三天，日子却不多，把古往今来

---

① 原释文"奈俞"连读，此从刘乐贤《读〈香港中文大学文物馆藏简牍〉》（《江汉考古》2001 年第 4 期）校改。

② 阮元：《十三经注疏》（附阮元《校勘记》）上册，中华书局 1980 年版，第 808~809 页。

③ 上海古籍出版社、法国国家图书馆编：《法藏敦煌西域文献》第 19 册，上海古籍出版社 2001 年版，第 139 页。

没见过的，没吃过的，没听见的，都经验了。难得老太太和姑奶奶并那些小姐们，连各房里的姑娘们，都这样怜贫惜老照看我。我这一回去后没别的报德，惟有请些高香天天给你们念佛，保佑你们长命百岁的，就算我的心了。'凤姐儿笑道：'你别喜欢。都是为你，老太太也被风吹病了，睡着说不好过；我们大姐儿也着了凉，在那里发热呢。'刘姥姥听了，忙叹道：'老太太有年纪的人，不惯十分劳乏的。'凤姐儿道：'从来没像昨儿高兴。往常也进园子逛去，不过到一二处坐坐就回来了。昨儿因为你在这里，要叫你逛逛，一个园子倒走了多半个。大姐儿因为我找你去，太太递了块糕给他，谁知风地里吃了，就发起热来。'刘姥姥道：'大姐儿只怕不大进园子，生地方儿，小人儿家原不该去。比不得我们的孩子，会走了，那个坟圈子里不跑去？一则风扑了也是有的；二则只怕他身上干净，眼睛又净，或是遇见什么神了。依我说，给他瞧瞧祟书本子，仔细撞客着了。'一语提醒了凤姐儿，便叫平儿拿出《玉匣记》来着彩明来念。彩明翻了一回念道：'八月二十五日，病者在东南方得遇花神。用五色纸钱四十张，向东南方四十步送之，大吉。'凤姐儿笑道：'果然不错，园子里头可不是花神！只怕老太太也是遇见了。'一面命人请两分纸钱来，着两个人来，一个与贾母送祟，一个与大姐儿送祟。果见大姐儿安稳睡了。"①可见刘姥姥所说的"祟书本子"就是民间十分流行的《玉匣记》，笔者收藏数种版本的《玉匣记》，其中并没有彩明所念的那段话，不过病人得病求祟及送祟的观念却是存在的，且这种观念自先秦一直流传至今。

战国秦汉时期五行观念流行，病祟与五行相结合，衍生出较为复杂的病因说。睡虎地秦简《日书》甲、乙种，王家台秦简《日书》，孔家坡汉简《日书》都有十天干占病的内容，如睡甲简68正贰-69正贰："甲、乙有疾，父母为祟，得之于肉，从东方来，裹以漆器。戊、己病，庚有〖閒〗，辛酢。若不〖酢〗，烦居东方，岁在东方，青色死。"简文涉及三组干支关系，

---

①　曹雪芹、高鹗：《红楼梦》，人民文学出版社1996年版，第561~562页。

即"有疾""病"以及"间"和"酢"，这三种干支日的安排当与五行有关，兹列表如下(见表5-7)：

表5-7　十天干占病与五行关系

有疾	病	间酢	烦居	岁在	死色
甲乙(木)	戊己(土)	庚辛(金)	东方(木)	东方(木)	青(木)
丙丁(火)	庚辛(金)	壬癸(水)	南方(火)	南方(火)	赤(火)
戊己(土)	壬癸(水)	甲乙(木)	邦中(土)	西方(金)	黄(土)
庚辛(金)	甲乙(木)	丙丁(火)	西方(金)	西方(金)	白(金)
壬癸(水)	丙丁(火)	戊己(土)	北方(水)	北方(水)	黑(水)

表5-7中"病"日与"间酢"日是五行相生关系，"间酢"日与"病"日则是五行相克关系。《论衡·订鬼篇》："假令甲乙之日病，则死见庚辛之神矣。何则？甲乙鬼，庚辛报甲乙，故病人且死，杀鬼之至者，庚辛之神也。何以效之？以甲乙日病者，其死生之期，常在庚辛之日。"其说似与简文不同。

　　水泉子汉简《日书》有利用五行日占为祟者的简文，其中一支简写道："□曰：木日疾，祟在社。火日疾，祟在强死、殇、旱。土日疾，祟在□"；另一支写道："……街，水□死者。水日死，祟在游死者"。① 我们认为此二简可以连读，简文以木日开始，然后依次讲到火日和土日，最后是水日，这是按五行相生次序安排的，简文缺金日。为祟的鬼神则包括社鬼、强死、殇死、旱鬼、街神、游死者等。另据他种日书所见，为祟的鬼神数量繁多，范围十分广泛，既有人鬼之属的王父、王母、外鬼、殇死，又有各种自然神灵，如天土、北君、冣主、道鬼、尚行、门阊之鬼，等等。可见为祟的鬼神

---

　　① 张存良、吴荭：《水泉子汉简初识》，《文物》2009年第10期。简文的"殇""街"二字，原释分别作"伤""衔"，今据图版照片改释。

是日书占疾病的主要关注对象。

第四节　死　丧

一、悬泉置汉简《日书》"死吉凶"简册复原

1990 年 10 月至 1992 年 12 月，甘肃省文物考古研究所对敦煌甜水井附近的汉代悬泉置遗址进行全面清理发掘，获得了以简帛文书为主的大量文物，其中包括《日书》。[①] 2001 年，胡平生、张德芳先生合撰《敦煌悬泉汉简释粹》一书出版，公布了部分《日书》释文。[②] 本小节要讨论的原称为《建除》、《日书·死》的几支简都出在 I 区 0309 第③层中，根据简报，第 3 层为西汉时期堆积，简牍中有永光、建昭、建始、河平、阳朔、鸿嘉、永始、建平、元始、居摄等纪年，其中以元帝、成帝时简最多。[③] 悬泉置《日书》的抄写年代亦当在西汉晚期。刘乐贤先生发表《悬泉汉简中的建除占"失"残文》（以下简称"刘文"），讨论了其中三支残简，并对占"失"残简进行复原。[④] 陆平先生亦在简帛网发表《试论日书建除表的抄写传统》（以下简称"陆文"）一文，认为原释文中的《日书·死》篇与被称作《建除》的篇什"或许本为一编"。[⑤] 我们同意陆氏的看法。下面就主要依据各简简背的编号顺序，将《建除》《日书·死》各简合编为一册，并试加复原。

---

① 甘肃省文物考古研究所：《甘肃敦煌汉代悬泉置遗址发掘简报》，《文物》2000 年第 5 期。

② 胡平生、张德芳：《敦煌悬泉汉简释粹》，上海古籍出版社 2001 年版，第 176～184 页。

③ 甘肃省文物考古研究所：《甘肃敦煌汉代悬泉置遗址发掘简报》，《文物》2000 年第 5 期。

④ 刘乐贤：《悬泉汉简中的建除占"失"残文》，"2008 年国际简帛论坛"论文，芝加哥大学，2008 年 10 月 30 日—11 月 2 日，后刊《文物》2008 年第 12 期。

⑤ 陆平：《试论日书建除表的抄写传统》，简帛网，2009 年 4 月 25 日。

《日书·死》有一共同特征：简文分上下栏书写，用●点符号隔开，例如：

> 死●辰死者不幸西南间一室必有死者央（殃）凶不出西井上●辰不可穿穿不出三月有五丧毋以死者以死者不出三年有五丧勿以哭泣以哭泣不出三月复哭

上下栏均以"辰"开头，上栏大致是讲辰日死者殃凶所在；下栏则是关于辰日的若干与死亡有关的禁忌，内容并不完全相同，之所以把它们抄在一支简上，盖因所讲述内容都与辰日有关，可以说是辰日死亡的诸禁忌。这样，同一支简上下栏均为同一地支，就构成这几支简的一个显著特征。符合这一特征的有"午""卯""未"三条。编号为"第十五"的那支简上半部残缺遗失了，只残留下栏："丁丑不可入丧丧不出三年有人死亡"，"丁丑"当指"丑"日。编号为"第十六"的那支简，释文上栏首字为"亥"；下栏为"卯戌寅不可穿穿夏三月寅不可以哭泣不出三月复哭"，主要是讲"寅"日的禁忌，其中"夏三月寅"的说法不见于日书，非常可怪。据其他简文，凡是讲"不可穿"，然后又说"穿"时，后文通常接某种结果，所以这里的"夏"可能是"丧"或相关之字的笔误，而"三月寅"当是"正月寅"之误。总之，从下栏看，都与"寅"日有关，所以上栏的"亥"当是"寅"之误释。问题最大的是编号为"第十四"的那支简，原释文是这样的：

> 死吉凶酉死大事离东南间三室凶或死央（殃）凶在北辟（壁）上●巳□□□死不出二年必有死者其日□□可以葬

假定这几支简是与建除占"失"的简编在一起的，因占"失"的简册最末一支简编号为"第十三"，此简编号为"第十四"，二者应前后相接，而编号为"第十五"的简为"丑"日，据上文编号为"第十六"的那支简为"寅"日，则"第十四"号简一定是"子"日。此外，其余各简首字为地支，本简在地支前有"死吉凶"三字，不像是与他简连读的文字，而像是简文的标题，因此之故，我所理解的第十四号简释文应该是这样的：

死吉凶●酉〈子〉死大事离东南间三室凶或死央(殃)凶在北辟(壁)
上●巳〈子〉□□□死不出二年必有死者其日□□可以葬

写在简首端的"死吉凶"当是标题，这支简是关于"子"日的禁忌，列在本章之首。按照"子"日在首编号为第十四，依次按十二地支的顺序编排下去，"辰"日应编号为第十八，但现释文却作"第二□"，很令人生疑，因为如果该简是第二号简，则后无缺失，现有释文衍"□"符；如果是第二十，又与同批简"二十"写作"廿"不符，所以笔者认为此简的编号应作"第十八"。下面结合刘文的复原，将这册简书的释文复原如下，为醒目起见，简背的编号提写于各简之首：

(1)【正月●二月●三月●四月●五月●六月●七月●八月●九月●十月●十一月●十二月

(2)建●寅南一●卯南一●辰南一●巳西一●午西一●未西一●申北一●酉北一●戌北一●亥东一●子东一●丑东一

(3)除●卯南二●辰南二●巳南二●午西二●未西二●申西二●酉北二●戌北二●亥北二●子东二●丑东二●寅东二

(4)盈●辰不出●巳不出●午不出●未不出●申不出●酉不出●戌不出●亥不出●子不出●丑不出●寅不出●卯不出

(5)平●巳南四●午南四●未南四●申南四●酉南四●戌南四●亥南四●子南四●丑南四●寅南四●卯南四●辰南四

(6)定●午不出●未不出●申不出●酉不出●戌不出●亥不出●子不出●丑不出●寅不出●卯不出●辰不出●巳不出

(7) 执●未南六●申南六●酉南六●戌西六●亥西六●子西六●丑
北六●寅北六●卯北六●辰东六●巳东六●午东六

(8) 破●申北一●酉北一●戌北一●亥东一●子东一●丑东一●寅
南一●卯南一●辰南一●巳西一●午西一●未西一

(9) 危●酉北二●戌北二●亥北二●子东二●丑东二●寅东二●卯
南二●辰南二●巳南二●午西二●未西二●申西二】

(10) 成●戌不出●亥不出●子不出●丑不出●寅不出●卯不出●辰
不出●巳不出●午不出●未不出●申不出●酉不出

(11) 收●亥北四●子北四●丑北四●寅东四●卯东四●辰东四●巳
南四●午南四●未南四●申西四●酉西四●戌西四

(12) 【开●子不出●丑不出●寅不出●卯不出●辰不出●巳不出●
午不出●未不出●申不出●酉不出●戌不出●亥不出】

(13) 闭●丑北六●寅北六●卯北六●辰东六●巳东六●午东六●未
南六●申南六●酉南六●戌西六●亥西六●子西六

(14) 死吉凶●酉〈子〉死大事离东南间三室凶或死者央(殃)凶在北
辟(壁)上●巳〈子〉□□□死不出二年必有死者其日□□可
以葬

(15) ……●丁丑不可入丧丧不出三年有人死亡

(16) ●亥〈寅〉死者不主西南间一室必或死者央(殃)凶在马厩中●
卯(?)戌(?)寅不可穿穿夏(?)三〈正〉月寅不可以哭泣不出三
月复哭

(17) ●卯死复有丧西南间三室有死者央(殃)凶□□□上●二月卯不
可穿

(18) 死●辰死者不幸西南间一室必有死者央(殃)凶不出西井上●
辰不可穿穿不出三月有五丧毋以死者以死者不出三年有五丧勿
以哭泣以哭泣不出三月复哭

(19) 缺巳日条

（20）●午死者不非西北间一〈三〉室必有死者央（殃）凶在□□上●
　　　午勿以哭……

（21）●未死□丑亡……央（殃）凶□□上●六月未不可穿穿不出
　　　三月

简文缺巳、申、酉、戌、亥五个地支日，所以实际简册应有 25 支简。其中
第 14 号简的"死吉凶"当是篇题，第 18 号简"死"或为"死吉凶"之省称，亦
为篇题。整个简册包括三个方面内容：（1）建除占"死失"，1-13 号简；（2）
十二支占死者殃凶，14-21 号简上栏；（3）十二支占穿、丧诸忌，14-21 号简
下栏。下面依次讨论。

二、死与失

上举刘文在讨论悬泉置简占"失"残文时曾列举孔家坡汉简《日书》中涉
及占"失"的一篇简文，编号为 312-323，共 12 支简，现移录如下：

正月寅死，失南一室，卯二，巳四，未六，申北一室，酉二，亥
四，丑六，辰、午、戌、子不出。
二月卯死，失南一室，辰二，午四，申六，酉北一室，戌二，子
四，寅六，巳、未、亥、丑不出。
三月辰死，失南一室，巳二，未四，酉六，戌北一室，亥二，丑
四，卯六，午、申、子、寅不出。
四月巳死，失西一室，午二，申四，戌六，亥东一室，子二，寅
四，辰六，未、酉、丑、卯不出。
五月午死，失西一室，未二，酉四，亥六，子东一室，丑二，卯
四，巳六，寅、辰、申、戌不出。
六月未死，失西一室，申二，戌四，子六，丑东一室，寅二，辰

四，午六，卯、巳、酉、亥不出。

　　七月申死，失北一室，酉二，亥四，丑六，寅南一室，卯二，巳四，未六，辰、午、戌、子不出。

　　八月酉死，失北一室，戌二，子四，寅六，卯南一室，辰二，午四，申六，巳、未、亥、丑不出。

　　九月戌死，失北一室，亥二，丑四，卯六，辰南一室，巳二，未四，酉六，午、申、子、寅不出。

　　十月亥死，失东一室，子二，寅四，辰六，巳西一室，午二，申四，戌六，未、酉、丑、卯不出。

　　十一月子死，失东一室，丑二，卯四，巳六，午西一室，未二，酉四，亥六，申、戌、寅、辰不出。

　　十二月丑死，失东一室，寅二，辰四，午六，未西一室，申二，戌四，子六，酉、亥、卯、巳不出。

刘文并且说：

　　这段简文的大意，以第一条为例，是说正月寅日死则"失"出现于南一室，正月卯日死则"失"出现于南二室，正月巳日死则"失"出现于南四室，正月未日死则"失"出现于南六室，正月申日死则"失"出现于北一室，正月酉日死则"失"出现于北二室，正月亥日死则"失"出现于北四室，正月丑日死则"失"出现于北六室，正月辰、午、戌、子日死则"失"不出。[①]

我们根据这种说法，将上述简文"失"的"出"与"不出"列表如下（见表 5-8）：

---

① 刘乐贤：《悬泉汉简中的建除占"失"残文》，《文物》2008 年第 12 期。

表 5-8　十二支占死失

	寅	卯	辰	巳	午	未	申	酉	戌	亥	子	丑
正月	S1	S2	S3*	S4	S5*	S6	N1	N2	N3*	N4	N5*	N6
二月	N6	S1	S2	S3*	S4	S5*	S6	N1	N2	N3*	N4	N5*
三月	N5*	N6	S1	S2	S3*	S4	S5*	S6	N1	N2	N3*	N4
四月	E4	E5*	E6	W1	W2	W3*	W4	W5*	W6	E1	E2	E3*
五月	E3*	E4	E5*	E6	W1	W2	W3*	W4	W5*	W6	E1	E2
六月	E2	E3*	E4	E5*	E6	W1	W2	W3*	W4	W5*	W6	E1
七月	S1	S2	S3*	S4	S5*	S6	N1	N2	N3*	N4	N5*	N6
八月	N6	S1	S2	S3*	S4	S5*	S6	N1	N2	N3*	N4	N5*
九月	N5*	N6	S1	S2	S3*	S4	S5*	S6	N1	N2	N3*	N4
十月	E4	E5*	E6	W1	W2	W3*	W4	W5*	W6	E1	E2	E3*
十一月	E3*	E4	E5*	E6	W1	W2	W3*	W4	W5*	W6	E1	E2
十二月	E2	E3*	E4	E5*	E6	W1	W2	W3*	W4	W5*	W6	E1

其中 S1 表示南一室，N1 表示北一室，E1 表示东一室，W1 表示西一室，余可类推。观察表 5-8，有如下特点：第一，正、二、三月"失"的出与不出都在南、北室中，四、五、六月的"失"出或不出在东、西室中，七、八、九月与南、北室有关，十、十一、十二月与东、西室有关；假如正、二、三月为春，四、五、六为夏，七、八、九月为秋，十、十一、十二月为冬，则可以认为简文是以四时（季）为单位安排的。

第二，按表 5-8 的排法，同一个季节的下一个月第一个地支的"室"数总是重复上一月最末尾的那个"室"数，如二月寅日为北六室（N6），即与正月丑日的北六室（N6）重复；但不同季节则表现为室数相同，而室的方位有别，如四月的首室为东四室（E4），而三月末端为北四室（N4），室的方位不同，但室数仍相同。

第三，表 5-8 中的顶格横栏将十二支固定，左栏将十二月固定，中间用以安排“失”出现的“室”或不出所在地支，以正月为例，寅日死，“失”在南一室；卯日死，“失”在南二室；以下依次当是辰日死，则“失”在南三室，但简文规定此日“不出”。由此我们发现，凡是逢三、五的“室”，都是“失不出”。为了醒目起见，我们在表中将各室都按顺序排入，而将不出的“室”标上＊号。这样，“逢三五不出”的特征就一目了然了。

然则简文中的“室”究竟是何意义？这还得从孔家坡汉简《日书》中的“死失图”谈起。该图写绘在300-306号简第贰栏，转录如下(见图5-6)：

六月 未		七月 申	八月 酉
五月 午	四月 巳	三月 辰	
	正月 寅	二月 卯	九月 戌
十二月 丑	十一月 子		十月 亥

图5-6　孔家坡汉简《日书》“死失图”

在该图的下部，300-301号简第叁栏，又有如下文字：

> 以死者室为死者月，来子□之。凡日与月同营居者，死失不出。

整理者注释说：“凡日与月同营居者”，“意思是说日和月在图中同处在一方格里”。①我们认为简文中的“室”正是图中的方格。类似的图亦见于睡虎地

① 湖北省文物考古研究所、随州市考古队编：《随州孔家坡汉墓简牍》，文物出版社2006年版，第170页。

秦简《日书》乙种206-218号简第贰栏，根据那幅图所标示的方位，"死失图"应作上南下北，左东右西，与今天地图方位适相反。按图中方位所示，南边室从右向左"旁行"横数，第一方格"八月酉"为南一室，"七月申"为南二室，依次类推，数完上栏，再转数下栏，则"三月辰"为南六室。东一室从"六月未"格起数，向下数至东四室"十二月丑"，转行直至东六室"四月巳"。北面室则从"十二月丑"开始，从左往右数，数至北四室"十月亥"，再转数上栏，直至北六室"正月寅"。西一室从"十月亥"方格起数，向上逆数，到顶，再下转，直至西六室"二月卯"方格。按此数法，三室和五室正好为空白，此即所谓"死失不出"。结果如下表（见表5-9）：

表5-9 "死失不出"表

	寅	卯	辰	巳	午	未	申	酉	戌	亥	子	丑
正月	酉	申	*	未	*	辰	丑	子	*	亥	*	寅
二月	寅	酉	申	*	未	*	辰	丑	子	*	亥	*
三月	*	寅	酉	申	*	未	*	辰	丑	子	*	亥
四月	丑	*	巳	亥	戌	*	酉	*	卯	未	午	*
五月	*	丑	*	巳	亥	戌	*	酉	*	卯	未	午
六月	午	*	丑	*	巳	亥	戌	*	酉	*	卯	未
七月	酉	申	*	未	*	辰	丑	子	*	亥	*	寅
八月	寅	酉	申	*	未	*	辰	丑	子	*	亥	*
九月	*	寅	酉	申	*	未	*	辰	丑	子	*	亥
十月	丑	*	巳	亥	戌	*	酉	*	卯	未	午	*
十一月	*	丑	*	巳	亥	戌	*	酉	*	卯	未	午
十二月	午	*	丑	*	巳	亥	戌	*	酉	*	卯	未

表5-9中凡有*号者，均为"死失不出"。按此表，正月寅日死，则"失"酉日出；正月卯日死，则"失"申日出；正月辰日死，则"失"不出。余可类推。

上述简文虽然规定了"失"出与不出的种种情形，但从孔家坡简300叁-

301 叁"死失不出"，299 号简"……□之日，为所先室以建日，死失不出"，以及孔家坡汉简"死失"篇将每月"死失不出"的干支写在最后等情形看，简文的重点实际上是为查找"死失不出"的地支而设，也就是说，这一类简文择日的重点是"死失不出"，死"失"的"出"反而是次要的。这可能与"死失不出"危害更大有关。①

简文的主要目的既然是为查找"死失不出"的，按图查找还有其不便之处，逐月写出"死失不出"的地支也难以发现其规律。这一点，在悬泉置汉简《日书》中被很好地解决了。上举刘文曾将悬泉置汉简《日书》建除占"失"列有一表，今将其简化移列如下(见表 5-10)：

表 5-10　建除占死失

	建	除	盈	平	定	执	破	危	成	收	开	闭
正月	S1	S2	*	S4	*	S6	N1	N2	*	N4	*	N6
二月	S1	S2	*	S4	*	S6	N1	N2	*	N4	*	N6
三月	S1	S2	*	S4	*	S6	N1	N2	*	N4	*	N6
四月	W1	W2	*	W4	*	W6	E1	E2	*	E4	*	E6
五月	W1	W2	*	W4	*	W6	E1	E2	*	E4	*	E6
六月	W1	W2	*	W4	*	W6	E1	E2	*	E4	*	E6
七月	N1	N2	*	N4	*	N6	S1	S2	*	S4	*	S6
八月	N1	N2	*	N4	*	N6	S1	S2	*	S4	*	S6
九月	N1	N2	*	N4	*	N6	S1	S2	*	S4	*	S6
十月	E1	E2	*	E4	*	E6	W1	W2	*	W4	*	W6
十一月	E1	E2	*	E4	*	E6	W1	W2	*	W4	*	W6
十二月	E1	E2	*	E4	*	E6	W1	W2	*	W4	*	W6

---

① 近世江南农村有所谓"六凶神冲，殃不出"之说，主要指死者逝世的年月日时冲犯"六凶神"，致使殃煞占据住宅的一个地方而不出来，从而使殃煞留在家中而可能对生人不利，需要阴阳先生来禳解。参看石奕龙：《中国民俗通志·丧葬志》，山东教育出版社 2005 年版，第 283 页。

由于建除十二直与每月地支的搭配是固定的，经过改写后，每月"死失不出"及其所在并没有发生改变，但眉目更为清晰，使用更加方便。观表 5-10 可以发现，凡盈、定、成、开四日为"死失不出"的日子，在悬泉置《日书》中写在一支简上，特征非常明显。只不过这样一来，原来表示日期时间的"南一室""南二室"等借代称呼，由于未能与"死失图"配合使用，其义反而隐晦不彰。①

孔家坡汉简《日书》另有一段主要以六十甲子占"失"的简文，类似的简文也见于王家台秦简《日书》，已公布的有甲子、己巳、庚午三条，可以与孔家坡《日书》参照。我们将其内容综合整理，列如下表(见表 5-11)：

表 5-11　六十甲子占死失

六十甲子	时辰	失 所 在	利害	入的方位
甲子				
乙丑		失在北，去失西		从东方入
丙寅	日中			
丁卯				
戊辰	夙食	失西南，去室而代〈伐〉		
己巳	夕	失不出	小子必二人【死】	
庚午	日中	去西北五步	□取其父；大人不去，必伤其家	
辛未	鸡鸣	失西北卅步		

---

①　从孔家坡 299 号简"……□之日，为所先室以建日，死失不出"看，如果这里的"建日"是指建除十二直中的"建日"话，利用建除十二直与地支搭配以占"死失"的方法可能已经出现了。此外，睡虎地秦简《日书》甲、乙种都发现有与孔家坡汉简"死失图"类似的图，如果这种图是专门为查找死"失"出不出的日子话，那么，占死失的择日方术也许在战国末年就在楚国故地流行起来了。其详待考。

续表

六十甲子	时辰	失 所 在	利害	入的方位
壬申	三【分】…【出】鸡鸣	西去室而伐		
癸酉		失出	必伤其家及禾稼	
甲戌	夙食至日是		邥至三人，少莫去之步	
乙亥	夜半	失不出		
	日出	毋失，北去而伐		
丙子	夜半	失不出		
	日出	毋失，北去而伐		
丁丑	莫食至日中		女子取其夫，男子伤其家	
戊寅	莫食至日中		女子取其夫，男子伤其家	
己卯会庚辰		失围厩，不去北		西南人之
庚辰	日中	失南间三家		
辛巳夜半会壬午		失不出		莫东
壬午	旦	失不出		莫东
癸未		失出，去家而伐		北方
甲申		失不出，出乃西南		
	日中	东北间一家		
乙酉		失不出，出乃西南		
	日中	东北间一家		
丙戌	黄昏	失南一里	少利于家	
丁亥	黄昏	失南十里	少利于家	

续表

六十甲子	时辰	失 所 在	利害	入的方位
戊子	日中	失不出		
	暮	西北去室五步		
己丑	日中	失不出		
	暮	西北去家五步		
庚寅	日中	失东去室五步	少利于家	
辛卯	日中	失东去室五步	少利于家	
壬辰	市时	失不出，出乃南东		
癸巳	平旦	失出三里		
甲午	莫食至黄昏		必伤家	
乙未	莫食至日是	勿发，去之南		北入之
丙申会丁酉		失北，去室五步		
丁酉	旦	失北……		
戊戌		失出一里		
己亥	夕	失西		
庚子		失西北，去室五步		
辛丑	夕	失西北，去家……		
壬寅		……【南】		从门入之
癸卯	夕	失不出		
甲辰	鸡鸣至黄昏	围厩不出，去之西		从门入之
乙巳				
丙午	日是	失西北，去一里		
丁未	日出至日是	失西北，去一里		
戊申		……里		
己酉	夙食至日是	失西，去而伐		

283

续表

六十甲子	时辰	失 所 在	利害	入的方位
庚戌	鸡鸣至黄昏	失南	祝伤家	
辛亥				
壬子		失去一里		
癸丑	旦至日是	失去一里		
甲寅	鸡鸣至昏	失不出，出东南，去室而伐		
乙卯	凤食至日是	失东北，去室而伐		
丙辰	莫食至昏	勿发，失北，去室百步		
丁巳	旦至晦	失出……		
戊午		……而伐		
己未	旦至昏	失出七里		
庚申	凤食至昏	失不出，出乃西		
辛酉	鸡鸣至昏	失出忘伐		
壬戌	凤食至夜半	失东南，去室五步		
癸亥	莫食至昏	失东，去家而伐		

通观表5-11，大致可分为5项，第1项是六十甲子干支纪日，除辛酉与庚申在简文中书写的次序有颠倒之外，大体上是按六十甲子顺序编写。第2项为时辰，有单列某个时辰，有从某时辰至某时辰的，也有只写干支纪日而无时辰的，如"乙丑死，失在北，去失西，从东方入之"。这二项都是讲死的时间。第3项是讲"失"出不出以及出去的去向，以本项内容最多最齐全，可见其是简文的主体。有关情形留待下文详论，此处不赘。第4项是"失"所造成的影响，值得注意的有三：其一，在"失不出"的情况下所造成危害，如孔家坡汉简325-326："己巳，夕死，失不出，小子必二人……"王家台简703："己巳之日以〈夕〉死，其失不出，小子必二人死；大人，其家室□□。"从表

5-11 中所列各种危害看，本条所讲的危害不可谓不大，前文推测此类简的目的在于推导"失不出"，恐怕不为无因。其二，"失"不仅对人造成伤害，还影响到其他物类，如孔家坡汉简 327："癸酉死，失出，必伤其家及禾稼。"其三，"失"不仅有害，有时还稍有利，如表 5-11 所列丙戌、丁亥二日黄昏时死，"失南一（十）里，少利于家"。以上三点，对判断"失"的性质是有帮助的。第 5 项大约是指"失"的来路，从何方何处"入"，简文在这方面记载并不多。

综合以上讨论，可知日书与"死失"有关的简文大致可以分两类，一类是以十二支或配合建除十二辰来占"失"出不出的日期、时间，不妨称之为"死失"的"时间选择"；第二类主要是以六十甲子结合时辰来占"失"的去向、道里，不妨称之为"死失"的"空间选择"。① 行文至此，我们就不能不考察"失"字的含义了。

孔家坡汉简整理者认为：

> "死失"似是指一种人死后对生人作祟的死煞，简文亦称作"失"。《颜氏家训·风操》："偏旁之书，死有归杀。子孙逃窜，莫肯在家。"王利器《集解》按："《吹剑录》外集引唐太常博士吕才《百忌历》载《丧煞损害法》：'如巳日死者雄煞，四十七日回煞；十三四岁女雌煞，出南方第三家，煞白色，男子或姓郑、潘、孙、陈，至二十日及二十九日两次回家。故世俗相承，至期必避之。'回煞即归煞，此六朝、唐人避煞讳言之可考见者。戴冠《濯缨亭笔记》七：'今世阴阳家以某日人死，则于某日

---

① 张存良、吴荭《水泉子汉简初识》（《文物》2009 年第 10 期）举出二枚与"死失"有关的简文，一枚见封三：2，原释文作"曰星也，赤色，病者主母也，祟□也，埋之野。盗从南方来，出西，藏东方，足□。寄者女子曰课是，取之不远，亡人正南百廿里"，所附图版照片仅见"寄者"以下部分，原释作"亡人"的文字，应释为"失"，"失正南百廿里"与孔家坡汉简《日书》的说法类似。本简内容包括：占病者祟、占盗、占死失。另一枚简释文作："病者在头，见血□死，祟在亡火窜当路□，亡人正东九十里。得，县官。盗者，男子毋妻，女子毋夫，从……"未附图版照片。笔者怀疑"亡人"亦当释为"失"。此简包括三方面内容：先讲病者祟，再讲死失，最后是占盗。由于未公布照片，这三方面的内容是否写在一支简上，尚属疑问。

煞回，以五行相乘，推其殃煞高上尺寸，是日，丧家当出外避之，俗云避煞。然莫知其缘起。'"①《协纪辨方书》也记有《殃煞出去方》，可参。②

陈炫玮先生补充说：

"失"，读为"魅"，《说文·鬼部》："厉鬼也"。③

上举刘文同意陈氏的说法，并举如下两条证据：

（1）厌魅书。家长以制日疎（疏）魅名。魅名为天牧，鬼之精，即灭亡，有敢苟者，反受其央（殃）。以除为之。居延新简 EPT 49：3④

（2）……月乙亥朔，廿二日丙申执，天帝下令移前雒东乡东郡里，刘伯平薄命蚤……医药不能治，岁月重复，适与同时，魅鬼尸注，皆归墓丘。大山君召……相念，苦勿相思。生属长安，死属大山，死生异处，不得相妨。须河水清，大山……六丁。有天帝教如律令。东汉刘伯平铅券⑤

刘文最后说：

---

① 王利器：《颜氏家训集解（增补本）》，中华书局 1993 年版，第 99 页。按："谰言"误引作"谏言"。

② 湖北省文物考古研究所、随州市考古队编：《随州孔家坡汉墓简牍》，文物出版社 2006 年版，第 170 页。

③ 陈炫玮：《孔家坡汉简日书研究》，台湾"清华大学"历史研究所硕士学位论文，2007 年，第 185 页。

④ 原注：甘肃省文物考古研究所等《居延新简——甲渠候官》，中华书局 1994 年版，第 61 页。

⑤ 原注：罗振玉《贞松堂集古遗文》卷 15，北京图书馆出版社 2003 年版，第 358~360 页。今按：此件中的"魅"常被误释为"魅"，如张勋燎、白彬：《中国道教考古》第 1 册，线装书局 2006 年版，第 210 页；姜守诚：《〈太平经〉研究——以生命为中心的考察》，社会科学文献出版社 2007 年版，第 449 页。今由简文对参，可知其为"魅"字确定无误。

经过分析和比较可知，孔家坡汉简《日书》的"失"应读为"魅"，指人死后变成的能作祟害人的恶鬼，亦即古书记载的"归杀"或"回煞"。悬泉汉简建除占"失"简册残文中的"失"，也应如此理解。①

应该说，经过上述学者的研究，"失"的含义已经很清楚了。我们于此可作两点补充。第一，从上引简文"失"出则"少利于家"的情形看，"失"并非只有为害的一面，它还有"少利"的一面，假若将"失"读为"魅"，理解为"厉鬼"的话，这一点就难以理解了。我们注意到，在中国古代的宗教信仰中，往往把人生病和死亡看作魂魄的丧失，如《焦氏易林》卷一《屯之三·解》："山陵丘墓，魂魄失舍。精神尽竭，长寝不觉"，因之有招魂的举措，这方面中外学人的研究颇为丰富②。所以，简文中的"失"也可能是指魂魄的亡失，是一个中性词。后来才发展为专指厉鬼之"魅"。

第二，"死失"观念的产生，当与"祟"有关。今天所能看到的"死失"材料，似以孔家坡汉简《日书》为最早，时在西汉早期，但"祟"的观念却很早就出现了。从生人的角度看，人的疾病是由于厉鬼作祟，而"祟"的来路，则与人之死亡不无关联，推本溯源地追寻下去，"死失"的观念就出现了。所以，"失"与"祟"是事物一体的两面。事实上，在较晚期的民间文献中，类似与"失"的概念，就是用"祟"来表达的。今略举数例，以资说明。法藏敦煌文献 P.3281《卜筮书》：

……金商是白虎，宫、羽二姓，造举百事吉，大富贵家子孙。商、徵、角三姓用之，凶；见大官，凶；见长史，凶。受职拜谒，有刑；奏表上书，大殃。……解遣祟，祟不出，害主人。厌百鬼，鬼出，大吉。病者小差，丙辰日差。……

---

① 刘乐贤：《悬泉汉简中的建除占"失"残文》，《文物》2008 年第 12 期。
② 参看白瑞旭：《汉代死亡学与灵魂的划分》，原刊 *Early China*，1996（21），中译本见夏含夷主编：《远方的时习——〈古代中国〉精选集》，上海古籍出版社 2008 年版，第 218~249 页。

……木角是青龙，徵、羽二姓，造举百事吉，大富贵家子孙。商、角、宫三姓用之，凶；见大官，吉；见长史，吉。受职拜谒，失位；奏表上书，吉。……解殃遣祟，祟西出主人家，败。厌百鬼，鬼出万里，病者小差。……①

前条称"解遣祟，祟不出，害主人"。后条云："解殃遣祟，祟西出主人家，败。"其中的"祟"与简文"失"相当。在明清时期江南地区有关"回煞"习俗中，又有所谓的"接眚"，如光绪八年《周庄镇志》载：

[丧礼]至二七前后，视死之日定为回眚之期。自寝至堂、至门皆设食，妇女聚哭，曰"接眚"。眚，即唐博士李百才所谓"煞"，其名起于道家。惟《魏志》之避衰，《颜氏家训》之避煞，皆背其死者而避之，而近地独以接称，犹为彼善于此也。②

又如同治二年《南浔镇志》载：

人始死，令道士以"六轮经"辨生肖所忌，谓之"批书"。……三日大殓成服……据批书所定日，用道士招魂，主人奉主以接，兼焚死者遗衣，谓之"神回"，以有杀神，亦谓之"接杀"，亦谓之"接眚"。至五七之期，至咸具小神室以妥木主，并设奠，谓之"上座亭"。③

上述"接眚"之"眚"，实际上可读为"祟"。睡虎地《日书》乙种 158 号简：

①　上海古籍出版社、法国国家图书馆编：《法藏敦煌西域文献》第 23 册，上海古籍出版社 2002 年版，第 26 页。
②　转引自丁世良、赵放主编：《中国地方志民俗资料汇编·华东卷》，书目文献出版社 1995 年版，第 389 页。
③　转引自丁世良、赵放主编：《中国地方志民俗资料汇编·华东卷》，书目文献出版社 1995 年版，第 692 页。

"外鬼父世为姓"，姓，整理者读为"眚"，注释说："眚，《国语·楚语下》注：'犹灾也'。"①相同的简文，在甲种《日书》中写作"为眚"，刘乐贤先生说："为眚"即"为祟"②。可见，后世文献中仍保留着早期"失"与"祟"相关的观念。

明清小说中，常有人死后，煞之去向的描述，可为理解日书"死失"之一助。《金瓶梅》第五十九回《西门庆摔死雪狮子　李瓶儿痛哭官哥儿》记李瓶儿之子官哥之死，西门庆请徐姓阴阳先生来批书，"不一时，阴阳徐先生来到，看了，说道：'哥儿还是正申时永逝。'月娘吩咐出来，教与他看看黑书。徐先生将阴阳秘书瞧了一回，说道：'哥儿生于政和丙申六月廿三日申时，卒于政和丁酉八月廿三日申时。月令丁酉，日干壬子，犯天地重丧，本家要忌：忌哭声。亲人不忌。入殓之时，蛇、龙、鼠、兔四生人，避之则吉。又黑书上云：壬子日死者，上应宝瓶宫，下临齐地。他前生曾在兖州蔡家作男子，曾倚力夺人财物，吃酒落魄，不敬天地六亲，横事牵连，遭气寒之疾，久卧床席，秽污而亡。今生为小儿，亦患风癎之疾。十日前被六畜惊去魂魄，又犯土司太岁，先亡摄去魂魄，托生往郑州王家为男子，后作千户，寿六十八岁而终。'……西门庆在前厅教徐先生洒扫，各门上都贴辟非黄符。死者煞高三丈，向东北方而去，遇日游神冲回不出，斩之则吉，亲人不忌。"第六十二回《道士解禳祭灯法　西门庆大哭李瓶儿》记李瓶儿之死，还是那个徐先生，说道："故锦衣西门夫人李氏之丧。生于元祐辛未正月十五日午时，卒于政和丁酉九月十六日丑时。今日丙子，月令戊戌，犯天地往亡，煞高一丈，本家忌哭声，成服后无妨。入殓之时，忌龙、虎、鸡、蛇四生人，亲人不避。"③

表5-11所列六十甲子占"失"的条文中又有所谓"伐"，其中10条写作"伐"，另有1条写"代"。"伐"当读为"被"，古代"伐"多与从"犮"的字通

---

① 睡虎地秦墓竹简整理小组编：《睡虎地秦墓竹简》，文物出版社1990年版，第246页。

② 刘乐贤：《睡虎地秦简日书研究》，台湾文津出版社1994年版，第370页。

③ 兰陵笑笑生：《金瓶梅词话》，人民文学出版社2000年版，第739、795页。

假，如伐与藏、茷与芨①。《说文·示部》："祓，除恶祭也。"《玉篇·示部》："祓，去灾求福也。""祓"为去除恶祟之禳解法术。《颜氏家训·风操》："偏旁之书，死有归杀。子孙逃窜，莫肯在家；画瓦书符，作诸厌胜；丧出之日，门前然火，户外列灰，祓送家鬼，章断注连。"可见禳解"归杀"亦用"祓"。又辛酉条有"忘伐"，当读为"亡祓"，即不举行祓除之祭。简文又有两条提到"勿发"，"发"亦读作"祓"②，"勿发"亦即不举行祓除之祭。关于"伐"，亦见敦煌文献 P. 2856《发病书》，今摘录其中两条以概其余：

> 卯日病者，不死。……祟在养鬼、灶君，所犯东方，急解之。鬼字仪光，一名。在人舍西北戌地，去舍六步，错腊代人香火送。未日差，酉日大愈，生死忌亥、子日。
>
> 戌日病者，大重。……祟在天神、北君、家亲、丈人。遣星死鬼、断后鬼为祟，鬼字叔止、女山，在人舍南九十步或九十步。以脂饼十番、水二杯，糠火送之。寅日小差，辰日大差，生死忌午。男差女剧。③

这里提到各种为祟的鬼神，鬼的名字，以及所在方位、道里，与日书"死失"篇多有相合之处。其中的"伐(代)"字恐亦当理解为"祓"。《发病书》或言"伐"、或言"送"、或"伐"与"送"连言，亦与《颜氏家训》"祓送家鬼"相合。睡虎地《日书》甲种简 90 正壹："可以送鬼"，大概也是指这种方术。值得注意的是，表 5-11 所列，凡是有"伐"的条文，都没有"死失"的记录，想必是"伐(祓)"这种方术，起到了效果吧。

---

① 高亨、董治安：《古字通假会典》，齐鲁书社 1989 年版，第 653 页。
② 高亨、董治安：《古字通假会典》，齐鲁书社 1989 年版，第 603、652 页。
③ 上海古籍出版社、法国国家图书馆编：《法藏敦煌西域文献》第 19 册，上海古籍出版社 2001 年版，第 138 页；参看王爱和：《敦煌占卜文书研究》，兰州大学博士学位论文，2003 年，第 199~200 页。

三、死与殃咎

悬泉置汉简 14-21 上栏是讲"死者室"和殃凶所在，今将其主要内容列表如下（表 5-12）：

表 5-12　凶死殃凶表

	不	凶或死者	殃凶
子	大事离	东南间三室	北壁上
寅	不主	西南间一室	马厩中
卯	复有丧	西南间三室	？上
辰	不幸	西南间一室	西井上
午	不非？	西北间一室	？上
未	？丑亡	？	？上

表 5-12 中第二列有"不幸""不主""不非"，其义待考。最右边一列讲殃凶的所在，缺文较多，在后世文献中，"殃""煞"往往连称，"出煞"又称"出殃"，"避煞"亦为"避殃"。民国《汝南县志》："灾也，谓死者魂灵至是日化为某色气而去，遇者必有大灾，于是有避殃之说。"①悬泉置简所见"殃凶"所在，有"北壁上""马厩中""西井上"，都与日常生活中的居室密切相关。近世北京民间讲人死后殃煞可能会占据在何处，有一口诀云："寅窗卯门辰在墙，巳在阳沟午未梁，申酉在碓戌亥灶，子丑二时在厅堂。"②表 5-12 中间一列讲"死者室"似有规律可循，释文中比较完整的有寅、卯、辰三条，在"勾绳

---

　　① 转引自丁世良、赵放主编：《中国地方志民俗资料汇编·中南卷》，北京图书馆出版社 1991 年版，第 212 页。

　　② 常人春：《红白喜事——旧京婚丧礼俗》，北京燕山出版社 1993 年版，转引自石奕龙：《中国民俗通志·丧葬志》，山东教育出版社 2005 年版，第 284 页。

图"中，此三地支均位于东方，其中位于正中的卯为"西南间三室"，另外二支寅、辰均为"西南间一室"，按照这个规律复原出来的结果是：亥东南间一室，子东南间三室，丑东南间一室；巳西北间一室，午西北间三室，未西北间一室；申东北间一室，酉东北间三室，戌东北间一室。原释文中的午为"西北间一室"疑有误。由于这部分竹简只有释文未见图版，尚不能作过多的推测。

类似的简文见于睡虎地秦简《日书》甲种和孔家坡汉简《日书》，这两种日书都把人死后的危害称为"咎"，"咎"之所在如下表所示（见表5-13）：

表 5-13 十二支占死咎

	睡虎地秦简	孔家坡汉简
子	渡衕	里中，必见血
丑		室，必有死者三人
寅	四室，外有火警	西四室，必有火起
卯		室必有弟羹若子死
辰	五室马车	室
巳	恶室	室中
午	六室，必有死者二人	其室必三人死
未	其室寡	里，寡夫若寡妇
申	二室。生子不全	二室畜产
酉		
戌	室马、牛、豕也	室六畜
癸	三室	室六畜

表5-13中所列"咎"的所在，除少数为"里中""渡衕"外，大多与居室有关。民国《汶川县志》讲羌族萝卜寨民俗，有"忌宅"一项，其文曰："把人葬完以

后，有的请端公打鼓、念咒、驱邪，怕的是死鬼闹宅，或是危害寨上的人，或是有害天年。端公作了法事，就不怕了。有的全家人都搬出，把门锁起，屋内设酒席一桌，烧纸钱，地上用筛子筛上一层灶灰，说是亡魂要回宅请阴差吃饭，用钱打点，灰上留有人足迹，第五天或第七天就走了，合家再迁入。不然，鬼就要闹宅，使你人口不安，或者叫你再死一个。"①表5-13中危害的对象多与生人有关，同时也涉及畜产，民国《淮阳乡村风土记》："我处谓殃是人生精灵死后的替身，其脱离尸体均有一定时期，虽无形体可见，但为性最烈，动植各物一经与之冲触，必致死命。故某人一经死去，家人必先邀阴阳师预为占卜，如测知其外出时期，则家人届时知所躲避，以免危险云。"②

睡虎地秦简《日书》乙种另有一种利用四季天干占死的条文，列表如下（见表5-14）：

表5-14　四季天干占死

	春三月	夏三月	秋三月	冬三月
甲乙	其后有意，正东有得	东南受殃	【东】受凶，男子〖也〗	必兵死，其南恶之
丙丁	其东有意，正西恶之，死者主也	去室西南受凶，东有意	其西受凶。其女子也	
戊己	去室西，不去有死	正西南有意	……	有意
庚辛	去室北，不去有咎	其东受凶，其西北有意	其东北受凶，正北有意	不去其室有死，正北有火起
壬癸	明鬼祟之，其东受凶	其南有意	明鬼祟之，其东受凶	有意，南室有亡子，且恶之

---

① 转引自丁世良、赵放主编：《中国地方志民俗资料汇编·西南卷》，北京图书馆出版社1991年版，第389～390页。

② 转引自丁世良、赵放主编：《中国地方志民俗资料汇编·中南卷》，北京图书馆出版社1991年版，第149～150页。

表 5-14 中可见，人死有吉凶，吉即"意"，这与我们上文分析"死失"所得结论相近。至于"凶"的方面，则有"殃""凶""恶""咎"等不同称呼，这些不同称呼可能与"死失"之"失"意思相近，也可能是"死失"所造成的危害。总之，这是与孔家坡汉简《日书》"死失"篇相似的东西，支持我们这种说法的证据就来自孔家坡汉简。在"六十甲子占死失"中，还有这样的简文："甲、乙死，南受之。丙、丁死，西南受。""戊、己死，巳葬，去室西。""庚、辛死，东北受。壬、癸死，东受之。"这里的"受""受之"，显然就是睡乙中的"受殃""受凶"。汉代墓葬所出"解注瓶"和早期道教有"尸注""解注"等说法，其来源与日书中的"受殃"等观念密切相关：死者对于生人的影响可以称为"注"，而生人对于死者而言则可称为"受"。

我们把"死咎"看作与"死失"同一类型的东西，天水放马滩秦简《日书》乙种 115-120 号简有一篇"孤虚占死失"，简文如下：

> 甲子旬，辰巳虚，戌亥孤。失六，其虚在东南，孤在西北。若有死〖者〗，各六〖凶〗，不出一岁。
>
> 甲戌旬，寅卯虚，申酉孤。失，虚在正东，孤在正西。若有死者，各四凶，不出一月。
>
> 甲申旬，子丑虚，午未孤。失，虚在正北，孤在〖正〗南。若有死者，各一凶，不出一岁。
>
> 甲午旬，戌亥虚，辰巳孤。失，虚在西北，孤在东南。若有死者，各三凶，不出一日旬。
>
> 甲辰旬，申酉虚，寅卯孤。失，虚在正西，孤在正东。若有死者，各三凶，不出五月。
>
> 甲寅旬，午未虚，子丑孤。失，虚……〖若有〗死者，各五凶，不出一岁。

由于"孤"与"虚"的干支和方位都是固定的，简文就利用"孤虚"的这一特点占"失"的方位，比如末条，若甲寅旬午、未日死，则"失"在东方。余可类推。简文后半段讲若有死者会有多少"凶"，与上表5-13"必有死者二人""必有死者三人"意思相近，都是说某日死者将会导致更多的死亡。放马滩简在这方面的规定尤为详细、具体。

放马滩秦简《日书》乙种107-111号简还有一种利用五行纳音占卜死亡的方术：

> 宫日：卜父及兄以死，子孙蕃昌。母死，有毁。少者，小又死。
>
> 〖徵日：卜……〗蕃昌。小者以死，又之少者；女〈母〉死，取长子。长子死，取中子。中子死，取少子。
>
> 羽日：卜父死，取长男。母死，取长女。长子死，无后害。
>
> 〖商日：……〗□□。□者死，□之。母死，有【毁】。父死，取中子。〖中子〗死，取长子。男死，取少子。
>
> 角日：〖卜〗长者死，有从女，吉。少男死，无后殃。

所谓"宫日""羽日"，是将六十甲子分配到五音之中，用五音代替日干支，如放乙即有："宫：丙辰、丙戌、丁巳、丁亥、戊寅、戊申、己卯、己酉、庚子、庚午、辛丑、辛未"，"羽：壬辰、壬戌、癸巳、癸亥、甲寅、甲申、乙卯、乙酉、丙子、丙午、子丑、丁未"，等等。将这些干支纪日代入五音所纪日，实际上仍是一种择日术。

简文中"某死"取"某"的说法亦见王家台《日书》："小子也，取其父；大人也，不去，必伤其家"；"女子取其夫，男子伤其家"。我们怀疑这里的"取"是取代的意思，是说死者的亡灵取代某人，使某人致死，此亦所谓"重丧"。"取"的说法又见敦煌文献P.3028"推占法"，今摘录数条如下：

巳日死者，妨长老、六畜。丧在寅，哭星在申，直符在酉，尸在亥，福德未，咎地在巳。死者先犯土，属南海君少若。

午日死者，兄弟相取，子侄亦妨。丧在卯，哭在酉，直符在戌，尸在子，福德在申，咎地在午。死者先犯治门户，属南海西君少若。

未日死者，夫妻取。丧在辰，哭星在戌，直符在亥，尸在丑，福德在酉，咎在未。死者先犯伐树□患，属南海君。①

四、丧葬

悬泉置汉简 14-21 号简下栏主要讲"穿""丧""哭"等禁忌。整理者注释说："穿，穿地，如掘井、挖坑等，此处特指开挖墓穴。"复引睡虎地秦简《日书》甲种 105 号简正贰："毋〔以〕辰葬，必有重丧"为说②，这是很适当的。今按：《论衡·辨祟篇》："辰日不哭，哭有重丧。今无教者，辰日有丧，不问轻重，举家清谧，不敢发声，以辞吊客。"《颜氏家训·风操篇》："阴阳说云，辰为水墓，又为土墓，故不得哭。"后世《玉匣记》"彭祖百忌日"亦有"辰日不哭"的说法。悬泉置汉简"穿"忌与"哭"忌往往连言，这里的"哭"可能也是特指丧葬期间的行为。③

日书中有很多关于葬埋的择日规定，如：

窨、罗之日，利以……葬，吉。 睡乙 17

---

① 黄永武主编：《敦煌宝藏》第 126 册，台湾新文丰出版公司 1986 年版，第 88 页。黄正建《敦煌占卜文书与唐五代占卜研究》(学苑出版社 2001 年版，第 150 页)拟名为"推十二支死丧法"。

② 胡平生、张德芳：《敦煌悬泉汉简释粹》，上海古籍出版社 2001 年版，第 180 页。

③ 参看彭卫、杨振红：《中国风俗通史·秦汉卷》，上海文艺出版社 2002 年版，第 435~438 页。

正阳，是谓番昌。……可葬埋。睡甲 34-35 正

阴，是谓乍阴乍阳，先辱而后有庆。利……葬埋。睡甲 42 正

结，是谓利以出货，不可以入。……可以葬埋。睡甲 46 正

与不可葬的时日规定相反，上引简文都是从正面规定可葬埋的时日选择。从悬泉置简以及下面将要引述的材料看，古人似更重视否定性的不可葬埋的规定。《论衡·讥日篇》："《葬历》曰：葬避九空、地臽及日之刚柔、月之奇偶。"可见葬埋的忌日颇多，孔家坡汉简《日书》65 号简："〔三月胃〕……利入禾粟及为囷仓，吉。……不可以葬"，即为反面规定。

古人有入土为安之说，葬埋死人，使亡者魂灵得以安息而不致为害，埋葬死者实际上是从生人角度考虑的。睡虎地秦简《日书》甲种"诘"篇 50 号简背贰："鬼恒裸入人宫，是幼殇死不葬。以灰潢之，则不来矣。"52-53 号简背贰："人生子未能行而死，恒然，是不辜鬼处之。以庚日日始出时潢门以灰，卒，有祭，十日收祭，裹以白茅，埋野，则无殃矣。"可见人死而不葬埋，为害生人尤剧。《金瓶梅》第六十二回《潘道士解禳祭灯法　西门庆大哭李瓶儿》叙述李瓶儿之死，西门庆请阴阳徐先生查明"殃煞"之后，"西门庆教徐先生看破土安葬日期。徐先生道：'请问老爹，停放几时?'西门庆哭道：'热突突怎么就打发出去的，须放过五七才好。'徐先生道：'五七里没有安葬日期。倒是四七里，宜择十月初八日丁酉午时破土，十二日辛丑巳时安葬，合家六位本命都不犯。'"[1]徐先生为李瓶儿择葬期，考虑的也只是"合家六位本命都不犯"而已。

在睡虎地秦简、放马滩秦简、孔家坡汉简《日书》中，另有"葬日""男女日""牝牡日"，今将其日辰安排列表如下（见表 5-15），以便观览：

---

① 兰陵笑笑生：《金瓶梅词话》，人民文学出版社 2000 年版，第 795 页。

表 5-15　葬日的干支分布

	子	丑	寅	卯	辰	巳	午	未	申	酉	戌	亥
睡甲 30-31	男	女	—	男	女	男	女	女	女	男	男	女
睡甲 11 背	牡	牝	牡	牡	牝	牡	牝	牝	牝	牡	牡	牝
睡乙 108	男	女	男	男	—	—	女	女	女	男	—	女
睡乙 109	—	女	男	男	女	男	女	女	男	男	男	女
放甲 1 贰	—	女	男	男	女	男	女	女	女	男	男	—
放乙 91	男	女	男	男	女	男	女	女	女	男	男	女
放乙 86、87	牡	牝	牡	牡	牝	牡	牝	牝	牝	牡	牡	牝
放乙 113、114	刚	柔	刚	—	柔	刚	柔	柔	柔	刚	—	柔

观表 5-15 可知，子、寅、卯、巳、酉、戌为男日、刚日、牡日；丑、辰、午、未、申、亥为女日、柔日、牝日。各占六个地支。银雀山汉简《曹氏阴阳》将天干地支各分为二组，分别为阴阳："甲、丙、戊、庚、壬，阳也，乙、丁、己、辛、癸，阴也。寅、卯、巳、午、未、戌，阳也，申、酉、亥【、子、丑、辰，阴也】。"①按睡甲简 30 正贰-31 正贰规定："女日死，女日葬，必复之。男子亦然。凡丁丑不可以葬，葬必参。"其中"丁丑"日的规定，与悬泉置汉简近似。放乙 89、93 号简亦云："牡日死必以牝日葬，牝日死必以牡日葬。不然，必复之。""以女日病，以女日瘳，必女日复之。以女日死，以女日葬，必复之。男日亦如是。"所谓"复"，是指重复死亡；"参"则指导致三人死亡。此即汉魏六朝墓葬出土解除文书的"重复"。②

---

① 银雀山汉墓竹简整理小组编：《银雀山汉墓竹简（贰）》，文物出版社 2010 年版，203 页。

② 参看张勋燎、白彬：《中国道教考古》第 1 册，线装书局 2006 年版，第 49～51 页；刘增贵：《释"重复"——汉墓解除文书与时日信仰》，第二届"古文字与古代史学术研讨会"论文，台湾"中研院"历史语言研究所，2008 年 12 月 12—14 日。又，刘增贵曾将日书中丧葬择日与文献中记载的丧葬史实结合讨论，认为日书之类的数术时日禁忌，在当时的确被广泛实行，参看《汉代葬俗中的时日信仰》，收入邢义田、刘增贵主编：《古代庶民社会》，台湾联经出版事业股份有限公司 2013 年版，第 325～360 页。

第六章 鬼 神

从一般意义上讲，人的死亡意味着个体生命的终结，但对于战国秦汉时期的人们来说，死亡可能也意味着另一个世界的开始。放马滩秦简《丹》曾讲到一个叫"丹"的人死而复生的故事，"丹所以得复生者，吾犀武舍人。犀武论其舍人掌命者，以丹未当死，因告司命史公孙强"。于是公孙强令白狐把丹从地下挖掘出来，在墓上停留三天，满四年以后，丹终于得以复活。其间，丹作为"鬼"享受活人的祭祀，丹言："祠者必谨扫除，毋以淘□祠所，毋以羹沃餟上，鬼弗食也。"①但死而复活并不是中国古代宗教常见的主题②，在中国古代人们更相信人死后变为鬼。"人""鬼"之间通常由祭祀沟通。事实上，战国秦汉时期的人们生活在一个鬼神充斥的世界。

日书中也有大量的鬼神记录，尤其是睡虎地秦简《日书》"诘"篇，记载数量众多的鬼神名，刘乐贤、王子今、连劭名、刘钊、陈家宁等学者都有专门考释。③ 刘信芳、赖光宏等学者还专门研究了日书中治鬼、防御等

---

① 甘肃省文物考古研究所编：《天水放马滩秦简》，中华书局2009年版，第107页；参看李学勤：《放马滩秦简中的志怪故事》，收入氏著《简帛佚籍与学术史》，江西教育出版社2001年版，第167~175页；陈伟主编，孙占宇撰著：《秦简牍合集：释文注释修订本（肆）》，武汉大学出版社2016年版，第181页。

② 参看夏德安：《战国民间宗教中的复活问题》、陈松长、熊建国译，《简帛研究译丛》第1辑，湖南人民出版社1996年版，第27~43页。

③ 刘乐贤：《睡虎地秦简日书〈诘咎篇〉研究》，《考古学报》1993年第4期；王子今：《睡虎地秦简〈日书〉甲种疏证》，湖北教育出版社2003年版，第339~445页；连劭名：《睡虎地秦简〈日书〉及〈诘〉篇补正》，《江汉考古》2001年第1期；连劭名：《云梦秦简〈诘〉篇考述》，《考古学报》2002年第1期；刘钊：《谈秦简中的"鬼怪"》，《文物季刊》1997年第2期；陈家宁：《〈睡虎地秦墓竹简〉日书甲种"诘"篇鬼名补证（一）》，《简帛》第1辑，上海古籍出版社2006年版，第249~254页。

方术行为。① 九店楚简《日书》有一篇"告武夷"，其中的"武夷"引起学者的强烈兴趣，李家浩、饶宗颐、夏德安（Donald Harper）、周凤五、刘昭瑞等学者加以考释、研究。②

在日书所反映的宗教信仰和宗教观念方面，李晓东、黄晓芬先生利用睡虎地秦简《日书》研究秦人的鬼神观，并比较秦人鬼神观与殷周鬼神观之异同。③ 吴小强先生论证秦人宗教信仰具有不同层次和多神崇拜的特点。④ 这些早期日书研究者，将睡虎地秦简《日书》视作秦人的宗教信仰和实践，在认识上有偏差，蒲慕州先生有所批评⑤，蒲氏还著有《追寻一己之福——中国古代的信仰世界》的专著，利用日书研究战国秦汉时期的民间信仰，是较成功的例子⑥。李零先生从方术的角度研究早期宗教，取得较大成绩。⑦ 美国学者夏德安是利用日书研究民间宗教取得较大成绩的另一位学者，他对战国

---

① 刘信芳：《〈日书〉驱鬼术发微》，《文博》1996 年第 4 期；赖光宏：《从云梦秦简〈日书·诘咎篇〉看楚人对鬼怪作祟及防治之道》，台湾《大汉学报》2003 年第 18 期。

② 李家浩：《论〈太一避兵图〉》，《国学研究》第 1 卷，北京大学出版社 1993 年版，第 277~292 页；饶宗颐：《说九店楚简之武墐（君）与复山》，《文物》1997 年第 6 期；夏德安：《战国时代兵死者的祷辞》，陈松长译，《简帛研究译丛》第 2 辑，湖南人民出版社 1998 年版，第 30~42 页；周凤五：《九店楚简〈告武夷〉重探》，台湾《"中研院"历史语言研究所集刊》第 72 本第 4 分，2001 年；刘昭瑞：《安都丞与武夷君》，《文史》第 59 辑，中华书局 2002 年版。

③ 李晓东、黄晓芬：《从日书看秦人鬼神观及秦文化特征》，《历史研究》1987 年第 4 期；李晓东、黄晓芬：《秦人鬼神观与殷周鬼神观之比较》，《人文杂志》1989 年第 5 期。

④ 吴小强：《论秦人宗教思维特征——云梦秦简〈日书〉的宗教学研究》，《江汉考古》1992 年第 1 期；《论秦人的多神崇拜特点》，《文博》1992 年第 4 期；《论秦人宗教信仰的层次性》，台湾《简牍学报》1992 年第 14 期。

⑤ 蒲慕州：《睡虎地秦简日书的世界》，台湾《"中研院"历史语言研究所集刊》第 62 本第 4 分，1993 年。

⑥ 蒲慕州：《追寻一己之福——中国古代的信仰世界》，台湾允晨文化实业股份有限公司 1995 年版。

⑦ 李零：《中国方术考（修订本）》，东方出版社 2000 年版；《中国方术续考》，东方出版社 2000 年版。

秦汉时期的民间崇拜和神秘思想有系统阐发。① 日书与早期道教的关系亦引起学者注意，刘昭瑞先生曾讨论日书中的禹步与道教关系。② 研究早期道教经典《太平经》的学者，亦大量引证日书资料。③

本章拟在已有研究成果的基础上，综合讨论日书所见的鬼神。首先概括性地描述日书所见的鬼神世界，包括鬼神的等级结构、鬼神的形貌与习性等；其次讨论人对鬼神的控制和各种驱鬼的方术，日书疾病占卜所涉及的鬼神有一种规范化、整齐化的倾向，反映了战国晚期至秦汉时期人们对鬼神控制的加强，"诘"篇所见的驱鬼术，也可视作人类控制鬼神的反映；最后考察鬼神在日书中所起的作用和功能，日书中与择日有关的鬼神是作为择日术的背景和依据而出现的，随着五行学说的兴起，择日的原理由五行学说加以系统的解释，鬼神被纳入五行系统重新解释而转变为神煞。日书所见鬼神观念的变化，与战国秦汉时期新的关系型宇宙模式的兴起，是密切相关的。

第一节　日书的鬼神世界

一、鬼神的层级

如同现实社会存在不同的层级结构一样，鬼神也有一个等级分明的世界。九店楚简《日书》"告武夷"篇记录祷告武夷之辞曰："尔居复山之基，不

---

① Donald Harper: A Chinese Demonography of the Third Centry B. C. *Harvard Journal of Asiatic Studies*, 1985(2), pp. 459-498. Donald Harper: Warring States Natural Philosophy and Occult Thought, in Michael Loewe & Edward L. Shaughnessy (eds.): *The Cambridge History of Ancient China*. Cambridge University Press, 1999, pp. 813-884.

② 刘昭瑞：《论禹步的起源及禹与巫、道的关系》，原刊《梁钊韬与人类学》，中山大学出版社 1991 年版，收入氏著《考古发现与早期道教研究》，文物出版社 2007 年版，第 223~234 页。

③ 参看姜守诚：《〈太平经〉研究——以生命为中心的考察》，社会科学文献出版社 2007 年版，第 109~110、259~262、269~271、303 页。

周之野，帝谓尔无事，命尔司兵死者。"①其中"兵死者"又见楚卜筮祭祷简和日书的疾病占卜，是指为兵器所伤而死的厉鬼，并不仅限于死于战争的亡灵。② 因为兵死者并非正常死亡，所以死后不得进入公共墓地，其为害于生人程度更加强烈。"武夷君"又见《史记·封禅书》和《汉书·郊祀志》。马王堆汉墓帛画《太一祝图》所绘神祇有"武弟子"（参见图6-1），学者以为即楚简

图6-1　马王堆《太一祝图》

① 陈伟主编，李家浩、白于蓝撰：《楚地出土战国简册[十四种]》下册"九店56号墓简册"，武汉大学出版社2016年版，第400页。

② 连劭名：《包山简所见楚地巫祷活动中的神灵》，《考古》2001年第6期。

中的武夷君①。清华大学藏战国楚简《祝辞》中有"五夷"，或以为即武夷神②。祝辞涉及救火，前往五夷之所祝祷，然后"投以土"。睡甲简41背叁："天火燔人宫，不可御。以白沙救之，则止矣。"③白沙亦为泥土之一种，可见二者是出于相同的方术。《祝辞》中的"五夷"当是与土地有关的神灵。中古时期地券常见"武夷王"，为主地下的神灵④，当为同一神灵。从上举九店楚简看，武夷居住在复山之基、不周之野，掌管着死于兵器的厉鬼。武夷之上则有"帝"。其等级结构为：

帝—武夷（神）—兵死者（鬼）

在这个等级分明的鬼神世界里，"帝"在最上位，具有高位神的品格。

睡甲简38背叁记有"上帝"："鬼恒从人女，与居，曰：'上帝子下游。'欲去，自浴以犬屎，击以苇，则死矣。"从简文语意看，"上帝"也许是指天上之帝，得以下游民间与人女同居。蒲慕州认为此处的"上帝"与"诘"篇中的众鬼在性质上并无区别。⑤ 日书中鬼神的等级差别也许并不表现在不同的性质上，而是表现在不同的功力和作用上。

日书中又有"上皇"，睡甲简101正贰："毋以子卜筮，害于上皇。"《楚辞·九歌》："吉日兮辰良，穆将愉兮上皇。"王逸注："上皇谓东皇太一也。"⑥

---

① 李家浩，《论〈太一避兵图〉》，《国学研究》第1卷，北京大学出版社1993年版，第284、285页；Donald Harper：A Chinese Demonography of the Third Century B. C. *Harvard Journal of Asiatic Studies*，1985（2），pp. 13-28.

② 李学勤主编：《清华大学藏战国竹简（叁）》，中西书局2012年版，第165页。

③ 陈伟主编，刘乐贤撰著：《秦简牍合集：释文注释修订本（贰）》之"睡虎地秦简《日书》"部分，武汉大学出版社2016年版，第418页。

④ 刘昭瑞：《考古发现与早期道研究》，文物出版社2007年版，第336~348页。

⑤ 蒲慕州：《追寻一己之福——中国古代的信仰世界》，台湾允晨文化实业股份有限公司1995年版，第83页。

⑥ 洪兴祖：《楚辞补注》，中华书局1983年版，第55页。

太一屡见于楚卜筮祷祠简，为楚人信奉之至上神。① 睡虎地《日书》中的"上皇"是否即为楚人所信仰的至上神东皇太一，还有待进一步证明。

在睡甲和放乙中均有"帝为室"篇，按四季分别讲述帝为室于申、寅、巳、辰诸日，"凡为室日，不可以筑室"。放乙117壹号简云："丁未帝筑丹宫而不成。"118壹号简称："乙亥帝筑室而匦不成。"②孔家坡269号简："垣日，帝毁丘之日：正月辰，二月卯，三月寅，四月酉，五月子，六月亥，七月戌，八月丑，十月未，十一月午，十二月巳，不坏垣，不可除内中。"397号简："血忌，帝启百虫口日也。甲寅、乙卯、乙酉，不可出血，出血不出三岁必死。"③这些说法由于缺乏传世文献的印证，"帝"的性质尚难以断定。

战国秦汉简牍日书中另有黄帝，孔家坡简240："入月旬，不可操土功事，命谓黄帝。"按照五行学说，黄帝属中央土，此处之"黄帝"当指五方、五色帝。九店简47亦有"黄帝"，简文有残缺，从该篇主要讲土功事看，九店中的"黄帝"亦当指方色之帝。在孔家坡简中另有青、赤、白等五色帝，详见下文。

在中国古代鬼神信仰中，"天"与"帝"常作为至上神的面貌出现。或以为"帝"是东方殷人的至上神，"天"则是来自西方周人的信仰。④ 也有学者对这种说法表示怀疑。⑤ 日书中"天"和"帝"都有出现，"帝"的数量比较多，"天"出现的数量和频率比较少。睡甲简102背："春三月甲乙，不可以杀，

① 晏昌贵：《巫鬼与淫祀——楚简所见方术宗教考》，武汉大学出版社2010年版，第79~92页。

② 陈伟主编，孙占宇撰著：《秦简牍合集：释文注释修订本（肆）》之"放马滩秦简《日书》"部分，武汉大学出版社2016年版，第68页。

③ 湖北省文物考古研究所、随州市考古队编：《随州孔家坡汉墓简牍》，文物出版社2006年版，第163、179页。

④ 王晖：《商周文化比较研究》，人民出版社2000年版，第18~104页。

⑤ Robert Eno：Was there a High God Ti in Shang Religion? *Early China*，1990（15），pp. 1-26.

天所以张生时。"后接"夏三月丙丁""秋三月庚辛"等内容。"杀"是指杀牲①，简文的意思是说，春季三月甲、乙日不可以杀牲，因为这是"天"使万物生长茂盛的时节。在这种语意下，我们很难确定"天"是指自然之"天"还是具有神格的至上神。

在长沙子弹库楚帛书中，有"惟天作福，神则格之；惟天乍夭，神则惠之"②。(参见 6-2)这里的"天"，显然已不是自然之天，而是具有了某种神性

图 6-2　长沙子弹库楚帛书中的神怪

①　刘乐贤：《睡虎地秦简日书研究》，台湾文津出版社 1994 版，第 280~281 页。

②　李零：《子弹库帛书》下册，文物出版社 2017 年版，第 52 页。

意志的神灵。《史记·封禅书》讲齐地的"八神将",其中位居首位的是"天主"①。"天主"与"地主"相对,是战国齐地崇信的至上神。在江苏邗江胡场西汉木牍和香港中文大学所藏东汉"序宁简"中,都有"天公"的说法,是当时民间宗教祭祷的对象。②

总之,假如我们把天、帝看作古代中国人信仰的至上神的话,那么,日书所见的至上神不止一位,而是有多位神灵,它们彼此之间似乎并无关联而呈现出一种散漫的状况,这正是民间信仰的特征。

在中国古代鬼神信仰的等级结构中,"天""帝"位居最上层,是至上神或高位神。在天、帝之下,则有所谓群神或众神。睡甲简 3 正贰有"以祭上下,群神飨之"的辞例,从日书祭祷的对象看,群神当包括祖先父母,甚至还包括古史传说中的古圣王贤人,并不限于自然神灵。

睡甲"诘"篇有"大神""上神""状神",从其行事方式与所受待遇看,与一般所谓的"鬼"似乎并无区别。另有"神狗""神虫",这里的"神"只是形容词,并非说狗和虫为"神"。

日书中另有一些直接称"神"的例子,看起来应该是神煞。比如:"正月亥,二月酉,三月未,四月寅,五月子,六月戌,七月巳,八月卯,九月丑,十月申,十一月午,十二月辰,是谓土神,毋起土功,凶。"(睡甲 132背-133 背)"正月申,四月寅,六月巳,十月亥,是谓地杓,神以毁宫,毋起土功,凶。"(睡甲 138 背)"寅、巳、申、亥、卯、午、酉、子、辰、未、戌、丑,凡是谓地【杓】,不可垣。"(放乙 136)其中的"土神""地杓"都应该是神煞。③

---

① 《史记》,中华书局 1959 年版,第 1367 页。

② 扬州博物馆、镇江县图书馆:《江苏邗江胡场五号汉墓》,《文物》1981 年第 11期;陈松长编著:《香港中文大学文物馆藏简牍》,香港中文大学文物馆藏品专刊之七,香港中文大学文物馆,2001 年,第 97~108 页。参看 D. Harper: Warring States, Ch'in, and Han periods, in Chinese Religions: the state of the field—4000B. C. E. to 220C. E., Daniel L. Overmyer(ed.). *The Journal of Asian Studies*, 1995(1).

③ 刘增贵:《睡虎地秦简〈日书〉〈土忌〉篇数术考释》,台湾《"中研院"历史语言研究所集刊》第 78 本第 4 分,2007 年,第 671~704 页。

被视作神煞的"神"，多与土功事有关，在《论衡》中多有记载，如《解除篇》提到"宅中主神有十二焉"，又说："世间缮治宅舍，凿地掘土，功成作毕，解谢土神，名曰'解土'。为土偶人，以像鬼形，令巫祝延，以解土神。"此外还有所谓"式上十二神"，《讥日篇》引《堪舆历》说："历上诸神非一，圣人不言，诸子不传，殆无其实。"①所谓"历上诸神"，也许就是我们这里所说的神煞。

日书所见，鬼尤其多，主要集中在疾病占卜和"诘"篇中，仅"诘"篇就记录了20多个不同类型的鬼名。如果我们把致人疾病之鬼称为"祟鬼"的话，那么"诘"篇中的鬼也许可以叫做"咎鬼"。陕西长安三里村出土东汉朱书陶瓶有"乳死咎鬼""自死咎鬼""市死咎鬼""星死咎鬼"等不同的咎鬼。② 咎鬼为害的范围较祟鬼要广泛一些，当然也包括祟鬼在内。

"诘"篇所记为咎者除人鬼外，还涉及物怪和各种自然现象，如大魅、水亡伤、地螽、地虫、幼龙、会虫、妖、飘风、恙气、野火、天火、雷、女鼠等。从"诘"篇的叙述看，这些物怪、自然现象与鬼神并无本质区别，这对于我们认识日书中的鬼神观念是有帮助的。《庄子·达生》载桓公田猎见鬼而病，询问管仲有无鬼神事，管仲对曰："沈有履，灶有髻，户内之烦壤，雷霆处之；东北方之下者，倍阿、鲑蠪跃之；西北方之下者，则泆阳处之。水有罔象，丘有莘，山有夔，野有彷徨，泽有委蛇。"③管仲所说的各种物怪，大多见于日书。《论衡·订鬼篇》说："鬼者，物也，与人无异。天地之间，有鬼之物，常在四边之外，时往来中国，与人杂厕，凶恶之类也，故人病且死者乃见之。天地生物也，有人如鸟兽。及其生凶物，亦有似人象鸟兽者。故凶祸之家，或见蜚尸，或见走凶，或见人形，三者皆鬼也。或谓之鬼，或谓之凶，或谓之魅，或谓之魑，皆生存实有，非虚无象类之也。"④睡虎地

---

① 黄晖：《论衡校释》，中华书局1990年版，第1043、1044、1021、996页。

② 参看刘乐贤：《简帛数术文献探论（增订本）》，中国人民大学出版社2012年版，第195~200页。

③ 王先谦：《庄子集解》（诸子集成本），上海书店出版社1986年版，第118页。

④ 黄晖：《论衡校释》，中华书局1990年版，第936~937页。

《日书》"诘"篇所记，亦多此类物怪妖气。

《周礼·春官·大宗伯》在叙述祭祀之礼时，将鬼神分为"天神、人鬼、地祇"三大类，又将同一类别的神灵按照不同的等级地位施以不同祭祀方式和礼仪，比如对待天神，"以禋祀祀昊天上帝，以实柴祀日、月、星、辰，以槱燎祀司中、司命、风师、雨师"①。昊天上帝是第一级，日月星辰是第二级，风师、雨师则是第三层级。在"神仕"一职中又写道："以冬日至致天神、人鬼，以夏日至致地祇、物魅。"②据《说文解字》，"魅"即魅，是"老物精也"。这是将鬼神分为天神、人鬼、地祇、物魅四类。

总之，日书所见，有天、帝，有日、月、星、辰之神，有风伯、雨师、水、旱之神；有祖先神，有人鬼；亦有各种地祇和物魅。这些不同类别的神灵依据其地位和功能，存在一种等级结构。就日书鬼神的总体结构和功能看，与《周礼》所表现的等级结构类似，假如把《周礼》的鬼神看作官方祭祀的对象，而把日书鬼神视作民间信仰，则二者并无本质差别。

二、鬼神的形象与习性

关于鬼神是否有形象的问题，传世古文献的记载是有分歧的。《韩非子·外储说左上》说："客有为齐王画者，齐王问曰：'画孰最难者？'曰：'犬马最难。''孰易者？'曰：'鬼魅最易。夫犬马，人所知也，旦暮罄于前，不可类之，故难。鬼魅无形者，不罄于前，故易之也。'"③《淮南子·泰族》亦云："夫鬼神视之无形，听之无声。"④这是鬼神无形说。《论衡·订鬼篇》则说："鬼者，老物精也。夫物之老者，其精为人；亦有未老，性能变化，象人形。"⑤《山海经》所见鬼神都具形象。这是鬼神有形。睡虎地《日书》

---

① 孙诒让：《周礼正义》，中华书局1987年版，第1296~1297页。
② 孙诒让：《周礼正义》，中华书局1987年版，第2232页。
③ 王先慎：《韩非子集解》（诸子集成本），上海书店出版社1986年版，第202页。
④ 何宁：《淮南子集释》，中华书局1998年版，第1378页。
⑤ 黄晖：《论衡校释》，中华书局1990年版，第934~945页。

甲种"诘"篇所见，鬼神多见其音容相貌，如：

> 鬼恒夜鼓人门，以歌若哭，人见之，是凶鬼。29背贰-30背贰
> 凡鬼恒执匮以入人室，曰："饿我食"云。是谓饿鬼。2背贰
> 鬼恒谓人："予我而女。不可辞，是上神下娶妻。"39背叁

此类记述中的鬼神，不仅有形貌，还可以歌可以泣，能说话能惑人，有饥饿有情欲，可见当时的人完全是按照活人的形貌习性来想象鬼神、塑造鬼神的。这一类想象的鬼神，观其言谈声貌，似亦不乏可爱之处。

值得注意的是睡甲简36背贰-38背贰所记之"状神"，简文既说"状神在其室"，又说掘地及泉"有赤豕，马尾犬首"，可见此"赤豕"即状神，它长着狗的头和马的尾。这种复合型动物的鬼神形象，在《山海经》中多有记载，如《西山三经》槐江之山"有天神焉，其状如牛，而八足二首马尾，其音如勃皇，见则其邑有兵"。昆仑之丘，"神陆吾司之，其神状虎身而九尾，人面而虎爪"①。长沙子弹库楚帛书，四周边文所绘十二月神像，多作复合型动物。可见把鬼神想象成复合型动物形象，乃是战国秦汉时期的通行做法。

鬼神有居所及活动范围。睡虎地《日书》甲种"诘"篇所记鬼神为害于人多在宫室之内，与人的关系密切。古人相信宫室多恶鬼厉气，《搜神记》记载一则故事说："昔颛顼氏有三子，死而为疫鬼，一居江水，为疟鬼；一居若水，为魍魉鬼；一居人宫室，善惊人小儿，为小鬼。"②其实宫室中之鬼不限于颛顼氏之子，睡虎地《日书》甲种"诘"篇所载甚多，不烦备举。《周礼·春官·视祲》"掌安宅叙降"，郑玄注："宅，居也；降，下也。人见妖祥则不安，主安其居处也。次序其凶祸所下，谓禳移之。"③此记驱除宫室之鬼之法。《礼记·郊特牲》："乡人禓，孔子朝服立于阼，存室神也。"郑玄注：

---

① 袁珂：《山海经校注》，巴蜀书社1993年版，第53、56页。
② 干宝：《搜神记》，汪绍楹校注，中华书局1979年版，第189页。
③ 孙诒让：《周礼正义》，中华书局1987年版，第1984页。

"禓，强鬼也。谓时儺，索室殴疫，逐强鬼也。"①鬼神常在人宫室附近，可见与人的关系密切。

正因为人鬼无隔，人亦可杀死鬼神。"诘"篇有三条简文谈到人可以杀死鬼神，一条说："人无故而鬼惑之，是□鬼，善戏人。以桑心为杖，鬼来而击之，畏〈是〉死矣。"（睡甲32背壹-33背壹）另一条说鬼伪称"上帝子下游"，"击以苇，则死矣"。（睡甲38背叁）第三条说：鬼伪称"上神下娶妻"，"击以苇，则死矣"。（睡甲39背叁-40背叁）蒲慕州据此认为，杀死鬼神的观念表明自然与神灵的区隔并不明显，人的世界与鬼神的世界是密不可分的，尤其是低阶的鬼怪。②

第二节　控制与驱除鬼神

一、控制鬼神：疾病占卜所见的鬼神

日书中的鬼神比较集中地出现在有关疾病占卜的择日条文中。古人相信鬼神能致人疾病，日书中有"占病祟"的说法，所占的结果即为作祟的鬼神，所以我们不妨把这一类鬼神称作"祟鬼"。从日书的表述方式看，主要有以下三种形式：

（1）九分系统。见于放乙，它是配合"式图"使用的，式图如下（见图6-3）。

放乙350、192号简："占病祟。余：一，天殴，公外。二，社及位。三，人鬼，大父及殇。四，大遏及北公。五音，巫帝、阴雨公。六律，司命、天□。七星，星死者。八风，相莨者。九水，大水也。"这是利用式图余

---

①　孙希旦：《礼记集解》，中华书局1989年版，第682~683页。

②　蒲慕州：《追寻一己之福——中国古代的信仰世界》，台湾允晨文化实业股份有限公司1995年版，第83页。

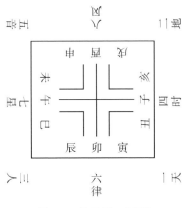

图 6-3 放马滩"式图"

数占病祟，简文大意是说，当所得余数为一时，对应式图上的天位，病祟之鬼为"公外"。当余数为二时，对应式图上的地，占文用"社"表示地，同时也表明祟鬼为社鬼。当余数为三时，对应式图上的人，祟鬼为大父、殇鬼，大父是死去的父亲，其鬼为祟。殇指未成年而死亡者。以下可类推。① 由此可见，这一类占病祟的方术，是将作祟的鬼神，分别纳入九种不同的范畴，依次对应着式图上的天、地、人、四时、五音、六律、七星、八风、九水。作祟的鬼神包括很广泛，不仅限于人鬼一种，比如司命属于天神，大水应是水神。但其中有一些鬼神(如公外、天兽)不见于文献记载，具体所指尚不十分清楚。

(2)十二支系统。在睡虎地、孔家坡《日书》中都有十二支占疾，如睡乙"十二支占出入盗疾"篇："未以东得，北凶，西、南吉。朝启夕闭。朝盗不得，昼、夕得。以入，吉。以有疾，子少瘳，卯大瘳，〖死〗生在寅，赤肉从南方来，把者〖赤〗色，母世外死为祟。"孔家坡则写作："子有疾，四日小汗，七日大汗。其祟天土。甲子鸡鸣有疾，青色死。"放乙是用十二律占疾，

---

① 陈伟：《放马滩秦简日书〈占病祟除〉与投掷式选择》，《文物》2011 年第 5 期；程少轩：《放马滩简所见式占古佚书的初步研究》，台湾《"中研院"历史语言研究所集刊》第 83 本第 2 分，2012 年，第 205、322~324 页。

十二律与十二支存在对应关系，所以也是一种十二分的系统。兹将三种日书与十二支有关占病祟所见鬼神列表如下（见表6-1）：

表6-1　十二支占病祟鬼神表

地支	十二律	放乙	睡乙	孔家坡
子	黄钟	上君、先殇	外鬼父世、高王父	天土
丑	大吕	大街、交原	外鬼、巫	三土君
寅	太簇	恒辂公、社	巫	北君、冣主
卯	夹钟	外君	中鬼见社	三公主
辰	姑洗	北君、大水、【街】	巫	大父
巳	中吕	田[神]、曼桑、炊者	高王父	高姑姊□
午	蕤宾	大父亲、布	外鬼兄世	道鬼、尚行
未	林钟	门、户	母世外死	？
申	夷则	？	王父	旱〈早〉殇
酉	南吕	原死者	外鬼父世、巫，室鬼	门阎之鬼
戌	毋射	犬主(?)	高王父，野立(位)	门、街
亥	应钟	发、布、室中	母世见之	人炊、老人

这种占疾病的方式，是将作祟的鬼神按发病的时日，分别纳入十二个地支之中。在不同的日书本子中，同一个地支安排的作祟鬼神并不相同，但这种规范化的倾向是很明显的。利用日书的人，只要知道病人发病的时日干支，就可以知道作祟的鬼神。日书中很少涉及针对这些作祟鬼神的处置方法和手段，但它规定了病人何时痊愈或何时死亡，所以它的目的很明确，就是通过发病日查找病祟，并对病人未来的发展作出简单的预测。

（3）十天干五行系统。在睡虎地和孔家坡中都有用十天干占疾病的条文，作祟的鬼神被分门别类地列于十天干之下。十天干两两被分作一组，与五行相配，如甲、乙配木，丙、丁配火，等等。在水泉子汉简《日书》中，就直接写明"木日疾，祟在社。火日疾，祟在强死、殇、旱"①。兹将几种日书有关十天干占病祟鬼神列表如下（见表6-2）：

表6-2 日书十天干支占病祟鬼神表

天干	五行	睡甲	孔家坡	水泉子
甲乙	木	父母	大父	社
丙丁	火	王父	人炊	强死、殇、旱
戊己	土	巫堪、行	巫及室	木□
庚辛	金	外鬼、殇死	街、行、人炊、兵[死者]	街、水、[兵]死者
壬癸	水	外鬼	灶神、[大]水	游死者

这种方式占病祟与十二支占病祟的原理相同，都是将作祟的鬼神分别纳入十天干之日，日者只需知道生病的时日的天干，就可以知道作祟的鬼神，然后采取相应的措施。不同的是，十天干被分为五组，与五行相对应。如此一来，作祟的鬼神就被依次分配五行之下。表6-2中作祟的鬼神似乎与五行有着某关联，比如在水泉子《日书》中，水日发病，作祟之鬼为"游死者"，游死者当是游水溺亡之人，与水有关。金日发病，作祟之鬼为"兵死者"，兵器属金。火日疾，祟鬼为"旱"，旱又见于孔家坡《日书》十二支占疾申日条，或为旱神。当然，这种关联性的规定并不是绝对的，比如金日疾，祟鬼除兵死者外，还有街和水，分别指街道之鬼和水神。由此可见，《日者》的作者将作祟鬼神整齐化、规范化的意图是十分明显的。

利用五行模式规范、整齐鬼神的作法不仅限于疾病占卜。周家台秦简《日书》简298壹-302壹写道："卅六年，置居金，上公、兵死、阳（殇）主岁，岁在中。置居火，筑囚、行、炊主岁，岁为下。[置居水，]……主岁。置居土，田社、木并主岁。置居木，里社、冢主岁，岁为上。"主岁的鬼神亦按五行搭配，其中金配兵死者，木配里社，与水泉子相似。水泉子土日"木

① 张存良、吴荭：《水泉子汉简初识》，《文物》2009年第10期。

□”，缺字也许就是“并”。

孔家坡简 427 贰-436 贰有五色帝配五方色的简文，另外在“司岁”篇中还穿插记录了五个帝王与五种方位的搭配(孔家坡简 435 贰-437 贰)，这种做法，亦见于传世文献《月令》，兹将二者列表对比如下(见表6-3)：

表 6-3　鬼神与五行的关系

天干	甲乙	丙丁	戊己	庚辛	壬癸
五行	木	火	土	金	水
五方	东方	南方	中央	西方	北方
五色	青色	赤色	黄色	白色	黑色
五帝(月令)	太昊	炎帝	黄帝	少昊	颛顼
五帝(孔家坡)	昊	炎帝	黄帝	颛顼	?
五色帝(孔家坡)	青帝	赤帝	黄帝	白帝	炎帝
鬼神(孔家坡)	人炊	高者	邑主	风伯	群巫
鬼神(周家台)	里社、冢	囚、行、炊	田社、木并	上公、兵死、殇	?

表 6-3 中五帝、鬼神与五行干支的搭配，很容易使人联想起《月令》。日书所见几种鬼神与五行的搭配，彼此之间并不相同，还没有形成稳定的系统。这可能与这种做法尚不成熟有关，也可能出自不同地方不同日者不同的传统。

观察表 6-3，有三点值得注意：第一，孔家坡五色帝与五方、五色的搭配，北方并非黑帝，而是炎帝。《史记·封禅书》说，汉高帝“二年，东击项籍而还入关，问：‘故秦时上帝祠何帝也？’对曰：‘四帝，有白、青、黄、赤帝之祠。’高祖曰：‘吾闻天有五帝，而有四，何也？’莫知其说。于是高祖曰：‘吾知之矣，乃待我而具五也。’乃立黑帝祠，命曰北畤。”①可见秦国故地在汉以前并没有以黑帝配北方的传统。孔家坡所见，或为南方楚国故地的

①　《史记》，中华书局 1959 年版，第 1378 页。

传统，北方配炎帝。第二，孔家坡五帝与五方的搭配，不见北方之帝，这也许是由于简文有脱漏，也许是当时只有四帝而没有五帝配置，与刘邦入关所见秦地所祠只有四帝而无五帝类似。在具体搭配方面，与《月令》相比，除中央黄帝相同之外，其余都不相同。孔家坡以颛顼配西方，《月令》则配北方。孔家坡以颛顼配西方可能是有原因的，据杨宽先生研究，颛顼乃是西方民族的上帝，其渊源甚为古老。① 《月令》西方所配为少昊（又写作"少皞"），大概是以少昊为秦之主神。《楚辞》所配则为蓐收，丁山以为这是楚人仇视秦国，不愿也不忍秦国主神少昊配西方②。其实，五帝之说起于五方帝、五色帝之祠，后演变为人帝，其具体组合则众说纷纭。③ 孔家坡所见与《月令》不同，说明此种做法各地有不同的传统，五帝配五行至汉初尚未形成固定的搭配。第三，作祟的鬼神被纳入五行系统，显示出人对鬼神控制力的加强。

鬼神为祟致人疾病的观念相当古老，殷墟甲骨卜辞已有死者的亡魂作祟生人致其生病的辞例。④ 楚卜筮祭祷简占问墓主人生前疾患，多有病祟之鬼。⑤ 战国楚卜筮祭祷简所见的鬼神，与日书疾病占卜所见的鬼神有着相同的性质，它们都可以致人疾病、为祟于人，有些鬼神甚至同时见于禁忌卜筮祭祷简和日书简。日本学者工藤元男据此认为，日书来源于卜筮祭祷简，楚卜筮祭祷简是日书的前身。⑥ 也有学者持相反的意见，认为二者之间没有前后继承关系。⑦ 我们认为楚卜筮祭祷简与日书所代表的是两种不同的方术形式，

---

① 杨宽：《中国上古史导论》，吕思勉、童书业编著：《古史辨》第七册上编，上海古籍出版社 1982 年版，第 220～223 页。

② 丁山：《古代神话与民族》，商务印书馆 2005 年版，第 165 页。

③ 刘起釪：《几次组合纷纭错杂的"三皇五帝"》，收入氏著《古史续辨》，中国社会科学出版社 1991 年版，第 97～106 页。

④ 宋镇豪：《商代的疾患医疗与卫生保健》，《历史研究》2004 年第 2 期。

⑤ 晏昌贵：《巫鬼与淫祀——楚简所见方术宗教考》，武汉大学出版社 2010 年版，第 77～178 页。

⑥ 工藤元男：《从卜筮祭祷简看"日书"的形成》，《郭店楚简国际学术研讨会文集》，湖北人民出版社 2000 年版，第 589～594 页。

⑦ 杨华：《出土日书与楚地的疾病占卜》，《武汉大学学报》（人文科学版）2003 年第 5 期。

分别对应于《史记》的《龟策列传》和《日者列传》，它们在战国秦汉时期都很流行。① 二者之所以都记录鬼神，有些鬼神名甚至完全相同，只是出于鬼神能致人疾病的古老观念。在鬼神致人疾病的观念支配下，人在生病之时往往乞求于鬼神。这种把疾病与鬼神联系起来的观念，一直到近现代的中国农村仍然十分流行，这是不足为怪的。楚卜筮祭祷简和日书疾病占卜虽然都记录许多鬼神，但二者对待鬼神的态度和方式是不相同。第一，对于楚卜筮祭祷简的作者(抄手)和读者来说，为祟的鬼神是未知的，必须借助占卜的手段求得为祟的鬼神。而对日书的作者(抄手)和读者而言，为祟的鬼神是已知的，它们被规范地纳入时日干支的系统，鬼神被整齐化、规范化了，从而也容易被控制。第二，对于卜筮祭祷简的使用者来说，鬼神与病人之间还隔着一层巫者，卜求作祟鬼神的是职业化的巫师，病人并不能直接面对鬼神。而对于日书的使用者来说，作祟的鬼神与病人之间似乎并不需要借助于巫师的中间环节，人可以直接与鬼神打交道。《国语·楚语下》记载楚国的观射父说"古者民神不杂"，由职业巫觋交通天地，等到"少皞之衰也，九黎乱德，民神杂糅，不可方物，夫人作享，家为巫史"。对卜筮祭祷简来说，人神关系是"民神不杂"，而对于日书而言，则是"民神杂糅"。② 这一点，在下文驱除鬼神的描述中可以看得更清楚。

二、驱除鬼神："诘"篇中的驱鬼术

中国古代对待鬼神的态度和方法不外乎二种：一是祭祀求祷，属于"软"的一手；二是攻除禳解，属于"硬"的一手。楚卜筮祭祷简所见，多为祭祀祈福，属于"软"的一手。但其中也不乏用各种巫术手法驱除恶鬼

---

① 晏昌贵：《巫鬼与淫祀——楚简所见方术宗教考》，武汉大学出版社 2010 年版，第 67~76 页。

② 参看蒲慕州：《追寻一己之福——中国古代的信仰世界》，台湾允晨文化实业股份有限公司 1995 年版，第 83~84 页。

的"硬"手段。① 战国秦汉时期的日书中,有关祭祀鬼神的内容非常多见,可以分为三种类型。第一类出现在"建除""丛辰""星官"一类总纲性质的条文中,泛泛提及某某日适宜祭祀或不宜祭祀。第二类是专门的祭祀择日,比如睡甲简78的祀父母日,睡乙简31-40记载的祠室中日、祠户日、祠门日、祠行日、祠灶日,等等。室中、门、户、行、灶又称为"五祀",与日常生活密切相关,是秦汉时期民间社会奉祀的小鬼神。第三类是一些讲如何祭祷各类鬼神的专篇。如九店"告武夷"篇,用"聂币芳粮"告祷于武夷之所。睡甲"马禖祝"篇,用"肥豚、清酒、美白粱"祭告马禖,冀求"驱其殃,去其不祥"。放乙《丹》篇和北京大学藏汉简《泰原有死者》②,都是讲死人复活的故事,利用死者之口,强调生人祭祀死者亡鬼的祭品的特殊要求以及祭祀的禁忌,反映出当时一般社会民众祈求鬼神的习俗。

但睡虎地《日书》所见,更多的是各种治鬼的方术,属于"硬"的一手,反映出战国秦汉时期社会习俗中控制鬼神、驱除鬼神的一面。睡虎地《日书》甲种"诘"篇开头即说:

> 诘咎,鬼害民妄行,为民不祥,告如诘之,导令民无丽凶殃。鬼之所恶,彼屈卧、箕坐、连行、踦立。24背壹-26背壹

"诘"篇的主体内容是讲如何控制、驱除为害于人的鬼怪,其中首先提到的,就是鬼所憎恶、害怕的四种行为,即:屈卧、箕坐、连行、踦立。这四种肢体动作都是非正常的行为,通过这些非常行为使鬼害怕,从而达到驱除恶鬼的目的。这一类动作行为亦为后世道教所继承。③

---

① 晏昌贵:《巫鬼与淫祀——楚简所见方术宗教考》,武汉大学出版社2010年版,第236~300页。

② 李零:《北大秦牍〈泰原有死者〉简介》,《文物》2012年第6期。

③ D. Harper: A Chinese Demonography of the Third Century B. C. *Harvard Journal of Asiatic Studies*,1985(2),pp.483-486. 王子今:《睡虎地秦简〈日书〉甲种疏证》,湖北教育出版社2003年版,第345~347页。

　　知道鬼的名字是控制鬼、驱除鬼的重要环节。睡甲"诘"篇记载了许多鬼名，如：凶鬼、暴鬼、疠鬼、饿鬼、阳鬼、阴鬼、夭鬼、遽鬼、孕鬼、哀鬼、棘鬼、游鬼、丘鬼、故丘鬼、不辜鬼、哀乳之鬼、粲迓之鬼，等等。这些鬼名多以类别相称，可以看作鬼的"类名"。有的鬼还有具体的名字，可以称之为"专名"。如睡甲简 44 背贰："鬼恒为人恶梦，觉而弗占，是图夫。""图夫"或即鬼之专名。道书载刀鬼名"剑子夫"，五岳之鬼名"山夫"，南台三斗鬼姓滇名"温夫"，庚戌日鬼名"总夫"。这些鬼都以"夫"为名，可与日书的鬼名相参照。① 睡甲简 13-14 背壹和睡乙简 194-195 记载一种驱除恶梦的方术：当人有恶梦，醒来后披散头发面向西北方位而坐，然后祷告一个叫"宛奇"的鬼神，让恶梦不再发生。祷告者还许诺给宛奇钱财布帛。结合这个故事可以看出，给人带来恶梦的鬼名叫"图夫"，食恶梦之鬼则叫"宛奇"。② 江苏高邮邵家沟汉代遗址出土木简记载："乙巳日死者，鬼名天光，天帝神师已知汝名，疾去三千里，汝不即去，南山給奇令来食汝，急如律令。"③給奇即宛奇，它居在南山，除食恶梦之鬼外，还食名叫"天光"的鬼，大概是专门食鬼的鬼神。《抱朴子·登涉》载"辟山川庙堂百鬼之法"："其次则论百鬼录，知天下鬼之名字，及《白泽图》、《九鼎记》，则众鬼自却。"④睡甲"诘"篇即《白泽图》之类，学者已有讨论。⑤ 洛阳出土东汉永寿二年镇墓瓶陶文云："迫佼四时五行，追逐天下，捕取五［疠］，逐之符咒，制日夜□□乘传居署，适度阆梁，□董摄录佰鬼名字，无令得逃亡。……黄帝呈下，急［急如

---

　　① 刘钊：《出土简帛文字丛考》，台湾古籍出版有限公司 2004 年版，第 141 页。

　　② 刘信芳：《秦简日书与楚辞类征》，《江汉考古》1990 年第 1 期；饶宗颐：《云梦秦简日书研究》，收入饶宗颐、曾宪通：《楚地出土文献三种研究》，中华书局 1993 年版，第 423 页。

　　③ 江苏省文物管理委员会：《江苏高邮邵家沟汉代遗址的清理》，《考古》1960 年第 10 期。

　　④ 王明：《抱朴子内篇校释》，中华书局 1985 年版，第 308 页。

　　⑤ D. Harper：A Chinese Demonography of the Third Century B. C. *Harvard Journal of Asiatic Studies*，1985（2），pp. 490-496.

律令]."①陶文多有残缺，但文中记录施用咒术必须"摄录佰鬼名字，无令得逃亡"，是很清楚的。居延新简 EPT49.3："厌魅书。家长以制日疏魅名。魅名为天牧，鬼之精，即灭亡，有敢苟者，反受其殃。以除为之。"②"疏"为记录，"天牧"即鬼名，见于《汉书·苏武传》。法藏敦煌文献 Pel. chin. 2856"推初得病日鬼法"说："卜男女初得病日，鬼名是谁，若患状相当者，即作此鬼形，并书符藏之，并吞及著门户上，皆大吉。"其中记载得病日鬼名甚详，如子日病，鬼名何伯；丑日病，鬼字长卿；寅日病，鬼字仲后；等等。③ 类似的记载亦见道书《太上洞神洞渊神咒治病口章》④，具体名字与敦煌文献多有不同。

控制鬼神、驱除鬼神还必须知道鬼神的来路及藏身之所。九店"告武夷"篇所记司兵死者的武夷君"居复山之基、不周之野"，特别强调武夷的居处。"诘"篇经常讲到鬼怪在人的居室为害，生人必须知道为咎的鬼怪所在的方位，然后采取针对性的措施，驱除鬼怪。日本藤原京二要大路遗址曾出土一枚木札，正、背面墨书文字四行："南山之下有不流水，其中有一大蛇，九头一尾，不食余物，但食唐鬼，朝食三千，暮食八百。急急如律令。"⑤文中提到的"南山"或即高邮木简中的南山。陕西户县朱家堡汉墓陶罐朱书文字："天帝使者谨为曹伯鲁之家移殃去咎，远之千里。咎□大桃不得留。□□至之鬼所，徐□□。"⑥很显然是讲治鬼解除须知"鬼所"。

"诘"篇记各种治鬼方术，需要借助各种工具，据统计，至少有 40 种。⑦

---

① 蔡运章：《东汉永寿二年镇墓瓶陶文考略》，《考古》1989 年第 7 期。

② 甘肃省文物考古研究所等编：《居延新简——甲渠候官》，中华书局 1994 年版，第 61 页。

③ 上海古籍出版社、法国国家图书馆编：《法藏敦煌西域文献》第 19 册，上海古籍出版社 2001 年版，第 138 页。

④ 《道藏》第 32 册，文物出版社、上海书店、天津古籍出版社 1988 年版，第 726 页。

⑤ 刘昭瑞：《考古发现与早期道教研究》，文物出版社 2007 年版，第 428 页。

⑥ 禚振西：《陕西户县的两座汉墓》，《考古与文物》1980 年第 1 期。

⑦ 刘乐贤：《睡虎地秦简日书研究》，台湾文津出版社 1994 年版，第 257 页。

其中以桃最为多见，计有桃制作的弓、桃柄、桃杖、桃棓、桃梗等。古人认为桃木可以避鬼，《礼记·檀弓下》："君临臣丧，以巫祝桃茢执戈，恶之也。"郑玄注："桃，鬼所恶。"①《论衡·乱龙篇》："上古之人，有神荼、郁垒者，昆弟二人，性能执鬼，居东海度朔山上，立桃树下，简阅百鬼。鬼无道理，妄为人祸，荼与郁垒缚以卢索，执以食虎。故今县官斩桃为人，立之户侧；画虎之形，着之门阑。"②考古发现有很多用于驱鬼的桃梗和桃人，可见用桃木制作成各种器具以驱除鬼怪，乃是当时民间社会的普遍行为。③

"诘"篇治鬼还用桑木，盖取"桑"与"丧"谐音，能使鬼死丧也。"诘"篇治鬼亦用"苇""棘"，《左传》昭公四年："桃弧、棘矢，以除其灾。"④这一类植物，大约都有避灾除害的功能。

治鬼术中的各种植物通常制成刀剑弓矢等武器，另有真正的金属刀剑："鬼恒从男女，见它人而去，是神虫伪为人。以良剑刺其颈，则不来矣。"（睡甲34背贰-35背贰）《风俗通义》卷九《怪神》"世间多有精物妖怪百端"条和《抱朴子·登涉》均载有以剑驱除鬼魅的故事。《周礼·夏官·方相氏》说："掌蒙熊皮，黄金四目，玄衣朱裳，执戈扬盾，帅百隶而时难，以索室驱疫。"⑤《日书》"诘"篇多用弓矢、刀剑驱鬼，其理正同。除用刀剑击杀外，还用鞭击等。

日书治鬼用猪、狗屎洗浴。该法亦见于传世文献记载，《韩非子·内储说下》载："燕人李季好远出，其妻私有通于士，季突至，士在内中，妻患之。其室妇曰：'令公子裸而解发，直出门，吾属佯不见也。'于是公子从其计，疾走出门。季曰：'是何人也?'家室皆曰：'无有。'季曰：'吾见鬼乎?'妇人曰：'然。''为之奈何?'曰：'取五牲之矢浴之。'季曰：'诺。'乃浴以矢。"⑥

从驱鬼的动作看，最多的是投掷，有投掷白石、鞋子、狗屎等。与投相

---

① 孙希旦：《礼记集解》，中华书局1989年版，第262页。
② 黄晖：《论衡校释》，中华书局1990年版，第699页。
③ 陆锡兴：《考古发现的桃梗与桃人》，《考古》2012年第12期。
④ 杨伯峻：《春秋左传注（修订本）》，中华书局1990年版，第1429页。
⑤ 孙诒让：《周礼正义》，中华书局1987年版，第2493页。
⑥ 王先慎：《韩非子集解》，上海书店出版社1986年版，第183页。

对的，是直接掩埋之法，有的掩埋之前还用火烧。掩埋之后覆盖上灰或沙。除了火烧，还用水灌，《搜神记》记载："汉武帝东游，未出函谷关，有物当道，身长数丈，其状象牛，青眼而耀睛，四足入土，动而不徙。百官惊骇。东方朔用请以酒灌之。灌之数十斛而物消。"①至于室中之鬼魅物怪，最直接的办法，就是掘而去之。

"诘"篇亦用声音、鼓噪等法术驱赶恶鬼，大约是后世咒语的前身：

> 一室中卧者眯也，不可以居，是□鬼居之。取桃枱〈棓〉楄四隅、中央，以牡棘刀刊其宫墙，呼之曰："复！疾趣出。今日不出，以牡刀皮而衣。"则无殃矣。睡甲 24 背叁-26 背叁

第三节 从鬼神到神煞

一、作为择日背景和依据的神灵

《左传》昭公九年："辰在子、卯，谓之疾日。"②古史传说甲子是商纣灭亡之日，乙卯是夏桀灭亡之日，所以子日和卯日为忌日，不举吉事，以示戒惧。《论衡·讥日篇》说："学书讳丙日，云：'仓颉以丙日死。'礼不以子、卯举乐，殷、夏以子、卯日亡也。"③对于这种现象，清人顾炎武称之为"以日同为占"④。刘瑛通过考察《左传》《国语》中的择日之术，认为春秋以来的择日术，已惯用历史人物及传说人物的亡日作为时日吉凶的依据。⑤《搜神

———

① 干宝：《搜神记》，汪绍楹校注，中华书局 1979 年版，第 131 页。
② 杨伯峻：《春秋左传注（修订本）》，中华书局 1990 年版，第 1311 页。
③ 黄晖：《论衡校释》，中华书局 1990 年版，第 995~996 页。
④ 顾炎武著，黄汝成集释：《日知录集释》，岳麓书社 1994 年版，第 154 页。
⑤ 刘瑛：《〈左传〉、〈国语〉方术研究》，人民文学出版社 2006 年版，第 214~217 页。

记》引《五行书》曰："河伯以庚辰日死，不可治船远行，溺没不返。"①《五行书》或即《日书》之类。

　　战国秦汉之日书多记录神灵的死亡日，如睡虎地《日书》说："田亳主以乙巳死，杜主以乙酉死，雨师以辛未死，田大人以癸亥死。"（睡甲149背）田亳主当即田地与屋宅之神，杜主或为土地之神。② 雨师为风雨之神，古书或以为毕星宿，或以为玄冥神。③ 田大人或即田神，《新刻趋避检》卷上"农事忌日"："田祖甲寅日死；田父丁亥日死，丁未日葬；田母丙戌日死，丁亥日葬；田主乙巳日死，辛亥日葬；田夫丁亥日死，辛亥日葬；后稷癸巳日死，甲寅日葬。凡种五谷，已上并忌。"④《臞仙肘后经》所记相同。⑤ 岳山秦牍《日书》记载说："田〔大〕人丁亥死，夕以祠之。"（岳山M36：43）田大人的死亡日与睡甲不同而与《新刻趋避检》一致。从岳山的情况看，日书中记载诸神灵的亡日是为祭祀这些神灵服务的。但从后世择日历忌书《新刻趋避检》看，诸神灵的死亡日也有可能是作为择日的原因和背景而出现的。这种情形在孔家坡中可以看得更清楚：

　　　　　入月二旬，蚩尤⑥死日也，不可哭临、聚众、合卒。 **183 壹**

蚩尤是古代神话传说中的战神，相传蚩尤善于制造各种兵器，包括戈、殳、戟、矛和弓箭，是炎帝的后代，居住在南方。他长着人的身体，牛的头和蹄子，有八只手，八条腿，吃沙石、铁块。由于与黄帝争霸，最后战死在涿鹿

---

　　① 干宝：《搜神记》，汪绍楹校注，中华书局1979年版，第46页。

　　② 刘乐贤：《睡虎地秦简日书研究》，台湾文津出版社1994年版，第47~48页。

　　③ 王利器：《风俗通义校注》，中华书局2010年版，第365~366页。

　　④ 刘永明主编：《增补四库未收术数类大全》第十集《阴阳五行（四）》，江苏广陵古籍刻印社1997年版，第1566页。

　　⑤ 《四库全书丛书》子部第六十八册，齐鲁书社1997年版，第92页。

　　⑥ "蚩尤"据刘乐贤释，参看《释孔家坡汉简〈日书〉中的几个古史传说人物》，《中国史研究》2010年第2期。

(今河北省涿鹿县)。① 山东沂南汉画像石有蚩尤作五兵的图像(见图6-4)，王子今先生曾加以考述②。其他汉画像石亦多见蚩尤图像③，尤其是华盛顿弗利尔美术馆藏铜带钩，神像为牛首，口衔匕首，手执盾与剑，足踏刀与斧，或即蚩尤神像④。蚩尤是秦汉时期民间广泛信仰的神灵。由于蚩尤是战

图 6-4　汉代蚩尤图

(采自《沂南古画像石墓发掘报告》，文化部文物管理局，1956 年，图版 33)

① 袁珂：《中国古代神话》，中华书局 1960 年版，第 112～119 页。

② 王子今：《沂南汉画像石蚩五兵图》，《艺术考古——中国艺术与考古研究所成立纪念文集》，群言出版社 2006 年版，第 127～135 页。

③ 牛天伟、金爱秀：《汉画神灵图像考述》，河南大学出版社 2009 年版，第 259～273 页。

④ 孙机：《汉代物质文化资料图说(增订本)》，上海古籍出版社 2008 年版，第 292 页。

神，所以他的死日"不可聚众、合卒"，"聚众合卒"是聚集军队的意思。至于不可"哭临"的规定，则可能是由于蚩尤为南方之神，其死状尤为悲惨的缘故。

日书中另有一些神灵往往是作为择日的背景和依据出现的，但不一定与死亡日有关，而是涉及神话传说和历史故事。如九店38下-40下说："凡五卯，不可以作大事，帝以命益赍禹之火"；"凡五亥，不可以畜六牲扰，帝之所以戮六扰之日"。"帝以命益赍禹之火"的传说故事见于《孟子·滕文公上》①，其中的"帝"当指帝舜。"帝之所以戮六扰"之"帝"亦当指舜。古史传说帝舜南征，死于苍梧之野，《楚辞·离骚》："济沅湘以南征兮，就重华而陈词。"重华为帝舜之名，王逸注引《帝系》说他"葬于九疑山，在沅、湘之南"。② 长沙马王堆汉墓出土的《地形图》在九疑山旁特别注明"帝舜"二字③，这是汉初楚地流行帝舜南征传说的最好证明。九店有关帝舜的记载，是这种传说在南方楚地深入民间的表现。

长沙子弹库楚帛书有帝俊，学者或以为即舜④。帝俊的神话传说多见于《山海经》，《大荒南经》说帝俊的妻子羲和"生十日"，《大荒西经》说他的另一个妻子"常羲，生月十有二"。帝俊亦见殷墟甲骨文。帝俊即帝舜，是东方殷民族所奉祀的上帝。⑤ 九店有关帝舜的神话故事，是作为择日的背景和依据而出现的。

睡虎地《日书》说："五丑不可巫，帝以杀巫咸。"（睡甲27正贰）巫咸见岳山M36木椟："巫咸乙巳死，勿以祠巫。"帝以五丑日杀巫咸和巫咸乙巳日死的传说，均不见于载籍，其内容难以详考。巫咸，或以为巫祝之神，在黄

　　① 焦循：《孟子正义》（诸子集成本），上海书店出版社1986年版，第220页。

　　② 洪兴祖：《楚辞补注》，中华书局1983年版，第20页。

　　③ 谭其骧：《二千一百多年前的一幅地图》，收入氏著《长水集（下）》，人民出版社1987年版，第237页。

　　④ 李零：《长沙子弹库战国楚帛书研究》，中华书局1985年版，第72页。

　　⑤ 袁珂：《中国古代神话》，中华书局1960年版，第141～146页。

帝或神农之时①；或以为商太戊时大臣，在殷中宗之世②。《山海经·大荒西经》说："有灵山，巫咸、巫即、巫盼、巫彭、巫姑、巫真、巫礼、巫抵、巫谢、巫罗，十巫从此升降，百药爰在。"灵山即巫山，"十巫从此升降"，即从此上升于天。③《海外西经》又有巫咸国，"在登葆山，群巫所从上下也"④。可见巫咸具有群巫集团领袖之身份。他既然能上下于天地之间，杀巫咸之"帝"，当指上帝。

二、从鬼神到神煞的转变

但在孔家坡《日书》中，作为择日背景和依据的神灵有逐渐被消解的趋势。我们先来看美国学者郝益森（E. R. Harkness）曾经讨论过的一个例子⑤，相关简材料见于马王堆帛书《出行占》、香港中文大学藏汉简《日书》、睡甲和孔家坡，备列如下：

> 庚子寅戌、辛丑寅戌、癸卯巳酉不可行，此黄帝……马王堆帛书《出行占》
>
> 戊戌不可北，是谓行。百里中有咎，二百里外大咎。黄神□之。香港11
>
> 归行 凡春三月己丑不可东，夏三月戊辰不可南，秋三月己未不可西，冬三月戊戌不可北。百〖里〗中大凶，二百里外必死。岁

---

① 刘乐贤：《睡虎地秦简日书研究》，台湾文津出版社1994年版，第67页；王子今：《睡虎地秦简〈日书〉甲种疏证》，湖北教育出版社2003年版，第124~125页。

② 睡虎地秦墓竹简整理小组编：《睡虎地秦墓竹简》，文物出版社1990年版，第186页。

③ 袁珂：《山海经校注》，中华书局1960年版，第453~454页。

④ 袁珂：《山海经校注》，中华书局1960年版，第263页。

⑤ E. R. Harkness：*Cosmology and the Quotidian*：*Day Books in the Early China*. Doctoral Dissertation，The University of Chicago，2011，p. 147.

忌。睡甲 131 正

　　春三月乙丑，夏三月丙辰，秋三月辛未，冬三月壬戌，不可远
行。孔家坡 144 壹-145 壹

　　"黄神"屡见于出土的东汉镇墓文中，东汉早期道教常见"黄神越章"印
和"黄神之印"。其中的黄神即指黄帝。① 法国学者索安（Anna Seidel）指出，
在汉代民间信仰的多样传统和背景下，天帝、黄帝和黄神是对同一个最高天
神的不同叫法，或者是同一个最高天神的不同方面。② 仔细比较上引四段简
文，可以发现《出行占》的时日干支与其他三种日书并不一致，但都是讲出行
的时日禁忌。《汉书·景十三王传·临江闵王刘荣传》："（刘）荣行，祖于江
陵北门。"颜师古注："昔黄帝之子累祖，好远游而死于道，故后人以为行神
也。"③此外古书也有共工氏之子修为行神有说法，此皆不同地区的民间传
说，互有异辞，不足深怪。④ 比较香港藏简与睡甲，可见二者基本相同，香
港藏简前所缺文字当为"冬三月"，其中的"黄神"，在睡甲中写作"岁"，胡
文辉认为是指小岁（小时）⑤，刘增贵以为是太岁⑥。孔家坡用"五行三合局"
和"五行相胜"的原理取代了原来的"黄神"和"岁"，择日的吉凶完全由五行
决定，这是日书择吉原理的一大变化。

　　与上述黄神的例子相似的还有日书中的赤帝，睡甲和睡乙都把正月上旬
午，二月上旬亥，三月上旬申，四月上旬丑，五月上旬戌，六月上旬卯，七
月上旬子，八月上旬巳，九月上旬寅，十月上旬未，十一月上旬辰，十二月

　　① 刘昭瑞：《考古发现与早期道研究》，文物出版社 2007 年版，第 146~151 页。
　　② A. Seidel：Traces of Han Religion in Funeral Texts Found in Tombs，秋月观英（Akit-
suki Kan'ei）编：《道教と宗教文化》，（日本）平河出版社 1987 年版，第 21~57 页。
　　③ 班固：《汉书》，中华书局 1962 年版，第 2413 页。
　　④ 晏昌贵：《巫鬼与淫祀——楚简所见方术宗教考》，武汉大学出版社 2010 年版，
第 136 页。
　　⑤ 胡文辉：《中国早期方术与文献丛考》，中山大学出版社 2000 年版，第 133 页。
　　⑥ 刘增贵：《秦简〈日书〉中的出行礼俗与信仰》，台湾《"中研院"历史语言研究所
集刊》第 72 本第 3 分，2001 年，第 518 页。

上旬酉，称作"赤帝恒以开临下民而降其殃"的日子，这些日子"不可具为百事，皆无所利"（睡甲 128 正、睡乙 134）。睡甲篇题为"行"，睡乙无篇题。同样的篇章又见于孔家坡 108-110，篇题作"临日"，但"赤帝"写作"帝"。郑刚以为此即《星历考原》卷四和《协纪辨方书》卷六中的临日①。不过《星历考原》和《协纪辨方书》都只有时日吉凶的规定，而无赤帝或帝下临降殃的内容。《三术撮要》"万通历吉凶日图诀"有"杀星"，其运程为正月午，二月亥，三月申，四月丑，五月戌，六月卯，七月子，八月巳，九月寅，十月未，十一月辰，十二月酉。② 同样不见赤帝降殃的内容。

中国古史传说中，赤帝为古帝王，与黄帝同时。《逸周书·尝麦解》："昔天之初，囗作二后，乃设建典，命赤帝分正二卿，命蚩尤于宇少昊，以临四方，司囗囗上天未成之庆。蚩尤乃逐帝，争于涿鹿之河，九隅无遗。赤帝大慑，乃说于黄帝，执蚩尤杀之于中冀。"③但有的古书记载赤帝曾与黄帝交战，《大戴礼记·五帝德》记黄帝"与赤帝战于阪泉之野"④。银雀山汉简《孙子兵法》有"黄帝伐赤帝"篇题。⑤ 不过，这个赤帝常常与炎帝相混，《太平御览》卷七九引《归藏》云："昔黄神与炎神争斗涿鹿之野，将战，筮于巫咸，曰：果哉而有咎。"⑥《史记·五帝本纪》亦称："（黄帝）与炎帝战于阪泉之野。"⑦《潜夫论》说："有神龙首出常羊，感任姒，生赤帝魁隗。身号炎帝，世号神农。"⑧至于日书中的"赤帝"，饶宗颐以为五方、五色帝之一，属南方

① 郑刚：《论睡虎地秦简日书的结构特征》，《中山大学学报》1993 年第 3 期。

② 刘永明主编：《增补四库未收术数类大全》第十集《阴阳五行（一）》，江苏广陵古籍刻印社 1997 年版，第 226 页。

③ 黄怀信等：《逸周书汇校集注（修订本）》，上海古籍出版社 2007 年版，第 731~732 页。

④ 王聘珍：《大戴礼记解诂》，中华书局 1983 年版，第 118 页。

⑤ 银雀山汉墓竹简整理小组编：《孙子兵法》，文物出版社 1976 年版，第 101 页。

⑥ 李昉等：《太平御览》，中华书局 1960 年版，第 367 页下栏~368 页上栏。

⑦ 《史记》，中华书局 1959 年版，第 3 页。

⑧ 汪继培：《潜夫论笺校正》，中华书局 1985 年版，第 389 页。

火①。其说当是。《太平经》常有赤帝与南方丙丁日相配，亦为五方、五色帝之一。肩水金关汉简73EJT23：966："阳朔三年正月丁卯朔戊寅，肩水士吏政即日视事，日直赤帝，三阳长日，利以……"②阳朔三年当公元前22年。所谓"日直赤帝"，是说这一天当赤帝值日。所谓"三阳长日"，尹湾汉简《行道吉凶》中"三阳"日。《行道吉凶》共有16支简，一支简书写标题"行道吉凶"，10支简列出六十干支表并在每个干支下注明几阳几阴及某门，5支简书写占断吉凶的说明文字。据刘乐贤的复原，戊寅为"三阳南门"，占测文字说："行得三阳，又得其门，百事皆成"，"行得三阳，不得其门，行者忧，事亦成"。③肩水金关简所说的"三阳"显然与《行道吉凶》的"三阳"是一个意思。"长日"大概是指吉日一类。肩水金关简虽然没有直接说到"门"，但按五行配置，赤帝在南方，正与《行道吉凶》的南门相应。戊寅这一天既是"日直赤帝"（南门），又是"三阳长日"，当然是出行视事的大吉之日。肩水金关简后有残缺，但残存的"利以"二字，足以说明此日是出行的吉日。在这里，赤帝当为神煞。

我们现在来看第三个例子，是与"天"有关的。

> 壬申，癸酉，天以震高山，以娶妻，不居，不吉。睡甲7背壹
> 壬申会癸酉，天以坏高山，不可娶妇。睡甲147背
> 壬申，癸酉，百事不吉，不可娶妻。孔家坡175壹

睡甲简文中的"天"似乎具有某种神性，它可以"坏高山"。简文大概是说，壬申和癸酉是"天"震坏高山的日子，不可以娶妻。"天以坏/震高山"是作为"不可娶妇"的原因和背景而出现的，可能具有某种神话背景，今已不可详

---

① 饶宗颐：《云梦秦简日书研究》，饶宗颐、曾宪通：《楚地出土文献三种研究》，中华书局1993年版，第420~421页。

② 甘肃简牍保护研究中心等：《肩水金关汉简（贰）》，中西书局2012年版，第250页。

③ 刘乐贤：《悬泉汉简中的建除占"失"残文》，《文物》2008年第12期。

考。同样的时日禁忌亦见于孔家坡简 175 壹，但其中并无"天以坏/震高山"的内容，日书中的神话背景被消解了。

第四个例子与牵牛、织女神话有关：

戊申，己酉，牵牛以娶织女而不果，不出三岁，弃若亡。睡甲 3 背壹

戊申，己酉，牵牛以娶织女，不果，三弃。睡甲 155 正

戊申、己酉以娶妻，妻不出三岁，弃、亡。孔家坡 175 贰

牵牛本指天空的牛星宿（Capβ）。织女又称须女或婺女，相当于西方天文学上的 Lyrα。[1]《诗经·小雅·大东》："维天有汉，监亦有光。跂彼织女，终日七襄。虽由七襄，不成报章。睆彼牵牛，不以服箱。"《史记·天官书》说："牵牛为牺牲，其北河鼓。河鼓，大星，上将；左、右，左、右将。婺女，其北织女。织女，天女孙也。"《索隐》："《尔雅》云：'河鼓谓之牵牛。'孙炎曰：'河鼓之旗十二星，在牵牛北，或名河鼓为牵牛也。'"《正义》："自昔传牵牛、织女七月七日相见，此星也。"[2]今本《尔雅·释天》写作"何鼓"，郭璞注："今荆楚人呼牵牛星为担鼓，担者，荷也。"[3]梁代宗懔《荆楚岁时记》"七月七日为牵牛、织女聚会之夜"条："牵牛，荆州呼为'河鼓'，主关梁。织女则主瓜果。"[4]牵牛（河鼓或何鼓）、织女的神话本为星空神话，后演变为牛郎、织女神话，象征中国古代社会的男耕女织，为中国古代四大神话传说之一。[5] 从睡甲简 3 背壹看，牵牛娶织女为妻，但这段婚姻没有维持多久，大概不到三年。简文中抛弃、离开的主语应该是妻，亦即织女，也就是说，

①　陈遵妫：《中国天文学史》，上海人民出版社 2006 年版，第 238、421~422 页。

②　《史记》，中华书局 1959 年版，第 1310~1311 页。

③　郝懿行：《尔雅义疏》，商务印书馆 1934 年版，第 56 页。

④　宗懔：《荆楚岁时记》，宋金龙校注，山西人民出版社 1987 年版，第 54 页；参看萧放：《〈荆楚岁时记〉研究——兼论传统中国民众生活中的时间观念》，北京师范大学出版社 2000 年版，第 199~200 页。

⑤　参看洪淑苓：《牛郎织女研究》，台湾学生书局 1988 年版，第 34~55 页。

牵牛娶织女后，不到三年时间，织女就抛弃了牵牛而离他而去。织女为什么要离开牵牛呢？简文没有讲。在后世的民间传说中，牛郎（牵牛）为凡间农夫，织女为天帝之女，她私自下凡，许嫁牛郎。此事引发天帝不满，责令织女回到天庭，从而导致婚姻破裂。① 中国古代社会特别强调婚姻的长久，所谓"执子之手，与子偕老"，乃是一种理想的婚姻追求。牵牛、织女的爱情悲剧，在当时民间看来，是婚姻不吉祥的预兆，所以把这一神话故事作为在戊申、己酉日娶妻不吉利的背景和依据。② 但这个神话背景，在孔家坡中消失不见了。

我们要讨论的最后一个例子是关于禹娶涂山之女的故事：

癸丑，戊午，己未，禹以娶梌山之女日也，不弃，必以子死。睡甲 2 背壹

□□□以戊午、己未，是禹之娶梌【山之女为妻】之日也，必一子死。香港 25

癸丑、戊午、己未以娶妻，妻死，不，必弃。孔家坡 176 贰

简文中的"梌山"，传世文献多写作"涂山"，《说文解字》作"盦山"。《尚书·益稷》：禹"娶于涂山，辛、壬、癸、甲"。这是以天干纪日，辛、壬、癸、甲是指连续的四天，与日书相合的只有癸丑这一天。简文中的戊午、己未是连续的两天，上距癸丑有七天，《周易》有"七日来复"的说法，丁山认为殷人以十日为周期，周人则以七日为周期③。新蔡葛陵楚卜筮祭祷简有"七日贞"的说法，其来源可能与二十八宿纪日有关。④ 日书中禹娶梌山

---

① 袁珂：《中国神话史》，上海文艺出版社 1988 年版，第 315~321 页。

② 赵逵夫：《由秦简日书看牛女传说在先秦时代的面貌》，《清华大学学报》（哲学社会科学版）2012 年第 4 期。

③ 丁山：《古代神话与民族》，商务印书馆 2005 年版，第 148~150 页。

④ 晏昌贵：《巫鬼与淫祀——楚简所见方术宗教考》，武汉大学出版社 2010 年版，第 228~229 页。

之女的日子涉及三个时日干支，也许是出于七日一周的传统。但也可能上古习俗娶妻需经过几个阶段，癸丑是禹娶桵山之女初聘的日子，戊午、己未则是正式娶妻的日子。文献缺载，已难得其详了。

传世文献多以禹娶涂山之女为婚嫁之吉日，《水经注·淮水》引《吕氏春秋》曰："禹娶涂山氏女，不以私害公，自辛、壬至甲四日，复往治水。故江淮之俗以辛、壬、癸、甲为嫁娶日也。"①《说文解字》山部："峗，会稽山。一曰九江当涂也。民以辛、壬、癸、甲之日嫁娶。"②日书将禹娶桵山之女日视作嫁娶的凶日，是从夫妻感情和家庭维系的立场出发，因为禹娶妻不久即离家而去，当然不利于夫妻团聚和家庭的稳定，所以在这些日子娶妻，会有离异和死亡的灾难。这是从民间立场出发，强调个人的感情因素。《吕氏春秋》和《说文解字》所记，强调的是"不以私害公"，这大概是官方推行移风易俗的结果，是一种官方的立场。但无论如何，二者的故事背景是相同的，都把禹娶桵山之女的日子作为嫁娶择日的背景和依据。在睡甲和香港藏简《日书》中，都把癸丑、戊午、己未称为"禹娶桵山之女"的日子，但在孔家坡中，并没有这一类文字，与禹有关的传说故事被消解了。

上举五例，都是孔家坡消解睡虎地中所见神话故事作为择日背景和依据的例子，从中或可见随着时代的推移，日书中作为择日背景和依据的神灵有逐渐被消解而趋于消失的趋势。但孔家坡并非完全没有此类神灵，上举蚩尤是一个例子，下面再举二例，以说明孔家坡中仍具有作为择日背景和依据的神灵。

西大母以丁酉西不返，繘以壬戌北不返，禹以丙戌南不返，女过与天子以庚东不返。149 壹-150 壹 A

"西大母"当即西王母，西王母的传说在《山海经》中有多处记载，多与

① 陈桥驿：《水经注校证》，中华书局2007年版，第709页。
② 许慎：《说文解字》，中华书局1963年版，第191页下栏。

西方有关。据《西次三经》所记，"西王母其状如人，豹尾虎齿而善啸，蓬发戴胜，是司天之厉及五残"①，为人兽合体的形象。西王母为汉代民间信仰的主要神灵，逐渐演变为长寿之神，成为汉代画像石中最为常见的表现题材之一（参见图6-5）。《太平经》所记"师策文"曰："乐莫乐乎长安市，使人寿若西王母。"②无论传世文献还是出土的画像石资料，西王母常与西方相配③，日书称"西大母以丁酉西不返"，或许正是出于这种背景。《类编历法通书大全》卷五"建师人宅舍"有"丁酉西王母忌不西行"的说法④，与日书相同。

图6-5　汉画像石中的西王母

緰，当即古史传说中禹的父亲鲧。⑤ 传说中鲧因为治水不力，被上帝流

----

① 袁珂：《山海经校注》，巴蜀书社1993年版，第59页。

② 王明编：《太平经合校》，中华书局1960年版，第62页。

③ 巫鸿：《武梁祠——中国古代画像艺术的思想性》，柳扬、岑河译，三联书店2006年版，第125~157页。

④ 《四库全书存目丛书》子部第六十八册，齐鲁书社1995年版，第168页。

⑤ 陆平：《试释孔家坡汉简〈日书〉之"緰"、"禹"、"女过"》，简帛网，2007年8月25日；刘乐贤：《释孔家坡汉简〈日书〉中的几个古史传说人物》，《中国史研究》2010年第2期。

放在羽山而杀之。关于鲧的流放地羽山，杨宽先生认为即委羽之山，他引《淮南子·地形》及高诱注为证，其地正在北方①。《庄子》等书说共工被流在幽都，顾颉刚、童书业认为共工就是鲧，幽都即《孟子》《尧典》等书中的"幽州"，其地亦在北方②。媮(鲧)"以壬戌北不返"或即指此事。

"禹以丙戌南不返"，是指传说中禹南巡至会稽而亡。③《史记·太史公自序》"二十而南游江淮，上会稽，探禹穴"，《集解》引张晏曰："禹巡狩至会稽而崩，因葬焉。"④孔家坡《日书》"禹以丙戌南不返"，当以此古史传说为背景。

禹在日书中出现的次数最多，涉及的范围最广，是日书最重要的神灵。在传世文献中，禹与治理洪水有关，他既是天神，从上帝那里得到"息壤"，"卒布土，以定九州"，从而为"山川主"。又是夏王朝的开创者，为古史传说的圣王。⑤ 顾颉刚先生说："战国秦汉之间，造成了两个大偶像：种族的偶像是黄帝，疆域的偶像是禹。"⑥在日书中，禹的形象已大为改观，他既非人祖，亦非圣王，而变成为一个巫者，是巫祝之宗主。⑦ 由于这个原因，日书中有很多篇章都假托于禹，如"禹穷日""禹离日""禹须臾""禹步""禹符"等⑧。

---

① 杨宽：《中国上古史导论》，文物出版社 2006 年版，第 329~336 页。

② 顾颉刚、童书业：《鲧禹的传说》，吕思勉、童书业编著：《古史辨》第七册下编，上海古籍出版社 1982 年版，第 156~157 页。

③ 湖北省文物考古研究所、随州市考古队编：《随州孔家坡汉墓竹牍》，文物出版社 2006 年版，第 146 页。

④ 《史记》，中华书局 1959 年版，第 3294 页。

⑤ 顾颉刚、童书业：《鲧禹的传说》，文物出版社 2006 年版，第 142~195 页。

⑥ 顾颉刚：《战国秦汉间人的造伪与辨伪》，吕思勉、童书业编著：《古史辨》第七册上编，上海古籍出版社 1982 年版，第 23 页。

⑦ 工藤元男：《睡虎地秦简所见秦代国家与社会》，广濑薰雄、曹峰译，上海古籍出版社 2010 年版，第 259~286 页；刘昭瑞：《考古发现与早期道教研究》，文物出版社 2007 年版，第 223~224 页。

⑧ 刘增贵：《秦简〈日书〉中的出行礼俗与信仰》，台湾《"中研院"历史语言研究所集刊》第 72 本第 3 分，2001 年，第 508 页。

"女过"应读为"女娲"，指《山海经·北次三经》中"衔西山之木石以堙东海"的"女娃"，亦即"精卫"。"天子"当即《山海经》中的炎帝。考已见前，此不赘述。

孔家坡另一例涉及神话背景的择日条文与申、酉日有关：

> 丙申、丁酉，天、地相去也；庚申、辛酉，汉、河相去也；壬申、癸酉，参、辰相去也。凡是日，不〔可〕娶妻、嫁女及言事，不成。179-180

简文涉及丙申、丁酉，庚申、辛酉，壬申、癸酉，一共有三组。所谓"相去"，就是彼此离开的意思。此外，放甲简24贰说："凡甲申、乙酉绝天气，不可起土功，不死必亡。"类似的说法亦见放乙简308壹和孔家坡简241。加上上文讨论过的戊申、己酉，以及壬申、癸酉，这五组时日干支在后世被称为"五离日"，见于《医心方》所引《虾蟆经》①、《五行大义》引《河图》②、敦煌卷子③、《协纪辨方书》④等，兹将诸书所载列表如下（见表6-4）：

表6-4　"五离日"异同表

干支	甲申、乙酉	丙申、丁酉	戊申、己酉	庚申、辛酉	壬申、癸酉
日书A	绝天气		牵牛以娶织女而不果		天以震/坏高山
日书B		天地相去		汉河相去	参辰相去
虾蟆经	人民离	江河离	天地离	禽兽离	鬼神离

---

① 丹波康赖编撰，沈澍农等校注：《医心方校释》，学苑出版社2001年版，第251页。

② 萧吉：《五行大义》，钱杭点校，上海书店出版社2001年版，第47页。

③ 黄永武主编：《敦煌宝藏》，第32册，台湾新文丰出版公司1986年版，第438页。

④ 允禄：《钦定协纪辨方书》，郑同点校，华龄出版社2009年版，第751~752页。

续表

干支	甲申、乙酉	丙申、丁酉	戊申、己酉	庚申、辛酉	壬申、癸酉
河图	天地离	日月离	人民离	金石离	江河离
敦煌占书	天地离	日月离	人民离	金石离	江河离
协纪辨方书	日月离	阴阳离	人民离	金石离	江河离

表6-4"日书"一栏综合了几种不同的日书，日书 A 取自放马滩和睡虎地，日书 B 则据孔家坡简。我们在前文中已经说明了戊申、己酉娶妻不吉的神话背景乃在于"牵牛娶织而不果"，那么其他说法有没有类似的神话背景呢，回答是肯定的。《左传》昭公元年记载，晋侯有疾，卜人占卜为实沈、台骀为祟，史官不知此二神的来历，以问子产，子产回答说：

> 昔高辛氏有二子，伯曰阏伯，季曰实沈，居于旷林，不相能也，日寻干戈，以相征讨。后帝不臧，迁阏伯于商丘，主辰。商人是因，故辰为商星。迁实沈于大夏，主参，唐人是因，以服事夏、商。①

参、辰本二星宿名，参宿为西方七宿之一，有七颗星，相当于西方天文学上的 Ori ζ、ε、δ、α、γ、κ、β。辰即大火，亦即心宿，为东方七宿之一，有三颗星，相当于西方天文学 Sco σ、α、τ。参、辰二星宿对指导古代农业生产具有重要意义，《尚书·尧典》称："日永星火，以正仲夏。""火"即大火星。②《夏小正》说，正月"初昏参中"，"五月参则见"，八月"参中则旦"。③由于这两颗星在天空星象上相距遥远，因而产生了"参、辰相去"的神话，这也是中国古代星空神话之一种。后演变为历史神话，分别附会为高辛氏的两个儿子阏伯和实沈，又演变为虞夏和殷商的星神。日书中的"参、辰相去"当

---

① 杨伯峻：《春秋左传注（修订本）》，中华书局 1990 年版，第 1217~1218 页。
② 《尚书正义》，中华书局 1980 年版，第 119 页。
③ 王聘珍：《大戴礼记解诂》，中华书局 1983 年版，第 29、37、44 页。

以此神话为背景。

日书中的"天、地相去"可能与天地开辟的神话有关。关于中国古代天地开辟的神话，《楚辞·天问》说："上下未形，何由考之?"①可见神话传说中的天与地最初是未分离的。《淮南子·精神》说："古未有天地之时，唯象无形，窈窈冥冥，有二神混生，经天营地，于是乃别为阴阳，离为八极。"高诱注："二神，阴、阳之神也。"②这是说古时天地未分，后有阴阳二神，使得天地发生分离。中国古代比较完整的天地开辟神话是盘古开天地的故事，天地分离的主角变成人格化的盘古，《太平御览》卷二引《三五历记》："天地浑沌如鸡子，盘古生其中。万八千岁，天地开辟，阳清为天，阴浊为地。盘古在其中，一日九变。"③

至于"汉、河相去"，大概也有其神话背景，只不过书缺有间，已不可得而详了。

日书将时日吉凶与神话联系起来，时日吉凶的背后有其神话背景，时日之所以具有吉凶的含义，是因为神灵在背后起作用，这是将时间神圣化的途径之一。但在后世的发展过程中，时日吉凶用五行干支来解释，神话背景被解构而消失了。在择日方术的解释系统中，五行取代了神灵，神灵也逐渐从择日方术中被消解了。观察表 6-4，《虾蟆经》以戊己配天地，壬癸配鬼神，这种搭配，大概是因为按五行系统的说法，戊己在中央，象征天地；壬癸为北方，象征鬼神。而在敦煌占书中，戊己配人民，庚辛配金石，壬癸配江河，这三条在《协纪辨方书》中被固定下来，原因就在于：在五行干支中，庚辛配西方金，壬癸配北方水，至于戊己配人民，大概是为了突出"人"的重要性，使之位于中央，地位更显重要。表 6-4 中的时日规定，各"离日"与干支搭配均涉及申、酉。《五行大义》解释说："申、酉，阴之所凑，肃杀之方，日月皆没于其所，西方少阴衰老之处，物之所恶，故以为离。"④《协纪辨方

---

① 洪兴祖:《楚辞补注》，中华书局 1983 年版，第 86 页。
② 何宁:《淮南子集释》，中华书局 1998 年版，第 503~504 页。
③ 李昉等:《太平御览》第 2 册，中华书局 1960 年版，第 8 页下栏。
④ 萧吉:《五行大义》，钱杭点校，上海书店出版社 2001 年版，第 48 页。

书》卷三《义例》"五离"条引曹震圭说："五离者，是阴阳重会之辰，再合则离也。"①皆以阴阳五行、干支对冲为说。这种解释，与日书中的神话背景大异其趣，神灵被五行所取代，神灵被消解了，决定时日吉凶的支配力量不再是神灵，而是与五行有关的"数"。

目前考古发现比较完整的日书，有战国楚简九店《日书》，战国秦地出土的放马滩秦简《日书》，战国楚地出土的睡虎地秦简《日书》和楚地出土的孔家坡汉简《日书》，四种不同时代和地域日书所揭示的鬼神结构和性质并无本质区别，说明战国秦汉时代不同地域的民众的鬼神信仰是大体相同的。作为战国秦汉时期民间流行的通俗读物，日书鬼神的结构等级与《周礼》所载大致相同。日书疾病占卜中的鬼神表现出一种规范化、整齐化的倾向，反映在日书中的五帝以及其他鬼神与五行的搭配上，与传世文献《月令》的做法如出一辙，一般认为《周礼》和《月令》代表的是官方信仰系统，从这一角度看，日书鬼神信仰不限于某一地区和某一社会阶层，而是通行于全国的社会各阶层的"共同宗教"（common religion）。②

战国秦汉时期，随着阴阳五行学说的兴起，出现了一种关联性的宇宙模式，在这种宇宙秩序下，各种鬼神似乎都被局限在他们各自的特殊位置之中，同时也被分配了一定的功能和角色，从而成为宇宙秩序的一环。③鬼神不再具有支配作用，它的地位和作用被降低了。

类似的情形，在睡虎地《日书》甲种"诘"篇中亦得到很好的反映。"诘"篇的主旨乃是利用各种方术手段对付为咎于人的鬼神物怪。从"诘"篇描述的语言看，作者似乎具有一种轻松闲适的态度和幽默的笔法，对那些为咎作祟的鬼神并无多少敬畏恐惧心态。从其结果看，"诘"篇70余条记录，出现

① 允禄：《钦定协纪辨方书》，郑同点校，华龄出版社2009年版，第118页。

② D. Harper：Warring States，Ch'in，and Han periods，Chinese Religions：the state of the field—4000B. C. E. to 220C. E.，Daniel L. Overmyer（ed.）. *The Journal of Asian Studies*，1995(1)，pp. 156-158.

③ 本杰明·史华兹：《古代中国的思想世界》，程钢译、刘东校，江苏人民出版社2004年版，第380~387页。

"止"的情形最多，有 24 次；其次是"已"，15 次；"不来"，11 次；其他"去"4 次，"无殃""不害"各 2 次。凡此皆表明，为咎作祟的鬼神物怪是可以被控制、驱除的。

日书的主体部分是记录时日之吉凶，以供人们日常生活中趋吉避凶择日之需。时日之所以具有吉凶的含义，最初可能是出于实际生活的经验总结，其中的很大部分，来自祖先亡灵的死日禁忌和神话传说中诸神的忌日，换言之，时日的吉凶乃是由神灵所支配。战国秦汉时期阴阳五行学说兴起，时日的吉凶被赋予新的解释，支配时日吉凶的，在很大程度上，不再是神灵，而是五行的生克变化。原来作为择日背景和依据而出现的鬼神，逐渐被消解，取而代之的，是在五行系统解释背景下的神煞。

主要参考文献

一、中文文献

A

安徽省文物工作队等:《阜阳双古堆西汉汝阴侯墓发掘简报》,《文物》1978 年第 8 期。

[日]安居香山、中村璋八辑:《纬书集成》,河北人民出版社,1994 年。

B

(汉)班固:《汉书》,中华书局,1962 年。

北京大学出土文献研究所编:《北京大学藏西汉竹书墨迹选粹》,人民美术出版社,2012 年。

北京大学出土文献研究所编:《北京大学藏西汉竹书(伍)》,上海古籍出版社,2014 年。

北京大学历史系《论衡》注释小组:《论衡注释》,中华书局,1979 年。

[匈牙利]贝山(Sandor P. Szabo):《阴阳概念的时间关系与九店楚简》,丁四新主编:《楚地简帛思想研究(三)——"新出楚简国际学术研讨会"论文

集》，湖北教育出版社，2007 年。

[美]本杰明·史华兹（Benjamin I. Schwartz）：《古代中国的思想世界》，程钢译，刘东校，江苏人民出版社，2004 年。

C

蔡丹、陈伟、熊北生：《睡虎地汉简中的质日简册》，《文物》2018 年第 3 期。

蔡先金、李佩瑶：《睡虎地秦简〈日书〉与牵牛织女神话》，《东岳论丛》2011 年第 12 期。

蔡运章：《东汉永寿二年镇墓瓶陶文考略》，《考古》1989 年第 7 期。

（清）曹雪芹、高鹗：《红楼梦》，人民文学出版社，1996 年。

常金仓：《伏羲女娲神话的历史考察》，《陕西师范大学学报》（哲学社会科学版）2002 年第 6 期。

陈长琦：《秦简〈秦律杂抄〉译文商榷》，《史学月刊》2007 年第 1 期。

陈家宁：《〈睡虎地秦墓竹简〉日书甲种"诘"篇鬼名补证（一）》，《简帛》第 1 辑，上海古籍出版社，2006 年。

陈侃理：《北大汉简数术类〈六博〉、〈荆决〉等篇略述》，《文物》2011 年第 6 期。

陈侃理：《北大秦简中的方术书》，《文物》2012 年第 6 期。

陈梦家：《战国楚帛书考》，《考古学报》1984 年第 2 期。

陈桥驿：《水经注校证》，中华书局，2007 年。

陈斯鹏：《论周原甲骨和楚系简帛中的"囟"与"思"——兼论卜辞命辞的性质》，《第四届国际中国古文字学研讨会论文集》，香港中文大学中国语言及文学系，2003 年。

陈斯鹏：《简帛文献与文学考论》，中山大学出版社，2007 年。

陈斯鹏：《孔家坡汉简补释》，《中国历史文物》2007 年第 6 期。

陈松长：《帛书〈阴阳五行〉与秦简〈日书〉》，《简帛研究》第 2 辑，法律出版社，1996 年。

陈松长：《九店楚简释读札记》，《第三届国际中国古文字研讨会论文集》，香港中文大学中国文化研究所、中国语言文学系，1997 年。

陈松长：《马王堆帛书〈式法〉初论》，艾兰、邢文编：《新出简帛研究——新出简帛国际学术研讨会文集》，文物出版社，2004 年。

陈松长：《帛书〈出行占〉中的几个时称概念略考》，中国文物研究所编：《出土文献研究》第 7 辑，上海古籍出版社，2005 年。

陈松长编著：《香港中文大学文物馆藏简牍》，香港中文大学文物馆藏品专刊之七，香港中文大学文物馆，2001 年。

陈苏镇：《北大汉简中的〈雨书〉》，《文物》2011 年第 6 期。

陈伟：《新发表楚简资料所见的纪时制度》，《第三届国际中国古文字研讨会论文集》，香港中文大学中国文化研究所、中国语言文学系，1997 年。

陈伟：《九店楚日书校读及其相关问题》，《人文论丛》1998 年卷，武汉大学出版社，1998 年。

陈伟：《睡虎地日书〈艮山〉试读》，（日本）《中国出土资料研究》第 6 号，2002 年。

陈伟：《张家山汉简〈津关令〉中的涉马诸令研究》，《考古学报》2003 年第 1 期。

陈伟：《读沙市周家台秦简札记》，《楚文化研究论集》第 5 集，黄山书社，2003 年。

陈伟：《葛陵楚简所见的卜筮与祷祠》，《出土文献研究》第 6 辑，上海古籍出版社，2004 年。

陈伟：《放马滩秦简日书〈占病祟除〉与投掷式选择》，《文物》2011 年第 5 期。

陈伟：《睡虎地秦简日书〈马禖祝〉校读》，《湖南大学学报》2014 年第 4 期。

陈伟：《读岳麓秦简〈占梦书〉札记》，《简帛》第 9 辑，上海古籍出版社，2014 年。

陈伟：《睡虎地秦简日书乙种〈七畜日〉的复原问题》，《出土文献与古文字研究》第 6 辑《复旦大学出土文献与古文字研究中心成立十周年纪念文集》，上海古籍出版社，2015 年。

陈伟：《秦简牍校读及所见制度考察》，武汉大学出版社，2017 年。

陈伟等：《楚地出土战国简册［十四种］》，经济科学出版社，2009 年；武汉大学出版社，2016 年。

陈伟主编：《秦简牍合集》（壹）—（肆），武汉大学出版社，2014 年。

陈伟主编：《秦简牍合集：释文注释修订本》（壹）—（肆），武汉大学出版社，2016 年。

陈伟武：《从简帛文献看古代生态意识》，《简帛研究》第 3 辑，广西教育出版社，1998 年。

陈伟武：《睡虎地秦简核诂》，张永山主编：《胡厚宣先生纪念文集》，科学出版社，1998 年。

陈伟武：《秦汉简牍考释拾遗》，《简帛》第 2 辑，上海古籍出版社，2007 年。

陈炫玮：《孔家坡汉简日书研究》，台湾"清华大学"历史研究所硕士学位论文，2007 年。

陈遵妫：《中国天文学史》，上海人民出版社，2006 年。

［日］成家彻郎：《中国古代的占星术和古星盘》，苌岗译，《文博》1989 年第 6 期。

［日］成家彻郎：《睡虎地秦简〈日书·玄戈〉》，王维坤译，《文博》1991 年第 3 期。

程博丽：《战国秦汉时期的"衣冠"信仰——以〈日书〉为中心的考察》，《鲁东大学学报》(哲学社会科学版)2016 年第 1 期。

程少轩：《放马滩简式占古佚书研究》，复旦大学博士学位论文，2011 年。

程少轩：《六十甲子衰分数术考》，《出土文献与古文字研究》第 4 辑，复旦大学出版社，2011 年。

程少轩：《放马滩简所见式占古佚书的初步研究》，台湾《"中研院"历史语言研究所集刊》第 83 本第 2 分，2012 年。

程少轩：《〈肩水金关汉简(叁)〉数术类简牍初探》，《简帛研究　二○一五·秋冬卷》，广西师范大学出版社，2015 年。

程少轩：《放马滩简式占古佚书研究》，中西书局，2018 年。

程树德：《九朝律考》，中华书局，2003 年。

楚文化研究会编：《楚文化考古大事记》，文物出版社，1984 年。

崔永东：《简帛文献与古代法文化》，湖北教育出版社，2003 年。

崔永东：《张家山汉简〈二年律令〉中的刑罚原则与刑罚体系》，张中秋编：《法律史学科发展国际学术研讨会文集》，中国政法大学出版社，2006 年。

D

［日］丹波康赖编撰，沈澍农等校注：《医心方校释》，学苑出版社，2001 年。

邓文宽：《天水放马滩秦简〈月建〉应名〈建除〉》，《文物》1990 年第 9 期。

邓文宽：《敦煌天文历法文献辑校》，江苏古籍出版社，1996 年。

邓文宽：《传统历书以二十八宿注历的连续性》，《历史研究》2000 年第 6 期。

丁山：《中国古代宗教与神话考》，龙门联合书局，1961 年。

丁山：《古代神话与民族》，商务印书馆，2005 年。

丁世良、赵放主编：《中国地方志民俗资料汇编·东北卷》，北京图书馆出版社，1989 年。

丁世良、赵放主编：《中国地方志民俗资料汇编·华北卷》，北京图书馆出版社，1989 年。

丁世良、赵放主编：《中国地方志民俗资料汇编·西北卷》，北京图书馆出版社，1989 年。

丁世良、赵放主编：《中国地方志民俗资料汇编·西南卷》，北京图书馆出版社，1991 年。

丁世良、赵放主编：《中国地方志民俗资料汇编·中南卷》，北京图书馆出版社，1991 年。

丁世良、赵放主编：《中国地方志民俗资料汇编·华东卷》，书目文献出版社，1995 年。

丁媛：《出土文献与传世典籍涉医内容中的"建除"术及其应用》，《古籍整理研究学刊》2018 年第 5 期。

杜正胜：《古代国家与社会》，台湾允晨文化实业股份有限公司，1992年。

F

凡国栋：《〈日书〉死失图的综合考察——从汉代日书对楚秦日书的继承和改造的角度》，《简帛研究 二〇〇七》，广西师范大学出版社，2010 年。

范常喜：《孔家坡汉简〈日书〉札记四则》，《东南文化》2008 年第 3 期。

［英］弗雷泽（J. G. Frazer）：《金枝——巫术与宗教之研究》，徐育新等译，大众文艺出版社，1998 年。

［日］冨谷至：《秦汉刑罚制度研究》，柴生芳、朱恒晔译，广西师范大学出版社，2006年。

G

（晋）干宝：《搜神记》，汪绍楹校注，中华书局，1979年。

甘肃简牍保护研究中心编：《肩水金关汉简》（壹）—（伍），中西书局，2011—2016年。

甘肃省博物馆、中国科学院考古研究所编：《武威汉简》，中华书局，2005年。

甘肃省文物考古所、天水市北道区文化馆：《甘肃天水放马滩战国秦汉墓群的发掘》，《文物》1989年第2期。

甘肃省文物考古研究所：《敦煌汉简》，中华书局，1991年。

甘肃省文物考古研究所：《甘肃敦煌汉代悬泉置遗址发掘简报》，《文物》2000年第5期。

甘肃省文物考古研究所：《甘肃永昌水泉子汉墓发掘简报》，《文物》2009年第10期。

甘肃省文物考古研究所编：《天水放马滩秦简》，中华书局，2009年。

甘肃省文物考古研究所等编：《居延新简——甲渠候官》，中华书局，1994年。

高亨、董治安：《古字通假会典》，齐鲁书社，1989年。

高一致：《秦汉简帛农事资料分类汇释及相关问题研究》，武汉大学博士学位论文，2017年。

［日］工藤元男：《云梦秦简〈日书〉所见法与习俗》，莫枯译，《考古与文物》1993年第5期。

［日］工藤元男：《禹形象的改观和五祀》，徐世虹、郗仲平译，《简帛研

究译丛》第 1 辑，湖南人民出版社，1996 年。

　　[日]工藤元男：《从卜筮祭祷简看"日书"的形成》，武汉大学中国文化研究院编：《郭店楚简国际学术研讨会文集》，湖北人民出版社，2000 年。

　　[日]工藤元男：《睡虎地秦简所见秦代国家与社会》，[日]广濑薰雄、曹峰译，上海古籍出版社，2010 年。

　　顾颉刚编著：《古史辨》第一册中编，上海古籍出版社，1982 年。

　　(清)顾禄：《清嘉录》，江苏古籍出版社，1999 年。

　　(清)顾炎武著，黄汝成集释：《日知录集释》，岳麓书社，1994 年

　　郭伟民：《沅陵虎溪山一号汉墓发掘记》，《文物天地》1999 年第 6 期。

　　郭永秉：《读睡虎地秦简札记两篇》，《出土文献与古文字研究》第 3 辑，复旦大学出版社，2010 年。

　　国家文物局古文献研究室等：《定县 40 号汉墓出土竹简简介》，《文物》1981 年第 8 期。

H

　　韩国磐：《中国古代法制史研究》，人民出版社，1993 年。

　　韩树峰：《秦汉律令中的完刑》，《中国史研究》2003 年第 4 期。

　　(清)郝懿行：《尔雅义疏》，商务印书馆，1934 年。

　　何宁：《淮南子集释》，中华书局，1998 年。

　　何双全：《天水放马滩秦简甲种〈日书〉考述》，甘肃省文物考古研究所编：《秦汉简牍研究论文集》，甘肃人民出版社，1989 年。

　　何双全：《天水放马滩秦简综述》，《文物》1989 年第 2 期。

　　何双全：《汉简〈日书〉丛释》，《简牍学研究》第 2 辑，甘肃人民出版社，1997 年。

　　何双全：《简牍》，敦煌文艺出版社，2004 年。

何有祖：《读香港中文大学文物馆藏简札记》，《古籍整理研究学刊》2007 年第 2 期。

何有祖：《九店楚简〈日书〉校读三则》，《江汉考古》2012 年第 3 期。

何有祖：《孔家坡汉简丛考》，《中国国家博物馆馆刊》2012 年第 12 期。

河北省文物研究所：《河北定县 40 号汉墓发掘简报》，《文物》1981 年第 8 期。

河南省文物考古研究所：《新蔡葛陵楚墓》，大象出版社，2003 年。

贺润坤：《从〈日书〉看秦国的谷物种植》，《文博》1988 年第 3 期。

贺润坤：《云梦秦简所反映的秦国渔猎活动》，《文博》1989 年第 3 期。

贺润坤：《从云梦秦简日书看秦国的六畜饲养》，《文博》1989 年第 6 期。

贺润坤：《云梦秦简日书寓人、寄者、寄人身份考》，《文博》1991 年第 3 期。

贺润坤：《从云梦秦简〈日书〉看秦国的农业水利等有关状况》，《江汉考古》1992 年第 4 期。

贺润坤：《从云梦秦简〈日书〉看秦民间的灾变与救灾》，《江汉考古》1994 年第 2 期。

贺润坤：《云梦秦简〈日书〉所反映秦人的衣食状况》，《江汉考古》1996 年第 4 期。

洪淑苓：《牛郎织女研究》，台湾学生书局，1988 年。

(宋)洪兴祖：《楚辞补注》，中华书局，1983 年。

呼林贵：《〈日书〉反映的秦民宅建筑初探》，《考古学研究》编委会：《考古学研究》，三秦出版社，1993 年。

胡平生：《阜阳双古堆汉简数术书简论》，《出土文献研究》第 4 辑，中华书局，1998 年。

胡平生、李天虹：《长江流域出土简牍与研究》，湖北教育出版社，2004 年。

胡平生、张德芳：《敦煌悬泉汉简释粹》，上海古籍出版社，2001 年。

胡文辉：《中国早期数术与文献丛考》，中山大学出版社，2000 年。

胡新生：《禹步探源》，《文史哲》1996 年第 1 期。

湖北省江陵县文化局、荆州地区博物馆：《江陵岳山秦汉墓》，《考古学报》2000 年第 4 期。

湖北省荆沙铁路考古队：《包山楚简》，文物出版社，1991 年。

湖北省荆沙铁路考古队：《包山楚墓》，文物出版社，1991 年。

湖北省荆州市周梁玉桥遗址博物馆编：《关沮秦汉墓简牍》，中华书局，2001 年。

湖北省文物考古研究所、北京大学中文系编：《九店楚简》，中华书局，2000 年。

湖北省文物考古研究所、随州市考古队编：《随州孔家坡汉墓简牍》，文物出版社，2006 年。

湖北省文物考古研究所、随州市曾都区考古队：《湖北随州市周家寨墓地 M8 发掘简报》，《考古》2017 年第 8 期。

湖北省文物考古研究所、云梦县博物馆：《湖北云梦睡虎地 M77 发掘简报》，《江汉考古》2008 年第 4 期。

湖北省文物考古研究所编著：《江陵九店东周墓》，科学出版社，1995 年。

湖南省博物馆、湖南省文物考古研究所编著：《长沙马王堆二、三号汉墓》第 1 卷《田野考古发掘报告》，文物出版社，2004 年。

湖南省文物考古研究所等：《湖南龙山里耶战国——秦代古城一号井发掘简报》，《文物》2003 年第 1 期。

湖南省文物考古研究所等：《沅陵虎溪山一号汉墓发掘简报》，《文物》2003 年第 1 期。

黄怀信等：《逸周书汇校集注(修订本)》，上海古籍出版社，2007 年。

黄晖：《论衡校释》，中华书局，1990年。

黄景春：《中国宗教性随葬文书研究——以买地券、镇墓文、衣物疏为主》，上海人民出版社，2018年。

黄儒宣：《〈日书〉图像研究》，中西书局，2013年。

黄儒宣：《式盘与式图》，《考古》2015年第1期。

黄文杰：《秦至汉初简帛文字研究》，商务印书馆，2008年。

黄一农：《社会天文学史十讲》，复旦大学出版社，2004年。

黄永武主编：《敦煌宝藏》，台湾新文丰出版公司，1986年。

黄正建：《敦煌占卜文书与唐五代占卜研究》，学苑出版社，2001年。

J

江绍原：《中国古代旅行之研究》，商务印书馆，1935年。

江绍原：《发须爪——关于它们的迷信》，中华书局，2007年。

江苏省文物管理委员会：《江苏高邮邵家沟汉代遗址的清理》，《考古》1960年第10期。

江晓原：《天学真原》，辽宁教育出版社，1991年。

姜守诚：《〈太平经〉研究——以生命为中心的考察》，社会科学文献出版社，2007年。

姜守诚：《放马滩秦简〈日书〉"行不得择日"篇考释》，《鲁东大学学报》(哲学社会科学版)2012年第4期。

姜守诚：《出土文献与早期道教》，中国社会科学出版社，2016年。

(清)焦循：《孟子正义》(诸子集成本)，上海书店出版社，1986年。

金良年：《云梦秦简〈日书〉"啬"篇研究》，《中华文史论丛》第51辑，上海古籍出版社，1993年。

金良年：《建除研究——以云梦秦简〈日书〉为中心》，《中国天文学史文集》第 6 集，科学出版社，1994 年。

金良年：《"五种忌"研究——以云梦秦简〈日书〉为中心》，《史林》1999
年第 2 期。

金身佳：《敦煌写本宅经葬书校注》，民族出版社，2007 年。

荆州地区博物馆：《江陵张家山两座汉墓出土大批竹简》，《文物》1992
年第 9 期。

荆州地区博物馆：《江陵王家台 15 号秦墓》，《文物》1995 年第 1 期。

荆州博物馆编著：《荆州重要考古发现》，文物出版社，2009 年。

K

［日］堀毅：《秦汉法制史论考》，法律出版社，1988 年。

L

(明) 兰陵笑笑生：《金瓶梅词话》，人民文学出版社，2000 年。

［德］朗宓榭 (Michael Lackner)：《小道有理：中西比较新视阈》，金雯、
王红妍译，三联书店，2018 年。

黎翔凤：《管子校注》，中华书局，2004 年。

(宋) 李昉等：《太平御览》，中华书局，1960 年。

李洪甫：《江苏连云港市花果山出土的汉代简牍》，《考古》1982 年第 5
期。

李家浩：《论〈太一避兵图〉》，《国学研究》第 1 卷，北京大学出版社，
1993 年。

李家浩：《读睡虎地秦简〈日书〉"占盗疾等" 札记三则》，《北京大学古文
献研究所集刊》第 1 辑，北京燕山出版社，1999 年。

李家浩：《著名中年语言学家自选集·李家浩卷》，安徽教育出版社，2002 年。

李解民：《秦汉时期的一日十六时制》，《简帛研究》第 2 辑，法律出版社，1996 年。

李解民：《〈尹湾汉墓博局占木牍试解〉订补》，《文物》2000 年第 8 期。

李建民：《方术·医学·历史》，台湾南天书局，2001 年。

李均明：《张家山汉简所见刑罚等序及相关问题》，《华学》第 6 辑，紫禁城出版社，2003 年。

李立：《云梦秦简"牛郎织女"简文辨正》，《长江大学学报》2008 年第 6 期。

李零：《长沙子弹库战国楚帛书研究》，中华书局，1985 年。

李零：《古文字杂识(二则)》，《第三届国际中国古文字研讨会论文集》，香港中文大学中国文化研究所、中国语言文学系，1997 年。

李零：《读九店楚简》，《考古学报》1999 年第 2 期。

李零：《中国方术考(修订本)》，东方出版社，2000 年。

李零：《中国方术续考》，东方出版社，2000 年。

李零：《简帛古书与学术源流》，三联书店，2004 年。

李零：《中国最早的升官图——说孔家坡汉简〈日书〉的〈居官图〉及相关材料》，《文物》2011 年第 5 期。

李零：《兰台万卷：读〈汉书·艺文志〉》，三联书店，2011 年。

李零：《北大秦牍〈泰原有死者〉简介》，《文物》2012 年第 6 期。

李零：《楚帛书研究(十一种)》，中华书局，2013 年。

李零：《北大藏秦简〈禹九策〉》，《北京大学学报》(哲学社会科学版)2017 年第 5 期。

李零：《子弹库帛书》(上下册)，文物出版社，2017 年。

李零主编：《中国方术概观·占星卷》，人民中国出版社，1993 年。

李守奎：《江陵九店 56 号墓竹简考释四则》，《江汉考古》1997 年第 4 期。

李守奎：《江陵九店楚墓〈岁〉篇残简考释》，《古籍整理研究学刊》2001 年第 3 期。

李守奎：《〈九店楚简〉相宅篇残简补释》，谢维扬、朱渊清主编：《新出土文献与古代文明研究》，上海大学出版社，2004 年。

李天虹：《孔家坡汉简中的"徙时"篇》，《简帛研究　二〇〇二、二〇〇三》，广西师范大学出版社，2005 年。

李天虹：《孔家坡汉简〈日书·星〉篇初探》，江林昌等主编：《中国古代文明研究与学术史——李学勤教授伉俪七十寿庆纪念文集》，河北大学出版社，2006 年。

李天虹：《秦汉时分纪时制综论》，《考古学报》2012 年第 3 期。

李天虹、蔡丹：《读孔家坡汉简〈日书〉杂记》，《简帛》第 11 辑，上海古籍出版社，2015 年。

李天虹、凡国栋、蔡丹：《随州孔家坡与周家寨汉简〈日书〉"嫁女"篇的编次与缀合》，《考古》2017 年第 8 期。

李天虹、罗运兵：《秦汉简〈日书〉"学"篇的定名：兼谈孔家坡汉简〈日书〉"学"篇的复原》，贾晋华、陈伟、王小林、来国龙编：《新语文学与早期中国研究》，上海人民出版社，2018 年。

李文澜：《先秦、六朝"人日"风俗的演变及其意义——睡虎地〈日书〉与〈荆楚岁时记〉所见"人日"的比较研究》，《长江文化论集》第 1 辑，湖北教育出版社，1995 年。

李晓东、黄晓芬：《从〈日书〉看秦人鬼神观及秦文化特征》，《历史研究》1987 年第 4 期。

李晓东、黄晓芬：《秦人鬼神观与殷周鬼神观之比较》，《人文杂志》1989 年第 5 期。

李学勤：《〈日书〉与楚、秦社会》，《江汉考古》1985 年第 4 期。

李学勤：《简帛佚籍与学术史》，江西教育出版社，2001 年。

李学勤主编：《清华大学藏战国竹简（叁）》，中西书局，2012 年。

李亦园：《宗教与神话》，广西师范大学出版社，2004 年。

连劭名：《睡虎地秦简〈日书〉及〈诘〉篇补正》，《江汉考古》2001 年第 1 期。

连劭名：《包山简所见楚地巫祷活动中的神灵》，《考古》2001 年第 6 期。

连劭名：《云梦秦简〈诘〉篇考述》，《考古学报》2002 年第 1 期。

连云港市博物馆等：《尹湾汉墓简牍》，中华书局，1997 年。

连云港市博物馆等编：《尹湾汉墓简牍综论》，科学出版社，1999 年。

梁超：《放马滩秦简〈日书〉所见"土忌"神煞考释》，《简帛研究　二〇一六·春夏卷》，广西师范大学出版社，2016 年。

林剑鸣：《从秦人价值观看秦文化特点》，《历史研究》1987 年第 3 期。

林剑鸣：《曲径通幽处，高楼望路时——评介当前简牍日书研究状况》，《文博》1988 年第 3 期。

林剑鸣：《〈日书〉与秦汉时代的吏治》，《新史学》1991 年第 2 期。

林剑鸣：《秦汉政治生活中的神秘主义》，《历史研究》1991 年第 4 期。

林剑鸣：《〈睡〉简与〈放〉简〈日书〉比较研究》，《文博》1993 年第 5 期。

林剑鸣：《从放马滩〈日书〉（甲种）再论秦文化的特点》，《简帛研究》第 1 辑，法律出版社，1993 年。

林梅村、李均明：《疏勒河流域出土汉简》，文物出版社，1984 年。

（明）凌濛初：《二刻拍案惊奇》，上海古籍出版社，1992 年。

刘彬徽：《楚国历法的建正问题辨证》，陈昭容主编：《古文字与古代史》第 1 辑，台湾"中研院"历史语言研究所会议论文集之七，2007 年。

刘道超：《秦简〈日书〉择吉民俗研究》，《广西师范大学学报》2004 年第 3 期。

刘道超：《择吉与中国文化》，人民出版社，2004 年。

刘道超：《秦简〈日书〉五行观念研究》，《周易研究》2007 年第 4 期。

刘国胜：《九店〈日书〉"相宅"篇释文校补》，《简帛研究 二〇〇二、二〇〇三》，广西师范大学出版社，2005 年。

刘国胜：《港中大馆藏汉简〈日书〉补释》，《简帛》第 1 辑，上海古籍出版社，2006 年。

刘国胜：《孔家坡汉简日书"五胜"篇刍议》，《简帛》第 9 辑，上海古籍出版社，2014 年。

刘国胜：《秦简札记三题》，《简帛》第 10 辑，上海古籍出版社，2015 年。

刘国胜、凡国栋、杨芬：《孔家坡汉简日书释文补正》，《简帛》第 12 辑，上海古籍出版社，2016 年。

刘国忠：《帛书〈式法〉"徙"篇试论》，艾兰、邢文编：《新出简帛研究——新出简帛国际学术研讨会文集》，文物出版社，2004 年。

刘国忠：《中国古代数术研究综论》，《湖南科技学院学报》2005 年第 3 期。

刘海年：《战国秦代法制管窥》，法律出版社，2006 年。

刘乐贤：《睡虎地秦简日书〈诘咎篇〉研究》，《考古学报》1993 年第 4 期；

刘乐贤：《睡虎地秦简日书研究》，台湾文津出版社，1994 年。

刘乐贤：《睡虎地秦简〈日书〉中的"往亡"与归忌》，《简帛研究》第 2 辑，法律出版社，1996 年。

刘乐贤：《九店楚简日书研究》，《华学》第 2 辑，中山大学出版社，1996 年。

刘乐贤：《读〈香港中文大学文物馆藏简牍〉》，《江汉考古》2001 年第 4 期。

刘乐贤：《虎溪山汉简〈阎氏五胜〉及相关问题》，《文物》2003 年第 7 期。

刘乐贤：《睡虎地秦简〈日书〉释读札记》，《华学》第 6 辑，紫禁城出版社，2003 年。

刘乐贤：《马王堆天文书考释》，中山大学出版社，2004 年。

刘乐贤：《从周家台秦简看古代的"孤虚"术》，《出土文献研究研究》第 7 辑，上海古籍出版社，2005 年。

刘乐贤：《额济纳汉简数术资料考》，《历史研究》2006 年第 2 期。

刘乐贤：《楚秦选择术的异同及影响——以出土文献为中心》，《历史研究》2006 年第 6 期。

刘乐贤：《谈张家山汉简〈盖庐〉的"地橦"、"日橦"和"日臽"》，《简帛》第 1 辑，上海古籍出版社，2006 年。

刘乐贤：《孔家坡汉简〈日书〉"岁"篇初探》，《简帛》第 2 辑，上海古籍出版社，2007 年。

刘乐贤：《悬泉汉简中的建除占"失"残文》，《文物》2008 年第 12 期。

刘乐贤：《印台汉简〈日书〉初探》，《文物》2009 年第 10 期。

刘乐贤：《孔家坡汉简〈日书〉"直室门"补释》，《简帛》第 4 辑，上海古籍出版社，2009 年。

刘乐贤：《释孔家坡汉简〈日书〉中的几个古史传说人物》，《中国史研究》2010 年第 2 期。

刘乐贤：《战国秦汉简帛丛考》，文物出版社，2010 年。

刘乐贤：《简帛数术文献探论(增订版)》，中国人民大学出版社，2012 年。

刘沛林：《风水——中国人的环境观》，上海三联书店，1995 年。

刘起釪：《古史续辨》，中国社会科学出版社，1991 年。

刘信芳：《秦简日书与楚辞类征》，《江汉考古》1990 年第 1 期。

刘信芳：《〈天水放马滩秦简综述〉质疑》，《文物》1990 年第 9 期。

刘信芳：《云梦秦简〈日书·马〉篇试释》，《文博》1991 年第 4 期。

刘信芳：《秦简中的楚国〈日书〉试析》，《文博》1992 年第 4 期。

刘信芳：《〈日书〉四方四维与五行浅说》，《考古与文物》1993 年第 2 期。

刘信芳：《〈日书〉驱鬼术发微》，《文博》1996 年第 4 期。

刘信芳：《九店楚简日书与秦简日书比较研究》，《第三届国际中国古文字研讨会论文集》，香港中文大学中国文化研究所、中国语言文学系，1997 年。

刘信芳：《子弹库楚墓出土文献研究》，台湾艺文印书馆，2002 年。

刘信芳：《生肖的起源及文化属性》，《中原文化研究》2013 年第 4 期。

刘屹：《敬天与崇道——中古经教道教形成的思想史背景》，中华书局，2005 年。

刘瑛：《〈左传〉、〈国语〉方术研究》，人民文学出版社，2006 年。

刘永明主编：《增补四库未收术数类大全》第十集，江苏广陵古籍刻印社，1997 年影印本。

刘玉环：《孔家坡汉简〈日书〉释文补说》，《昆明学院学报》2014 年第 5 期。

刘玉堂、刘金华：《马王堆帛书〈式法〉"徙"、"式图"篇讲疏》，《江汉论坛》2002 年第 4 期。

刘增贵：《秦简〈日书〉中的出行礼俗与信仰》，台湾《"中研院"历史语言研究所集刊》第 72 本第 3 分，2001 年。

刘增贵：《睡虎地秦简〈日书〉〈土忌〉篇数术考释》，台湾《"中研院"历史语言研究所集刊》第 78 本第 4 分，2007 年。

刘增贵：《汉代葬俗中的时日信仰》，收入邢义田、刘增贵主编：《古代庶民社会》，台湾联经出版事业股份有限公司，2013 年。

刘钊：《谈秦简中的"鬼怪"》，《文物季刊》1997 年第 2 期。

刘钊：《出土简帛文字丛考》，台湾古籍出版有限公司，2004 年。

刘钊：《古文字考释丛稿》，岳麓书社，2005 年。

刘昭瑞:《考古发现与早期道教研究》,文物出版社,2007 年。

[日]泷川资言:《史记会注考证》,北岳文艺出版社,1999 年。

龙坚毅:《从秦简〈日书〉看秦人盗窃问题》,《中国社会经济史研究》2004 年第 2 期。

陆平:《港中大馆藏汉简〈日书〉校释》,《简帛》第 4 辑,上海古籍出版社,2009 年。

陆锡兴:《考古发现的桃梗与桃人》,《考古》2012 年 12 期。

吕思勉、童书业编著:《古史辨》第七册,上海古籍出版社,1982 年。

吕亚虎:《战国秦汉简帛文献所见巫术研究》,科学出版社,2010 年。

吕亚虎:《秦汉社会民生信仰研究——以出土简帛文献为中心》,中国社会科学出版社,2016 年。

(明)罗贯中:《三国演义》,人民文学出版社,1973 年。

罗见今:《〈尹湾汉墓简牍〉博局占图构造考释》,《西北大学学报》(自然科学版)2000 年第 2 期。

罗见今:《睡虎地秦简〈日书〉玄戈篇构成解析》,《自然辩证法通讯》2015 年第 1 期。

罗振玉、王国维:《流沙坠简》,中华书局,1993 年。

M

马伯英:《中国医学文化史》,上海人民出版社,1994 年。

马承源主编:《上海博物馆藏战国楚竹书(一)》,上海古籍出版社,2001 年。

马建华主编:《河西简牍》,重庆出版社,2003 年。

马王堆汉墓帛书整理小组:《马王堆帛书〈式法〉摘要》,《文物》2000 年第 7 期。

马王堆汉墓帛书整理小组编：《马王堆汉墓帛书［肆］》，文物出版社，1985年。

［法］米歇尔·福柯（Michel Foucault）：《规训与惩罚：监狱的诞生》，刘北城、杨远婴译，三联书店，1999年。

缪启愉、缪桂龙：《齐民要术译注》，齐鲁书社，2009年。

缪文远：《七国考订补》，上海古籍出版社，1987年。

N

牛天伟、金爱秀：《汉画神灵图像考述》，河南大学出版社，2009年。

P

潘鼐：《中国恒星观测史》，学林出版社，1989年。

彭浩、陈伟、工藤元男主编：《二年律令与奏谳书——张家山二四七号汉墓出土法律文献释读》，上海古籍出版社，2007年。

彭卫、杨振红：《中国风俗通史·秦汉卷》，上海文艺出版社，2002年。

蒲慕州：《睡虎地秦简〈日书〉的世界》，台湾《"中研院"历史语言研究所集刊》第62本第4分，1993年。

蒲慕州：《追寻一己之福——中国古代的信仰世界》，台湾允晨文化实业股份有限公司，1995年。

Q

齐思和：《中国史探研》，河北教育出版社，2000年。

钱存训：《书于竹帛：中国古代的文字记录》，上海书店出版社，2002年。

[韩]琴载元：《战国秦汉基层官吏的〈日书〉利用及其认识》，《史学集刊》2013 年第 6 期。

裘锡圭：《古代文史研究新探》，江苏古籍出版社，1992 年。

裘锡圭主编，湖南省博物馆、复旦大学出土文献与古文字研究中心编纂：《长沙马王堆汉墓简帛集成》（全七册），中华书局，2014 年。

R

饶宗颐、曾宪通：《楚地出土文献三种研究》，中华书局，1993 年。

饶宗颐：《说九店楚之武彊（君）与复山》，《文物》1997 年第 6 期。

《日书》研读班：《日书：秦国社会的一面镜子》，《文博》1986 年 5 期。

荣新江、李肖、孟宪实主编：《新获吐鲁番出土文献》，中华书局，2008 年。

阮元：《十三经注疏》（附阮元《校勘记》），中华书局，1980 年。

S

[日]森和：《中国古代的占卜与地域性》，《湖南大学学报》（社会科学版）2013 年第 6 期。

上海古籍出版社、法国国家图书馆编：《法藏敦煌西域文献》第 19 册，上海古籍出版社，2001 年。

上海古籍出版社、法国国家图书馆编：《法藏敦煌西域文献》第 23 册，上海古籍出版社，2002 年。

尚民杰：《从〈日书〉看十六时制》，《文博》1996 年第 4 期。

尚民杰：《云梦〈日书〉与五行说》，《文博》1997 年第 2 期。

尚民杰：《云梦〈日书〉十二时名称考辨》，《华夏考古》1997 年第 3 期。

尚民杰:《云梦〈日书〉星宿记日探讨》,《文博》1998 年第 2 期。

尚民杰:《〈日书〉"男女日"与"生子"》,《文博》2000 年第 1 期。

尚民杰:《睡虎地秦简〈日书〉中的"土神"与"土忌"》,《陕西历史博物馆馆刊》第 7 辑,三秦出版社,2000 年。

沈家本:《历代刑法考》,中华书局,1985 年。

沈颂金:《二十世纪简帛学研究》,学苑出版社,2003 年。

(明)施耐庵、罗贯中:《水浒传》,人民文学出版社,1997 年。

施谢捷:《简帛文字考释札记》,《简帛研究》第 3 辑,广西教育出版社,1998 年。

石声汉:《四民月令校注》,中华书局,2013 年。

石奕龙:《中国民俗通志·丧葬志》,山东教育出版社,2005 年。

史兰华等编:《中国传统医学史》,科学出版社,1992 年。

睡虎地秦墓竹简整理小组编:《睡虎地秦墓竹简》,文物出版社,1990 年。

(汉)司马迁:《史记》,中华书局,1959 年。

宋艳萍:《秦汉简牍〈日书〉所见占盗方法研究》,《简帛研究 二〇〇六》,广西师范大学出版社,2008 年。

宋镇豪:《商代的疾患医疗与卫生保健》,《历史研究》2004 年第 2 期。

苏舆:《春秋繁露义证》,中华书局,1992 年。

孙机:《汉代物质文化资料图说(增订本)》,上海古籍出版社,2008 年。

(清)孙希旦:《礼记集解》,中华书局,1989 年。

(清)孙星衍:《尚书今古文注疏》,中华书局,1986 年。

(清)孙星衍等辑:《汉官六种》,中华书局,1990 年。

(清)孙诒让:《周礼正义》,中华书局,1987 年。

孙占宇:《放马滩秦简日书整理与研究》,西北师范大学博士学位论文,2008 年。

孙占宇：《战国秦汉时期建除术讨论》，《西安财经学院学报》2010 年第 5 期。

孙占宇：《简帛日书所见早期数术考述》，《湖南大学学报》2011 年第 2 期。

孙占宇：《居延新简数术残简再探》，《简牍学研究》第 5 辑，甘肃人民出版社，2014 年。

［法］索安（Anna Seidel）：《从墓葬的葬仪文书看汉代宗教的轨迹》，赵宏勃译，《法国汉学》第 7 辑《宗教史专号》，中华书局，2002 年。

T

谭其骧：《长水集（下）》，人民出版社，1987 年。

陶磊：《〈淮南子·天文〉研究——从数术史的角度》，齐鲁书社，2003 年。

陶磊：《〈日书〉与古历法研究综述》，《中国史研究动态》2004 年第 9 期。

陶磊：《从巫术到数术——上古信仰的历史嬗变》，山东人民出版社，2008 年。

田天：《北大藏秦简〈祠祝之道〉初探》，《北京大学学报》（哲学社会科学版）2015 年第 2 期。

W

汪桂海：《秦汉农业生产中的信仰习俗》，张德芳主编：《甘肃省第二届简牍学国际学术研讨会论文集》，上海古籍出版社，2012 年。

汪桂海：《秦汉时期桑蚕业、禽畜养殖及狩猎活动中的信仰习俗》，卜宪群、杨振红主编：《简帛研究　二〇一二》，广西师范大学出版社，2013 年。

汪继培：《潜夫论笺校正》，中华书局，1985 年。

王爱和：《敦煌占卜文书研究》，兰州大学博士学位论文，2003 年。

王朝阳：《从秦简〈日书〉看牛郎织女故事之形成与流变》，《贵州文史丛刊》2011 年第 2 期。

王光华、李秀茹：《试析秦简〈日书〉辰、戌、丑、未四季土》，《求索》2006 年第 9 期。

王桂钧：《日书所见早期秦俗发微——信仰、习尚、婚俗及贞节观》，《文博》1988 年第 4 期。

王晖：《商周文化比较研究》，人民出版社，2000 年。

王晖、王建科：《出土文字资料与古代神话原型新探》，《北京师范大学学报》2005 年第 1 期。

王利器：《颜氏家训集解(增补本)》，中华书局，1993 年。

王利器：《风俗通义校注》，中华书局，2010 年。

王明：《抱朴子内篇校释(增订本)》，中华书局，1985 年。

王明钦：《王家台秦墓竹简概述》，艾兰、邢文编：《新出简帛研究——新出简帛国际学术研讨会文集》，文物出版社，2004 年。

(清)王聘珍：《大戴礼记解诂》，中华书局，1983 年。

王强：《孔家坡汉简校释丛札》，《出土文献研究》第 12 辑，中西书局，2013 年。

王强：《孔家坡汉墓简牍校释》，吉林大学硕士学位论文，2014 年。

王强：《孔家坡〈日书〉研究二题》，《简帛研究　二○一五·秋冬卷》，广西师范大学出版社，2015 年。

王强：《孔家坡汉简校读拾遗》，《简帛》第 11 辑，上海古籍出版社，2015 年。

王强：《秦简所见"巫咸"两考》，《简帛研究　二○一六·秋冬卷》，广西师范大学出版社，2017 年。

王强：《出土战国秦汉选择数术文献神煞研究——以日书为中心》，吉林大学博士学位论文，2018年。

王胜利：《睡虎地〈日书〉"除"篇、"官"篇月星关系考》，《楚文化研究论集》第六集，湖北教育出版社，2005年。

（清）王先谦：《释名疏证补》，上海古籍出版社，1984年。

（清）王先谦：《庄子集解》（诸子集成本），上海书店出版社，1986年。

（清）王先谦：《汉书补注》，书目文献出版社，1995年。

（清）王先慎：《韩非子集解》（诸子集成本），上海书店出版社，1986年。

王先福：《湖北枣阳九连墩一号墓皮甲的复原》，《考古学报》2016年第3期。

王晓卫：《秦简〈日书〉与敦煌卷子中的宅居观》，台湾《历史月刊》2003年第187期。

王志平：《睡虎地〈日书·玄戈篇〉探源》，《文博》1999年第5期。

王志平：《孔家坡汉简〈日书〉"司岁"篇中的"单阏"》，《历史语言学研究》第7辑，商务印书馆，2014年。

王子今：《睡虎地秦简〈日书〉所反映的楚秦交通状况》，《国际简牍学会会刊》第1号，台湾兰台出版社，1993年。

王子今：《睡虎地秦简日书秦楚行忌比较》，《秦文化论丛》第2辑，西北大学出版社，1993年。

王子今：《睡虎地秦简日书所见行归宜忌》，《江汉考古》1994年第2期。

王子今：《秦法"刑弃灰于道者"试解——兼说睡虎地秦简〈日书〉"鬼来阳（扬）灰"之术》，《陕西历史博物馆馆刊》第8辑，三秦出版社，2001年。

王子今：《睡虎地秦简〈日书〉甲种疏证》，湖北教育出版社，2003年。

王子今：《沂南汉画像石蚩五兵图》，《艺术考古——中国艺术与考古研究所成立纪念文集》，群言出版社，2006年。

王子今：《秦汉交通史稿（增订版）》，中国人民大学出版社，2013年。

魏德胜：《居延新简、敦煌汉简中的"日书"残简》，《中国文化研究》2000 年春之卷（总第 27 期）。

温少峰：《殷墟卜辞研究（科学技术篇）》，四川省社会科学出版社，1983 年。

闻一多：《神话研究》，巴蜀书社，2002 年。

[美]巫鸿：《武梁祠——中国古代画像艺术的思想性》，柳扬、岑河译，三联书店，2006 年。

（明）吴承恩：《西游记》，人民文学出版社，1980 年。

吴冠文、谈蓓芳、章培恒：《玉台新咏汇校》，上海古籍出版社，2014 年。

吴九龙：《银雀山汉简释文》，文物出版社，1985 年。

吴树平：《风俗通义校释》，天津人民出版社，1980 年。

吴小强：《秦人婚姻家庭生育观念新探》，《中国史研究》1989 年第 3 期。

吴小强：《〈日书〉与秦社会风俗》，《文博》1990 年第 2 期。

吴小强：《从云梦秦简看战国秦代人口再生产类型》，《西北大学学报》1991 年第 2 期；

吴小强：《论秦人的多神崇拜特点》，《文博》1992 年第 4 期。

吴小强：《论秦人宗教信仰的层次性》，台湾《简牍学报》1992 年第 14 期。

吴小强：《秦简〈日书〉与秦汉社会的生命意识》，《广州师院学报》1997 年第 1 期。

吴小强：《秦简日书集释》，岳麓书社，2000 年。

武家璧：《楚用亥正历法的新证据》，《中国文物报》，1996 年 4 月 21 日，第 3 版。

X

[美]夏德安(Donald Harper)：《战国民间宗教中的复活问题》，陈松长、熊建国译，《简帛研究译丛》第1辑，湖南人民出版社，1996年。

[美]夏德安：《战国时代兵死者的祷辞》，陈松长译，中国社会科学院简帛研究中心编：《简帛研究译丛》第2辑，湖南人民出版社，1998年。

[美]夏德安：《周家台的数术书》，刘净译，晏昌贵校，《简帛》第2辑，上海古籍出版社，2007年。

[美]夏含夷(Edward L. Shaughnessy)主编：《远方的时习——〈古代中国〉精选集》，上海古籍出版社，2008年。

(隋)萧吉：《五行大义》，钱杭点校，上海书店出版社，2001年。

(梁)萧统编，(唐)李善注：《文选》，上海古籍出版社，1986年。

萧放：《〈荆楚岁时记〉研究——兼论传统中国民众生活中的时间观念》，北京师范大学出版社，2000年。

邢义田：《画为心声：画像石、画像砖与壁画》，中华书局，2011年。

邢义田：《立体的历史：从图像看古代中国与域外文化》，三联书店，2014年。

熊北生、陈伟、蔡丹：《湖北云梦睡虎地77号西汉墓出土简牍概述》，《文物》2018年第3期。

(明)熊宗立：《新增素问运气图括写局立成》，《四库全书存目丛书》子部第三十八册，齐鲁书社，1995年。

(明)熊宗立：《类编历法通书大全》，《四库全书存目丛书》子部第六十八册，齐鲁书社，1997年。

徐在国：《楚帛书诂林》，安徽大学出版社，2010年。

(汉)许慎：《说文解字》，中华书局，1963年。

薛梦潇：《早期中国的月令与"政治时间"》，上海古籍出版社，2018年。

Y

严耕望：《中国地方行政制度史》甲部《秦汉地方行政制度》，台湾"中研院"历史语言研究所专刊之四十五A，1997年景印四版。

晏昌贵、江霞：《楚国都城制度初探》，《江汉考古》2001年第4期。

晏昌贵、廉超：《简帛数术的发现与研究：1949—2019》，《华中师范大学学报》2019年第3期。

晏昌贵、梅莉：《楚秦〈日书〉所见的居住习俗》，《民俗研究》2002年第2期。

晏昌贵、钟炜：《九店楚简〈日书·相宅篇〉研究》，《武汉大学学报》（人文科学版）2002年第4期。

晏昌贵：《敦煌具注历日中的"往亡"》，《魏晋南北朝隋唐史资料》第19辑，2002年。

晏昌贵：《简帛〈日书〉岁篇合证》，《湖北大学学报》2003年第1期。

晏昌贵：《读马王堆帛书〈式法〉》，《人文论丛》2003年卷，武汉大学出版社，2003年。

晏昌贵：《虎溪山汉简〈阎氏五胜〉校释》，《长江学术》第5辑，长江文艺出版社，2003年。

晏昌贵：《简帛〈日书〉与古代社会生活研究》，《光明日报》，2006年7月10日，第11版。

晏昌贵：《楚卜筮简所见地祇考》，《石泉先生九十诞辰纪念文集》，湖北人民出版社，2007年。

晏昌贵：《孔家坡汉简〈日书·岁〉篇五行配音及相关问题》，《简帛》第2辑，上海古籍出版社，2007年。

晏昌贵：《楚国都城制度再认识》，《社会科学》2008 年第 8 期。

晏昌贵：《天水放马滩秦简乙种〈日书〉分篇释文（稿）》，《简帛》第 5 辑，上海古籍出版社，2010 年。

晏昌贵：《简帛数术与历史地理论集》，商务印书馆，2010 年。

晏昌贵：《巫鬼与淫祀——楚简所见方术宗教考》，武汉大学出版社，2010 年。

晏昌贵：《简帛〈日书〉的发现与研究》，陈锋主编：《中国经济与社会史评论》2011 年卷，中国社会科学出版社，2012 年。

晏昌贵：《天水放马滩秦简所见音律占卦》，《周易理论与应用国际学术研讨会论文集》，海南中国传统文化研究中心，2012 年。

晏昌贵：《悬泉汉简〈日书〉"死吉凶"研究》，《中国史研究》2013 年第 2 期。

晏昌贵：《日书"艮山·离日"之试解》，《周易研究》2014 年第 1 期。

晏昌贵：《从出土文献看先秦诸子的五音配置》，《中原文化研究》2015 年第 3 期。

扬之水：《诗经名物新证》，北京古籍出版社，2000 年。

扬州博物馆、镇江县图书馆：《江苏邗江胡场五号汉墓》，《文物》1981 年第 11 期。

杨伯峻：《春秋左传注（修订本）》，中华书局，1990 年。

杨华：《出土日书与楚地的疾病占卜》，《武汉大学学报》（人文科学版）2003 年第 5 期。

杨华：《出土简牍所见"祭祀"与"祷祠"》，《四川大学学报》2018 年第 2 期。

杨巨中：《〈日书·星〉释议》，《文博》1988 年第 4 期。

杨树达：《汉代婚丧礼俗考》，上海古籍出版社，2000 年。

杨树达：《词诠》，中华书局，2004 年。

[加]叶山(Robin D. S. Yates)：《秦的法律与社会》，叶凡译，郭齐勇主编：《儒家文化研究》第 1 辑，三联书店，2007 年。

杨英：《祈望和谐——周秦两汉王朝祭礼的演进及其规律》，商务印书馆，2009 年。

银雀山汉墓竹简整理小组：《银雀山汉墓竹简(贰)》，文物出版社，2010 年。

银雀山汉墓竹简整理小组编：《孙子兵法》，文物出版社，1976 年。

[韩]尹在硕：《睡虎地秦简〈日书〉所见"室"的结构与战国末期秦的家族类型》，《中国史研究》1995 年第 3 期。

于豪亮：《于豪亮学术文存》，中华书局，1985 年。

于省吾：《岁、时起源考》，《历史研究》1961 年第 4 期。

《云梦睡虎地秦墓》编写组：《云梦睡虎地秦墓》，文物出版社，1981 年。

(清)允禄：《协纪辨方书》，郑同点校，华龄出版社，2009 年。

袁珂：《中国古代神话》，中华书局，1960 年。

袁珂：《山海经校注》，巴蜀书社，1993 年。

Z

曾蓝莹：《尹湾汉墓〈博局占〉木牍试解》，《文物》1999 年第 8 期。

曾宪通：《楚月名初探——兼谈悼固墓竹简的年代问题》，原刊《中山大学学报》1980 年第 1 期。

曾宪通：《居延汉简研究二题》，《简帛研究》第 2 辑，法律出版社，1996 年。

詹鄞鑫：《神灵与祭祀——中国传统宗教综论》，江苏古籍出版社，1992 年。

詹鄞鑫：《心智的误区——巫术与中国巫术文化》，上海教育出版社，

2001 年。

张春龙：《沅陵武溪山汉简选》，《出土文献研究》第 9 辑，中华书局，2010 年。

张存良、吴荭：《水泉子汉简初识》，《文物》2009 年第 10 期。

张德芳：《敦煌马圈湾汉简集释》，甘肃文化出版社，2013 年。

张富春：《先秦民间祈财信仰研究——以睡虎地秦简〈日书〉为中心》，《四川大学学报》2005 年第 6 期。

张国艳：《简牍日书文献语言研究》，中国社会科学出版社，2018 年。

张家山二四七号墓竹简整理小组：《张家山汉墓竹简（二四七号）》，文物出版社，2001 年。

张家山汉墓竹简整理小组：《江陵张家山汉简概述》，《文物》1985 年第 1 期。

张林：《孔家坡汉简〈日书〉札记》，《浙江海洋学院学报》2016 年第 5 期。

张铭洽、王育龙：《西安杜陵汉牍〈日书〉"农事篇"考辨》，《陕西历史博物馆馆刊》第 9 辑，三秦出版社，2002 年。

张铭洽：《云梦秦简〈日书〉占卜术初探》，《文博》1988 年第 3 期。

张铭洽：《〈史记·日者列传〉小察》，《陕西历史博物馆馆刊》第 1 辑，三秦出版社，1994 年。

张铭洽：《秦简〈日书〉之"建除法"试析》，王子今、白建钢、彭卫主编：《纪念林剑鸣教授史学论文集》，中国社会科学出版社，2002 年。

张铭洽：《秦代"巫现象"杂谈——兼谈秦代的"日者"》，《陕西历史博物馆馆刊》第 11 辑，三秦出版社，2004 年。

张培瑜：《出土汉简帛书上的历注》，《出土文献研究续集》，文物出版社，1989 年。

张培瑜：《三千五百年历日天象》，大象出版社，1997 年。

张士伟、陈朝军：《从秦简看秦的服饰文化》，《贵州文史丛刊》2017 年第 1 期。

张士伟：《从秦简看秦的犬文化》，《农业考古》2018 年第 1 期。

张显成、杨艳辉：《〈孔家坡汉简·日书〉释读订补》，《古籍整理研究学刊》2014 年第 3 期。

张勋燎、白彬：《中国道教考古》，线装书局，2006 年。

张衍田：《中国古代纪时考》，上海古籍出版社，2019 年。

张正明：《秦与楚》，华中师范大学出版社，2007 年。

赵逵夫：《由秦简〈日书〉看牛女说传在先秦时代的面貌》，《清华大学学报》2012 年第 4 期。

赵平安：《睡虎地秦简〈日书〉"渡衕"新解》，《出土文献》第 5 辑，中西书局，2014 年。

赵瑞民：《关于堪舆信的一个比较——睡虎地秦简〈日书〉甲种"宅居"、敦煌本〈宅经〉、今本〈宅经〉》，江林昌等主编：《中国古代文明研究与学术史：李学勤教授伉俪七十寿庆纪念文集》，河北大学出版社，2006 年。

赵益：《古典术数文献述论稿》，中华书局，2005 年。

赵裕沛：《从秦简〈日书〉看秦代婚姻和家庭人际关系》，《河南师范大学学报》2005 年第 2 期。

郑刚：《论睡虎地秦简日书的结构特征》，《中山大学学报》1993 年第 3 期。

郑慧生：《星学宝典——〈天官历书〉与中国文化》，河南大学出版社，1998 年。

中国社会科学院历史研究所等编：《英藏敦煌文献》(汉文佛经以外部分)第 2 卷，四川人民出版社，1990 年。

中国文物研究所、湖北省文物考古研究所编：《龙岗秦简》，中华书局，2001 年。

周波：《〈九店楚简〉释文注释校补》，《江汉考古》2006 年第 3 期。

周凤五：《九店楚简〈告武夷〉重探》，台湾《"中研院"历史语言研究所集刊》第 72 本第 4 分，2001 年。

朱玲、杨峰：《睡虎地秦简〈日书〉医疗疾病史料浅析》，《中国中医基础医学杂志》2007 年第 5 期。

禚振西：《陕西户县的两座汉墓》，《考古与文物》1980 年第 1 期。

(梁)宗懔：《荆楚岁时记》，宋金龙校注，山西人民出版社，1987 年。

《道藏》第 32 册，文物出版社、上海书店、天津古籍出版社，1988 年。

《增补万全玉匣记》，中国文联出版社，2005 年。

二、西文文献

Eno, Robert: Was there a High God Ti in Shang Religion? *Early China*, 1990(15).

Harkness, E. Richard: *Cosmology and the Quotidian: Day Books in the Early China*, a Dissertation Submitted to the Faculty of the Division of the Humanties in Candidacy for Philosophy, Department of East Asian Languages and Civilizations, The University of Chicago, December 2011.

Harper, Donald: A Chinese Demonography of the Third Centry B. C. *Harvard Journal of Asiatic Studies*, 1985(2).

Harper, Donald: Warring States, Ch'in, and Han periods, in Chinese Religions: the state of the field—4000B. C. E. to 220C. E., Daniel L. Overmyer (ed.). *The Journal of Asian Studies*, 1995(1).

Harper, Donald & Kalinowski, Marc (eds.): *Books of Fate and Popular Culture in Early China: The Daybook Manuscrpts of the Warring States, Qin, and Han*. Brill, 2017.

Lai, Guolong: Death and the Otherworldly Journey in Early China as Seen through Tomb Texts, Travel Paraphernalia, and Road Rituals, *Asia Major*, third series, volume ⅩⅤⅢ(2005), part Ⅰ.

Lewis, Mark Edward: *The Construction of Space in Early China*. State University of New York Press, 2006.

Loewe, Michael & Shaughnessy, Edward L. (eds.): *The Cambridge History of Ancient China*. Cambridge University Press, 1999.

2019 年 8 月 8 日星期四修订于珞珈山

后　记

当我校完书稿的最后一个字，从办公室返回居所时，但见平安夜的广埠屯华灯初放，幻发出朵朵梅花投射天穹，照耀着一路上的车水马龙、如织游人，"复活"了的英雄城市显现出一派繁华的盛世景观。

记不清从何时开始给全校本科生开设"古代数术文化"通识课了，但我依稀还记得，2019 年 10 月 16 日星期三，雨，在晚间的课堂上，照惯例约请六生按春秋古筮法占卦，结果得《大过》变《解》卦，心中不免悚然而惊。后来发生的事情，虽然都历历在目，但也无法也无心言说了。

记得在我的另一本书《巫鬼与淫祀》（武汉大学出版社 2010 年版）的"后记"中，曾写下这样一段话：从 2006 年开始，我的主要精力转到文字释读较少歧异，而内容更加丰富的秦汉简牍日书方面。

记得本书的初稿形成于 2010 年，那是作为国家社科基金的结项报告，原本并没有公开出版的打算，其后便转秦汉简牍地理研究，最终形成《秦简牍地理研究》（武汉大学出版社 2017 年版）一书。

现如今得了某种机缘，有机会将旧稿公开面世，自然是一件值得高兴的事。

从初稿到本书最终定稿，十余年间日书材料不断更新，日书研究成果日益增多，但本书的结构并无多大改变，只是增添新材料、增补新成果、置换更合适的史例、删省过时或错误的观点，其间虽然花费不少时日，但困居江城，也不乏自得之乐。

武汉大学号称天下最美的大学，冬天的梅花、春天的樱花、秋天的桂花，还有夏天开什么花，我忽然记不起来了。但我居住的小区邻近南湖，夏日里的一湖荷花，也是别样红火的。我的研究就如同四时的花期，不断地变化着，花虽繁盛，但也如同武大颇负盛名的樱花，难得佳果。

今年的冬至刚过，预示着阴气已衰，阳气便一天盛似一天。天气预报说今年将有一个寒冷的冬季，但春天终归还是要来的吧：江南无所有，聊赠一支春。

感谢亲朋们帮我渡过庚子之厄。

晏昌贵
庚子冬至后五日于珞珈山

374